Ray Tabor

# Grünholz-Vorlagenbuch

### Über 300 Ideen für traditionelle Holzarbeiten

Verlag Th. Schäfer im Vincentz Network

# Danksagungen

Seit 30 Jahren beschäftige ich mich mit Holzarbeiten, mit den wissenschaftlichen Grundlagen wie auch mit der Praxis im Handwerk. In dieser Zeit haben mir etliche Menschen in großzügiger Weise geholfen. Etliche von ihnen sind seit Urzeiten meine Freunde. Leider sind zu viele von ihnen bereits nicht mehr unter uns. Vieles von dem, was dieses Buch enthält, ist als eine Anerkennung ihrer einzigartigen Fähigkeiten gedacht.

Besonderen Dank schulde ich dem verstorbenen Charles West, Hürdenmacher in Dorset; Noel Cullum, Hürden- und Harkenmacher in Suffolk; dem verstorbenen Frank Bird, Hürdenmacher in Suffolk; dem verstorbenen Sidney Lukehurst, Hürdenmacher in Kent; dem verstorbenen Cyril Mummery, einem Experten in Sachen Holz aus Kent; dem verstorbenen Alex Mummery, Holzarbeiter in Kent; Richard Edwards, Niederwald-Handwerker; Malcolm Lee, Grünholzdrechsler; Hugh Spencer, Gestalter von Wippdrehbänken; Janet Spencer, die mich auf hölzerne Löffel aufmerksam machte; Peter Lambert, Grünholzdrechsler und Holzarbeiter aus Kent; Jon Warnes, Hersteller von lebenden Möbeln in Suffolk; Barry Gladwell, Reetdachdecker aus Suffolk; dem verstorbenen Raphael Salaman, Werkzeughistoriker, dem verstorbenen Philip Walker, Werkzeughistoriker; Fred Hams, Werkzeughistoriker aus Kent; dem verstorbenen Alec Morris, Werkzeugmacher aus Devon; dem verstorbenen Bryony Driver, Werkzeugmacher; Andrew Breese, Werkzeugmacher in Sussex; Simon Leatherdale, Förster in Essex; und Professor Ted Collins, Historiker des ländlichen Raumes.

Es bleiben viele Handwerker, mit denen ich mich ausgetauscht habe oder deren Arbeiten ich gesehen habe, sei es auf Abbildungen oder in der Realität. Dies sind Menschen, deren Namen keiner mehr kennt, oder sie waren schon damals anonym. Auch ihnen bin ich dankbar für ihre Arbeit. Ich hoffe, daß dieses Buch dazu beiträgt, ihre Kenntnisse und Fähigkeiten lebendig zu erhalten. Mein Dank gilt ihnen für die Inspiration, die sie mir gaben, die mich direkt oder auf Umwegen erreichte. Leider kann ich ihnen nicht namentlich danken. Ich hoffe, daß ich die Entwürfe all dieser Handwerker der Gegenwart und Vergangenheit richtig widergegeben habe – die Fehler, die alleine mir zuzuschreiben sind, bitte ich zu entschuldigen.

Ein besonderer Dank gilt den Mitarbeitern des Verlags Batsford, deren Begeisterung und Engagement dieses Buch ermöglicht haben.

Ein Dank auch an die Mitarbeiter meiner Firma Shadwell Wood, besonders an Tony Morton und Mark Hinton, die so viel dazu beigetragen haben, einen Markt für unsere Grünholzprodukte zu schaffen.

Die größte Dankesschuld gilt jedoch meiner Frau Judith. Ohne ihre Großzügigkeit hätte dieses Buch nicht das Licht des Tages erblickt.

*Ray Tabor*

Der Übersetzer dankt Herrn Fritz Hildebrand und Dr. Günther Heine (der das Erscheinen dieses Buches leider nicht mehr erleben durfte) für fachliche Beratung.

---

© 2005 für die britische Originalausgabe
„Green Woodworking Pattern Book"
bei Ray Tabor
Das Buch wurde veröffentlich von B T Batsford,
Chrysalis Books Group, London/England
www.chrysalisbooks.co.uk

Deutsche Ausgabe:
© 2006 Verlag Th. Schäfer im Vincentz Network, Hannover
„Grünholz-Vorlagenbuch"
Übersetzung: Michael Auwers, Friedland
Lektorat: Joachim F. Baumhauer
Satz: prengelayout
Druck und Bindung: AALEXX Druck GmbH, Großburgwedel

ISBN: 3-87870-598-0
ISBN 13: 978-387870-598-7
Best.-Nr.: 9135

Verlag Th. Schäfer im Vincentz Network
Postfach 6247
30062 Hannover

Fordern Sie ein kostenloses Gesamtverzeichnis an und besuchen Sie uns im Internet
**www.th-schaefer.de**

Autor und Verlag haben sich bemüht, die in diesem Buch enthaltenen Fakten richtig und zuverlässig darzustellen. Sie übernehmen jedoch keine Verantwortung für eventuell entstehende Schäden, Verletzungen oder Verlust gegenüber Personen und ihrem Eigentum, seien sie direkt oder indirekt entstanden.

Die Vervielfältigung dieses Buches, ganz oder teilweise, ist nach dem Urheberrecht ohne Erlaubnis der Rechtsinhaber verboten. Das Verbot gilt für jede Form der Vervielfältigung durch Druck, Kopie, Übersetzung, Mikroverfilmung sowie die Einspeicherung und Verarbeitung in elektronischen Systemen etc.

# Inhalt

Danksagungen 2

Zur Einführung 4

**Kapitel 1**
Werkzeug, Vorrichtungen, Vorlagen und Lehren 8

**Kapitel 2**
Zäune und Tore 36

**Kapitel 3**
Grünholz in Haus und Garten 56

**Kapitel 4**
Für Haus und Küche 75

**Kapitel 5**
Werkzeug und Werkzeuggriffe aus Holz 112

**Kapitel 6**
Rustikale Möbel und Bänke 131

**Kapitel 7**
Platte-und-Rundholz-Möbel und Pfosten-und-Strebe-Möbel 153

**Kapitel 8**
Körbe 179

**Kapitel 9**
Spiele und Spielzeug, an der frischen Luft, und einige Einzelstücke 199

Anhang: Schnittpläne 227

Literatur 236

Stichwortverzeichnis 237

# Zur Einführung

Der Titel dieses Buches benennt das Thema sehr eindeutig: Hier geht es um das Arbeiten mit Grünholz. Das Buch bietet allen, die mit frischem, „grünem" Holz arbeiten wollen, eine Sammlung von Vorlagen zum Arbeiten. Das Werk richtet sich dabei weniger an Möbeltischler oder an Tischler, die mit zugesägtem Weichholz arbeiten (die selbstverständlich trotzdem gern damit arbeiten dürfen), sondern in erster Linie an Grünholzarbeiter. Was also heißt es, mit Grünholz zu arbeiten?

Die Verarbeitung von grünem, also nicht abgelagertem Holz ist die älteste Art und Weise, mit Holz zu arbeiten. Dies ist ein altehrwürdiges Handwerk, das bis zum heutigen Tag überlebt hat. Holz wird als „grün" bezeichnet, wenn es nicht abgelagert und getrocknet ist. Das Holz enthält also viel (wenn auch nicht alles) an Feuchtigkeit, die auch der lebende Baum enthielt, als er gefällt wurde. Holz wird normalerweise im Winter eingeschlagen, wenn das Laub gefallen und der Flüssigkeitstransport im Stamm weitgehend eingestellt ist. Zu dieser Zeit ist der Feuchtegehalt des Baumes niedriger (am höchsten ist er im Frühjahr, wenn sich die Blätter entfaltet haben und der Baum kräftig wächst), und das Holz ist für viele Verwendungszwecke am besten geeignet. Es gibt Handwerker, Hürdenmacher zum Beispiel, die allerdings auch im Sommer Holz schneiden, obwohl es belaubt ist, damit sie das ganze Jahr über arbeiten können. Dadurch kann jedoch die Regeneration des Baumstumpfes beeinträchtigt werden, von dem die Stecken geschnitten wurden. Für manche Arbeiten muß der Baum sogar im Saft stehen, damit sich zum Beispiel Eichenrinde oder Linden- bzw. Ulmenbast sauber entfernen läßt, um mit dem ersten zu gerben oder mit den anderen Produkten Stühle zu flechten. Für manche Holzgegenstände läßt sich das Holz verwenden, sobald es gefällt worden ist.

Für andere muß es dagegen beiseitegelegt und teilgetrocknet werden. In dieser Zeit — zwischen vier Wochen und sechs Monaten — wird das Holz durch den Flüssigkeitsverlust härter und eignet sich deswegen für manche Zwecke besser.

Es ist leicht zu verstehen, warum unsere Vorfahren im Neolithikum zuerst mit Grünholz arbeiteten. Nachdem Werkzeuge wie Äxte oder Schaber aus Feuerstein verfügbar waren, konnte man auch Holz in größeren Abmessungen bearbeiten, während es vorher nur Äste waren, die man vom Stamm gerissen hatte. Mit solchen einfachen Werkzeugen war es natürlich einfacher, weiches Grünholz zu bearbeiten als das härtere, abgelagerte Material. In der englischen Grafschaft Somerset hat man Reste von Mattenwege aus geflochtenem Hasel gefunden, die auf das Jahr 3100 v. Chr. datiert werden können. In den fünftausend Jahren, die seitdem verstrichen sind, hat sich das Holzhandwerk stetig weiterentwickelt, und es ist eine lange Reihe von verschiedenen Gegenständen entstanden, elegant, funktional, erfindungsreich — und alle aus Grünholz hergestellt. Diese sind im Laufe der Zeit immer wieder verfeinert und ihrem Verwendungszweck angepaßt worden, bis sie ihre heutige Form bekommen haben.

Es gibt viele Objekte, die man wirklich bewundern kann, eine geflochtene Hürde aus Haselruten zum Beispiel. Diese starken, widerstandsfähigen Zaunelemente, mit denen man in England Schafe einzäunt, werden von den Handwerkern mit lediglich einer Hippe als Werkzeug hergestellt. Für ihre Herstellung braucht man weder Nägel oder Draht, noch irgendwelche anderen Hilfsmittel, das fertige Produkt läßt sich von einem einzelnen Mann versetzen, und es hält auch im Freien bis zu zehn Jahre. In diesem Buch finden Sie noch viele andere Beispiele wie dieses: Gegenstände, bei denen man kaum glauben mag, daß sie in ihrer Gestaltung noch verbessert werden könnten. Die Arbeit mit Grünholz erlaubt es, daß man eine Reihe von Arbeitsverfahren anwenden kann, die einerseits zeitsparend sind und andererseits bessere Endprodukte ermöglichen, als wenn man gesägtes und getrocknetes Holz verwenden würde. Zu diesen Vorteilen zählt:

- Grünholz kann mit spanendem Werkzeug leichter und deswegen auch schneller bearbeitet werden als getrocknetes Holz.

- Es läßt sich leicht spalten, ein Verfahren, das schneller ist als das Sägen und auch eventuell vorhandene Holzfehler zu Tage treten läßt. Außerdem werden beim Spalten die Holzfasern nicht durchtrennt, das Holz ist deshalb eher feuchtigkeitsabweisend.

- Viele Gegenstände aus Grünholz können direkt im Wald hergestellt werden, der Verschnitt wird dort zurückgelassen, wodurch beim Abtransport nach der Arbeit weniger Gewicht bewegt werden muß.

- Dünne Ruten aus verschiedenen Holzarten können, solange sie frisch sind, gebogen und geflochten werden, um als Verbindung zu dienen. Indem man junge Grünholztriebe in den Boden steckt und sich bewurzeln läßt, kann man lebende Holzarbeiten in vielen verschiedenen Formen herstellen.

# Einführung

- Grünholz wird schnell umgeschlagen, da es im Jahr des Fällens auch verwendet wird. Das bedeutet, daß kaum Geld in einem Lager mit getrocknetem Holz festgelegt werden muß.

- Grünholzarbeiten entstehen meist aus kleinen, runden Abschnitten, die schnell heran- und nachwachsen, weniger wiegen und leichter zu bearbeiten sind.

Natürlich hat die Arbeit mit Grünholz auch gewisse Nachteile. Grünholz schrumpft nach der Bearbeitung noch weiter. Wenn man also sehr genau gedrechselte Arbeiten benötigt, muß man unter Umständen drechseln, nachtrocknen und dann das Werkstück zu Ende drechseln.

Außerdem kann sich das Holz fertiger Werkstücke unter Umständen auch etwas verziehen. Allerdings kann das auch das Resultat normaler Verwendung sein, etwa durch häufigen Kontakt mit sehr heißem Wasser. Bei Grünholz können sich unter Umständen auch die Verbindungen durch das Schrumpfen des Holzes lockern, wenn man dem nicht durch entsprechende Maßnahmen (z. B. Verzapfen) entgegenwirkt. Die vielen Fachwerkhäuser sehr hohen Alters scheinen außerdem darauf hinzudeuten, daß es sich hierbei eher um ein ästhetisches als ein funktionales Problem handelt. Schließlich muß man beim Trocknen gedrechselter Gegenstände vorsichtig sein, zu schnelles Trocknen kann zu radialen Rissen führen.

Warum nun ein Vorlagenbuch? Früher wurden die Art zu arbeiten und die Formen der Werkstücke vom Vater an den Sohn weitergegeben. Diese Form der Tradierung war bei (Holz-)Handwerkern so üblich; sie geschah keinesfalls auf schriftlichem Weg, sondern bei der Arbeit im Wald und in der Werkstatt: Man begann mit den einfachsten Aufgaben und fuhr fort, bis man bei ganzen Werkstücken angelangt war. Leider ist diese Traditionskette bei vielen Gewerken durch ihren Rückgang nach 1950 unterbrochen worden. In England gibt es kaum noch Drechsler, die hauptberuflich Stuhlbeine oder Schüsseln für einen Massenmarkt herstellen. Die Handwerksarten, die es heute noch gibt, werden von einer neuen Generation von Grünholzarbeitern ausgeübt; viele von ihnen haben sich ihrem Gebiet zugewandt, ohne auf eine Familientradition zurückgreifen zu können. Und leider gibt es nur noch wenige ältere Handwerker, von denen sie die Geheimnisse ihrer Kunst lernen könnten. Eine Aufgabe dieses Buches ist es also, die Gestaltung der einst häufigen Gebrauchsgegenstände zu dokumentieren sowie auch ihre wichtigsten Merkmale aufzuzeichnen, durch die sie erst funktionstüchtig wurden. Das Buch will, soweit es geht, die Funktion eines Gegenstandes erläutern und die wichtigsten Punkte der Gestaltung nennen. Es enthält also gewissermaßen eine Bestandsaufnahme, die das Wissen über die Gestaltung von Grünholzprodukten zu Beginn des neuen Jahrtausends dokumentiert, auf diese Weise können sich kommende Handwerkergenerationen über die alten Traditionen informieren.

Ein Vorlagenbuch kann aber auch als praktisches Nachschlagewerk dienen. Manche Gegenstände werden schon lange nicht mehr hergestellt, und hier hat nun der Grünholzwerker eine Gelegenheit, Form und Größe sowie die Details des jeweiligen Produkts nachzuvollziehen, damit er ein gleichartiges Stück herstellen kann. Insofern ist es mit einem Notizbuch zu vergleichen, in dem ein alter Handwerker die Risse und Abmessungen eines von ihm gefertigten Werkstücks festgehalten hat.

Schließlich kann ein Musterbuch als Katalog dienen, den der Handwerker einem Kunden vorlegt, um ihm zu zeigen, was überhaupt möglich ist. Ob es sich um die Konstruktion eines Gartenzaunes handelt, die Form einer Vase oder die Verzierung eines Stuhlbeines – immer versucht ein Musterbuch eine gewisse Bandbreite an verschiedenen Möglichkeiten zu bieten. Solche Musterbücher tauchten in England zuerst bei den Möbelbauern des 18. Jahrhunderts auf: 1762 veröffentlichten Thomas Sheraton sein „Drawing Book" und Thomas Chippendale den „Director". Im viktorianischen Zeitalter war es für kleine wie für große Firmen fast überlebenswichtig, einen solchen Katalog vorweisen zu können, in dem die verschiedenen Gestaltungsmöglichkeiten ihrer Produkte dargestellt wurden. Sogar wenn der Kunde Außergewöhnliches wollte, bot ein solcher Katalog oder Musterbuch ihm vielfältige Anregungen.

Was nun wird in diesem Musterbuch vorgestellt? Es ist insofern einzigartig, als es erstmalig Gestaltungsmöglichkeiten für das komplette Spektrum der Grünholzarbeiten sammelt. Man findet hier das einfache Rankspalier für Erbsenpflanzen im Gemüsegarten ebenso wie verschiedene Zäune, Holzwerkzeug und Küchenutensilien bis hin zu Möbel, die auf der Wippdrehbank gedrechselt wurden. Darüber hinaus enthält das Buch auch ein Kapitel, in dem die wichtigsten Werkzeuge und Hilfsmittel beschrieben werden, die traditionelle Grünholzarbeiter für ihre Arbeit entwickelt haben. Die alten Handwerker waren ausgesprochen innovativ und stellten – entweder selbst oder mit Hilfe des Dorfschmiedes – eine Reihe von einzigartigen Werkzeugen und Vorrichtungen her, die zum Teil recht sprechende Namen trugen: „Motor", „Bremse" oder „Pferd" zum Beispiel. Jedes dieser Werkzeuge hatte eine Schlüsselrolle im Herstellungsprozeß. Das bekannteste und wichtigste ist vielleicht die Wippdrehbank, die bei der Arbeit an den meisten der Werkstücke in diesem Buch verwendet wird. Hier sind die Gestaltung und die wichtigsten Abmessungen dieser Werkzeuge vermerkt, da man sie in keinem Katalog finden wird.

In jedem Abschnitt findet sich eine Reihe verschiedener Werkstücke und Muster, meist begleitet von einer Abbildung. Dabei handelt es sich um einfache Strichzeichnungen, in denen die wesentlichen Punkte des Werkstücks deutlich zu erkennen sind. In manchen Fällen wird das Stück aus zwei Perspektiven dargestellt, wenn dies nötig ist, um die Gestaltung deutlich zu machen.

Nicht alle der beschriebenen Produkte werden noch verwendet — wer benötigt heutzutage noch einen „Krähenschreck"? Dennoch sind einige dieser älteren Gegenstände aufgenommen worden; einerseits um sie für die Nachwelt festzuhalten, andererseits um zu zeigen, wie sich aus ihnen modernere Varianten entwickelt haben. Und wer weiß schon, wann in der Zukunft ein ähnliches Stück gebraucht werden wird? Bei jedem Werkstück sind die wichtigsten Abmessungen angegeben. Die endgültige Form und Größe des Objekts hängt natürlich von den Vorlieben des Kunden und vom persönlichen Geschmack des Handwerkers ab. So ist die Höhe eines Stuhlbeines ebenso von der Größe des Besitzers abhängig wie die Länge eines Axtstiels. Die Abmessungen sind in Millimetern angegeben (ursprünglich waren sie natürlich „British Imperial", also in Zoll und Fuß).

Das Buch versucht, auch den sozialen und historischen Hintergrund eines jeden Gegenstands zu zeigen. Falls möglich, findet man Hinweise auf die Geschichte des Werkstücks und seine ursprüngliche Verwendung. Schließlich sind darin auch die Gründe für die Entwicklung einer bestimmten Form zu finden, da jeder gestalterischen Entscheidung unweigerlich funktionale Kriterien zugrunde lagen. Die verlängerten Beine eines Hürdentores aus der Grafschaft Kent dienten zum Beispiel dazu, die Hürde in den Boden zu treiben. Aus diesem Grund wurde das obere Ende mit einer Hülse versehen, um das Spalten zu verhindern. Durch den Vergleich der alten und neueren Gestaltung erkennt man oft, wie sich ein Produkt im Laufe der Zeit verändert hat. So sind Zitronenpressen etwa im Laufe der Zeit größer geworden, da auch die Größe der Früchte in den letzten 300 Jahren zugenommen hat.

Man sollte sich dieses Entwicklungsprozesses bewußt sein, da er bis heute anhält. Es bleibt eine grundlegende Wahrheit, daß die Kunden zu dem Handwerker kommen, der das bessere Produkt anbietet. Falls es in hundert Jahren eine Neuauflage dieses Buches geben sollte, werden die vorhandenen Muster vermutlich durch viele neue und interessante zu ergänzen sein.

Woher stammen die Informationen? Die Muster für die hier gezeigten Werkstücke stammen aus verschiedenen Quellen. Wenn ich auch die meisten selbst in Augenschein nehmen konnte, so gibt es doch einige, die Veröffentlichungen entnommen sind. Wie immer bestand die größte Schwierigkeit in der Auswahl und Auslese. Sicher spiegelt diese den persönlichen Geschmack des Autors, aber ich habe versucht, Muster aufzunehmen, anhand derer man die funktionalen Eigenschaften eines guten Entwurfes ebenso erkennen kann wie die besonderen Eignungen verschiedener Holzarten und die vielfältigen Möglichkeiten, die sich dem Handwerker durch die Arbeit mit dem wundervollen Material Holz bieten. Die besten Stücke beinhalten immer „ein kleines Stück Schönheit, der in einen Gebrauchsgegenstand eingearbeitet ist", wie Walter Rose es formuliert hat.

Die wichtigste Quelle für Werkstücke aus Grünholz waren meine eigenen Aufzeichnungen, in über 30 Jahren gesammelt, in denen ich sowohl selbst mit Holz gearbeitet als auch mich mit Handwerkern vieler verschiedener Richtungen unterhalten habe. Ich trage immer ein Notizbuch bei mir, und in meinem Bücherregal haben sich inzwischen viele von ihnen angesammelt, gefüllt mit schnellen kleinen Skizzen, mit Maßlisten und Notizen über die Herstellungsverfahren — dem Ergebnis meiner „Feldarbeit". Außerdem habe ich über die Jahre Zeitungs- und Zeitschriftenausschnitte gesammelt, Fotos und Kataloge mit Abbildungen von Stücken, die ich vorher noch nicht gesehen hatte.

Eine weitere herausragende Informationsquelle sind Museen, von denen ich viele verschiedene in allen Teilen des Vereinigten Königreiches besucht habe. Es gibt kaum ein Heimatmuseum, das nicht ein oder mehrere Exponate aufweist, die für den Holzhandwerker von Interesse sind. In England ragen jedoch einige heraus: The Mary Rose Trust, The Weald and Downland Museum, The Chiltern Furniture Museum und das Museum of English Rural Life. In diesen Museen kann man historische Stücke in Augenschein nehmen, die unsere Vorfahren benutzten, teilweise reichen sie bis ins 16. Jahrhundert zurück. Einige der englischen Museen waren sogar so freundlich, mir ihre Magazine zugänglich zu machen, die sonst dem Publikum nicht offen stehen. Kataloge sind eine wahre Fundgrube für Informa-

# Einführung

tionen. Besonders die Kataloge der viktorianischen Möbel- und Werkzeughersteller lohnen das Studium. Sie enthalten Zeichnungen fast aller Muster, die je hergestellt wurden. Leser, die sich vom Jagdfieber haben anstecken lassen, sollten sie sich nicht entgehen lassen, sie bieten mehr Ideen und Anregungen, als in dieses Buch aufgenommen werden konnten.

In manchen ländlichen Gegenden haben einzelne Manufakturen Kataloge ihrer Waren hergestellt, sie sind eine hervorragende Quelle für Vorlagen. Schließlich gibt es eine Reihe von Büchern, die ich im Laufe der Zeit zu Rate gezogen habe, mit Abbildungen und Beschreibungen verschiedener Werkstücke. Die wichtigsten sind im Literaturverzeichnis genannt. Die meisten von ihnen konzentrieren sich auf ein Spezialgebiet, aber sie sind ausgezeichnete Quellen für verschiedene Muster.

Für wen ist dieses Buch gedacht, und wie sollte man es verwenden? Der Leser findet in diesem Buch keine Anleitung für die Herstellung bestimmter Produkte. Es gibt eine Vielzahl guter Bücher, die solche Anleitungen enthalten, die besten sind im Literaturverzeichnis genannt. Dieses Buch richtet sich einerseits an diejenigen, die sich zum ersten Mal mit Grünholzarbeiten beschäftigen und nach Anregungen suchen, auf der anderen Seite an erfahrene Handwerker, die ihr Repertoire an Produkten erweitern wollen. Hier findet man eine große Bandbreite an Werkstücken aus Grünholz.

Am besten verwendet man dieses Buch als Nachschlagewerk. Es ähnelt insofern meinen Notizbüchern — es ist voller Skizzen und Schlüsselmaßen, die daran erinnern, wie groß eine Stallforke sein sollte, und wie sie geformt ist, wie die Ruten an der Unterkante einer Hürde geflochten werden, oder wie man ein Stuhlbein drechseln kann, daß es gefällig aussieht. Das Buch erinnert so immer wieder daran, wie die wichtigen Elemente eines Werkstückes beschaffen sein sollten, damit es in funktionaler und ästhetischer Hinsicht erfolgreich wird. Außerdem wird schon das Herumblättern Ihnen eine Fülle von Inspirationen für die Gestaltung Ihrer Arbeiten liefern.

Jedes Werkstück sollte von dem gleichen Handwerker entworfen und gefertigt werden — so trägt es gewissermaßen den Stempel des Produzenten. Niemand sollte sich gezwungen fühlen, die hier gezeigten Entwürfe sklavisch zu befolgen. Sie können — und sie sollten sogar — modifiziert und verbessert werden, um den gestalterischen Fähigkeiten des Handwerkers und den Vorstellungen des Kunden gerecht zu werden. Aus diesem Grund sind nur die wichtigsten Abmessungen der Stücke angegeben. Ich denke, jeder Holzwerker nimmt sich die Zeit und macht für das Werkstück, das er herstellen will, zuerst einen Entwurf, der genau und detailliert ist. Ein Buch dieses Umfangs kann natürlich nicht vollständig bemaßte Konstruktionszeichnungen und ausführliche Schnittlisten enthalten. Im Anhang finden sich jedoch ausgearbeitete Beispiele für eine Gartenbank und einen Stuhl Wenn Sie die Mühe nicht scheuen, derartig ausgefeilte Zeichnungen zu machen, haben Sie den Vorteil, daß Sie auf alle möglichen Schwierigkeiten aufmerksam werden und sie lösen müssen, noch bevor Sie das erste Mal zur Säge greifen. Außerdem erhalten Sie so die Gelegenheit, den Entwurf abzuändern, um das Stück zu verbessern und ihm Ihren eigenen Stil zu geben. Es lohnt sich, sich die Zeit dafür zu nehmen, gleich ob es sich um eine Trillerpfeife oder um einen Stuhl handelt; so kommen Sie zu einem besseren Verständnis von Grünholzarbeiten, was sich wiederum in der Qualität Ihrer Erzeugnisse niederschlagen wird.

Ich hoffe, daß der Text und die Hinweise deutlich machen, wo man bei den Entwürfen flexibel vorgehen kann, und wo es besser ist, an den althergebrachten Muster festzuhalten. Die Form und Abmessungen vieler Details sind variabel, zum Beispiel die Höhe der Armlehnen an einem Stuhl. Bei manchen Stücken aber — einer Zitronenpresse zum Beispiel — sind die Dimensionen durch den Verwendungszweck in einem engen Rahmen vorgegeben.

Das Interesse am Arbeiten mit Grünholz wird von Jahr zu Jahr größer, auch wenn dies nie wieder solche Bedeutung haben wird, wie sie bis in die 1920er Jahre hatte. Dennoch bietet diese alte Handwerkskunst auch dem Menschen des neuen Jahrtausends viel — nicht nur vorzügliche Produkte aus schönem Holz, sondern auch die Gelegenheit, altes Kulturerbe zu bewahren. Und schließlich kann man in einer oft überwältigend schönen Umgebung einer körperlichen Betätigung nachgehen, die voll und ganz befriedigend ist. All jene, die sich so viel Mühe geben, Handwerker im Umgang mit Grünholz auszubilden, verdienen unsere Unterstützung. Ich hoffe, dieses Buch kann dazu einen Beitrag leisten und noch mehr Menschen zu diesem Arbeitsgebiet hinführen. Sollte ich irgendwann einmal Exemplare dieses Buches zu Gesicht bekommen, denen man den häufigen Gebrauch ansieht, die mit Randnotizen und Skizzen für neue Muster oder andere Abmessungen versehen sind — dann weiß ich, daß sich die Mühe gelohnt hat.

# Werkzeug, Vorrichtungen, Vorlagen und Lehren

## Einleitung

Bevor wir uns den verschiedenen Produkten zuwenden, die sich aus Grünholz herstellen lassen, sollten wir einen Blick auf einige der Werkzeuge und Vorrichtungen werfen, die bei der Herstellung verwendet werden. Die traditionellen Handwerker waren immer Meister darin, Herstellungsmethoden zu entwickeln, die optimal geeignet waren. Die Vorrichtungen, die sie verwendeten, ermöglichten nicht nur eine schnelle und wirtschaftliche Arbeit, sondern sie stellten auch sicher, daß die Produkte von gleichbleibender Qualität und Größe waren. So kann ein guter Hürdenmacher zum Beispiel die Qualität der Hürden eines Kollegen schon an dem Stapel erkennen, in dem sie gelagert werden – ein schiefer, zur Seite geneigter Stapel deutet auf eine Schwachstelle hin. Um eine Arbeit mehrmals, rasch und wirtschaftlich zu bewältigen, benötigt man das passende Werkzeug oder eine angemessene Vorrichtung.

Die meisten dieser Werkzeuge wurden von dem Holzarbeiter selbst oder von einem Schmied nach seinen Anweisungen hergestellt. Aus diesem Grund gibt es eine Vielzahl unterschiedlich gestalteter Werkzeuge, deren Form nicht nur von der Herkunftsregion abhing, sondern oft genug auch von dem Besitzer. Man findet diese Werkzeuge weder in alten noch in neuen Katalogen, deshalb habe ich die besten unter ihnen ausgewählt und hier beschrieben, damit ihre Gestaltung und einzigartigen Eigenschaften nicht verlorengehen und moderne Holzwerker sie nachbilden können.

Die beschriebenen Vorrichtungen waren eher kurzlebig, aber nicht weniger wichtig. Sie wurden stets aus Holz hergestellt und sollten oft nur für die Dauer einer Arbeitssaison halten; ihr oft eher rustikales Aussehen läßt manchmal verkennen, wie effektiv sie auf ihre Aufgabe ausgerichtet waren. So wäre es kaum möglich, Holz richtig zu entrinden, zu spalten oder spanend zu bearbeiten, ohne das entsprechende Schälgestell oder eine Ziehbank zu benutzen. Die beschriebenen Beispiele sind alle von Holzwerkern entworfen worden und außerordentlich effektiv.

## Werkzeug

Spaltmesser werden benutzt, um Holz zu spalten (Abb. 1.1). Sie bestehen aus einer mittellangen, schmalen Klinge, die rechtwinklig an einem längeren Griff befestigt wird, mit der man die Klinge hebelnd bewegen kann.

Die Stärke der Klinge hängt von der Feinheit der Arbeit ab – grobe Spaltarbeit erfordert eine stärkere Klinge und einen längeren Griff. Kleinere Holzstücke (Schindeln) können mit einem kurzen Griff bearbeitet werden (Abb. 1.2), während das Spaltmesser für die Arbeit an der Drechselbank eine kurze Klinge benötigt (Abb. 1.3). Das Klingenende kann eine Schneide aufweisen, um es in einen Holzspalt stecken zu können oder um es als Beil zu verwenden, wie bei der Arbeit an der Drehbank.

Spalter und Reißer sind sehr schöne, eiförmige Werkzeuge aus Hartholz, mit denen kleine Ruten aus Hasel- oder Weidenholz oder auch Rohr in feine Stücke gespalten werden. Sie haben meist drei oder vier Arbeitsflächen, mit denen eine entsprechende Anzahl von Stücke hergestellt werden. Die Spalter, mit denen Eichenruten geteilt werden, um Wippdrehbänke herzustellen (Abb. 1.5), sind meist etwas größer. Ein ähnliches Werkzeug, der Reißer, wird verwendet, um Rohr für das Flechten von Körben herzustellen. Da dieses Material zäher ist, werden die Enden des Werkzeugs oft mit Metallschneiden versehen (Abb. 1.6).

Stielhobel waren Werkzeuge, mit denen die langen, glatten Stiele für Rechen, Harken und Hacken hergestellt wurden (Abb. 1.7). Sie bestehen aus einem hölzernen Hobelkörper, in den ein Hobeleisen eingepaßt wird. Der Stielhobel wurde wie ein Bleistiftanspitzer verwendet, indem man ihn um den Stiel herumdrehte und dabei einen dünnen Span abhobelte. Die Stärke des fertigen Stiels wird durch den Abstand zwischen den beiden Teilen des Hobelkörpers bestimmt, der sich mit Flügelmuttern verstellen läßt. Dies ist das einzige Werkzeug, mit dem sich ein langer Stiel herstellen läßt, der sich zu einem Ende allmählich verjüngt, was erreicht wird, indem man bei der Arbeit die Maulöffnung immer wieder verkleinert. Heute lassen sich entsprechende Werk-

# Kapitel 1  Werkzeug, Vorrichtungen, Vorlagen und Lehren

zeuge in Ganzmetallausführungen erwerben *(Abb. 1.8)*.

Rundstababdreher sind eine vereinfachte Form des Stielhobels *(Abb. 1.9)*. Bei einem Rundstababdreher bleibt der Durchmesser des fertigen Produktes unverändert. Außerdem verjüngt sich das Loch in einem Rundstababdreher meist etwas, um das Ende des Werkstückes leicht konisch zu formen. Dieses Werkzeug wurde meist verwendet, um die Enden von Leitersprossen zu formen, eine Aufgabe, die es perfekt erfüllt. Heute wird es oft für Verbindungen in rustikalen Möbeln benutzt, um einen runden Zapfen zu schneiden, der in ein gebohrtes Zapfenloch paßt. Es gibt moderne Versionen aus Metall in verschiedenen Größen.

Gebogene Ziehmesser gibt es in verschiedenen Ausführungen, die aber immer die gleiche Aufgabe erfüllen sollen: eine glatte, gekrümmte Fläche ohne Platten herzustellen, um einen runden Stiel oder Handgriff zu liefern. Die einfachste Form wird aus einer alten Sense hergestellt, die mit zwei Griffen versehen wird *(Abb. 1.10)*. Mit ihnen werden größere Pfosten entrindet, die bei der Herstellung von Hürden gebraucht werden. In der Grafschaft Kent wurde ein Werkzeug mit nur einem Griff verwendet, um Besenstiele zu entrinden *(Abb. 1.11)*, wodurch die Notwendigkeit entfiel, ein besonderes Haltegestell zu benutzen.

Kleinere Zieheisen wurden für eine Reihe von Glättungsarbeiten verwendet, die Herstellung von Reisigbesen- und Harkenstielen zum Beispiel *(Abb. 1.12)*. Je nach Gestaltung des Werkzeugs wurde dabei mit der Schneidenfase am Holz oder vom Holz abgewendet gearbeitet.

Mit der Kreuzaxt werden Zapfenschlitze in Grünholz angebracht *(Abb. 1.13)*. Die Klinge ist so gestaltet, daß sie zwischen zwei vorgebohrten Löchern in Faserrichtung schneidet. Am anderen Ende befindet sich meist ein Haken, um den Verschnitt zu entfernen. Der Griff steht senkrecht zur Klinge, um hebelnd arbeiten zu können. Manche Kreuzäxte haben zwei Handgriffe *(Abb. 1.14)*, aber meines Erachtens sind sie weniger effektiv, da man in diesem Fall auf den Haken zum Entfernen des Verschnitts verzichten muß.

Beschlagbeile werden immer noch hergestellt, allerdings nicht nach den traditionellen Mustern *(Abb. 1.15)*. Für die Verwendung ist entscheidend, daß das Werkzeug nur auf einer Schneidenseite eine Fase aufweist (die Seite, die dem Körper zugewandt ist, wenn man das Beil hält). Beschlagbeile sind also entweder „rechts" oder „links". Der Griff ist stets kurz, besonders wenn das Beil zur Herstellung von Stühlen verwendet wird, da die Arbeit genauer wird, wenn man das Werkzeug kurz (nahe am Kopf) hält. Auf *Abbildung 1.16* ist eine kleine, beidseitig angeschliffene Axt dargestellt, die von Hürdenmachern benutzt wird, um die fertige Hürde zu verputzen.

## Hinweise

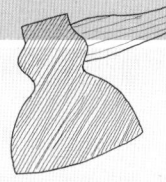

- Das Öhr an der Klinge eines Spaltmessers sollte konisch zulaufen, damit der Stiel sich nicht lockert.

- Spalter sollten aus dem härtesten verfügbaren Holz hergestellt sein – Buchsbaum ist besonders gut geeignet.

- Die Schneide eines Stielhobels oder Rundstababdrehers sollte leicht ballig geschliffen sein, damit sich ihre Ecken nicht im Holz festhaken.

- Verwenden Sie das schwerste Beschlagbeil, das sie noch ohne Anstrengung benutzen können – dann erledigt das Gewicht des Beils die Arbeit für Sie.

- Achten Sie beim Schärfen eines einseitig angeschliffenen Werkzeugs darauf, daß die Seite ohne Fase vollkommen flach bleibt.

- Der Haken an einer Kreuzaxt, mit dem der Verschnitt entfernt wird, sollte sich in Richtung Griff krümmen – im anderen Fall läßt sich nicht damit arbeiten.

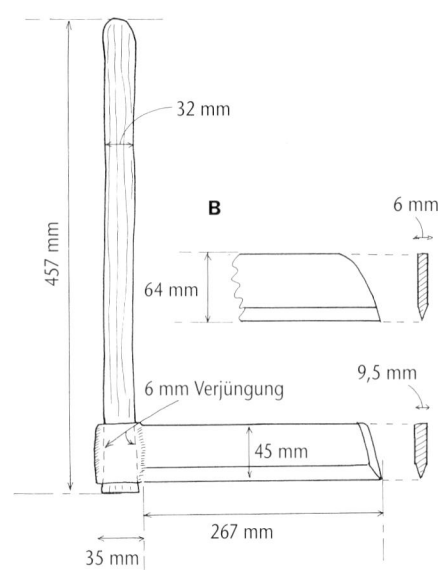

**Abb. 1.1**
Spaltmesser:
**A** Allzweckentwurf;
**B** mit breiterer, dünnerer Klinge für feinere Arbeiten;
**C** mit starker Klinge für schwere Arbeiten

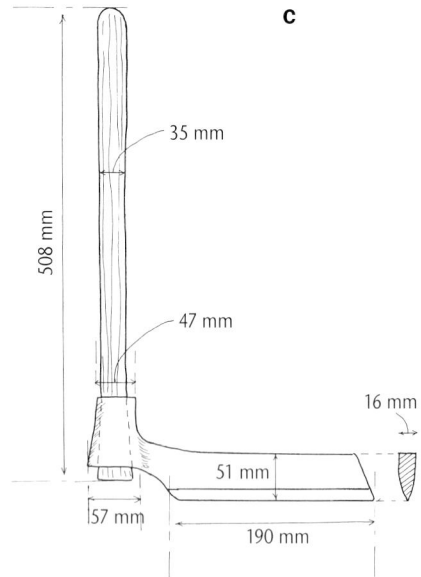

**Abb. 1.3**
Spaltmesser für die Verwendung an der Wippdrehbank – kurze Klinge für schmale Werkstücke. Das Klingenende weist eine Schneide auf, um es als Axt verwenden zu können

**Abb. 1.2**
Spaltmesser für Schindeln – der Griff kann kurz sein, da Schindeln kurz und dünn sind

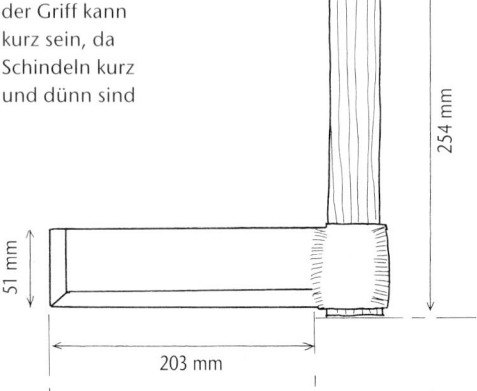

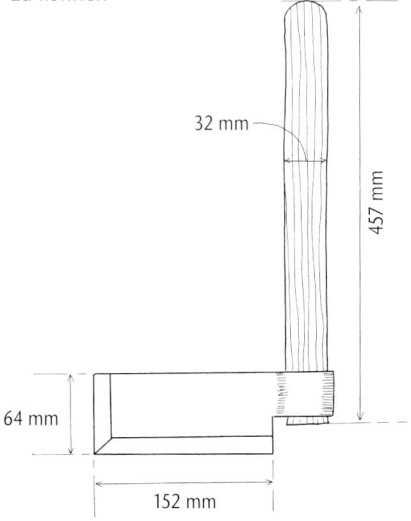

**Kapitel 1** Werkzeug, Vorrichtungen, Vorlagen und Lehren

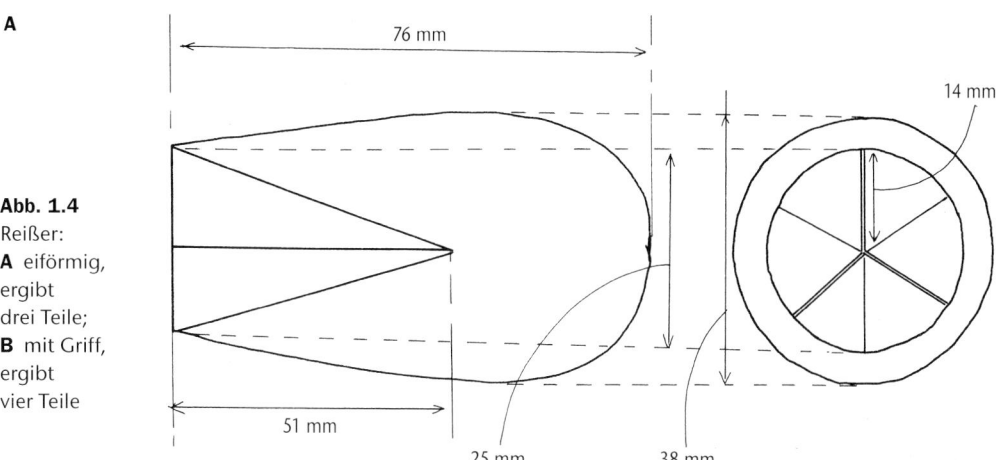

**Abb. 1.4**
Reißer:
**A** eiförmig, ergibt drei Teile;
**B** mit Griff, ergibt vier Teile

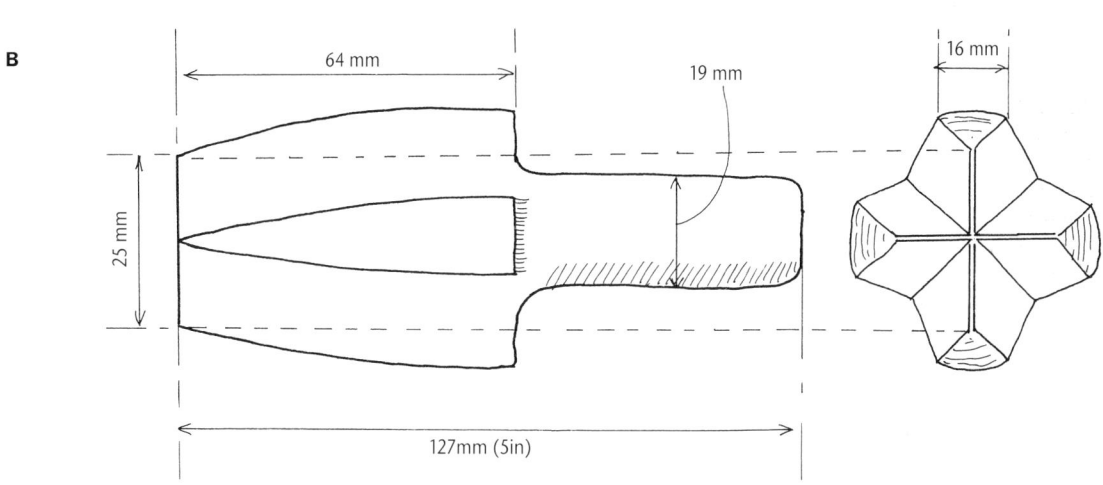

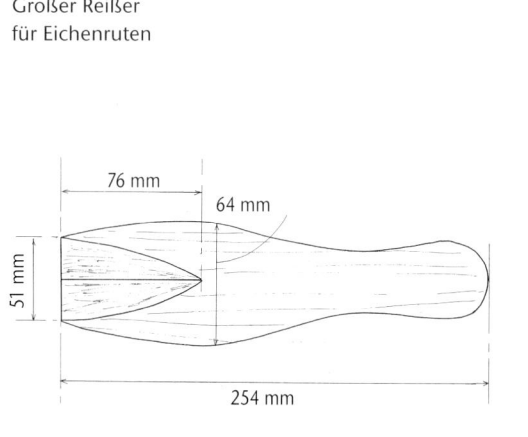

**Abb. 1.5**
Großer Reißer für Eichenruten

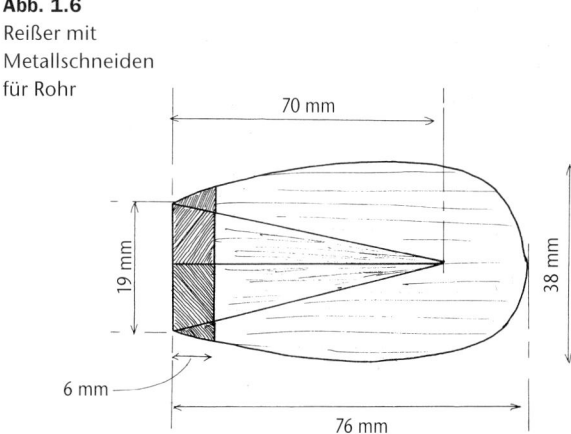

**Abb. 1.6**
Reißer mit Metallschneiden für Rohr

**Abb. 1.7**
Stielhobel:
**A** Stielhobel aus der Grafschaft Suffolk zur Herstellung von Harkenstielen;
**B** und **C** alternative Formen

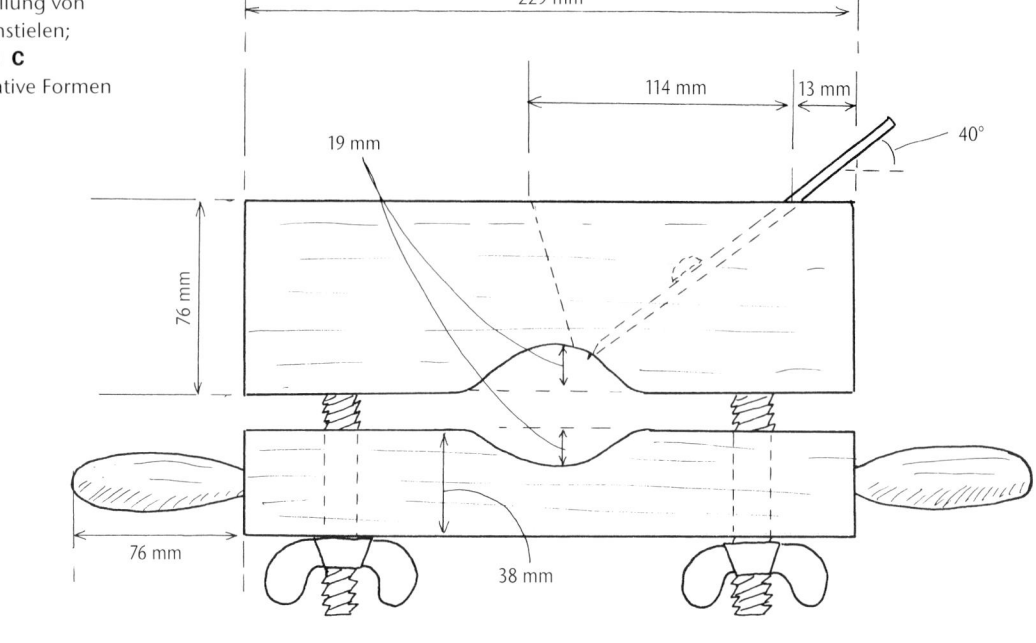
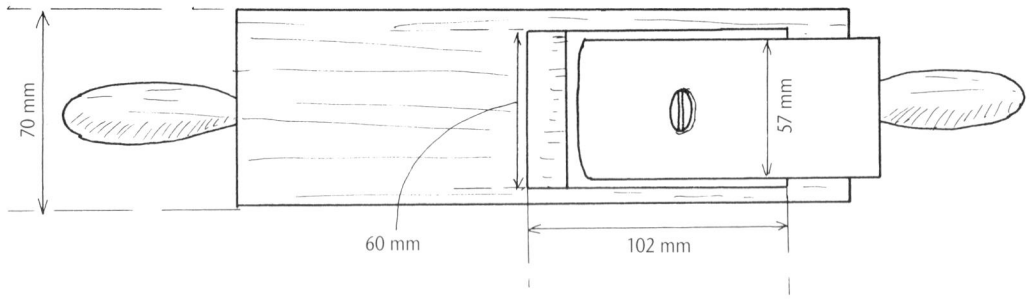
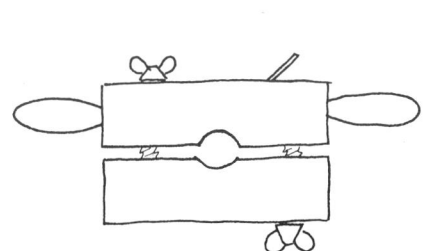
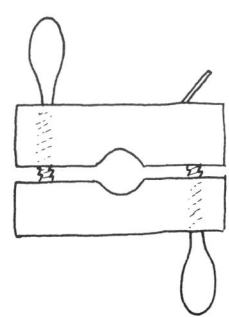

**Abb. 1.8**
Moderne Variante
des Stielhobels

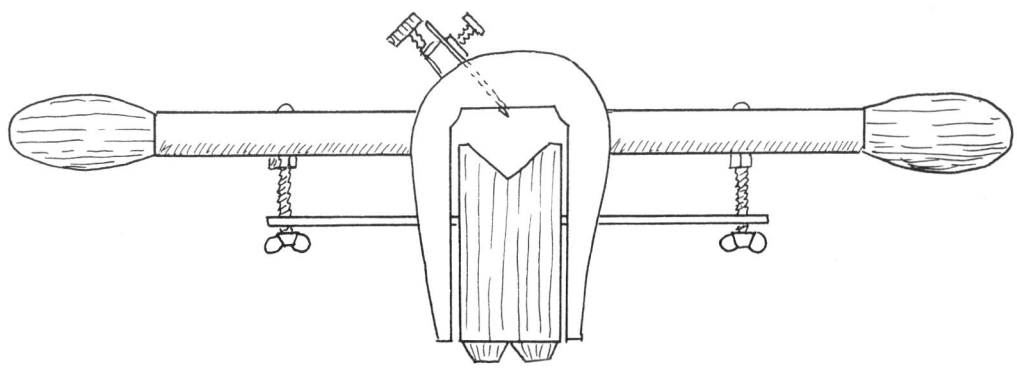

**Abb. 1.9**
Rundstababdreher:
Werkzeug zum
Herstellen von
Leitersprossen

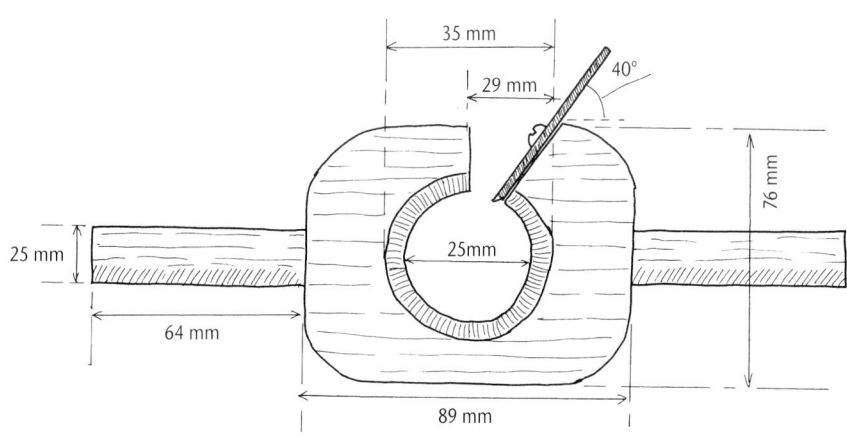

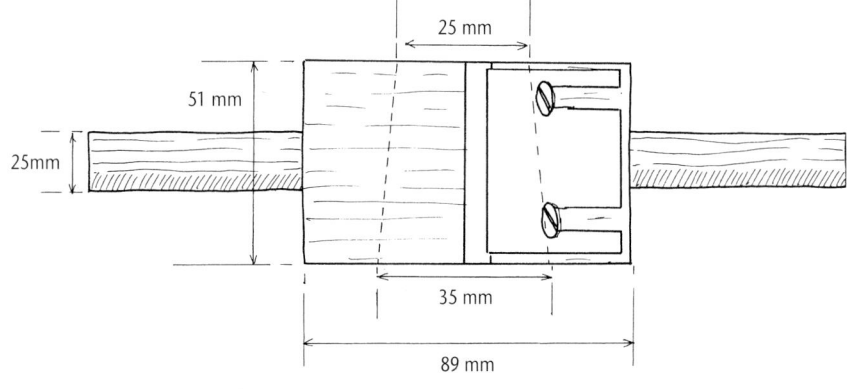

**Abb. 1.10**
Gebogenes Ziehmesser aus einer alten Sensenklinge, wird zum Entrinden von Pfosten verwendet

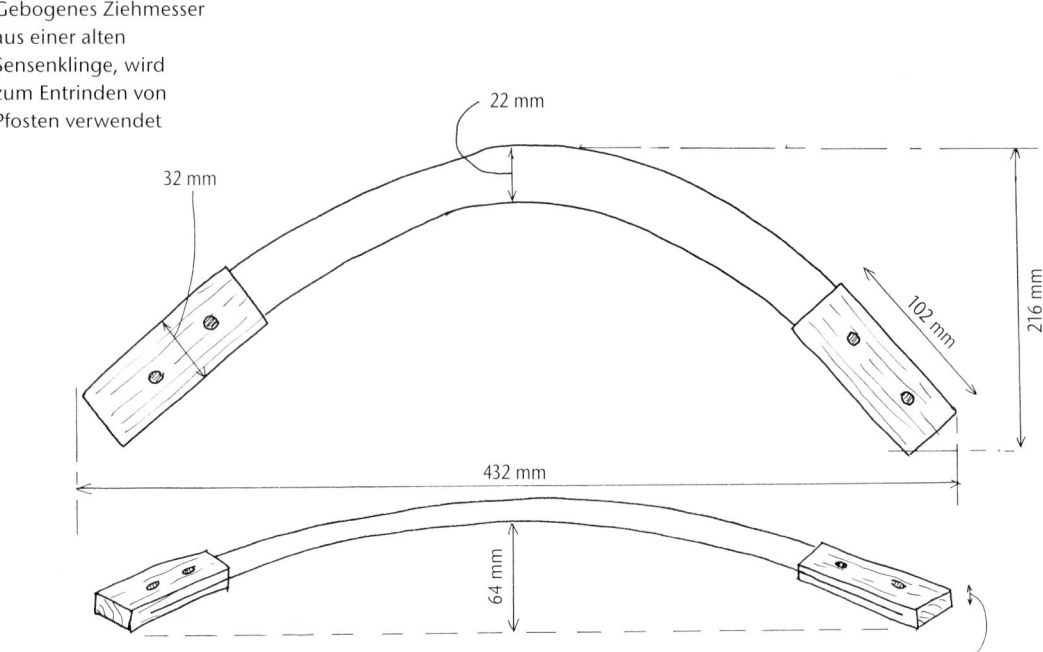

**Abb. 1.11**
Einhändig zu verwendende Ziehklinge zum Entrinden von Besenstielen aus Birkenholz

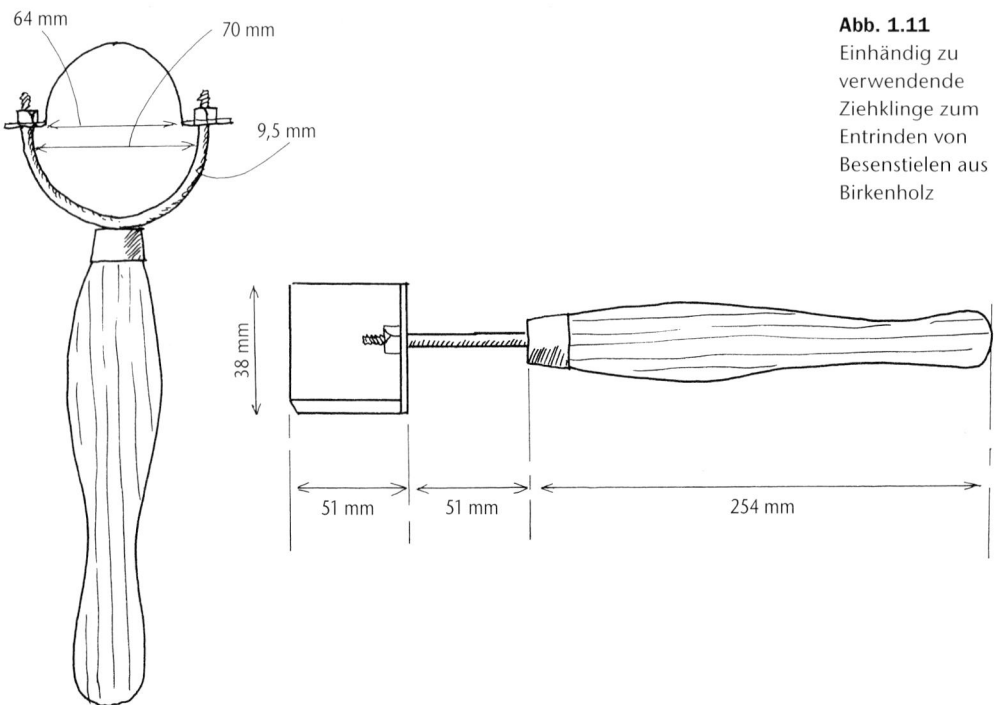

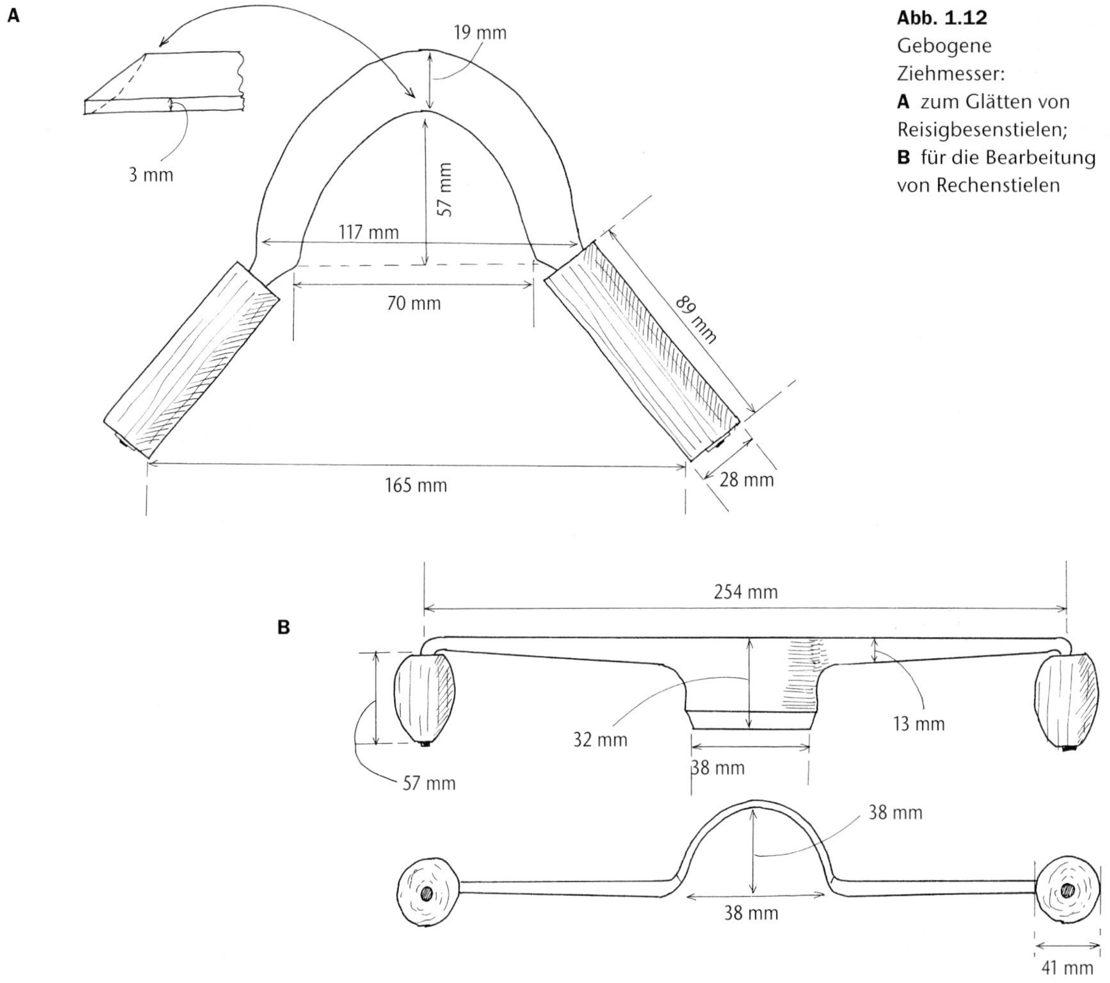

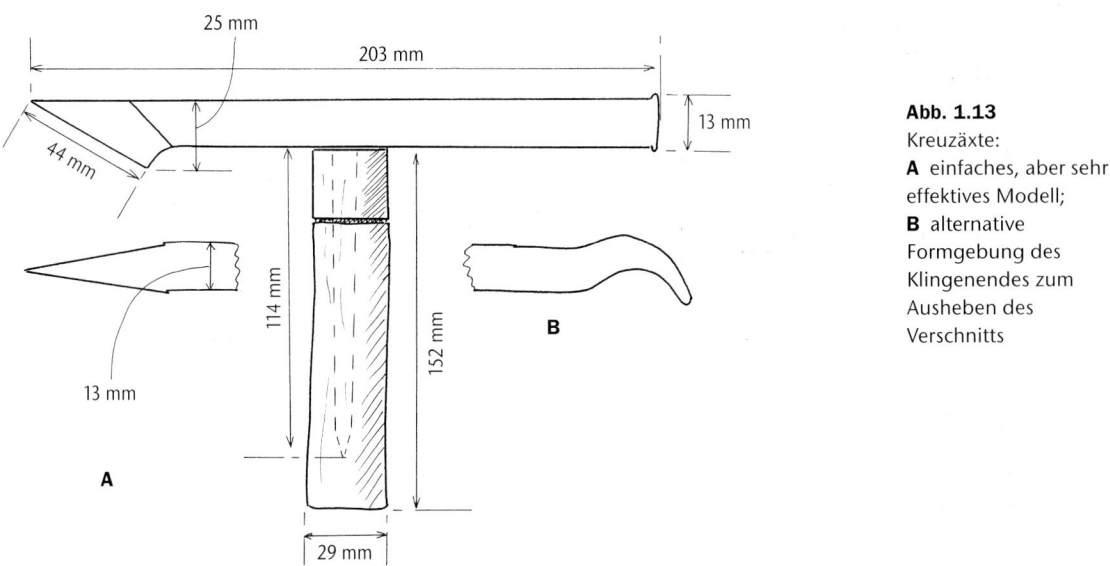

**Abb. 1.12**
Gebogene Ziehmesser:
**A** zum Glätten von Reisigbesenstielen;
**B** für die Bearbeitung von Rechenstielen

**Abb. 1.13**
Kreuzäxte:
**A** einfaches, aber sehr effektives Modell;
**B** alternative Formgebung des Klingenendes zum Ausheben des Verschnitts

**Abb. 1.14**
Kreuzäxte –
andere Formen

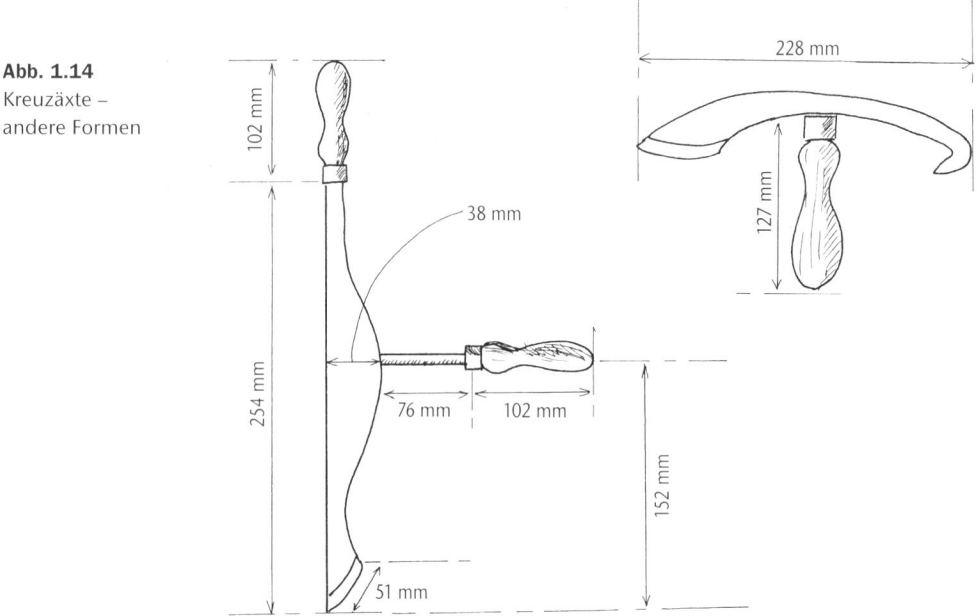

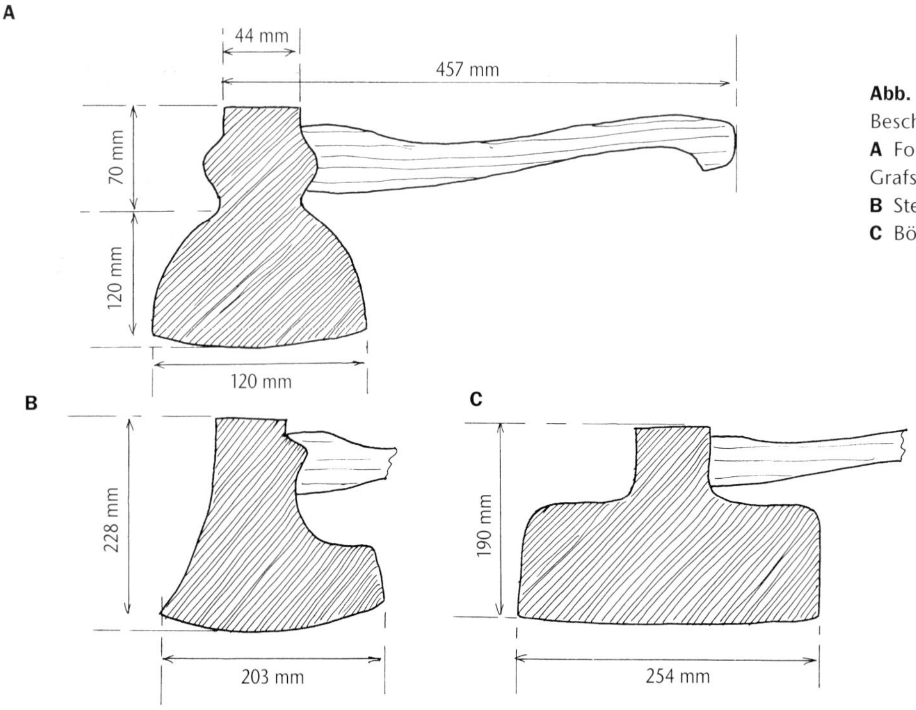

**Abb. 1.15**
Beschlagbeile:
**A** Form aus der Grafschaft Kent;
**B** Stellmacher-;
**C** Böttcher-Beschlagbeil

**Kapitel 1** Werkzeug, Vorrichtungen, Vorlagen und Lehren

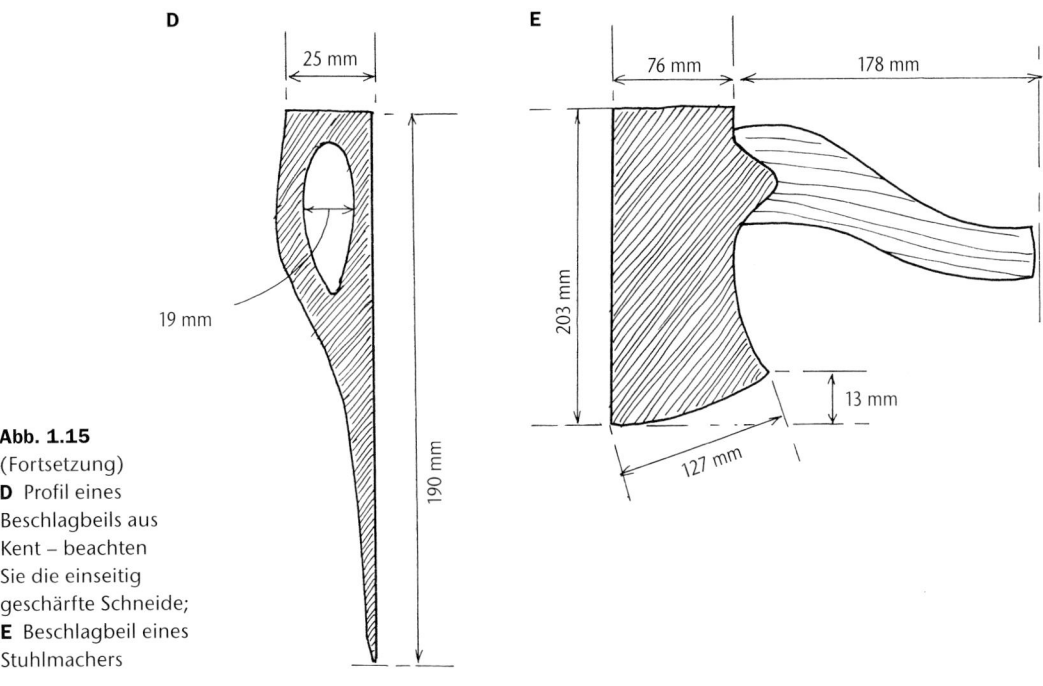

**Abb. 1.15**
(Fortsetzung)
**D** Profil eines Beschlagbeils aus Kent – beachten Sie die einseitig geschärfte Schneide;
**E** Beschlagbeil eines Stuhlmachers

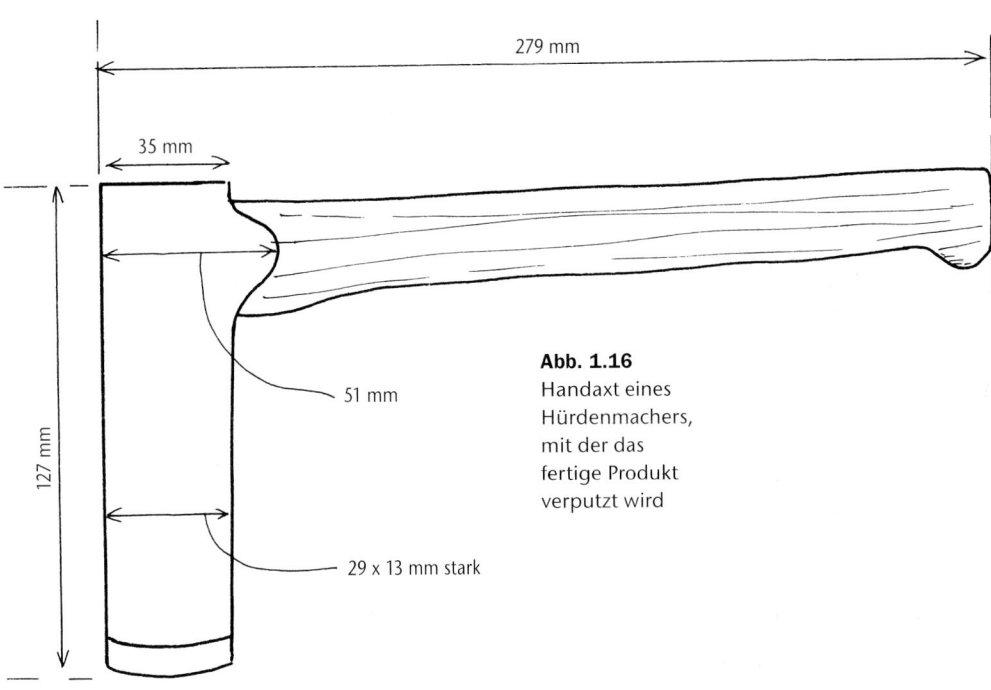

**Abb. 1.16**
Handaxt eines Hürdenmachers, mit der das fertige Produkt verputzt wird

# Vorrichtungen

**Spannungshalter** werden verwendet, um ein Werkstück beim Schälen, Bohren oder Anbringen von Zapfenlöchern und -schlitzen zu halten *(Abb. 1.17)*. Dazu wird das Stück etwas gebogen, so daß es unter Spannung steht, während das freie Ende von einer V-Nut oder einem angespitzten Nagel am seitlichen Verrutschen gehindert wird. Man kann auch eine Haltevorrichtung aus Metall verwenden, die im Englischen als Hop Dog bezeichnet wird.

**Das Schälgestell** wird verwendet, um einen runden Pfosten beim Entrinden zu stützen *(Abb. 1.18)*. Dabei muß das Werkstück nicht nur gedreht werden, sondern auch von einem Ende auf das andere gestellt werden. Die Verwendung eines Schälgestelles bietet sich bei der Bearbeitung einer größeren Zahl von langen Pfosten an.

**Die Ziehbank** ist eine Vorrichtung, auf der man beim spanenden oder formenden Arbeiten sitzt, während das Werkstück von einem Klemmrahmen gehalten wird, der mit dem Fuß betätigt wird *(Abb. 1.19)*. Unterschiedlich große Werkstücke können bearbeitet werden, indem man den Keil unter der Auflage entsprechend verschiebt *(Abb. 1.20a)*. Kleine, runde Werkstücke werden am besten mit einer gegabelten Stütze anstelle der üblichen flachen Auflage gehalten *(Abb. 1.20b)*. Die in Europa und den Vereinigten Staaten meist verwendeten Modelle üben wegen des längeren Hebelweges stärkeren Druck aus, sind aber weniger flexibel in bezug auf die Größe des Werkstückes *(Abb. 1.21)*.

**Die Knieklemme** wird beim Schälen langer Holzabschnitte verwendet, für die eine Ziehbank zu klein ist *(Abb. 1.22)*. Das Werkstück wird gehalten, indem man mit dem Knie auf das Brett Druck ausübt, das als Auflage dient. Diese Auflage sollte lang genug sein, um auch längere Werkstücke halten und auf gleichmäßige Stärke bringen zu können.

**Spindelhalter** werden beim Formen von Axtstielen und ähnlichen Gegenständen verwendet *(Abb. 1.23)*. Das Werkstück wird zwischen Spitzen gehalten wie in einer Drechselbank und bei der Arbeit gedreht, ohne daß es ausgespannt werden muß.

**Das Spaltgestell** wird benutzt, um dem Handwerker das kontrollierte Spalten von Holz zu ermöglichen *(Abb. 1.24)*. Im wesentlichen besteht das Gestell aus zwei waagerechten Rundhölzern, durch die man hebelnden Druck auf das Werkstück ausübt. Je weiter die Rundhölzer voneinander entfernt sind, desto stärker ist die Hebelkraft, die ausgeübt werden kann. Die Rundhölzer sollten mit unterschiedlichem Abstand angebracht werden, so daß Werkstücke unterschiedlichen Durchmessers bearbeitet werden können *(Abb. 1.24c)*. Abbildung 1.25 zeigt alternative Gestaltungsmöglichkeiten.

**Sparrenspalter** sind vermutlich die schnellste Art, Haselstöcke zu spalten, um sie als Unterbau für die Eindeckung von Reetdächern zu verwenden *(Abb. 1.26)*. Sie werden entweder auf einer Bank befestigt oder auf hüfthohen, freistehenden Pfosten aufgestellt. Sobald sich ein Spalt im Haselstock zeigt, wird er vorangetrieben, indem man die beiden Teile an dem Spalter vorbeidrückt. Mit gleichmäßigem Druck wird das Holz so bis zum Ende gespalten.

## Hinweise

- Wenn man die waagerechten Hölzer des Spannungshalters schräg montiert, können Werkstücke unterschiedlicher Größe bearbeitet werden.

- Wenn man eine V-Nut als seitlichen Halt verwendet, sollte diese tief genug sein, um das Werkstück am Herausrollen zu hindern.

- Der Keil unter der Werkstückauflage einer Ziehbank sollte beweglich sein, um unterschiedlich große Werkstücke bearbeiten zu können.

- Die Höhe der Bank sollte der Größe des Benutzers entsprechen – es ist sehr wichtig, daß man genügend Beinfreiheit hat, um gegebenenfalls vollen Druck ausüben zu können.

- Die Haltewirkung der Ziehbank wird vergrößert, wenn man eine Metallplatte oder Metallstreifen an der Auflage befestigt.

- Spaltgestelle mit drei Pfosten funktionieren besser als solche mit zwei – die erreichbare Hebelkraft ist höher.

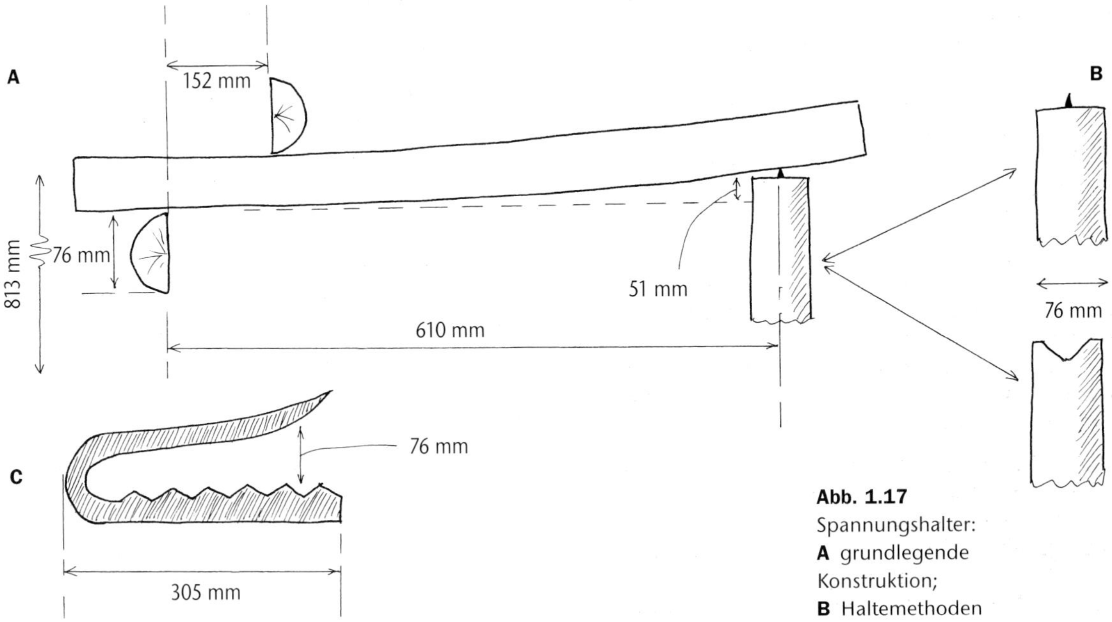

**Kapitel 1** Werkzeug, Vorrichtungen, Vorlagen und Lehren

**Abb. 1.17**
Spannungshalter:
**A** grundlegende Konstruktion;
**B** Haltemethoden für das Werkstück;
**C** Halter aus Metall („Hop Dog")

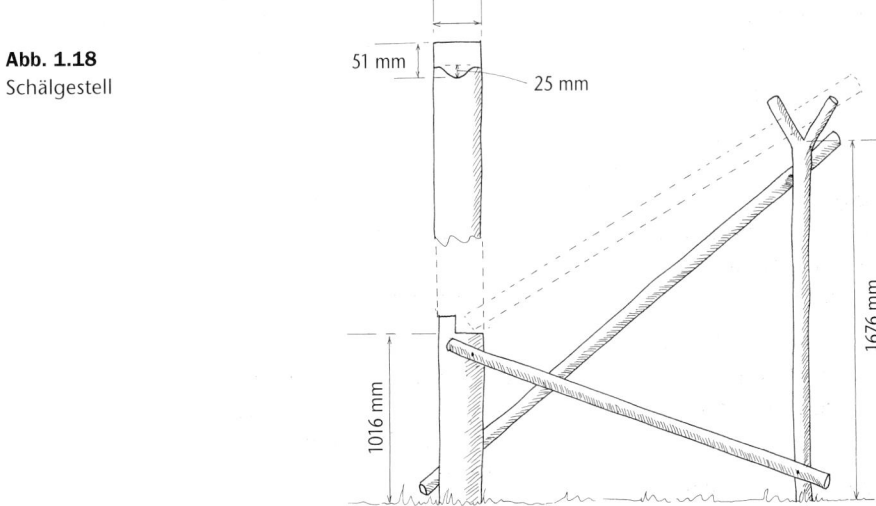

**Abb. 1.18** Schälgestell

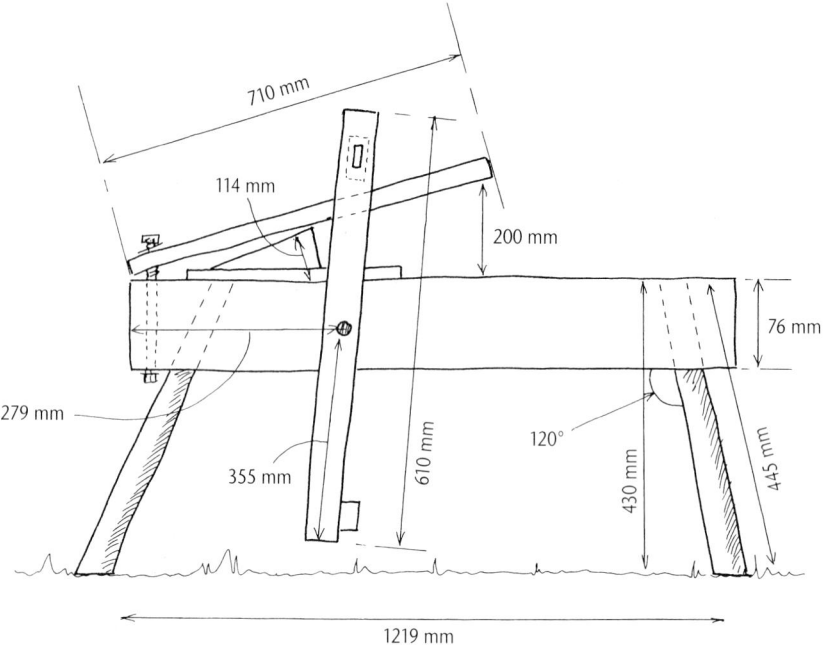

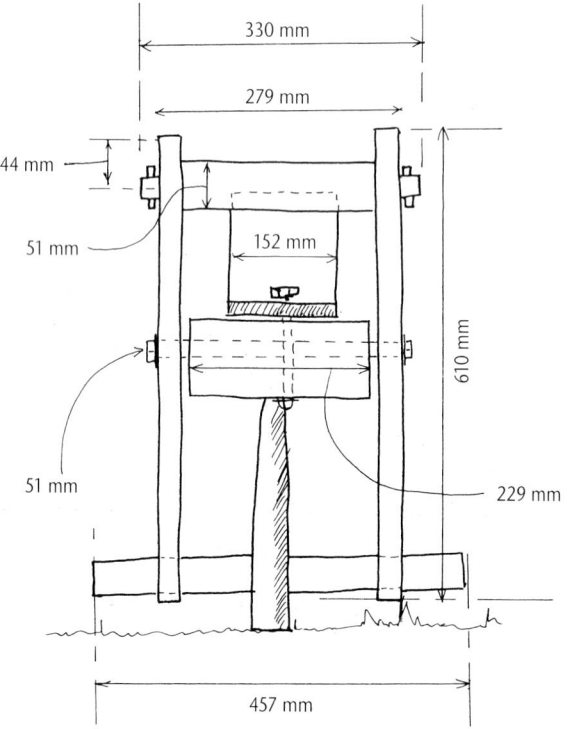

**Abb. 1.19**
Ziehbank – Grundgestaltung der englischen Ziehbank

**Kapitel 1** Werkzeug, Vorrichtungen, Vorlagen und Lehren

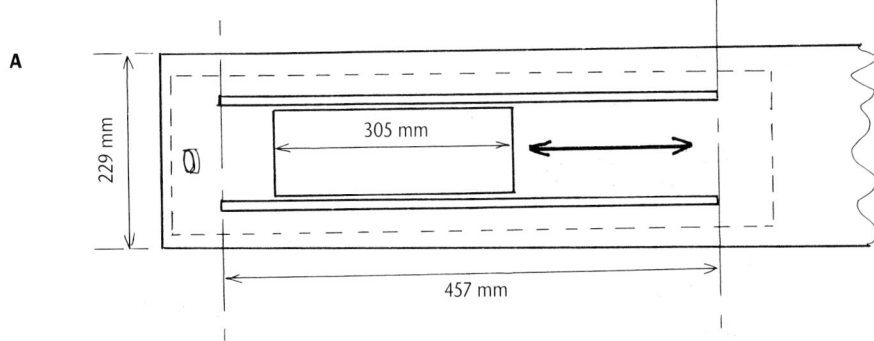

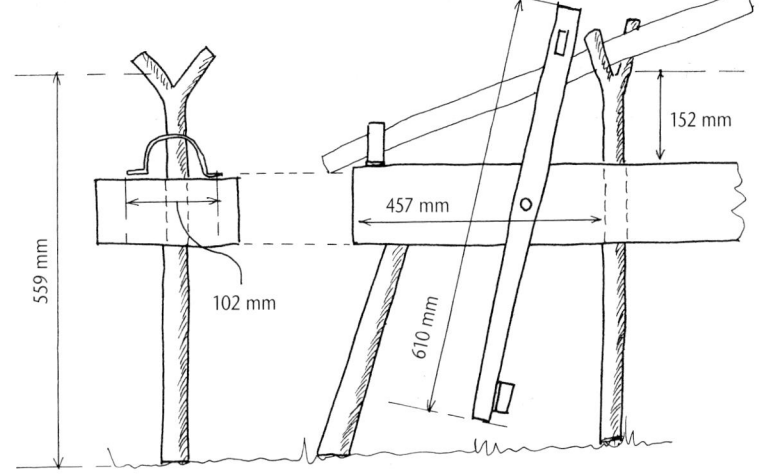

**Abb. 1.20**
Ziehbank – Details:
**A** Vorrichtung zum Verstellen des Keiles, um die Öffnungsweite zu verändern;
**B** Modifikationen, um Rundstäbe zu halten;
**C** Verwendung einer Form zum Schnitzen eines Löffels

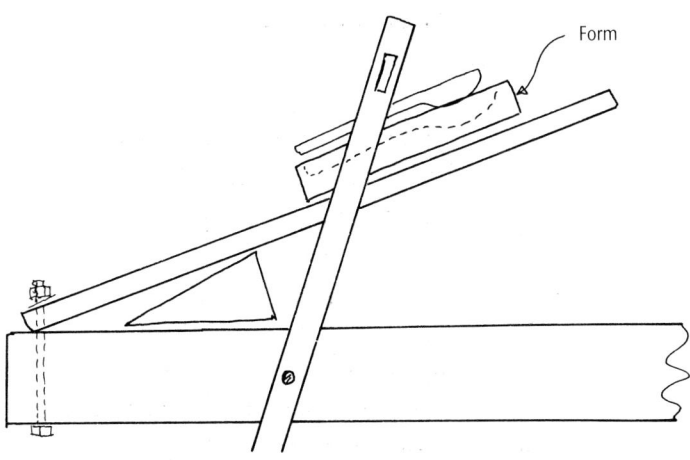

A

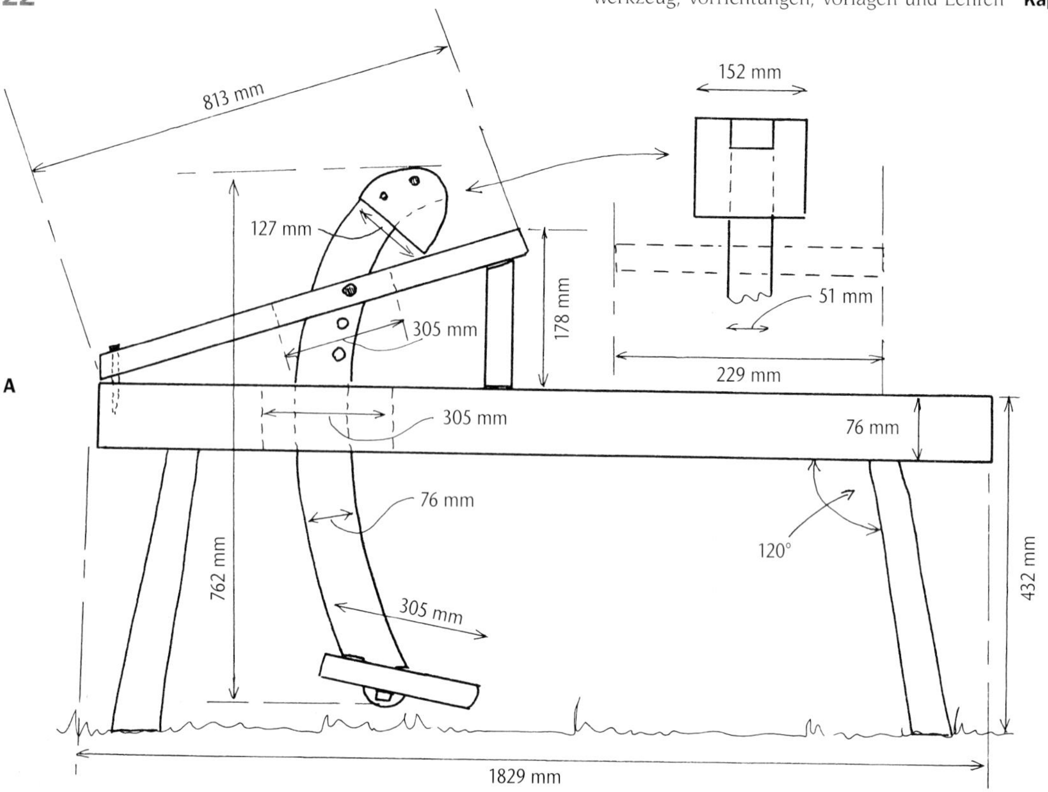

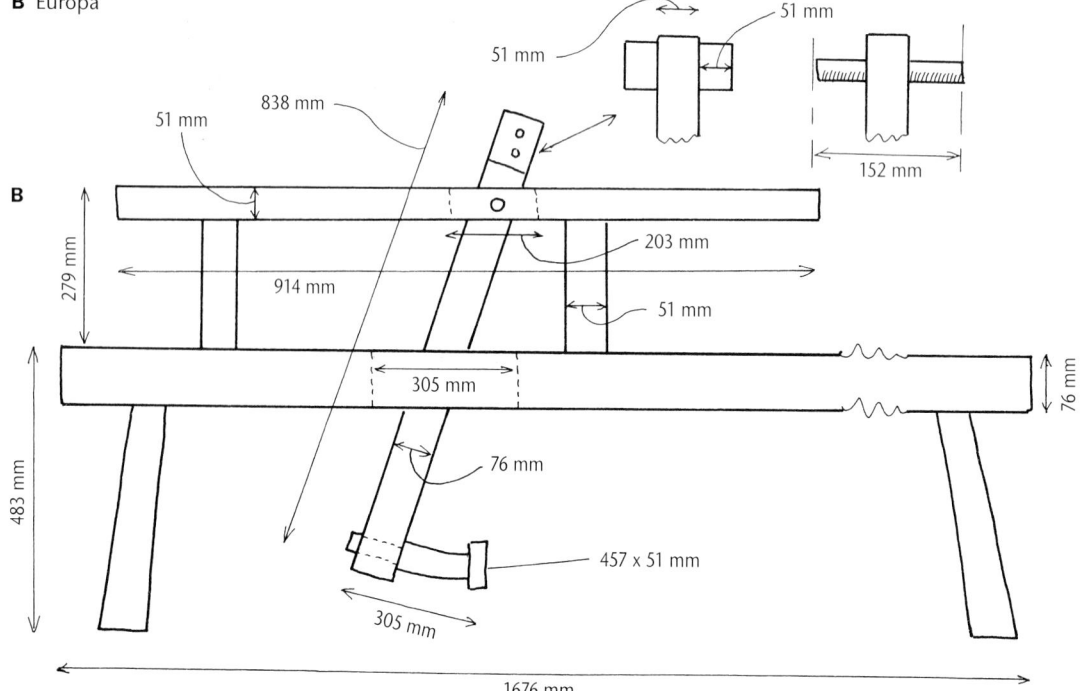

**Abb. 1.21**
Ziehbänke aus
**A** den Vereinigten Staaten;
**B** Europa

B

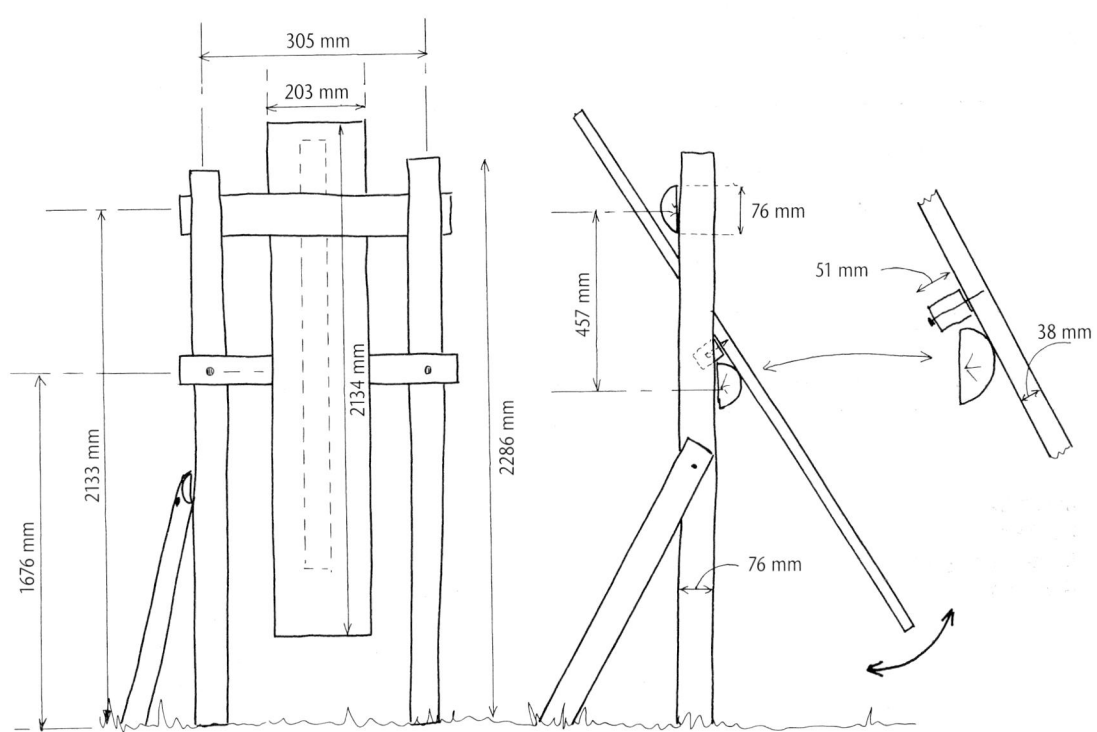

**Abb. 1.22**
Knieklemme
(Werkstück wird
durch gestrichelte
Linie gezeigt)

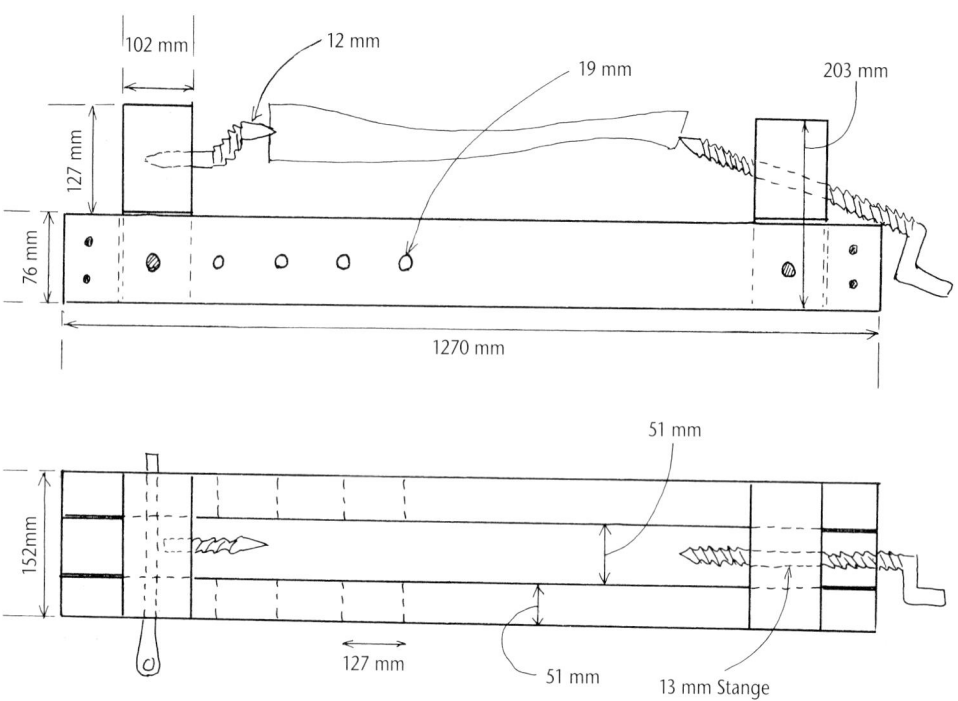

**Abb. 1.23**
Spindelhalter für das Bearbeiten asymmetrischer Werkstücke

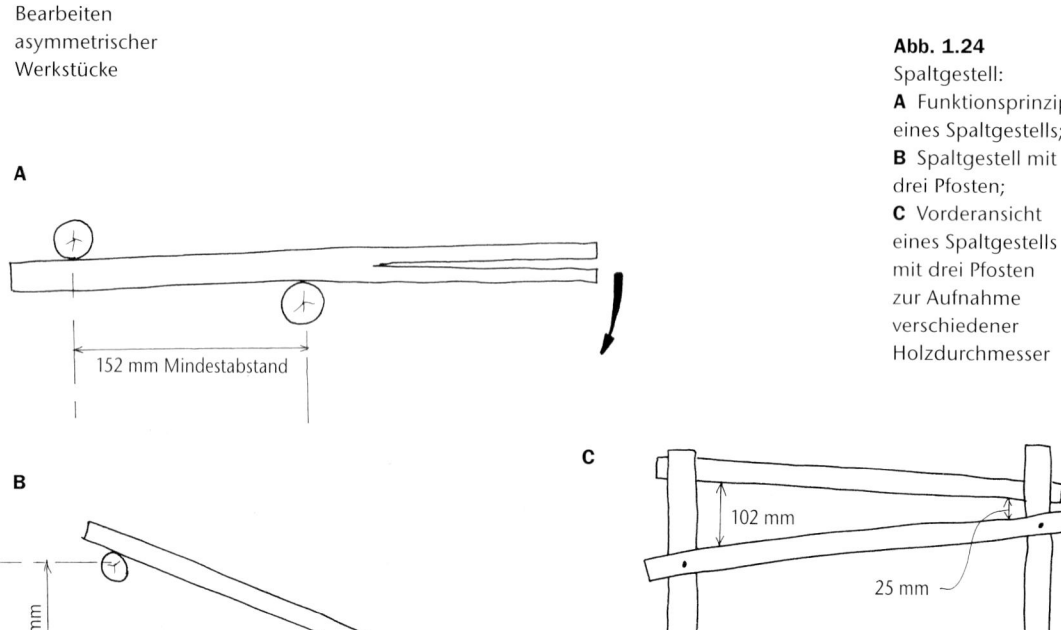

**Abb. 1.24**
Spaltgestell:
**A** Funktionsprinzip eines Spaltgestells;
**B** Spaltgestell mit drei Pfosten;
**C** Vorderansicht eines Spaltgestells mit drei Pfosten zur Aufnahme verschiedener Holzdurchmesser

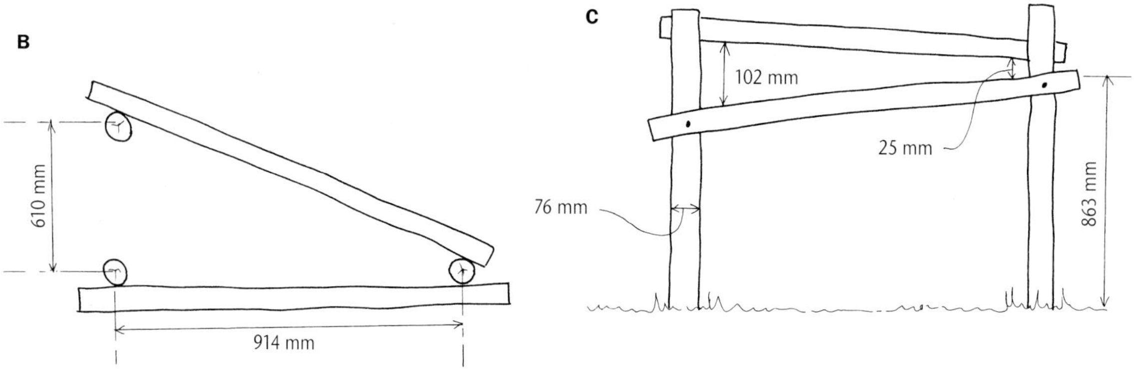

**Kapitel 1** Werkzeug, Vorrichtungen, Vorlagen und Lehren

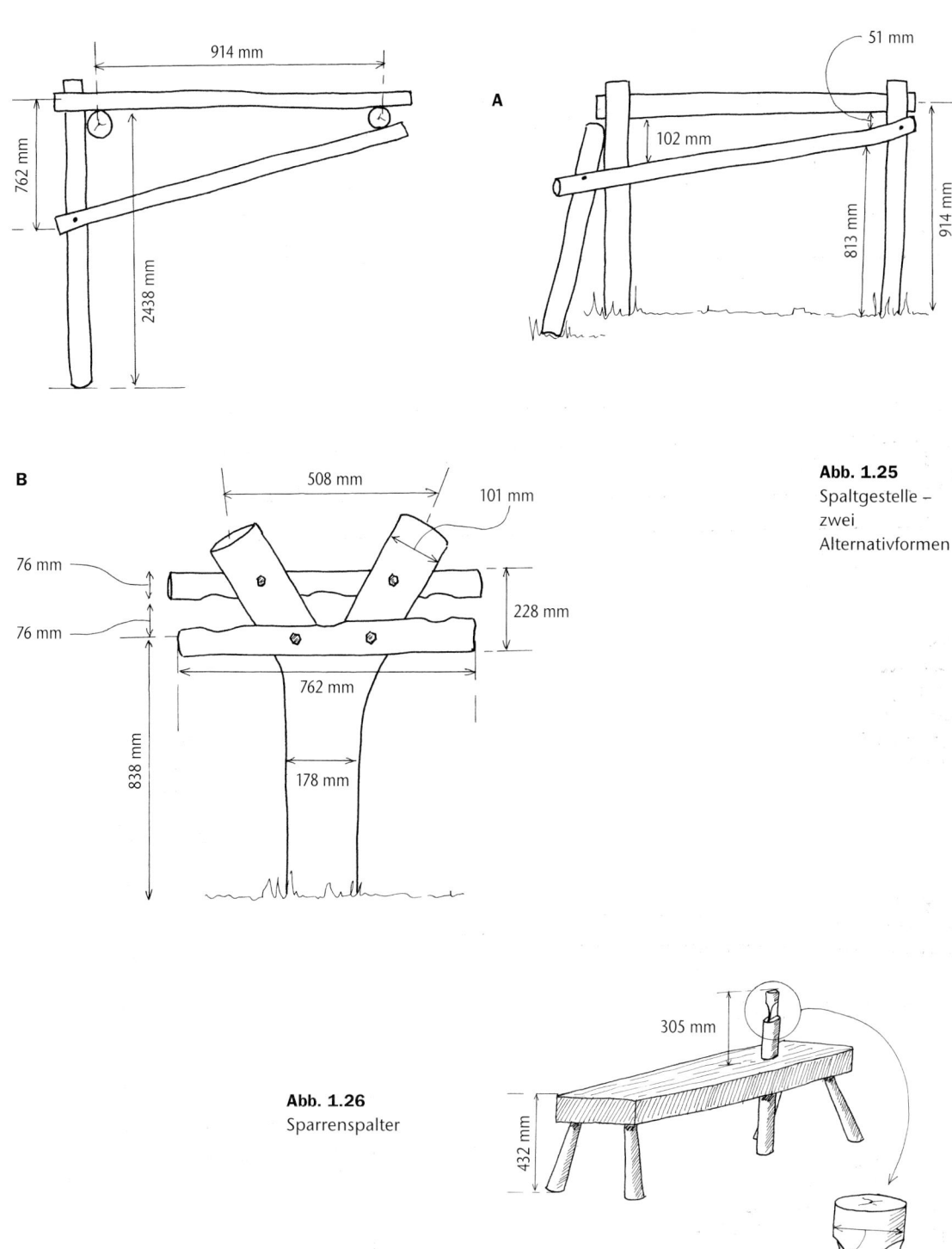

**Abb. 1.25**
Spaltgestelle –
zwei
Alternativformen

**Abb. 1.26**
Sparrenspalter

# Die Wippdrehbank

Die Wippdrehbank ist für den modernen Grünholzwerker mittlerweile unverzichtbar *(Abb. 1.27)*. Traditionell wurde sie von Stuhlmachern verwendet. Der wichtigste Teil der Drehbank ist das Bett, das aus zwei parallelen Kanthölzern mit einem Zwischenraum besteht, und an jedem Ende von einem A-förmigen Gestell gehalten wird. Die Bestandteile müssen mit entsprechenden Verbindungen versehen und zusätzlich mit Gewindeschrauben gesichert werden, um der Konstruktion Stabilität zu geben. Die Länge des Bettes kann den Bedürfnissen des Benutzers angepaßt werden.

Das Werkstück wird zwischen Spitzen gehalten, die mit Gewinden im Reitstock und Spindelstock befestigt werden *(Abb. 1.28)*. Die Spitze im Spindelstock ist fest montiert, aber jene im Reitstock ist drehbar, um das Werkstück ein- und auszuspannen. Reit- und Spindelstock sind im Bett bewegbar, werden aber beim Drechseln mit Keilen fixiert, die sich unter dem Bett befinden. Auf dem Bett ist außerdem mit einem Keil oder einem Gewindebolzen eine Werkzeugauflage befestigt *(Abb. 1.29)*, ihre Höhe sollte mit den beiden Spitzen übereinstimmen. Eine längere Werkzeugauflage wird in *Abbildung 1.30* gezeigt. Lange, dünne Werkstücke haben die Tendenz, sich unter dem Druck des Werkzeugs zu verbiegen, bei ihnen ist eine rückwärtige Halterung wichtig. *Abbildung 1.31* zeigt eine von Hugh Spencer entworfene Halterung. Ihr wichtigster Bestandteil ist der hintere lose Keil, der durch Nachschieben für steten Kontakt der Halterung zum Werkstück sorgt. Die Spitzen einer Wippdrehbank (sowohl am Reit- als auch am Spindelstock) sind „tot", das heißt, sie versetzen das Werkstück nicht in Bewegung. Dies geschieht vielmehr mit einer Schnur, die um das Werkstück gewickelt und mit einem Ende an der Wippe, mit dem anderen am Pedal befestigt wird. Die Antriebskraft wird vom Bein des Drechslers geliefert, der auf das Pedal tritt; die Wippe sorgt dafür, daß das Werkstück wieder in seine Ausgangslage zurückkehrt. Das bedeutet natürlich, daß der Drechsler nur dann das Werkzeug zum Werkstück führen darf, wenn er das Pedal niedertritt, nicht dagegen, wenn die Wippe für die Rückwärtsdrehung sorgt. Die Wippe wird wegen ihrer Länge oft (besonders wenn man nicht im Freien arbeitet) durch eine elastische Schnur ersetzt *(Abb. 1.32b)*.

## Hinweise

- Versehen Sie die Oberseite der Keile mit Leder – sie lockern sich dann nicht so leicht.

- Falls möglich, sollten Bett, Rahmen, Spindel- und Reitstock aus Hartholz gefertigt werden.

- Befestigen Sie an der Oberseite der Werkzeugauflage einen kleinen Metallstreifen, um sie vor Abnutzung durch das Werkzeug zu schützen.

- Verbinden Sie das Bett und die A-Gestelle mit sorgfältig gearbeiteten Verbindungen und doppelten Gewindebolzen, um der Konstruktion Stabilität zu verleihen.

- Verbinden Sie das Pedal und das Trittbrett beweglich mit zwei Lederstreifen. Kerben Sie das obere Ende des Pedals ein, um zu verhindern, daß sich die Schnur löst.

- Die Wippe muß aus Grünholz hergestellt werden – getrocknetes Holz bricht unter Spannung.

**Kapitel 1** Werkzeug, Vorrichtungen, Vorlagen und Lehren

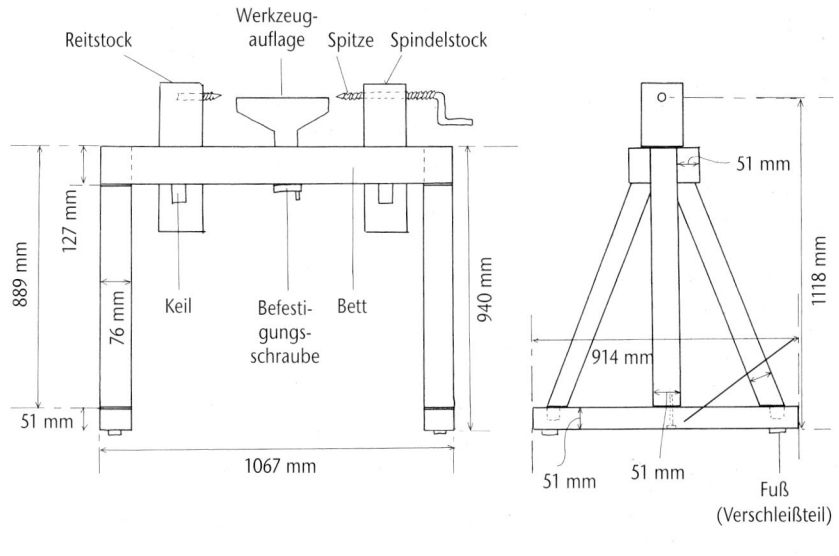

**Abb. 1.27**
Die Wippdrehbank – grundlegende Konstruktion, ohne Pedal und Wippe

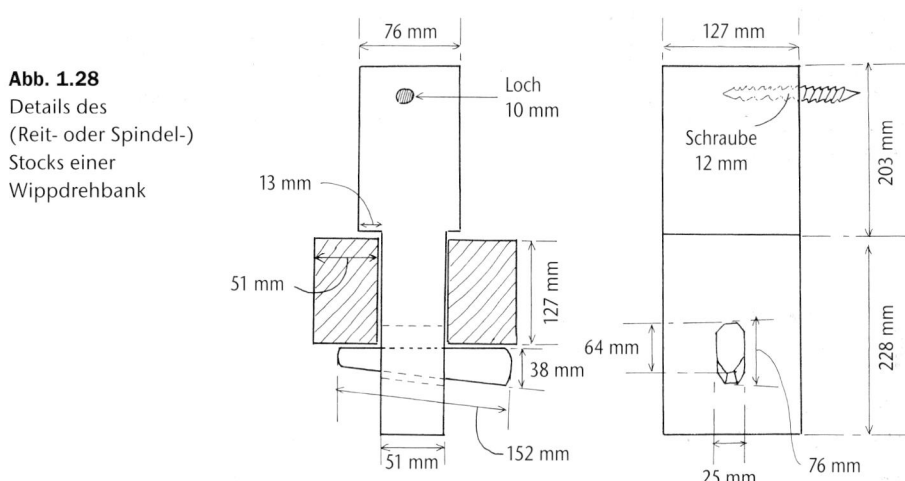

**Abb. 1.28**
Details des (Reit- oder Spindel-) Stocks einer Wippdrehbank

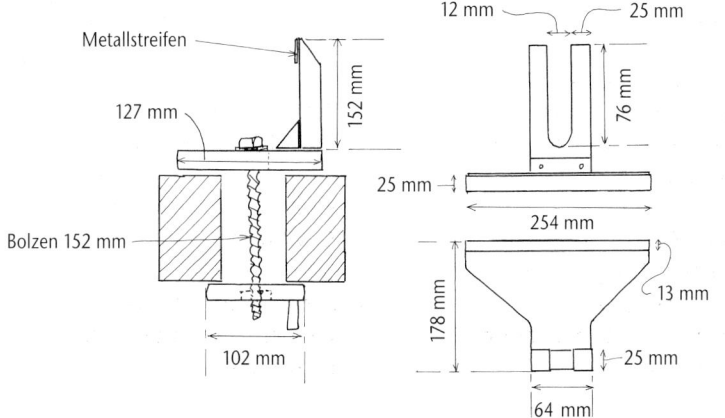

**Abb. 1.29**
Werkzeugauflage für eine Wippdrehbank (Detailzeichnung)

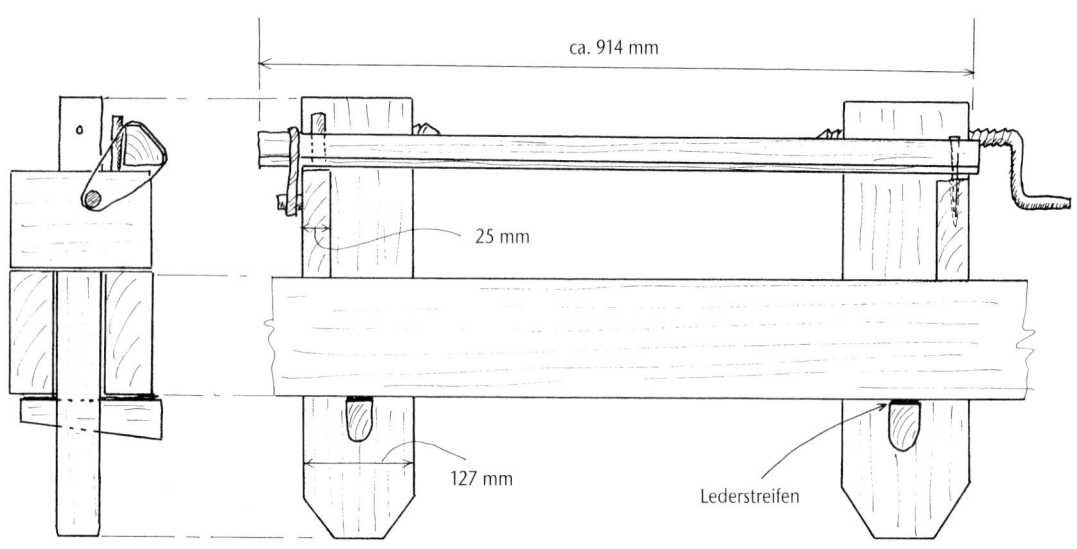

**Abb. 1.30**
Alternative Gestaltung der Werkzeugauflage

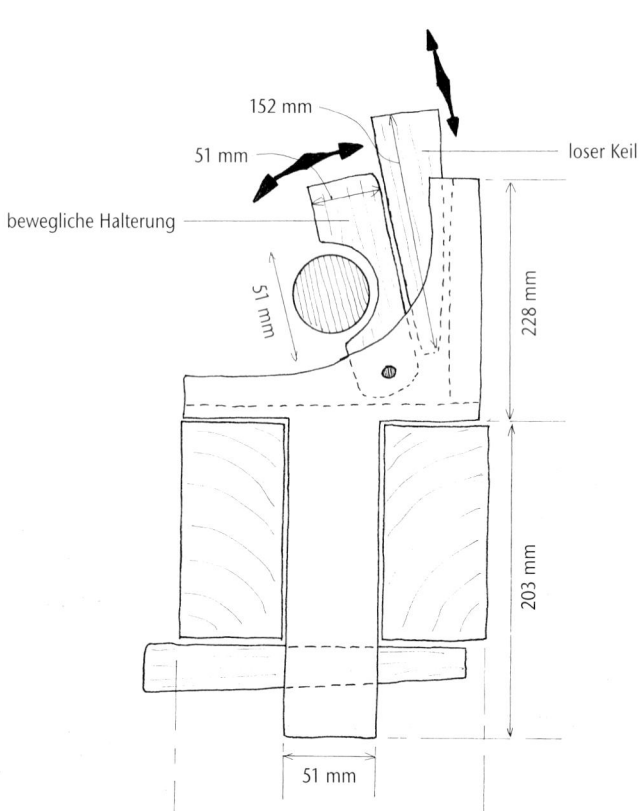

**Abb. 1.31**
Vorrichtung zum Halten langer Werkstücke

**Kapitel 1** Werkzeug, Vorrichtungen, Vorlagen und Lehren

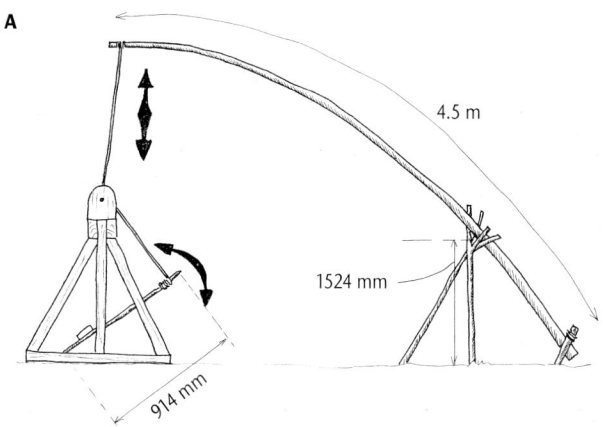

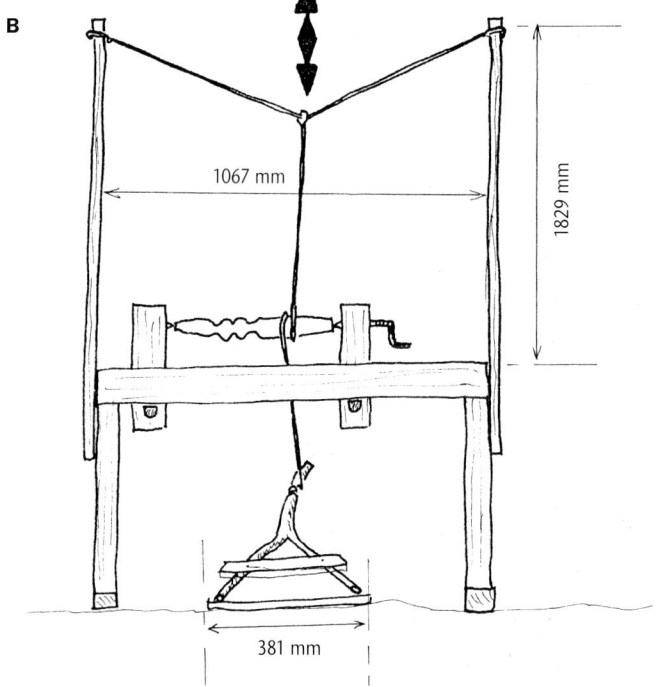

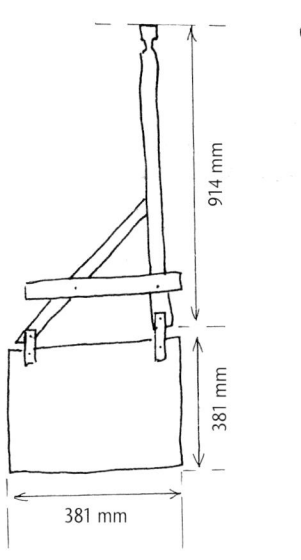

**Abb. 1.32**
Die Wippe:
**A** traditionelle Form mit einer Eschenstange;
**B** mit elastischer Schnur – einfacher in der Handhabung, wenn in Innenräumen gearbeitet wird;
**C** Gestaltung des Pedals

# Vorlagen und Lehren

Maßstöcke werden oft verwendet, wenn wiederholt die gleiche Länge abgemessen werden muß *(Abb. 1.33)* – besonders bei größeren Längen ist dieses Verfahren einfacher und schneller als die Verwendung eines Maßbandes. Man kann sie auch auf einem Sägebock benutzen, um eine Schnittlinie anzureißen. Hürdenmacher verwenden lange, an einem Ende gegabelte Stöcke, um zu kontrollieren, daß das Flechtwerk einheitlich lang wird.

Einfache Lehren werden oft benutzt, wenn ein Teil eines Werkstückes in ein Loch oder einen Schlitz in einem anderen Teil eingepaßt werden soll. *Abbildung 1.34* zeigt ein Beispiel, mit dem sichergestellt wird, daß die Enden der Querstücke an einer Hürde in die entsprechenden Zapfenlöcher der Ständer passen. Solche Lehren werden alle vom Handwerker selbst hergestellt. *Abbildung 1.35* zeigt zwei einfache Lehren aus Sperrholz, die bei Kleinserien an der Drechselbank benutzt werden, oder um sicherzustellen, daß beispielsweise der Durchmesser eines langen Stiels einheitlich bleibt.

Vorlagen können die Bandbreite von Skizzen auf Papier bis hin zu Schablonen einnehmen, die bei der Herstellung des Werkstücks verwendet werden. *Abbildung 1.36a* zeigt ein Beispiel für eine solche Schablone: Ein Holzstück, mit dem an den Ständern einer Hürde die Löcher am Werkstück markiert, indem man durch die vorgebohrten Löcher hindurch anreißt. *Abbildung 1.36b* zeigt die hölzerne Form, auf der die Teile zusammengenagelt werden, wodurch sichergestellt wird, daß die Abmessungen aller Hürden gleich sind.

Außerdem werden Schablonen für Löffel *(Abb. 1.37)*, eine Stuhlbein *(Abb. 1.38)* und eine Stuhllehne *(Abb. 1.39)* gezeigt, die normalerweise aus Sperrholz oder (bei kleineren Werkstücken) steifer Pappe ausgesägt und in der Werkstatt aufbewahrt wurden. Sie werden auf das Rohmaterial aufgelegt und der Umriß darauf übertragen. Mit der Zeit nutzen sie sich ab und müssen ersetzt werden.

Die Positionen der einzelnen Verzierungen an einem gedrechselten Stuhlbein lassen sich auf dem Rohling markieren, indem man bei der Rückwärtsbewegung des Stückes vorsichtig ein Musterstück dagegen hält, das an den entsprechenden Stellen mit angespitzten Nägeln versehen ist.

## Hinweise

> Ein leicht gebogener Stock eignet sich besonders für die Herstellung eines Maßstocks, da man am Ende einen Haken anbringen kann, der über das Ende des Werkstücks gehakt wird.

> Mit einem Nagel an einem Ende einer Lehre läßt sich das Werkstück gut anreißen.

> Lehren für Zapfen nutzen sich ab, wenn sie häufig benutzt werden, sie müssen ersetzt werden, um enge, gut passende Verbindungen zu gewährleisten.

> Machen Sie sich keine Sorgen, wenn die Werkstücke nicht absolut identisch ausfallen – einer der Vorzüge der Arbeit mit Grünholz ist, daß fast jedes Stück einzigartig ist.

> Halten Sie Ihre Muster und Ideen schriftlich fest – das menschliche Gedächtnis ist ein unbeständig Ding!

**Kapitel 1** Werkzeug, Vorrichtungen, Vorlagen und Lehren

**Abb. 1.33**
Maßstöcke – werden auf die für die Arbeit notwendige Länge zugeschnitten

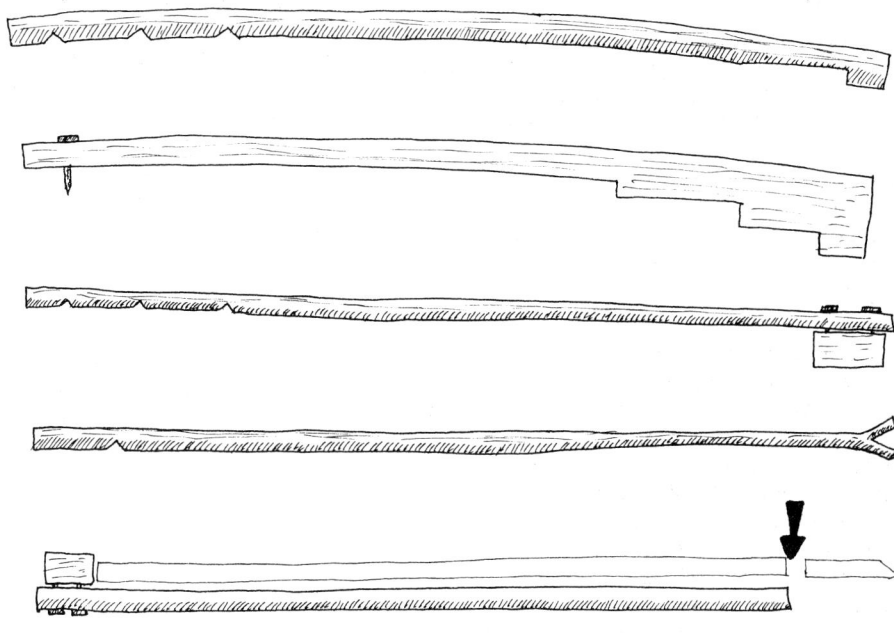

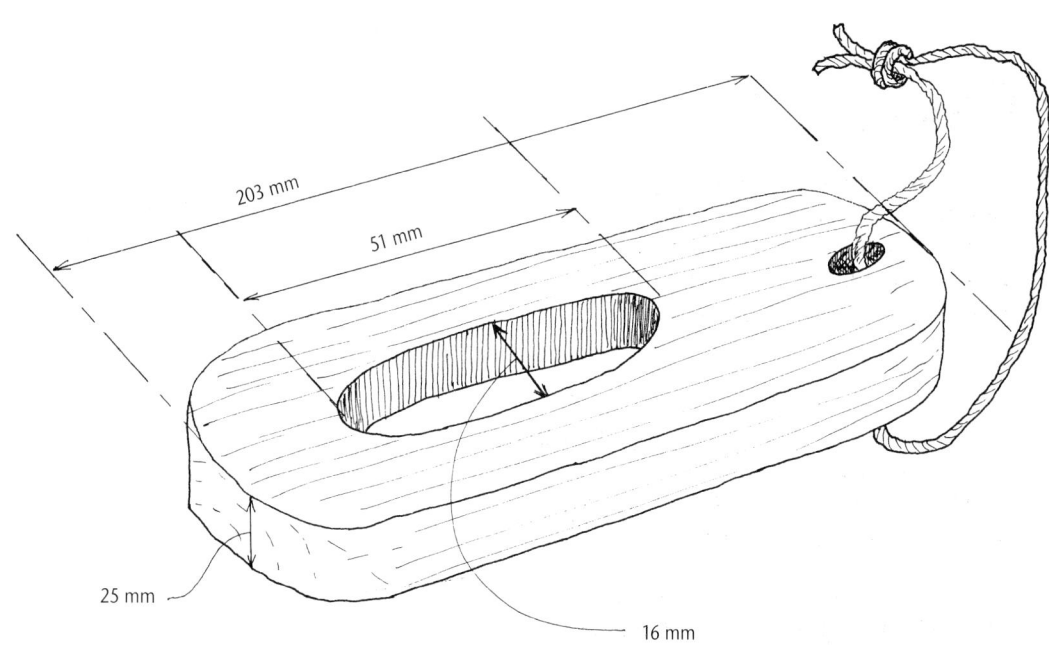

**Abb. 1.34**
Lehre für die Herstellung von Hürdenpfosten

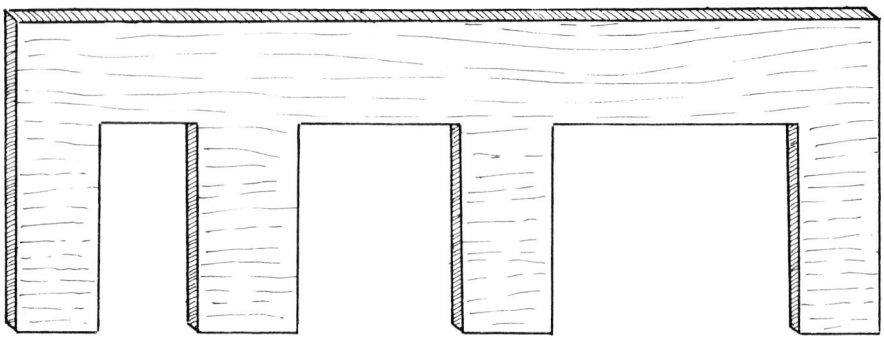

**Abb. 1.35**
Zwei Lehren
für die
Wippdrehbank

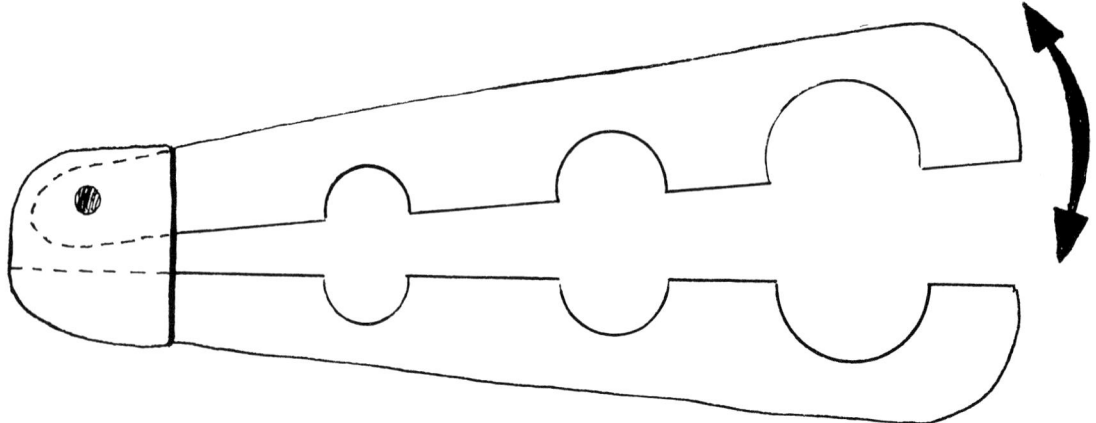

**Kapitel 1** Werkzeug, Vorrichtungen, Vorlagen und Lehren

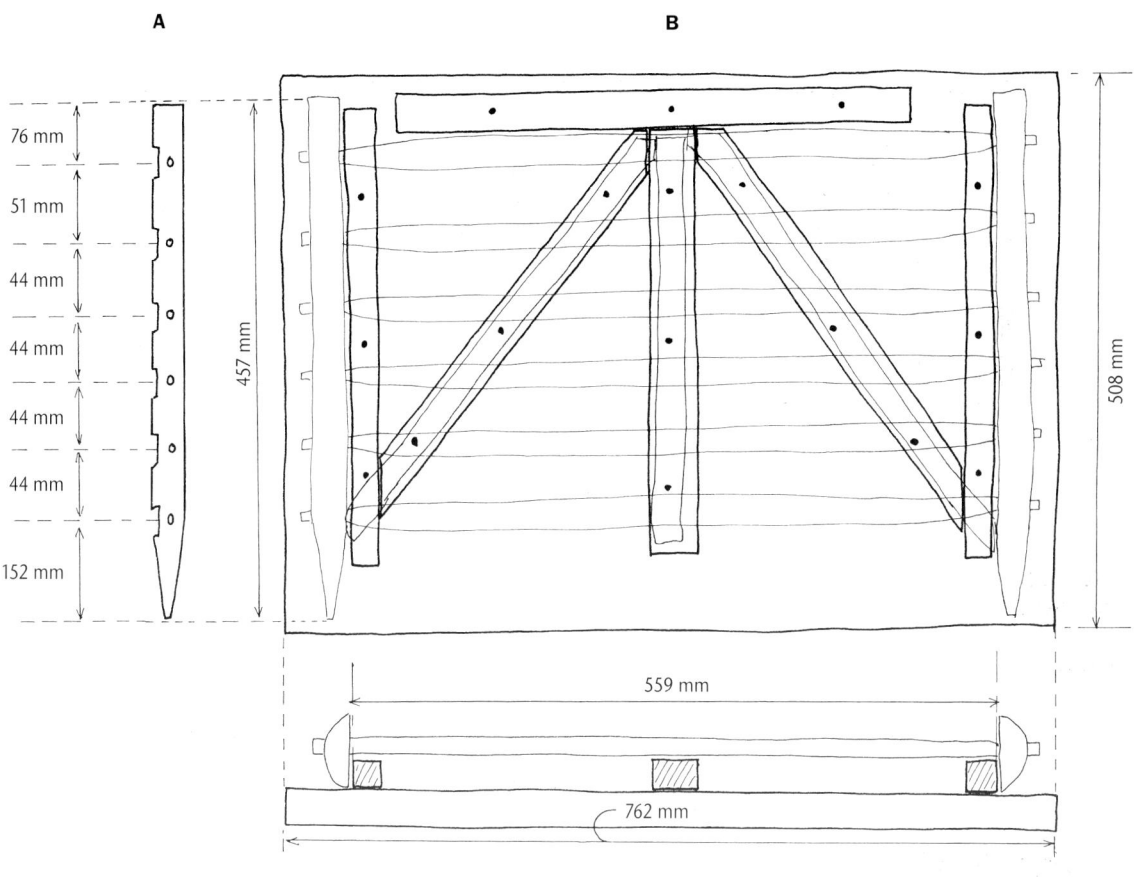

**Abb. 1.36**
**A** Lehre für das Kopfstück einer Hürde;
**B** Form, in der die Hürde zusammenmontiert wird, um gleichmäßige Abmessungen sicherzustellen

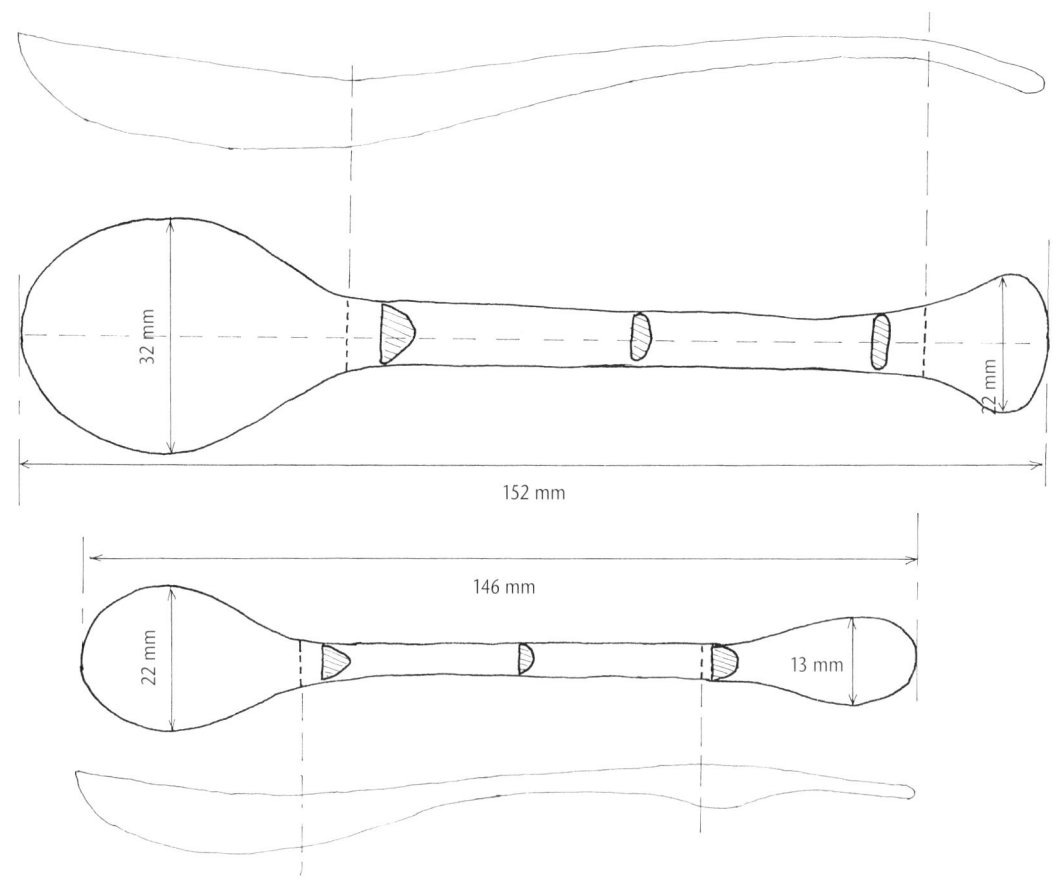

**Abb. 1.37**
Löffelformen

**Kapitel 1** Werkzeug, Vorrichtungen, Vorlagen und Lehren

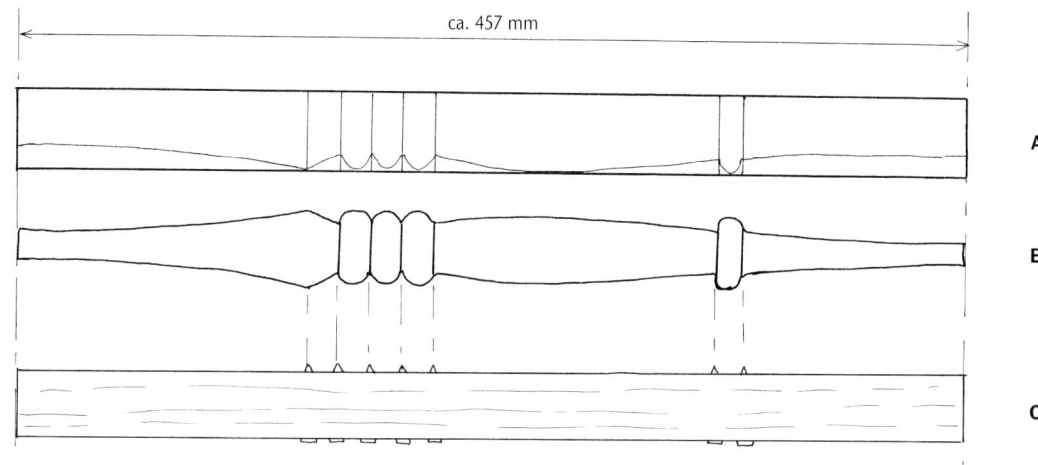

**Abb. 1.38**
Schablonen für Stuhlbeine:
**A** Schablone;
**B** fertiges Stuhlbein;
**C** Anreißlehre für den Beinrohling

**Abb. 1.39**
Schablone für ein Rückenlehnenbrett

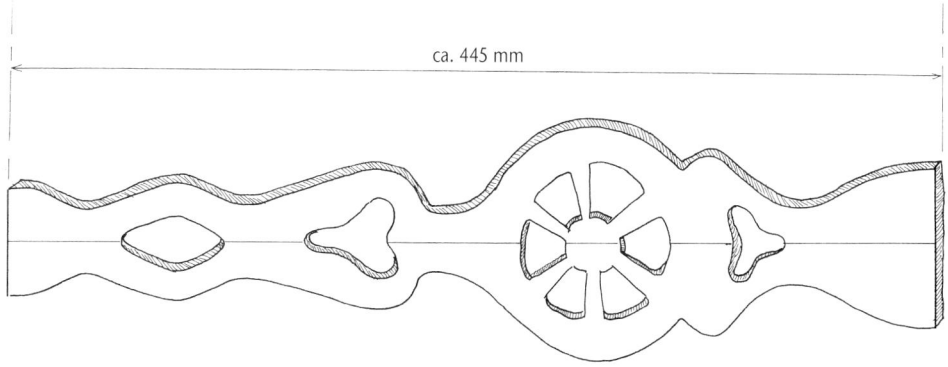

# 2 Zäune und Tore

## Einleitung

Zäune gehören zu den ältesten Erzeugnissen aus Grünholz. Als unsere Vorfahren langsam seßhaft wurden, Viehzucht und Ackerbau betrieben, wurde es notwendig, Zäune zu errichten, um beides voneinander abzugrenzen. Die ersten Zäune bestanden vermutlich aus trockenen Zweigen und Ästen, die übereinander gelegt wurden, um eine „tote Hecke" zu bilden. Im Mittelalter wurde diese Form zu einer weiterentwickelt, bei der die Zweige zwischen senkrechten Pfosten eingeflochten wurden – heute wird manchmal noch ein ähnliches Verfahren verwendet, um Wild von neu angelegten Schonungen fernzuhalten. Stecken und Latten für Zäune waren im Mittelalter nach Feuerholz das zweitwichtigste Produkt des Niederwaldes.

Verschiedene Abwandlungen des Zaunes aus Pfosten und Latten sind immer die häufigste Form des Zaunes gewesen. Durch das Hinzufügen senkrechter Latten entstand der Staketenzaun, der in England verwendet wurde, um Gutsbesitz und Wildgehege einzuzäunen. Dabei wurde die effektive Höhe oft vergrößert, indem man den Staketenzaun auf einer Grenzböschung errichtete.

Die Weiterentwicklung der Landwirtschaft machte es notwendig, bewegliche Einzäunungen zu entwickeln, mit denen Vieh, besonders Schafe, eingepfercht werden konnte, während es auf Weide- und Ackerflächen graste. Dieses Bedürfnis wurde durch geflochtene Schafhürden und -tore erfüllt, die im Süden und Osten Englands zu Tausenden hergestellt wurden. Bald wurden sie zu einem Synonym für die Schäfer und ihre Herden, wobei sich die Gestaltung oft von einem Gebiet zum nächsten in Kleinigkeiten unterschied. Obwohl sich die Landwirtschaft gewandelt hat und weniger Hürden benötigt werden, sind geflochtene Hürdenzäune in England doch eine beliebte Form des Gartenzaunes geblieben.

Die Zäune um Bauern- und Kleinpächtergärten herum bestanden meist aus kleinen Rundpfosten, die im Niederwald oder in Hecken geschlagen wurden. In diesem Fall waren die Hersteller nicht an ein bestimmtes Muster gebunden, sie konnten vielmehr ihren eigenen Ideen Ausdruck verleihen – nur durch die Funktionalität in dieser Freiheit eingeschränkt. So entstanden eine Vielzahl unterschiedlich gestalteter Gartenzäune, die immer mit einem Blick auf die harmonische Einpassung in ihre Umgebung hergestellt wurden.

In feuchten Klimazonen ist die Dauerhaftigkeit von Holzprodukten im Freien schon immer ein Problem gewesen. Das Kernholz der Eiche und der Kastanie sind ohne Zweifel in bezug auf die Feuchtigkeitsresistenz die besten europäischen Holzarten. Besonders die Kastanie erzeugt wenig Splintholz, so daß auch kleinere Stücke sehr haltbar sind. Ohne diese Eigenschaften wäre es unmöglich, die heute allgegenwärtigen Zäune aus Pfosten und Draht herzustellen.

## Weidezäune

Weidezäune bestehen aus senkrechten Pfosten, die durch waagerechte Latten verbunden sind. Die Pfosten können relativ leicht sein, 75 mm Durchmesser reichen aus, sie werden am unteren Ende angespitzt und in den Boden geschlagen. Für schwerere Pfosten (Querschnitt 128 x 76 mm) muß ein Loch ausgehoben werden, der Aushub wird nach dem Setzen des Pfostens zurückgefüllt und festgestampft. Je nach erforderlicher Stärke des Zauns kann der Abstand zwischen den Pfosten 1,80 bis 2,70 Meter betragen.

Meist werden zwei parallele Latten angebracht, bei höheren Zäunen können es allerdings auch drei sein. Bei den einfachsten (und weniger ansehnlichen) Zäunen werden die Latten einfach an die Pfosten genagelt (Abb. 2.1). Häufiger und effektiver ist eine Konstruktion mit Zapfenlöchern in den Pfosten, in welche die Enden der Latten hineingesteckt werden.

Im einfachsten Fall kann es sich dabei um gebohrte Rundlöcher handeln (Abb. 2.2 und 2.3). Bei robusteren Zäunen ist es besser, entweder ein Loch zu verwenden, in das zwei überlappende Latten gesteckt werden, oder man bohrt zwei nebeneinander liegende Löcher (Abb. 2.4 und 2.5). Da die Enden der Latten spitz zulaufen, um in die Löcher zu passen, können die Latten nach dem

**Kapitel 2**  Zäune und Tore

Errichten des Zaunes nur entfernt werden, wenn die Pfosten angehoben werden.

Ein Lattenzaun entsteht, wenn man gespaltene Rundhölzer an die Querlatten nagelt – der Abstand hängt dabei vom Verwendungszweck ab (Abb. 2.6–2.8).

Aus dem Grundmuster des Weidezaunes haben sich eine Vielzahl unterschiedlicher Gartenzäune mit Rundholz- und Spaltholzlatten entwickelt, eine Auswahl ist in der *Abbildung 2.9.* dargestellt.

## Hinweise

- Eiche und Eßkastanie eignen sich besonders gut, vor allem wenn das Holz Bodenkontakt hat. Gespaltenes Holz ist immer haltbarer als gesägtes.

- Verkeilen Sie die Enden der Querlatten in Zapfenlöchern mit Holzkeilen (Abb. 2.4).

- Plazieren Sie gespaltene Querlatten mit der Spaltseite nach oben, um Wasser besser ablaufen zu lassen (Abb. 2.4).

- Die Pfostenenden und die unteren Querlatten sollten möglichst keinen Bodenkontakt haben.

**Abb. 2.1**
Einfacher Pfosten- und Lattenzaun, bei dem die Latten an den Pfosten festgenagelt werden

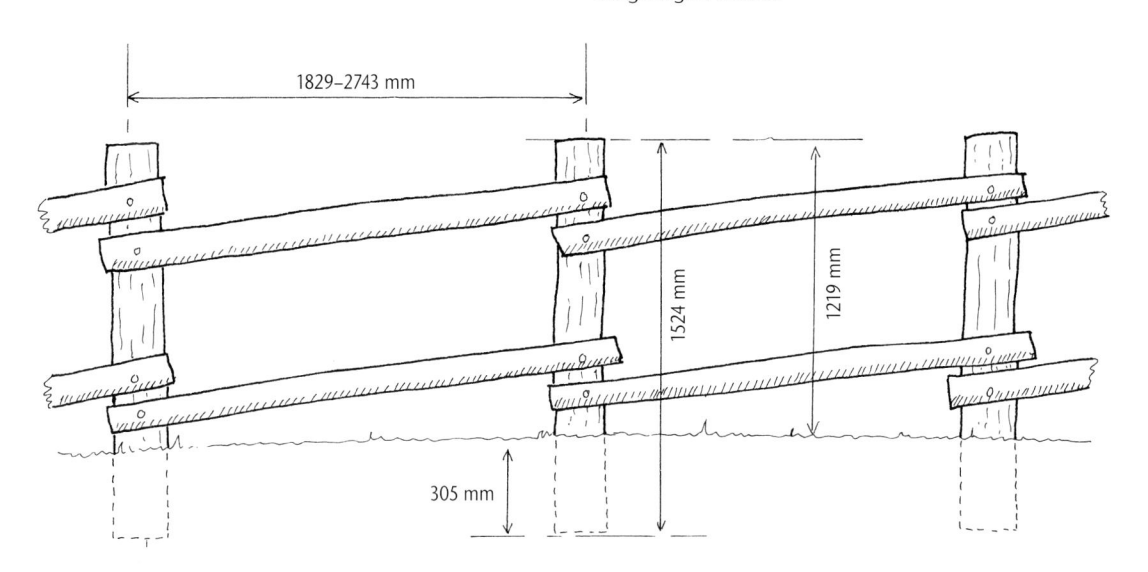

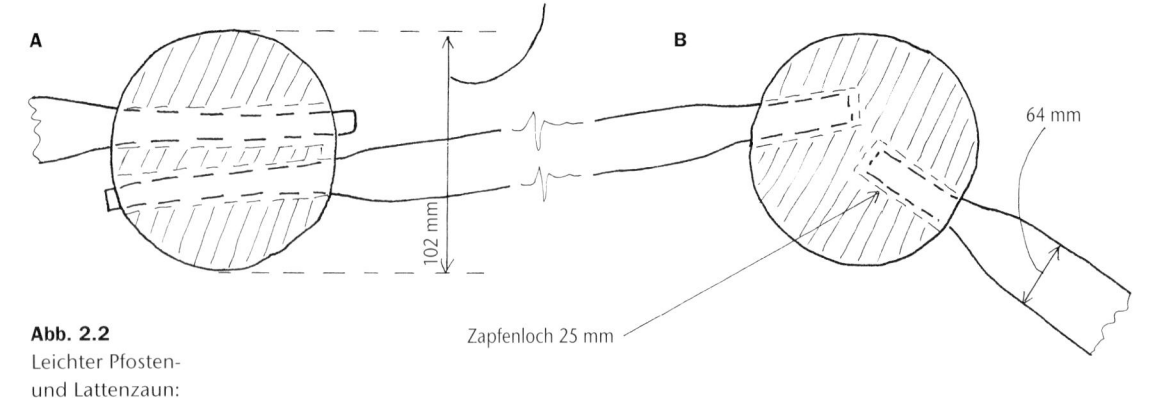

**Abb. 2.2**
Leichter Pfosten- und Lattenzaun:
**A** mit runden Pfosten;
**B** Gestaltung einer Ecke

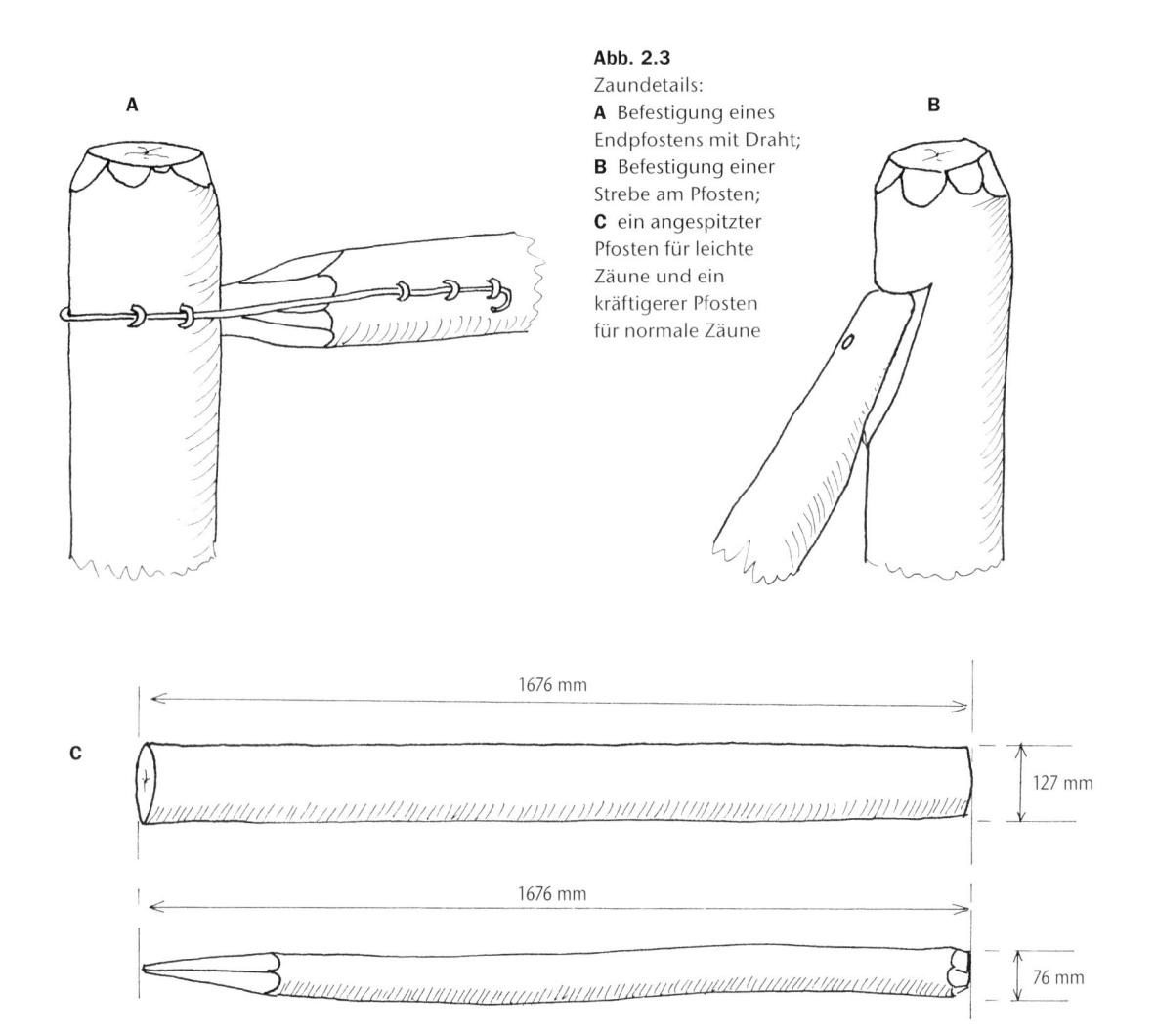

Zapfenloch 25 mm

102 mm

64 mm

**Abb. 2.3**
Zaundetails:
**A** Befestigung eines Endpfostens mit Draht;
**B** Befestigung einer Strebe am Pfosten;
**C** ein angespitzter Pfosten für leichte Zäune und ein kräftigerer Pfosten für normale Zäune

1676 mm

127 mm

1676 mm

76 mm

**Kapitel 2** Zäune und Tore

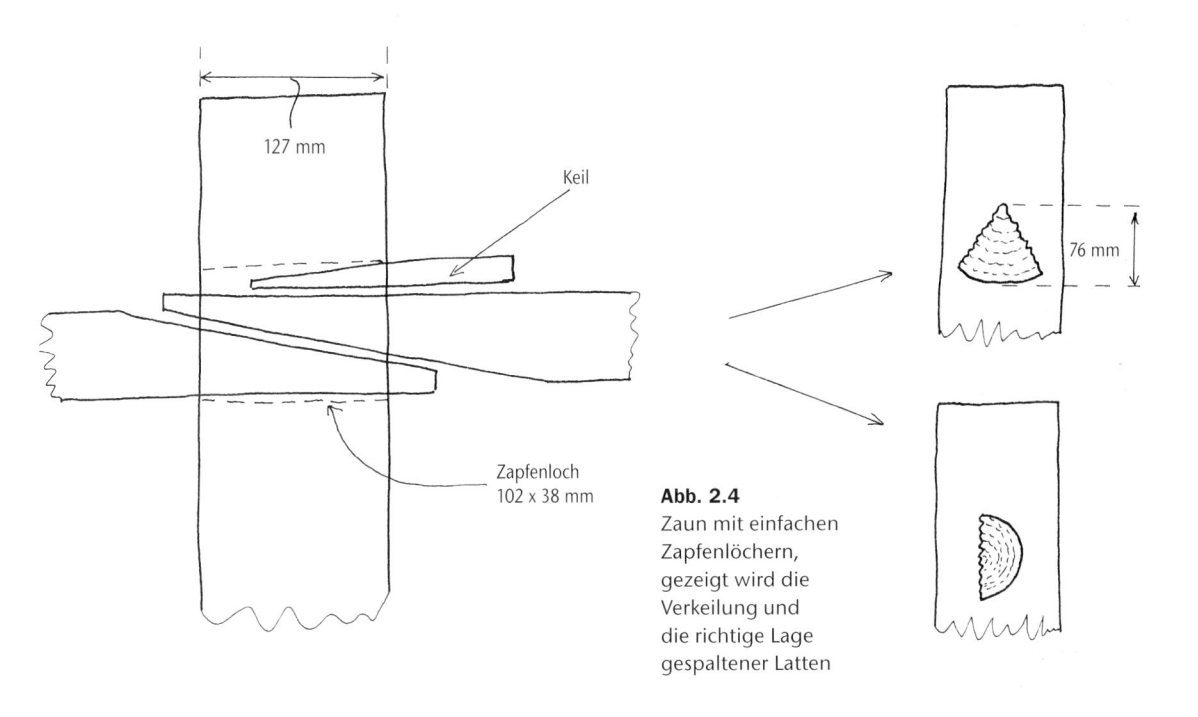

127 mm

Keil

Zapfenloch
102 x 38 mm

76 mm

**Abb. 2.4**
Zaun mit einfachen Zapfenlöchern, gezeigt wird die Verkeilung und die richtige Lage gespaltener Latten

**Abb. 2.5**
Vergleich zwischen
**A** einfachen und
**B** doppelten
Zapfenlöchern

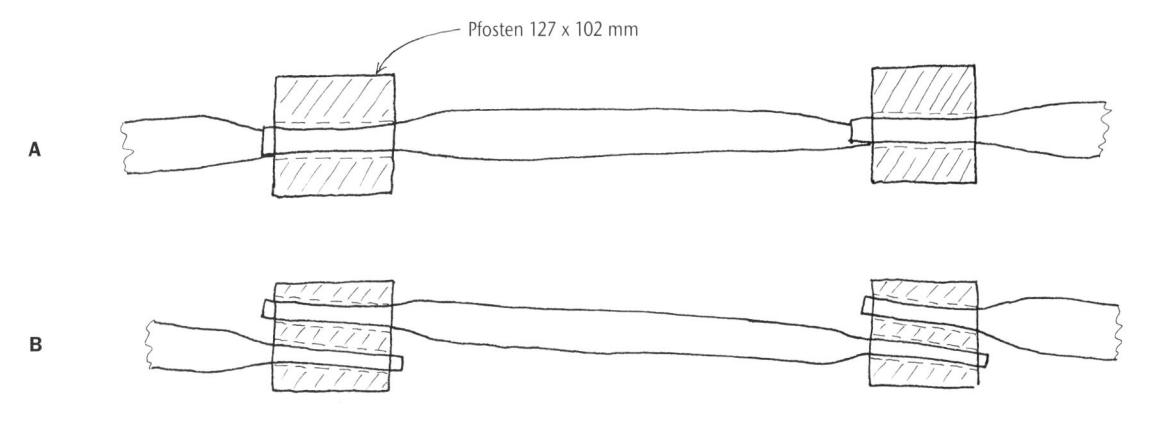

Pfosten 127 x 102 mm

**A**

**B**

Zäune und Tore **Kapitel 2**

**Abb. 2.6**
Lattenzaun;
typische Gestaltung

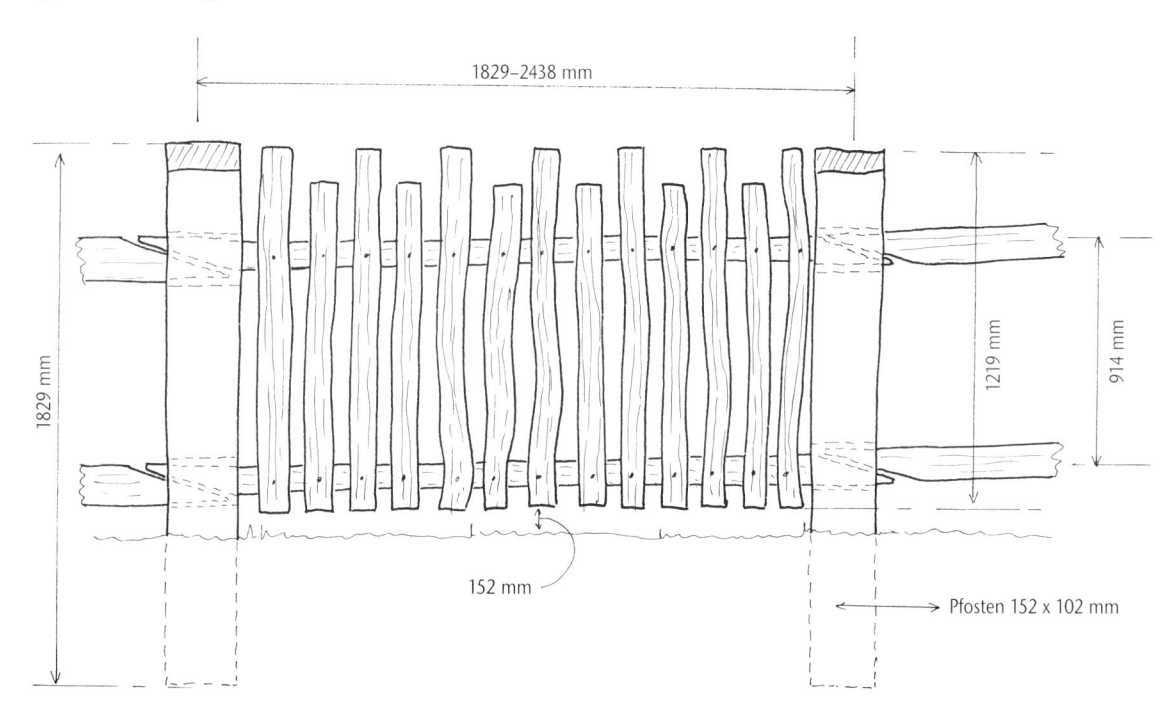

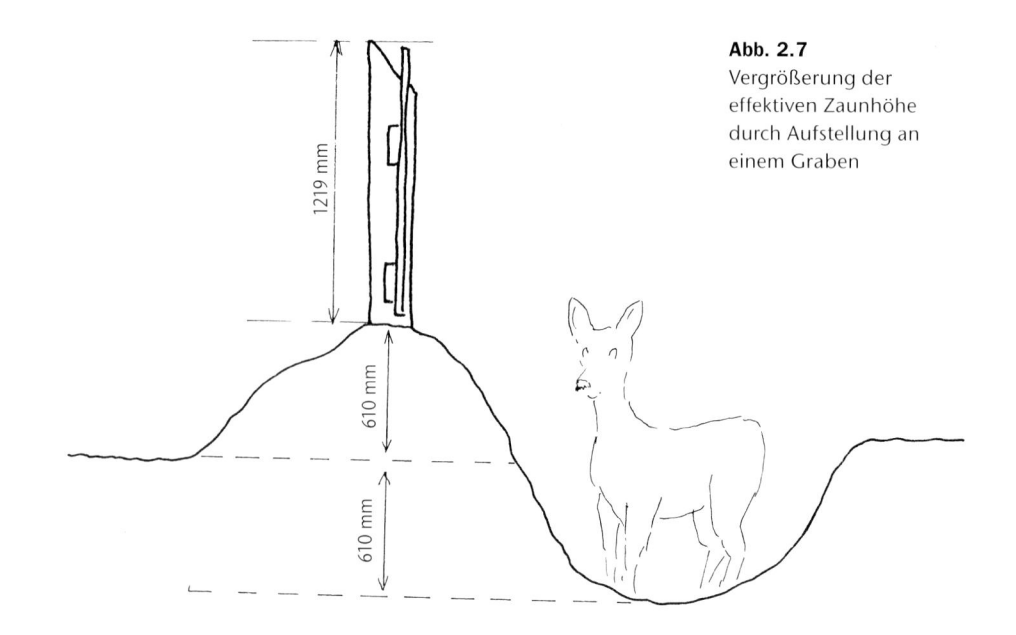

1829–2438 mm

1829 mm

1219 mm

914 mm

152 mm

Pfosten 152 x 102 mm

**Abb. 2.7**
Vergrößerung der
effektiven Zaunhöhe
durch Aufstellung an
einem Graben

1219 mm

610 mm

610 mm

**Kapitel 2**  Zäune und Tore

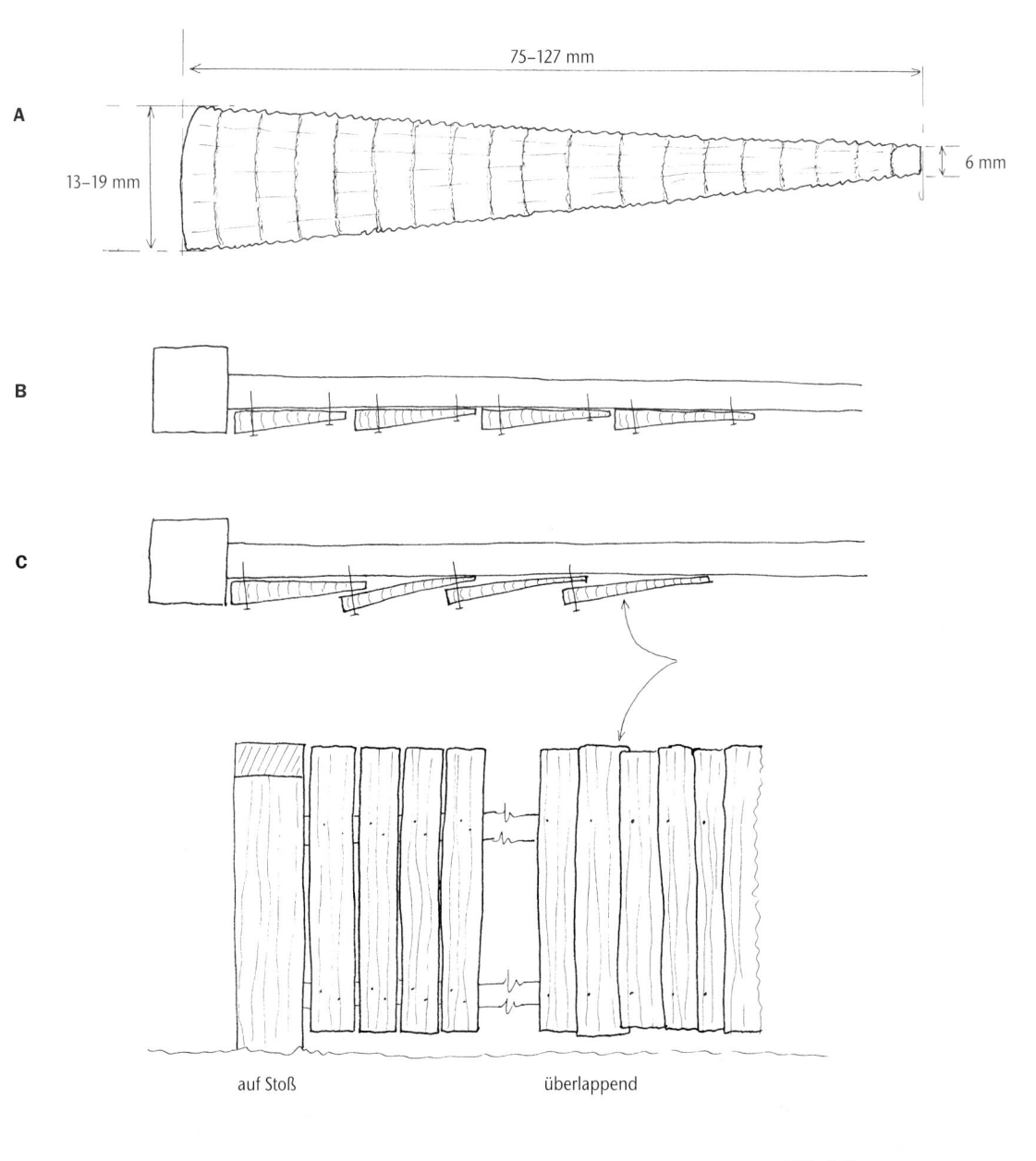

auf Stoß   überlappend

**Abb. 2.8**
„Geschlossener" Lattenzaun:
**A** Querschnitt der Latten;
**B** Latten auf Stoß,
um einen geschlossenen
Zaun zu erhalten;
**C** überlappende Latten,
um einen winddichten Zaun
zu erhalten

ca. 2133 mm

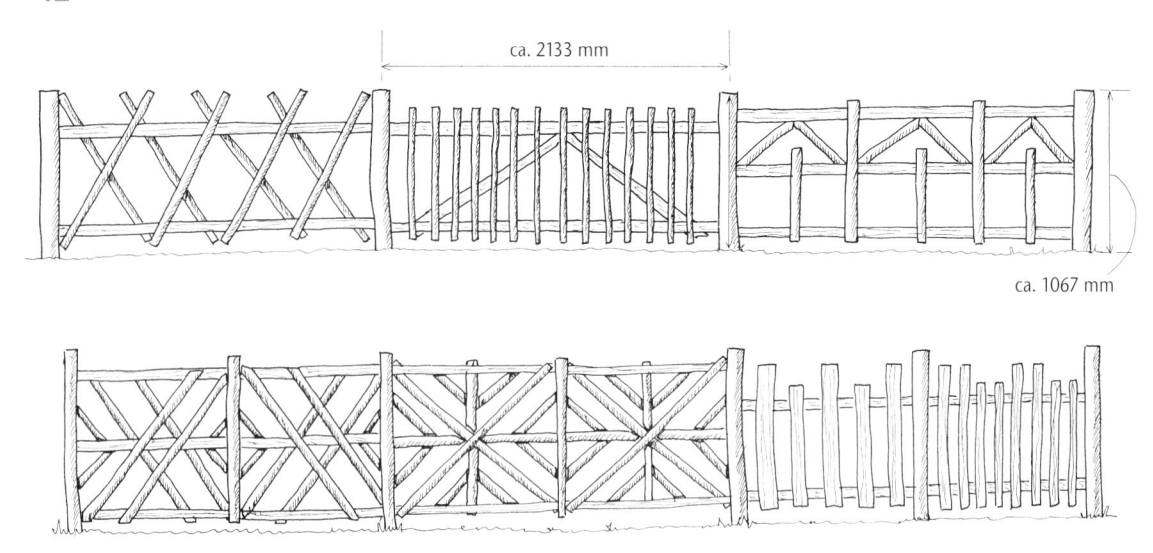

ca. 1067 mm

**Abb. 2.9**
Gestaltungsmöglichkeiten
für rustikale
und Latten-Gartenzäune

# Torhürden

Torhürden sind leichte Tore aus dünnen, gespaltenen Rundhölzern *(Abb. 2.10 und 2.11)*. Sie sind meist 1,8 Meter breit und 1,2 Meter hoch und bestehen aus zwei senkrechten Pfosten, in die fünf, sechs oder sieben Querlatten eingezapft werden. Diese Querlatten werden dann durch einen mittigen, senkrechten Pfahl und zwei gekreuzte Streben verstärkt. Die Konstruktion wird genagelt, und die Enden der Nägel werden umgeschlagen, um sie gegen Herausziehen zu sichern. Alternativ können die Enden der Querlatten auch durch die Pfosten geführt und mit Holzkeilen gesichert werden *(Abb. 2.12)*. Die unteren Enden der Pfosten werden angespitzt, um sie etwas in den Boden treiben zu können *(Abb. 2.13)*, oft wird die Hürde auch mit einer Metallschlinge versehen, die über einen Pfahl geworfen wird, um die Hürde aufrecht zu halten. In der Grafschaft Kent sind die Hürden länger, und die Pfosten weisen unten eine längere Spitze und oben eine Metallhülse auf *(Abb. 2.14)*, so daß sie tiefer in den Boden getrieben werden können, wodurch sich die Notwendigkeit erübrigt, sie zusätzlich mit einem Pfahl zu stützen. Meist ist der Abstand zwischen den unteren Querlatten etwas geringer. Das verleiht dem unteren Teil der Hürde nicht nur zusätzliche Stabilität, sondern hindert auch ältere Tiere daran, außerhalb der Weide zu grasen.

Hürden werden hauptsächlich dazu benutzt, Schafe einzupferchen, um sie kontrolliert auf Weideland und Rübenfeldern grasen zu lassen. Auch bei der Schur und auf Märkten werden Pferche aus Hürden verwendet. Hürden werden stark strapaziert, sie werden in den Boden geschlagen und wieder losgerüttelt und hin und her getragen. Dementsprechend stabil sind sie konstruiert, dürfen aber auch nicht zu schwer sein, damit der Schäfer sie noch umsetzen kann. Die traditionellen Entwürfe entsprechen beiden Anforderungen.

Hürden werden auch benutzt, um Schweine und Rinder einzupferchen. Die Gestaltung ähnelt der, die bei Schafen verwendet wird, die Ausführung ist aber naturgemäß kräftiger gehalten. Heute werden in Gärten oft Hürden mit einem Drittel oder Viertel der üblichen Größe eingesetzt, um Beete von Pfaden abzugrenzen oder Haustiere von besonders empfindlichen Pflanzen fernzuhalten.

**Kapitel 2** Zäune und Tore

**Tabelle 2.1** Details verschiedener Hürdengestaltungen

| Art | Höhe | Länge | Zahl der Querlatten | Streben | Fuß | Sonstiges |
|---|---|---|---|---|---|---|
| Kent | 1219 mm | 2438 mm | 5 | Mittelpfosten und 2 Streben nicht über die gesamte Breite | 381 mm | Ring am oberen Ende der Pfosten |
| Suffolk | 1219 mm | 1829 mm | 6 | Mittelpfosten und 2 Streben über die gesamte Breite | 152 mm | Metallreifen als Befestigung am Pfosten |
| Hampshire | 1067 mm | 1829 mm | 7 | Mittelpfosten und 2 Streben nicht über die gesamte Breite | 152 mm | |
| Warwickshire | 1219 mm | 1829 mm | 4 | Mittelpfosten und 2 Streben nicht über die gesamte Breite | 152 mm | Mittelpfosten angespitzt wie die Füße |
| Schweinehürde | 1219 mm | 1829 mm | 7 | Mittelpfosten und 2 Streben über die gesamte Breite | 152 mm | Stärkere (51 mm) Querlatten und Streben |
| Stierhürde | 1829 m | 2438 mm | 6 oder 8 | Mittelpfosten und 2 Streben nicht über die gesamte Breite | 381 mm | Stärkere (51 mm) Querlatten und Streben |
| Gartenhürde | 457 mm | 609 mm | 4 oder 5 | je nach Region | 152 mm | Teile schmaler (19–39 mm) |

# Hinweise

> Die besten Holzarten für Hürden sind Esche, Eßkastanie und Weide. Wobei Eßkastanie am haltbarsten ist.

> Bohren Sie die Querlatten vor dem Nageln vor, um zu verhindern, daß die Enden sich spalten.

> Fasen Sie die oberen Enden der Pfosten an, damit sie beim Einschlagen nicht splittern.

> Entfernen Sie größere Splitter von gespaltenen Holzstücken, um das Vieh vor Verletzungen zu schützen.

> Fasen Sie die oberen Enden der Mittelstütze und der Streben an, damit man beim Umsetzen nicht mit den Händen daran hängenbleibt.

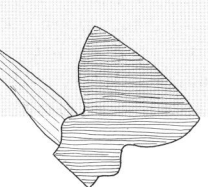

Zäune und Tore **Kapitel 2**

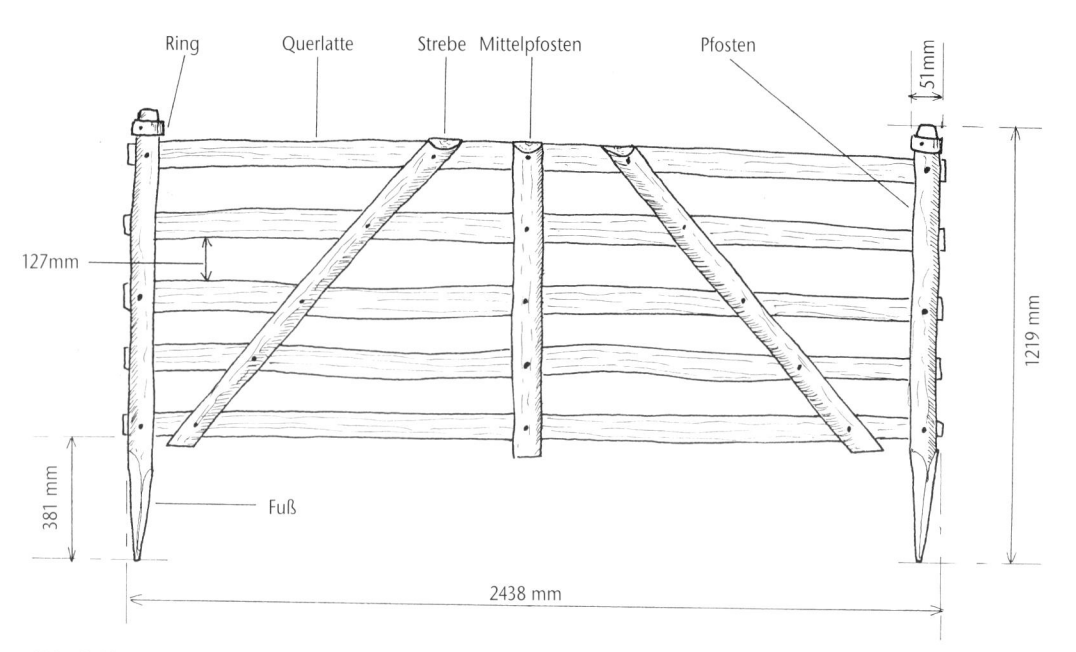

**Abb. 2.10**
Eine Torhürde,
Form der
Grafschaft Kent

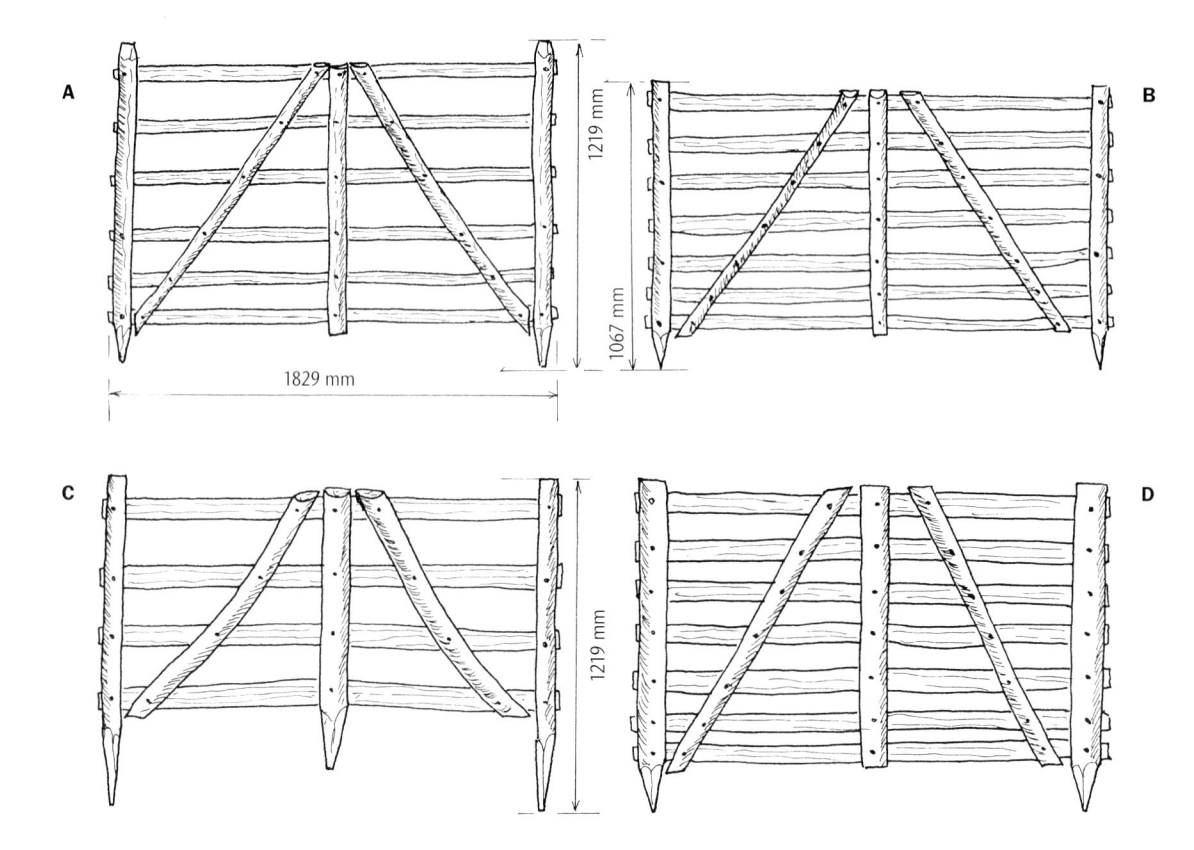

**Kapitel 2**  Zäune und Tore

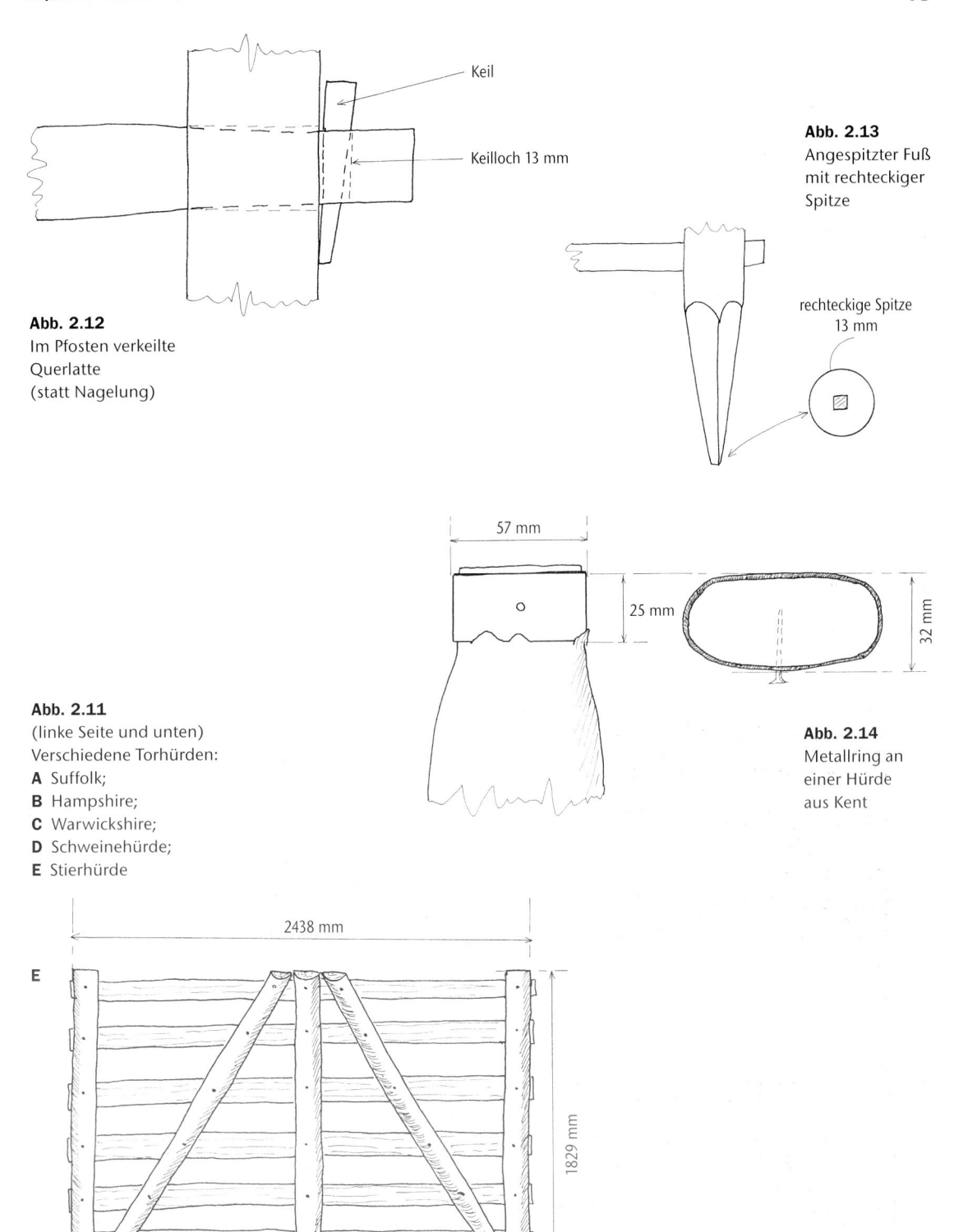

**Abb. 2.13**
Angespitzter Fuß mit rechteckiger Spitze

rechteckige Spitze 13 mm

**Abb. 2.12**
Im Pfosten verkeilte Querlatte (statt Nagelung)

Keil
Keilloch 13 mm

**Abb. 2.11**
(linke Seite und unten)
Verschiedene Torhürden:
**A** Suffolk;
**B** Hampshire;
**C** Warwickshire;
**D** Schweinehürde;
**E** Stierhürde

**Abb. 2.14**
Metallring an einer Hürde aus Kent

E

# Flechtzäune

Schafhürden aus Flechtwerk sind eine der herausragenden Leistungen der Grünholzarbeit. Nur mit seiner manuellen Geschicklichkeit und einer Hippe versehen, kann ein Hürdenmacher einen robusten Zaun herstellen, mit dem sich Tiere einpferchen lassen. Schafhürden sind 1,8 Meter lang und 1,2 Meter hoch. Sie bestehen aus zehn senkrechten Stäben oder Spalthölzern, die in England als „Segel" bezeichnet werden, zwischen die waagerechte Rund- und Spalthölzer geflochten werden *(Abb. 2.15)*. Die waagerechten Stücke werden um die Endstäbe herum geführt, um diese zu verankern. Unten und oben wird ein besonderes Flechtmuster verwendet, um zu verhindern, daß sich das Flechtwerk lockert, wenn die Hürde versetzt wird *(Abb. 2.16 und 2.17)*. Man hat im Schlamm der Themse in London eine Hürde gefunden, bei der genau die gleiche Flechttechnik angewendet worden war. Sie ließ sich auf das 18. Jahrhundert datieren, eine Bestätigung für die Dauerhaftigkeit des Entwurfs. Einfaches Flechtwerk blickt auf eine noch längere Geschichte zurück: In der Grafschaft Somerset hat man steinzeitliche Wege gefunden, die aus Flechtwerk bestanden.

Obwohl die Grundgestaltung der Hürden einige konstante Elemente aufweist, unterscheiden sich die Flechtmuster jedoch je nach Herkunft oder Verwendungszweck *(Abb. 2.18)*. So sind die Endstäbe bei Schafhürden zum Beispiel verlängert, damit die Hürde an einem Pfahl befestigt werden kann. Oft weisen die Hürden in der Mitte ein Loch auf, das dem Schäfer beim Umsetzen als Griff dient *(Abb. 2.19)*. Die Hürden für Lammpferche haben ein größeres Loch, durch das die Lämmer hindurchschlüpfen können, um auf frischen Weidegrund zu gelangen *(Abb. 2.15)*. Flechtwerkhürden für den Garten können auf solche Extras verzichten, sie werden mit einem einfachen Muster zu einer Höhe von 1,80 Meter geflochten. Es gibt zwar noch einige regionale Unterschiede in der Verwendung von Rund- und Spaltholz und in den Flechtmustern, aber sie haben keine große funktionale Bedeutung.

Arbeiten, die bei Gartenzäunen in Hasel ausgeführt werden, lassen sich auch mit Weide herstellen. Da einjährige Weidenruten aber deutlich kleiner sind, werden sie meist in Bündeln zu sechs bis acht Stück geflochten, dadurch ergibt sich ein dichter und sehr windfester Zaun *(Abb. 2.20)*. Ein durchlaufender Zaun aus Flechtwerk läßt sich auch in situ herstellen, er folgt dann sogar den natürlichen Konturen des Geländes. Moderne englische Grünholzarbeiter wie Stephanie Bunn und Jon Warnes stellen auf diese Weise spektakuläre Entwürfe her, ein Beispiel ist in *Abbildung 2.21* wiedergegeben. Die Tore aus Flechtwerk werden bei solchen Zäunen oft von Pfosten aus Massivholz getragen, um sie stabiler zu machen.

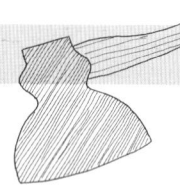

## Hinweise

- Die senkrechten Stäbe sollten aus Hasel, Weide oder Esche sein, das Flechtwerk aus Hasel oder Weide.

- Verabeiten Sie das Holz innerhalb weniger Wochen nach dem Schlagen, damit es um die Endstäbe gebogen werden kann, ohne zu brechen. Spaltholz sollte am Tag des Spaltens verwendet werden.

- Kontrollieren Sie mit einem Maßstock regelmäßig, daß die Endstäbe parallel bleiben und nicht am oberen Ende der Hürde nach innen gezogen werden.

- Die Endstäbe werden am besten aus Rundholz hergestellt, die anderen Stäbe aus Spaltholz.

- Die Hürden werden leicht gebogen hergestellt, so daß sich das Flechtwerk schließt, wenn die fertige Hürde geradegebogen wird.

- Flechtruten aus Spaltholz müssen auf ganzer Länge gleichmäßig stark sein, damit das Flechtwerk gleichmäßig wird und die Stäbe nicht verzogen werden.

- Die Enden der Ruten sollten eingekürzt werden, damit man an der Hürde nicht hängenbleibt.

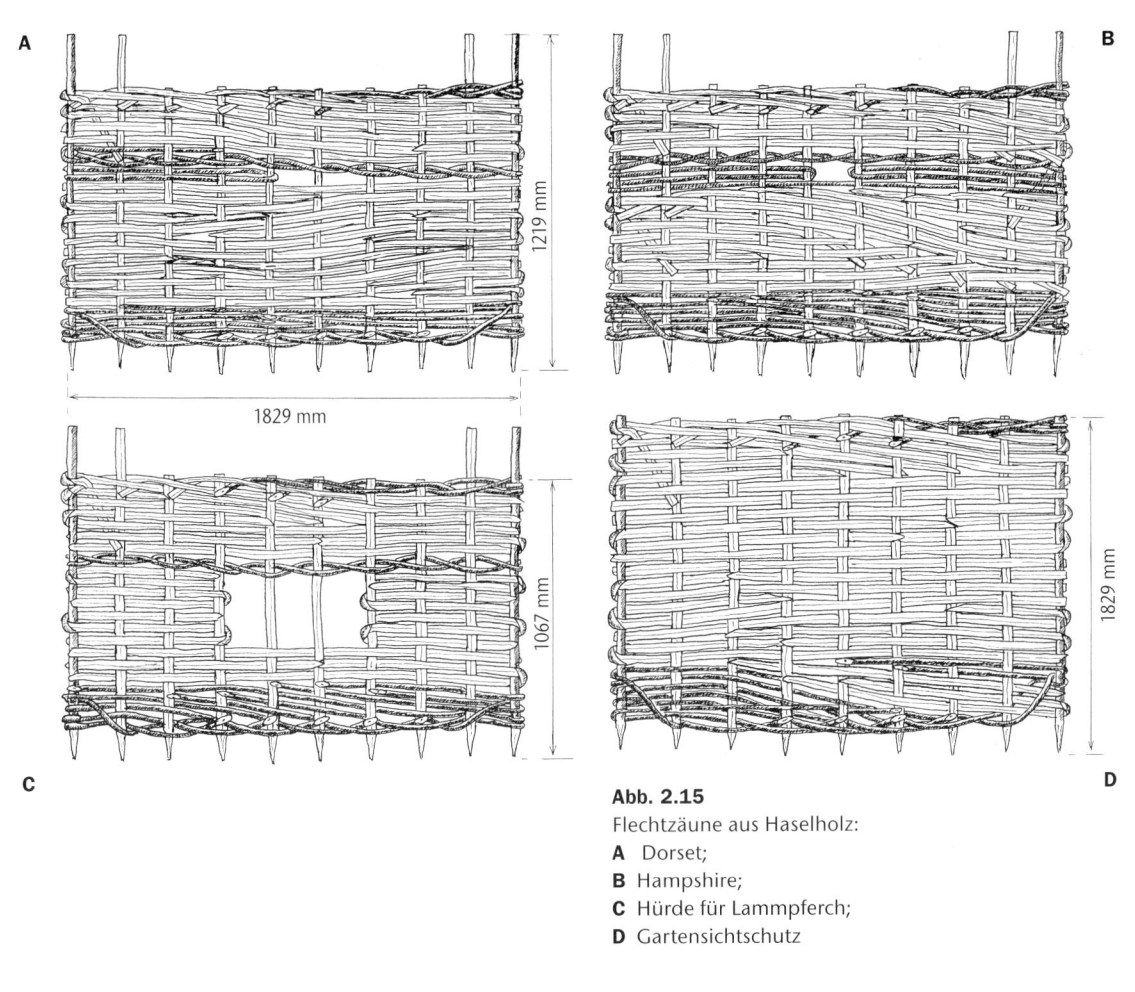

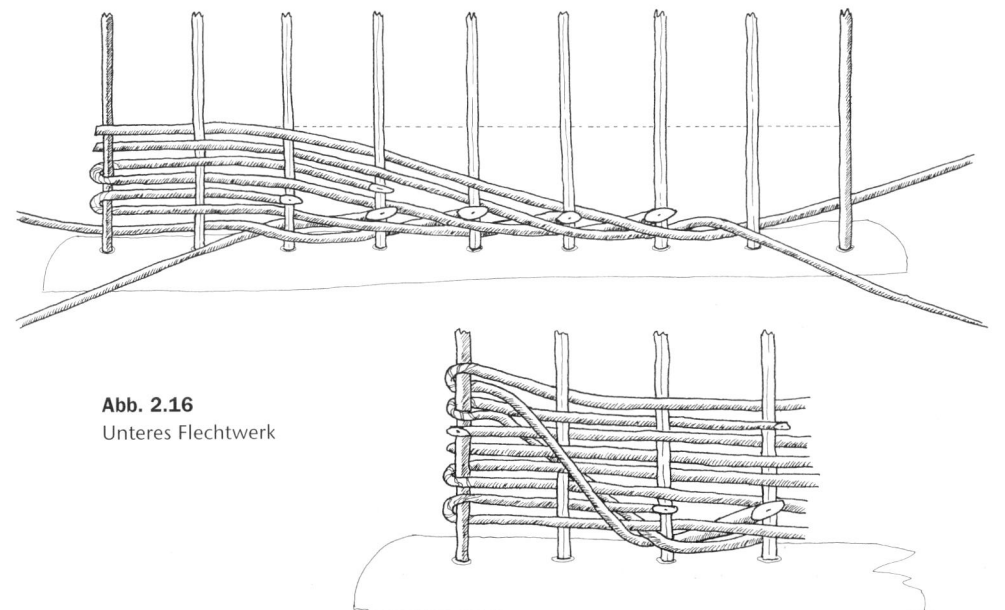

**Kapitel 2**  Zäune und Tore

**A**

1219 mm

1829 mm

**B**

**C**

1067 mm

**D**

1829 mm

**Abb. 2.15**
Flechtzäune aus Haselholz:
- **A** Dorset;
- **B** Hampshire;
- **C** Hürde für Lammpferch;
- **D** Gartensichtschutz

**Abb. 2.16**
Unteres Flechtwerk

**Abb. 2.17**
Oberes
Flechtwerk

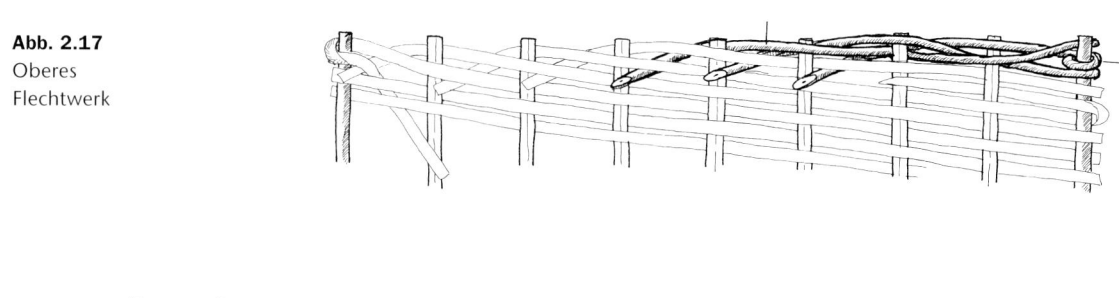

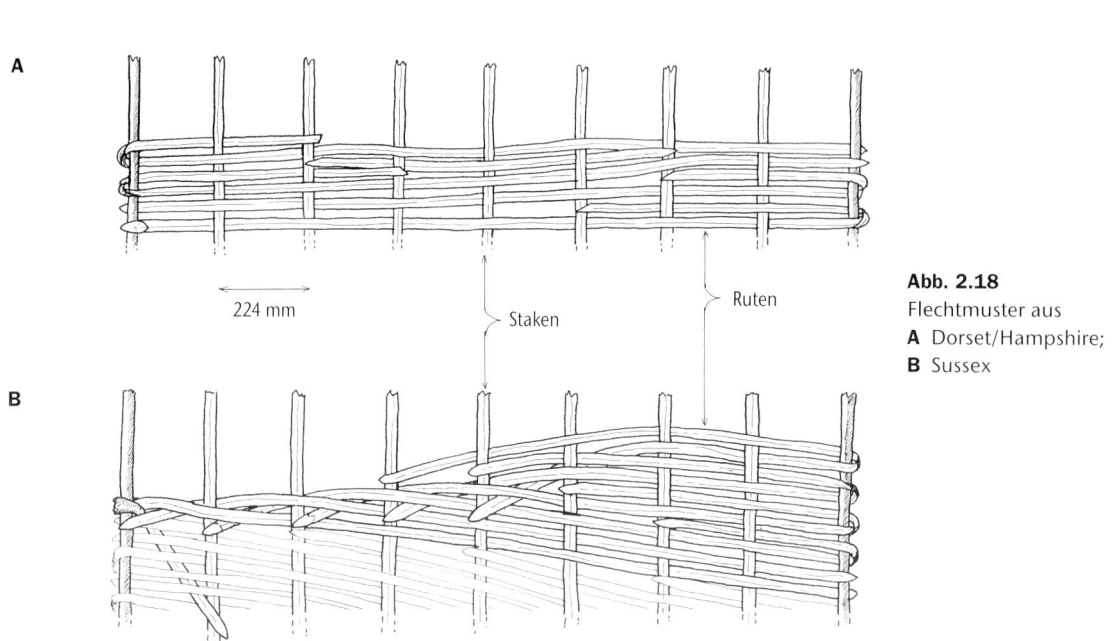

**A**

224 mm

Staken

Ruten

**Abb. 2.18**
Flechtmuster aus
**A** Dorset/Hampshire;
**B** Sussex

**B**

**Abb. 2.19**
Griffloch

Griffloch

Grifflochruten

198 mm

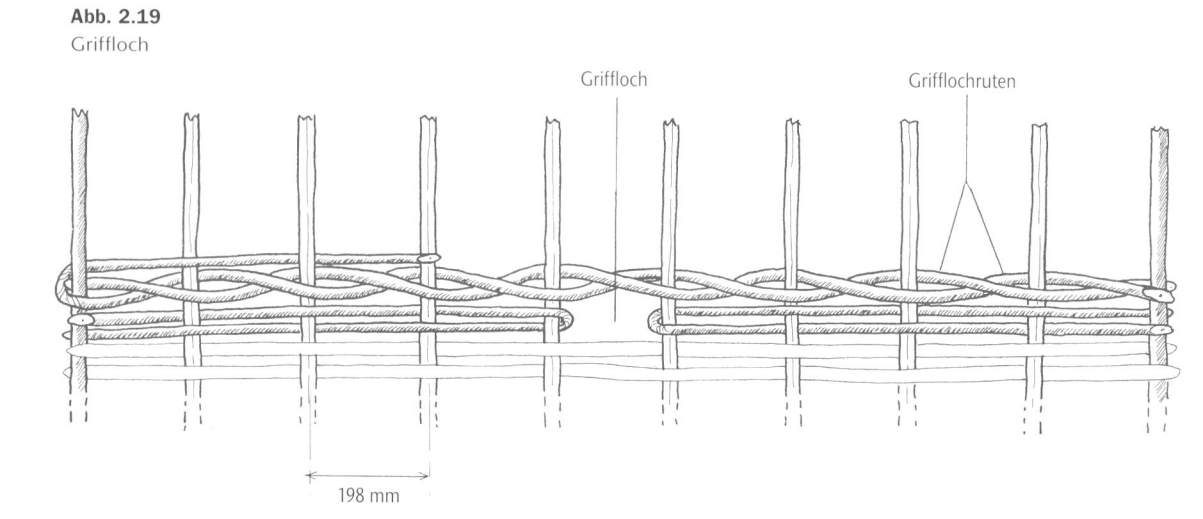

**Kapitel 2**  Zäune und Tore  **49**

**A**

229 mm

1829 mm

990–1829 mm

**Abb. 2.20**
Flechtwerkpaneele
aus Weide:
**A** einfaches Flechtwerk;
**B** dekoratives Paneel

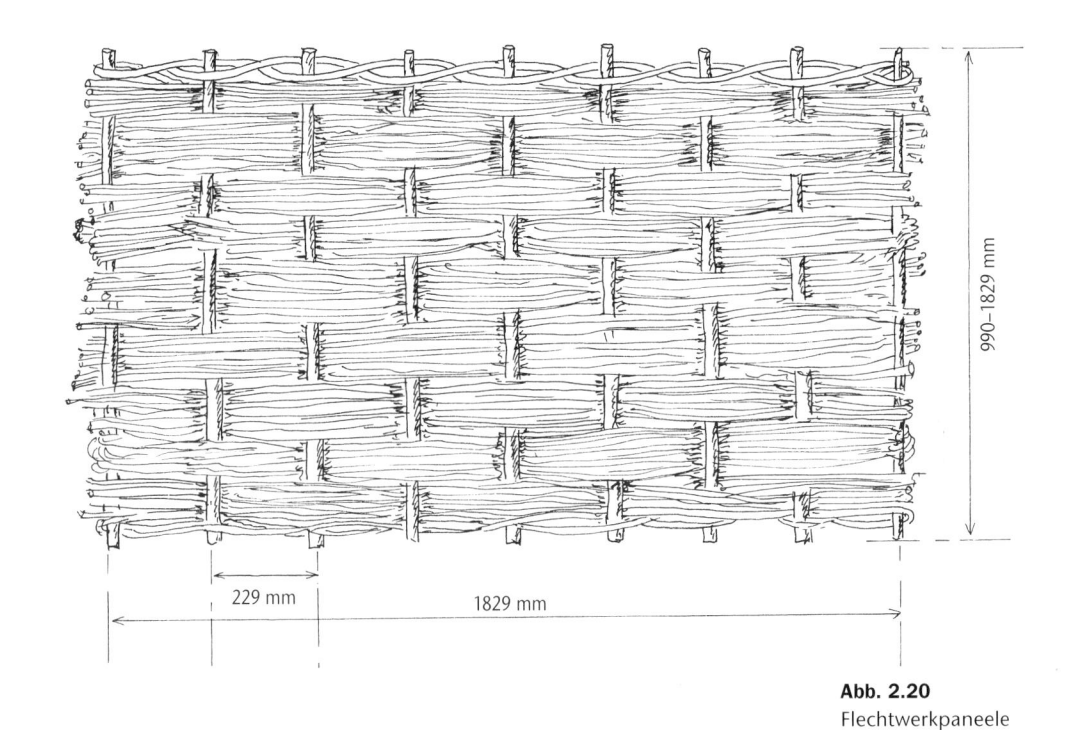

**B**

1778 mm

152 mm

990 mm

152 mm

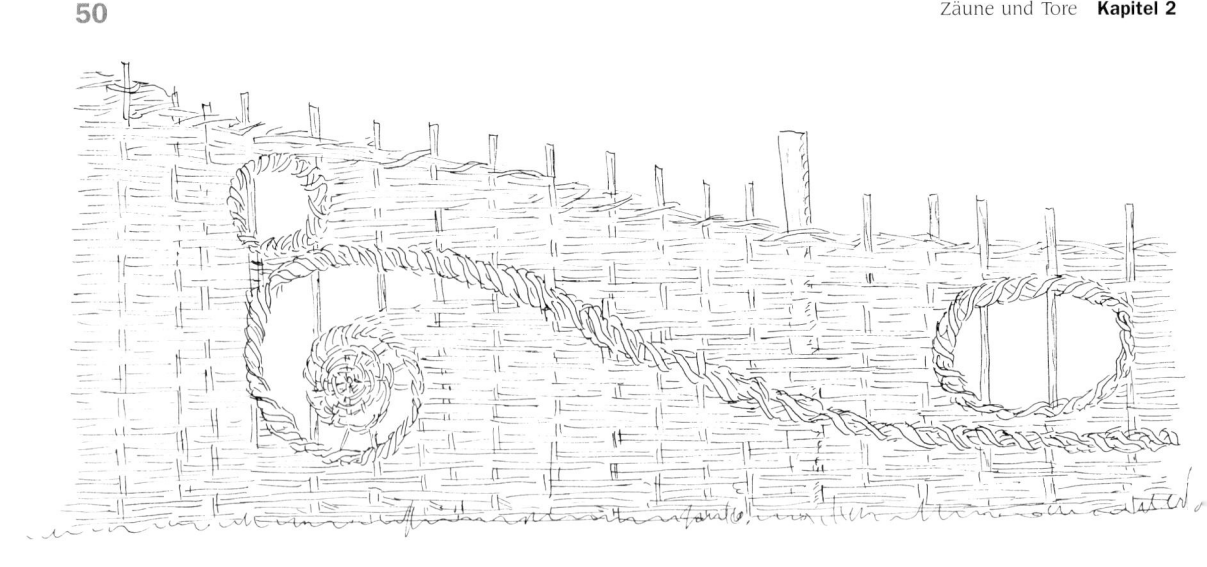

**Abb. 2.21**
Ein moderner Flechtzaun,
in situ hergestellt,
Wakehurst Place,
Grafschaft Sussex

# Tore

Früher, als auf fast jedem Bauernhof Tiere gehalten wurden und auch Gärten in der Regel eingezäunt waren, war der Bedarf an Toren sehr groß. Feld- und Weidetore waren normalerweise 2,7 Meter breit und 1,2 Meter hoch. Der grundlegende Entwurf bestand aus einem senkrechten Pfosten an jedem Ende (dem „hängenden" Pfosten an der Scharnierseite und dem „schlagenden" Pfosten an der Schloßseite), die mit fünf waagerechten Querhölzern und verschiedenen Kombinationen aus senkrechten und – vor allem – diagonalen Streben verbunden waren (Abb. 2.22). Diese Streben sollten das „Abfallen" (d. h. das Sichsenken) des Tores am schlagenden Pfosten verhindern. Es gibt verschiedene Formen, die allerdings mehr auf regionale Vorlieben als auf funktionale Ursachen zurückzuführen sind (Abb. 2.23 und Abb. 2.24). Die beiden Pfosten weisen Zapfenlöcher auf, um die Querstücke aufzunehmen. Diese Verbindungen werden besonders sorgfältig entworfen und ausgeführt, um das „Abfallen" des Tores zu vermindern (Abb. 2.24 bis 2.28). Aus dem gleichen Grund wird das schwerere obere Querstück zur Schlagseite hin verjüngt, damit es dort dünner und leichter ist. Das Problem des „abfallenden" Tores wird durch eine scharnierlose Konstruktion vollkommen vermieden, bei der das Tor auf beiden Seiten von Haken gehalten wird. Allerdings ist es in diesem Fall notwendig, das Tor zum Öffnen und Schließen aus- bzw. einzuhängen. Grünholztore werden aus gespaltenen, nicht aus gesägtem Holz hergestellt. Dadurch wird das Tor leichter und unempfindlicher gegenüber Feuchtigkeit. Bei Verwendung von Eichen- oder Kastanienholz kann ein solches Tor 70 Jahre halten. Bei einem gut gearbeiteten Tor werden die Verbindungen durch Keile aus gleichartigem Holz gesichert. Weniger solide Tore werden oft aus gespaltener Esche hergestellt, wobei die Teile nicht durch Holzverbindungen zusammengefügt, sondern zusammengeschraubt wurden. Ein solches Tor hat eine Lebenserwartung von lediglich 15 Jahren.

Schwere Tore müssen auch zwischen schweren Pfosten aufgehängt werden, in diesem Fall wird das untere Ende des Pfostens oft rund belassen, um höhere Standfestigkeit zu erreichen. Kleine Tore für Gartenzäune und ähnliches gibt es in verschiedenen Formen (Abb. 2.28), denen allerdings gemeinsam ist, daß sie das „Abfallen" des Tores verhindern sollen.

**Tabelle 2.2** Details verschiedener Torgestaltungen

| Art | Größe | Hängender Pfosten | Schlagender Pfosten | Querstücke | Streben | Sonstiges |
|---|---|---|---|---|---|---|
| Einfaches Feldtor | 2143 x 1372 mm | 127 x 76 mm | 89 x 76 mm | 4 bis 7 Querstücke | 1 senkrechte und 2 diagonale | Verschiedene Muster |
| Sussex-Tor | 2743 x 1372 mm | 127 x 76 mm | 89 x 76 mm | 5 Querstücke und 1 diagonale | 3 senkrechte und 1 diagonale | Oberes Querstück verjüngt |
| Scharnierloses Tor | wie Feldtor Querstücke jedoch 508 mm länger | 89 x 76 mm | 76 x 51 mm | 2 Querstücke | 2 diagonale | kein Scharnier |
| Leichtes Tor aus Esche | 2438 x 1219 mm | 76 x 51 mm | 76 x 51 mm | 5 Querstücke und 2 Streben | 1 senkrechte und 2 diagonale | alle Verbindungen verschraubt |
| Pferdeweiden-Tor | 1524 x 1371 mm | 127 x 76 mm | 89 x 76 mm | 5 oder 6 Querstücke | 1 senkrechte und 2 diagonale | |
| Gartentor | 914 x 914 mm | 63 x 38 mm | 51 x 32 mm | 2 oder 3 Querstücke | 1 diagonale | Größe nach Bedarf |

## Hinweise

➢ Die Stärke der Zapfen an den oberen und unteren Querstücken sowie an den Streben muß der Last des Tores angemessen sein.

➢ Streben sollten sowohl mit dem Pfosten als auch mit dem oberen Querstück verzapft werden, um das „Abfallen" des Tores zu verhindern.

➢ Die Sicherungslöcher durch Zapfen und Zapfenlöcher für die Aufnahme der Holzkeile sollten leicht gegeneinander versetzt werden, damit die Verbindung beim Eintreiben der Keile zusammengezogen wird.

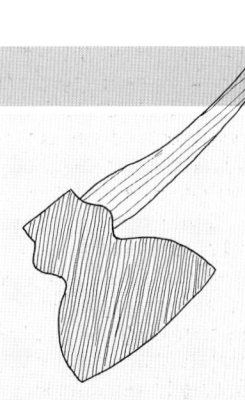

➢ Alle Kanten sollten angefast und alle größeren Splitter entfernt werden, damit das Tor sicher benutzt werden kann.

➢ Traditionellerweise wird jedes zweite Zapfenloch für die Querstücke als Sackloch (d. h. nicht durchgehend) ausgeführt.

Zäune und Tore **Kapitel 2**

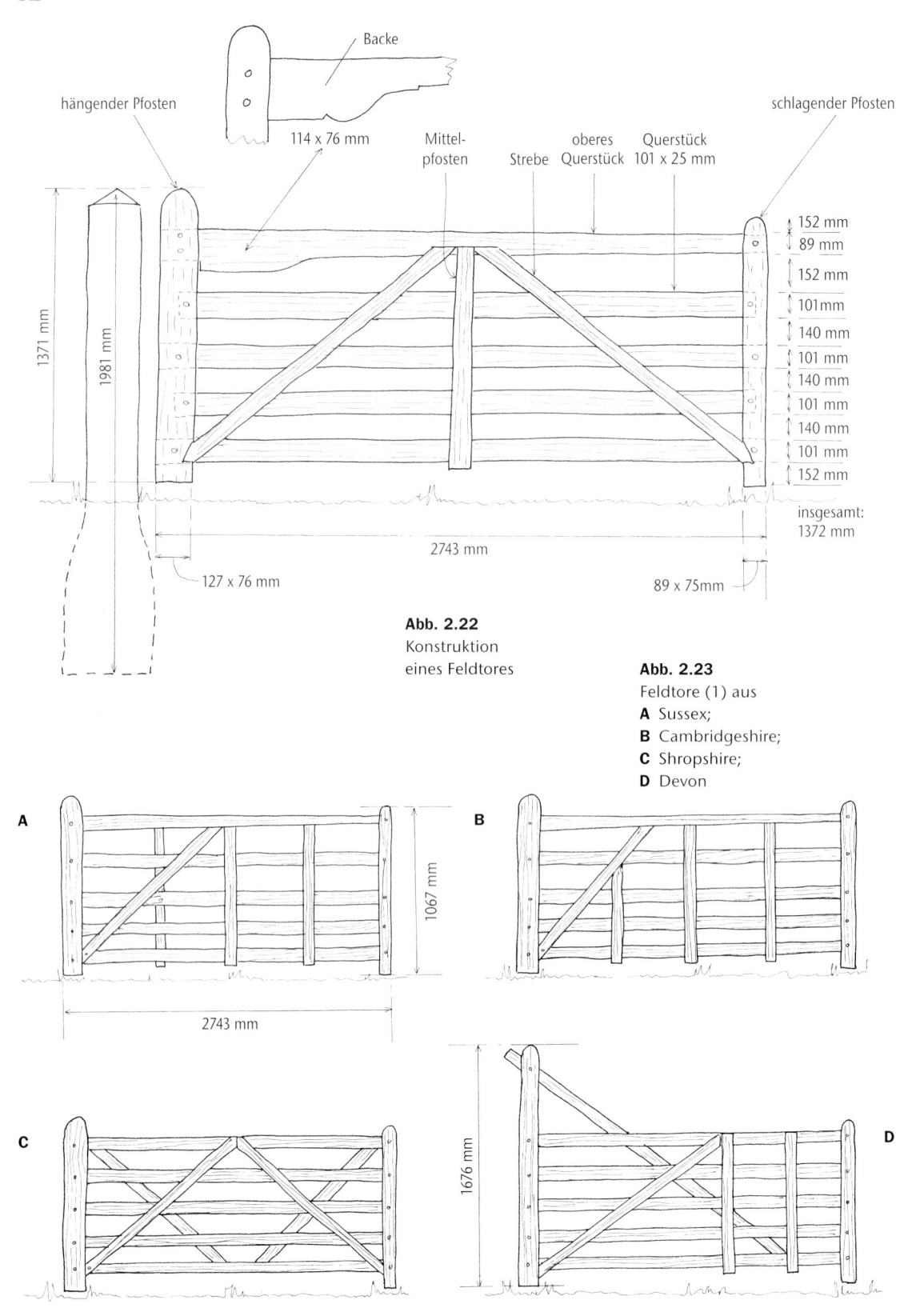

**Abb. 2.22**
Konstruktion eines Feldtores

Labels: Backe; hängender Pfosten; 114 x 76 mm; Mittelpfosten; Strebe; oberes Querstück; Querstück 101 x 25 mm; schlagender Pfosten

Maße: 1371 mm; 1981 mm; 127 x 76 mm; 2743 mm; 89 x 75 mm; 152 mm; 89 mm; 152 mm; 101 mm; 140 mm; 101 mm; 140 mm; 101 mm; 140 mm; 101 mm; 152 mm; insgesamt: 1372 mm

**Abb. 2.23**
Feldtore (1) aus
**A** Sussex;
**B** Cambridgeshire;
**C** Shropshire;
**D** Devon

A: 2743 mm; 1067 mm

D: 1676 mm

**Kapitel 2**  Zäune und Tore

**Abb. 2.24**
Feldtore (2):
**A** Rundholztor aus Wales;
**B** leichtes Eschentor;
**C** scharnierloses Tor aus Sussex (wird an Halterungen aufgehängt);
**D** Pferdeweidentor

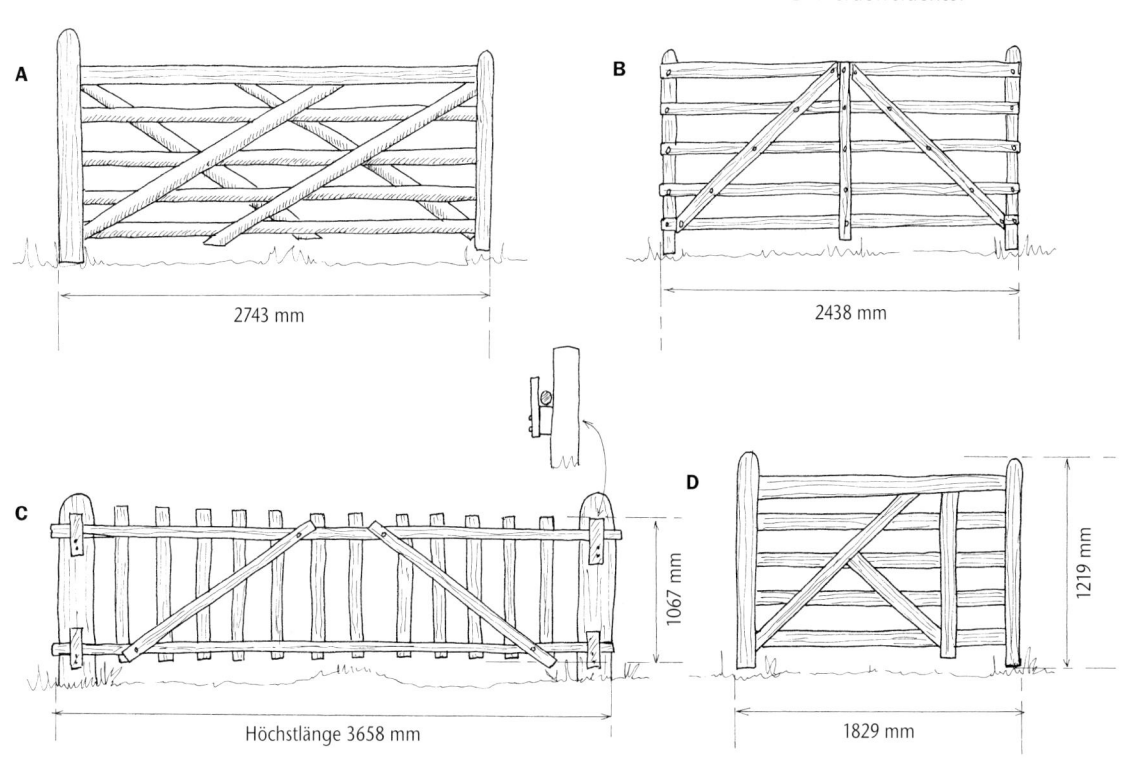

A — 2743 mm

B — 2438 mm

C — Höchstlänge 3658 mm — 1067 mm

D — 1829 mm — 1219 mm

**Abb. 2.25**
**A** Modifikation des hängenden Pfostens, um das Senken des oberen Querstückes zu verhindern;
**B** oberes Querstück am Zapfenloch als Stütze verbreitert

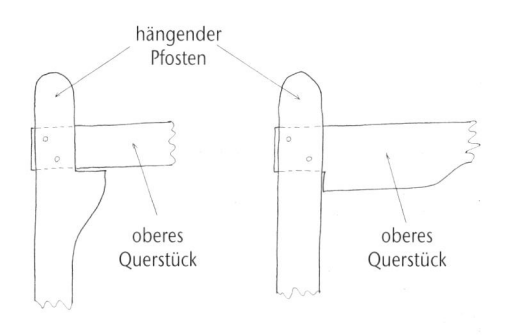

hängender Pfosten
oberes Querstück
oberes Querstück

**Abb 2.26**
Detail der Verbindung von Streben und oberem Querstück

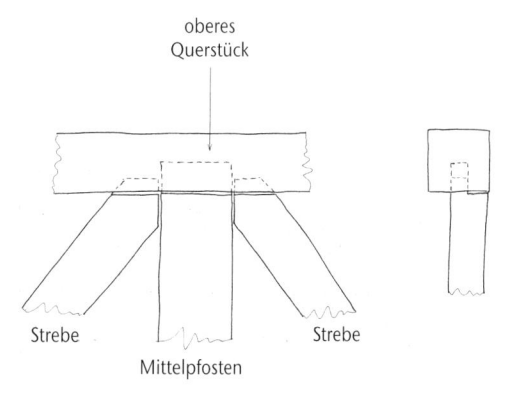

oberes Querstück
Strebe       Strebe
Mittelpfosten

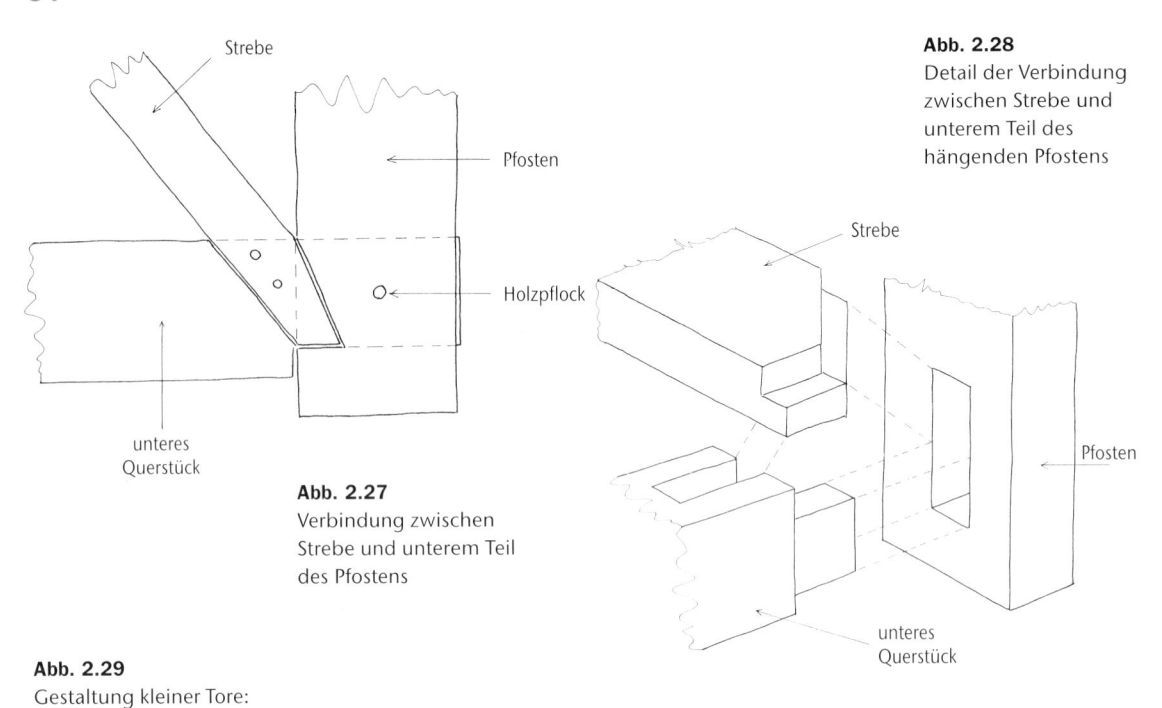

**Abb. 2.28**
Detail der Verbindung zwischen Strebe und unterem Teil des hängenden Pfostens

Strebe

Pfosten

Holzpflock

unteres Querstück

**Abb. 2.27**
Verbindung zwischen Strebe und unterem Teil des Pfostens

Strebe

Pfosten

unteres Querstück

**Abb. 2.29**
Gestaltung kleiner Tore:
**A** Gartentor aus Rundhölzern;
**B** Staketentor aus Spaltholz;
**C** Tor aus Flechtpaneel;
**D** rustikales Gartentor

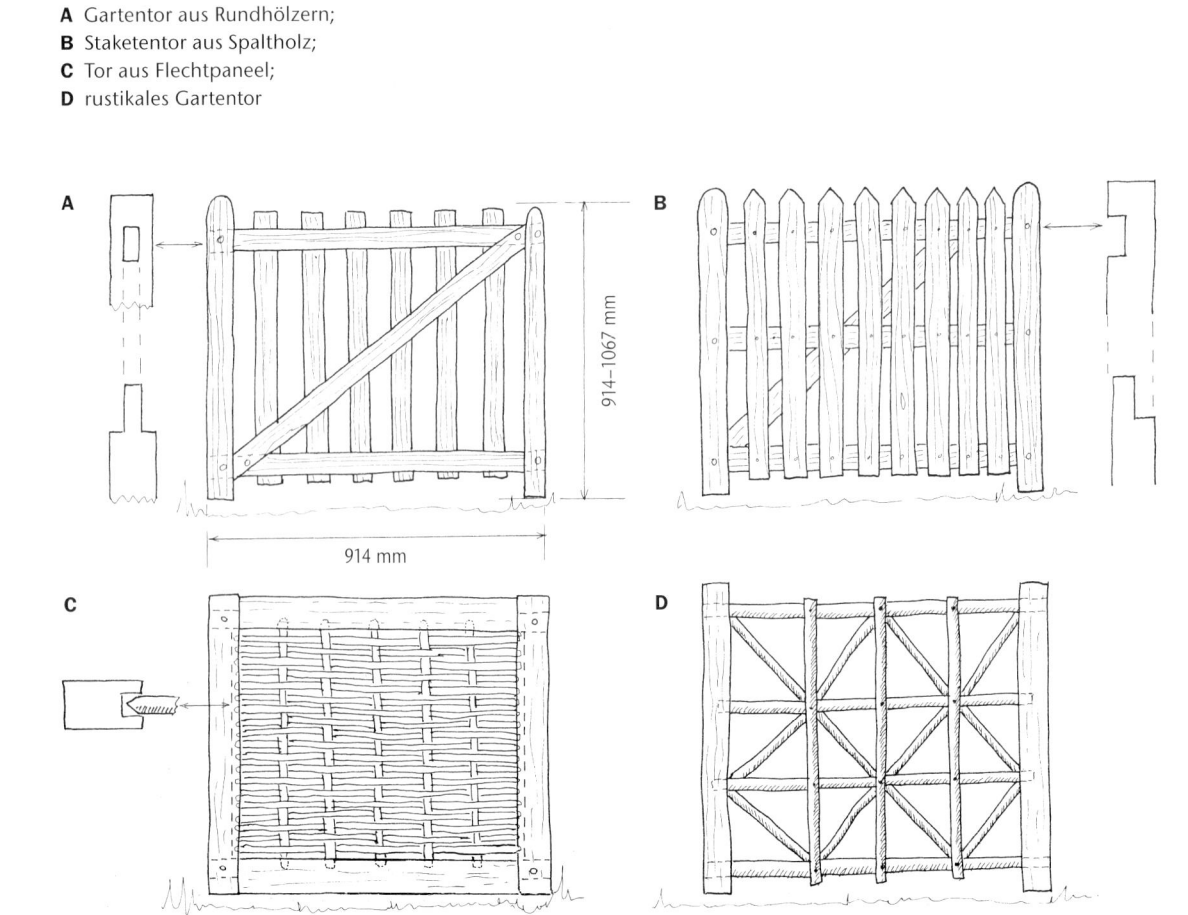

A

914 mm

914–1067 mm

B

C

D

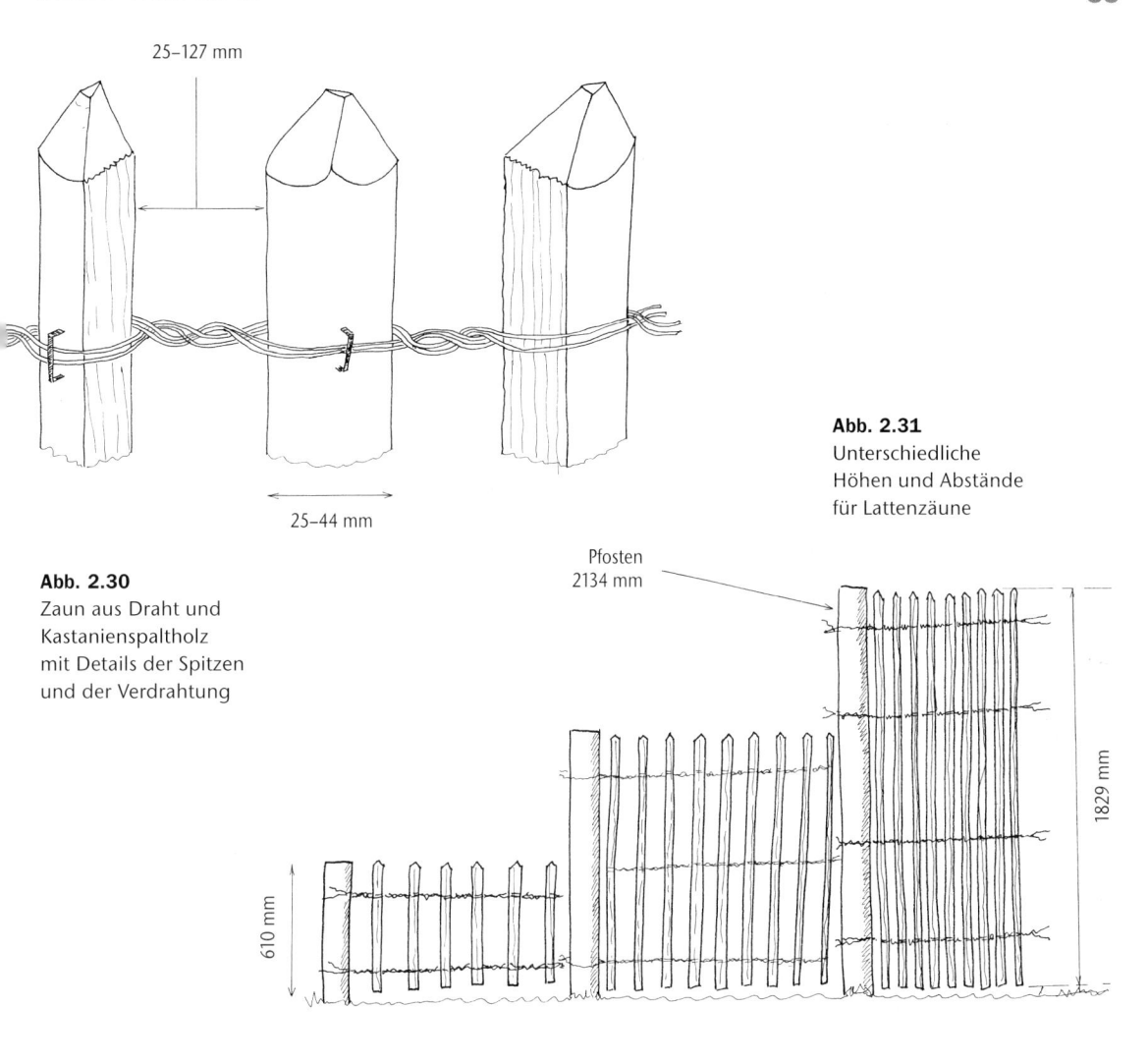

**Abb. 2.30**
Zaun aus Draht und Kastanienspaltholz mit Details der Spitzen und der Verdrahtung

**Abb. 2.31**
Unterschiedliche Höhen und Abstände für Lattenzäune

## Zäune aus Draht und Latten

Diese Art von Zäunen, die aus kleinen, meist dreieckigen Kastanienspalthölzern hergestellt wird, kam am Ende des 19. Jahrhunderts auf, als billiger Draht aus Massenproduktion sie zu einer attraktiven Alternative zu ganz aus Holz hergestellten Zäunen machte. In England werden sie vor allem in den Grafschaften Kent und Sussex hergestellt. Die Latten sind auf der Spaltseite 25–44 mm breit und zwischen 0,60 und 1,80 Meter lang. Sie werden von zwei doppelten Strängen aus verzinktem Draht zusammengehalten *(Abb. 2.30)*, die zwischen den einzelnen Latten in entgegengesetzter Richtung verdrillt werden, um sie sicher zu halten und einen gleichmäßigen Abstand zu gewährleisten. Die Latten werden so je nach Höhe des Zaunes von zwei, drei oder vier Drahtsträngen gehalten *(Abb. 2.31)*, die an den Latten einfach oder doppelt mit Krampen festgeheftet werden. Die Lücken zwischen den Latten sind je nach Verwendungszweck zwischen 25 und 125 mm breit.

Jede Latte wird am oberen Ende mit drei Schnitten zu einer stumpfen Spitze geschnitten, um Wasser ablaufen zu lassen. Der fertige Zaun wird zum Transport aufgerollt, wobei die Länge der Rolle vom Abstand zwischen den Latten abhängt (je geringer der Abstand, desto höher ist das Gewicht pro Meter des Zaunes). Der Draht steht an beiden Enden 200 mm über, um sie für den Transport zu sichern und später benachbarte Zaunstücke miteinander verbinden zu können. Meist werden diese Zäune mit angespitzten Pfosten geliefert, die 450 mm länger als die Latten sind.

# 3
# Grünholz in Haus und Garten

## Einleitung

Die örtlichen Niederwälder und Hecken sind schon immer eine Materialquelle für Häuser und Gärten gewesen, auch heute noch sind Haus und Garten ein wertvoller Markt für Grünholzarbeiter. Ganz von der besonderen Eignung kleinerer Holzabschnitte für viele dieser Arbeiten abgesehen, läßt sich so auch Holz sinnvoll verwenden, das sonst verfeuert oder dem Verfaulen preisgegeben werden würde. Aber dieses Material ist nicht allein dem Haus und Garten des Landbewohners vorbehalten. Man findet es vielmehr auch in vielen imponierenden Gebäuden verbaut oder in den Hunderten von Pfählen, Pfosten und Latten, die zur Einzäunung von Gemüsegärten und Blumenbeeten verwendet wurden.

Fachwerkhäuser sind in England häufig zu sehen, und das Bauholz – Eiche, Ulme, Esche und Pappel – kam meist aus den Wäldern der Umgebung. Die Gestalt eines bestimmten Hauses griff nicht nur auf das althergebrachte Wissen zurück, sondern nahm auch Rücksicht auf die Größe und Beschaffenheit des verfügbaren Rohmaterials. Das ist jedoch ein Thema für sich, das hier nicht behandelt werden soll. Für das Gefache zwischen den Balken wurden jedoch große Mengen an Ruten und Spaltholz zum Flechten benötigt, um dem Lehm oder Putz der fertigen Wand oder Decke eine Unterlage zu geben. Ähnlich ist es bei den Dächern gewesen, für ein Stroh- oder Reetdach brauchte man Tausende von Haselsparren, und Schindeln wurden auf kräftige Sparren genagelt, um ein reines Holzdach herzustellen.

Erbsen und Bohnen, Dahlien und Tomaten, Obstbäume, sie alle bedürfen des Stützens durch entsprechende Stecken oder Spaliere. Ein großer Garten des viktorianischen Zeitalters war eine Fundgrube für die effektive, ansprechende und unauffällige Verwendung von Kleinholz, das nicht importiert wurde, sondern aus dem örtlichen Wald stammte.

## Dacheindeckungen

Seit dem Aufkommen reet- oder strohgedeckter Häuser wurde das Dachmaterial an kleinen Spaltholzabschnitten befestigt, die auch auf der Außenseite für den zurückhaltenden Schmuck verwendet wurden. Bei einem Dach durchschnittlicher Größe werden bis zu 12 000 kurze Stöcke (Abb. 3.1) verwendet, die vom Dachdecker beidseitig angespitzt, zu Krampen gebogen und in das Dachmaterial getrieben werden. Vor der Verarbeitung wird das Stroh auf dem Schober mit längeren (1 Meter) Holzstücken befestigt, die in England als „Rick pegs" bezeichnet werden. An den Giebeln und am First wird das Eindeckmaterial von stumpf angespitzten Latten gehalten (1,50 Meter, Stärke 13 mm) die obenauf gelegt werden (Abb. 3.2). Im Inneren wird die Eindeckung durch eingelegte langen Latten (2,40 Meter, 25 mm stark) stabilisiert.

Stülpschalung besteht aus radial gespaltenem Holz von 1,80 Meter Länge, das an beiden Enden mit einem Falz versehen ist, um das Nachbarbrett etwa 75 mm zu überlappen (Abb. 3.3). Sie verjüngen sich zu einem Ende hin, das nicht mehr als 13 mm stark ist. Jede Reihe verdeckt ungefähr 130 mm der darunter liegenden, die entstehende Fläche ist außer bei den heftigsten Stürmen wasserdicht. Stülpschalung wird in den USA häufig verwendet, um Dächer einzudecken, in England (und Deutschland) begegnet man ihr häufiger als Wandverkleidung.

Schindeln sind ebenfalls radial von einem größeren Stamm gespaltene Holzstücke, sie verjüngen sich aber nicht so stark wie Stülpschalung (Abb. 3.4.). Sie werden in unterschiedlichen Längen angeboten, auch die Breite kann variieren. Amerikanische Schindeln weisen eine bogenförmige Unterkante auf, die das Abtropfen des Regenwassers erleichtern soll. Größere Schindeln sind schwieriger herzustellen, sie führen dann oft Phantasienamen wie „Perfektion" oder „Royal".

**Kapitel 3** Grünholz in Haus und Garten

**Abb. 3.1**
Ein Sparren vor und nach dem Anspitzen

**Abb. 3.2**
Beschwerungslatte:
**A** lange Spitze;
**B** Querschnitt

## Hinweise

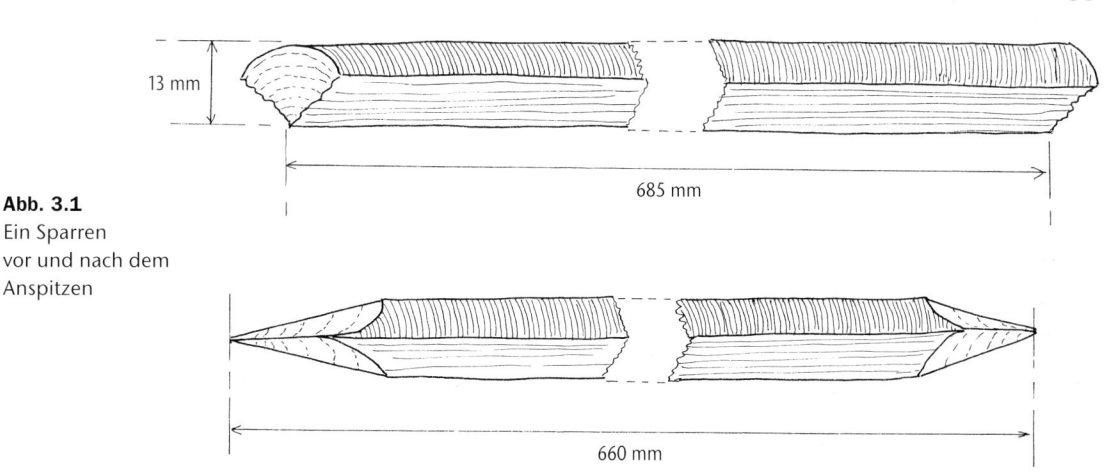

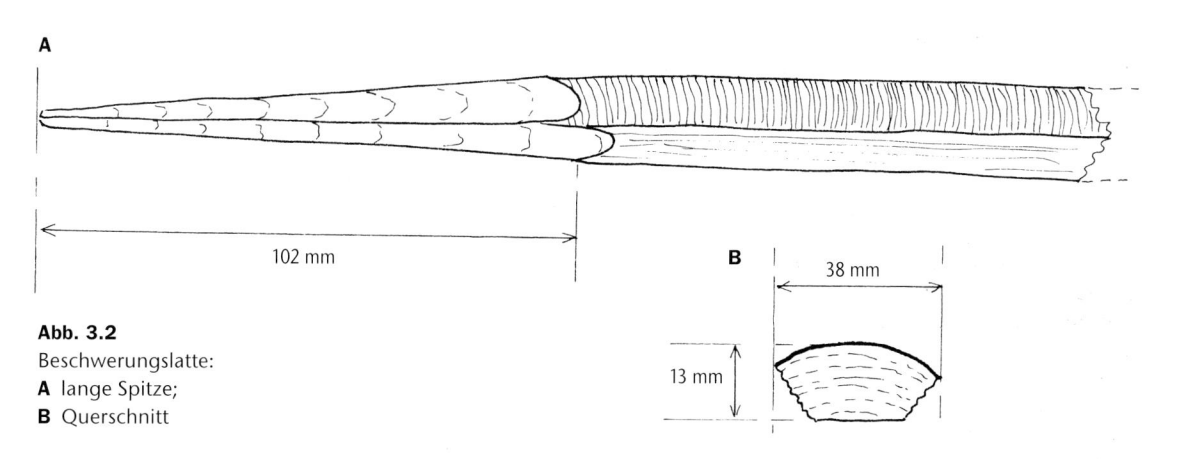

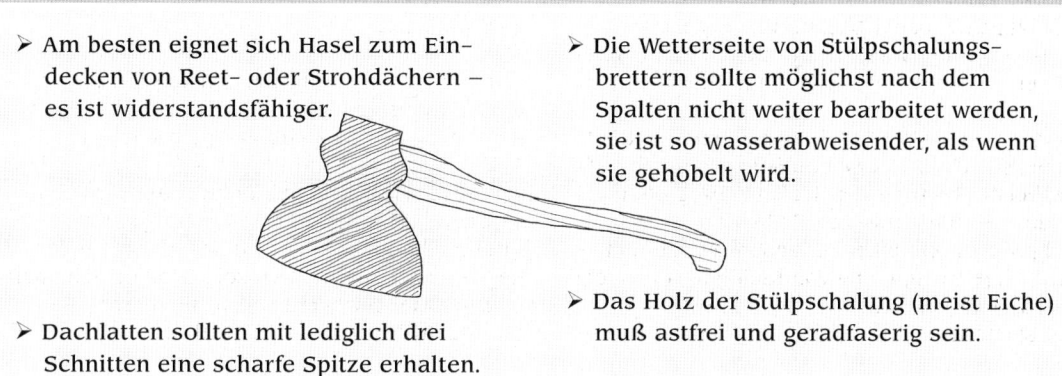

> Am besten eignet sich Hasel zum Eindecken von Reet- oder Strohdächern – es ist widerstandsfähiger.

> Dachlatten sollten mit lediglich drei Schnitten eine scharfe Spitze erhalten.

> Beschwerlatten für Strohschober können aus jedem Holz hergestellt werden.

> Die Wetterseite von Stülpschalungsbrettern sollte möglichst nach dem Spalten nicht weiter bearbeitet werden, sie ist so wasserabweisender, als wenn sie gehobelt wird.

> Das Holz der Stülpschalung (meist Eiche) muß astfrei und geradfaserig sein.

> Stülpschalung läßt Wasser besser abtropfen, wenn die äußeren Kanten angefast werden.

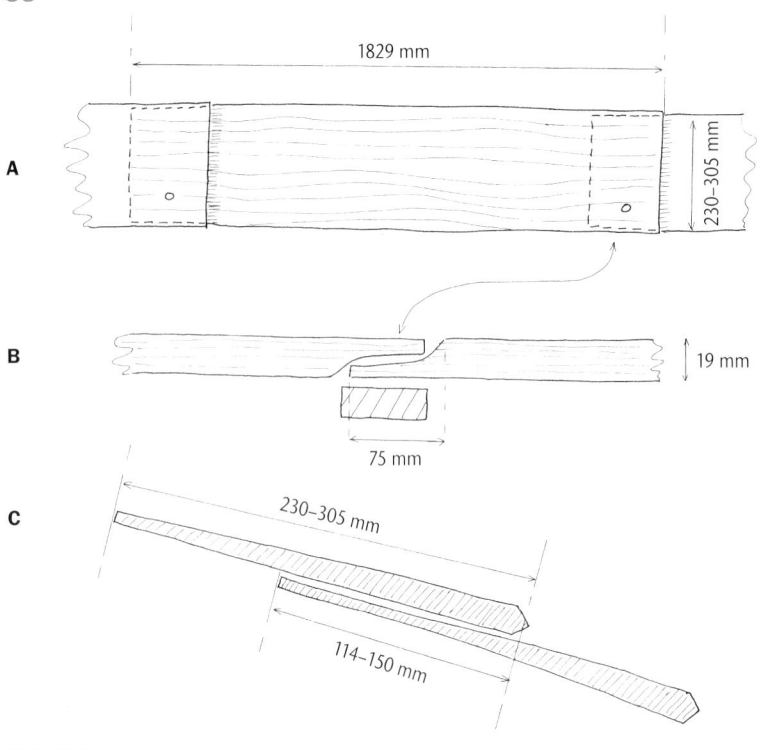

**Abb. 3.3**
Stülpschalung:
**A** an Ort und Stelle;
**B** überlappende Enden;
**C** angefaste Kanten

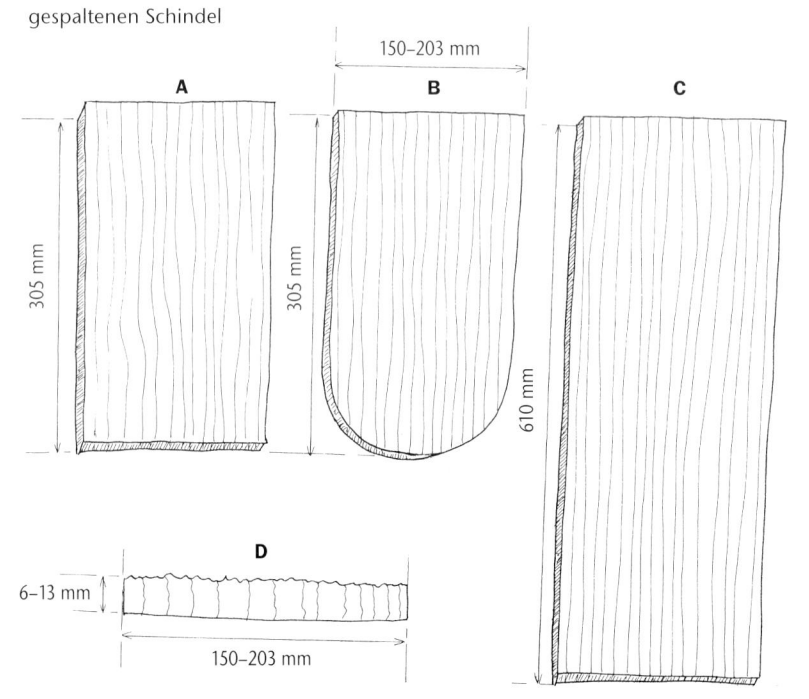

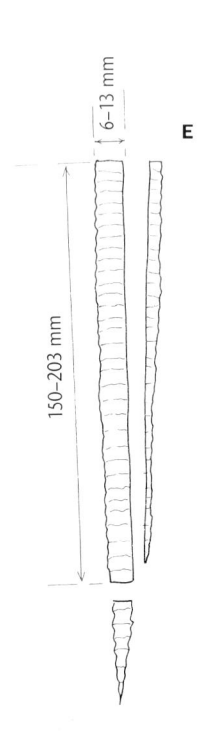

**Abb. 3.4**
Schindeln:
**A–C** Standard-, amerikanische und „Royal"-Form;
**D** Querschnitt;
**E** Zurichten einer gespaltenen Schindel

# Flechtwerk

Flechtwerk verschiedener Art wird im Fachwerkbau verwendet, um als Untergrund für das Wandmaterial – Putz zum Beispiel – zu dienen und dieses zu einer glatten Oberfläche verarbeiten zu können. Die Kombination aus Haselsteckenflechtwerk und einem Bewurf aus Lehm, Dung und Stroh wird schon seit der Eisenzeit verwendet. Die Effektivität des Systems hat sich in rekonstruierten Gebäuden nachweisen lassen. Bestärkt wird dieser Befund noch durch die Tausende von Häusern, die bis hin zum Viktorianischen Zeitalter Variationen dieses Systems verwendet haben.

Das Flechtwerk besteht dabei aus einem einfachen Geflecht aus nicht entrindeten Stecken (Durchmesser 13–19 mm), das zwischen die tragenden Balken eines Hauses eingefügt wird *(Abb. 3.5a)*. Sie werden zwischen stärkere Stecken eingeflochten *(Abb. 3.6)* und manchmal an diesen festgebunden. Sie werden je nach Bedarf des Bauherren auf Länge geschnitten (bis zu 1,8 Meter) und stellen nur geringe Anforderungen an den Holzarbeiter, solange nicht besondere Längen verlangt werden oder sie geformt bzw. angespitzt werden müssen, um in bestimmte Löcher der Hauptkonstruktion zu passen *(Abb. 3.7)*.

Flechtwerk aus Spanstreifen kann entweder direkt an Wand- oder Deckenbalken festgenagelt werden, oder die Streifen werden in einem Gefache geflochten *(Abb. 3.8)*. Meist sind die Spanstreifen etwa 6 mm dick, falls jedoch Schindeln oder Schieferplatten direkt daran befestigt werden sollen, sind stärkere Streifen notwendig *(Abb. 3.8)*.

## Hinweise

- Spanstreifen lassen sich am besten aus Eiche oder Kastanie herstellen, für normales Flechtwerk läßt sich jedes Holz verwenden.

- Kurze Stecken lassen sich am besten flechten, wenn sie nicht zu stark sind (19 mm Durchmesser oder weniger).

- Die Oberflächen der Spanstreifen sollten nicht geglättet werden, da der Bewurf dann besser haftet.

- Die Spanstreifen für Flechtwerk müssen nicht eine einheitliche Breite aufweisen.

- Holz, das ungefähr sechs Wochen abgelagert worden ist, läßt sich leichter in dünne Streifen spalten – die Spalte in sehr frischem Holz verlaufen leichter.

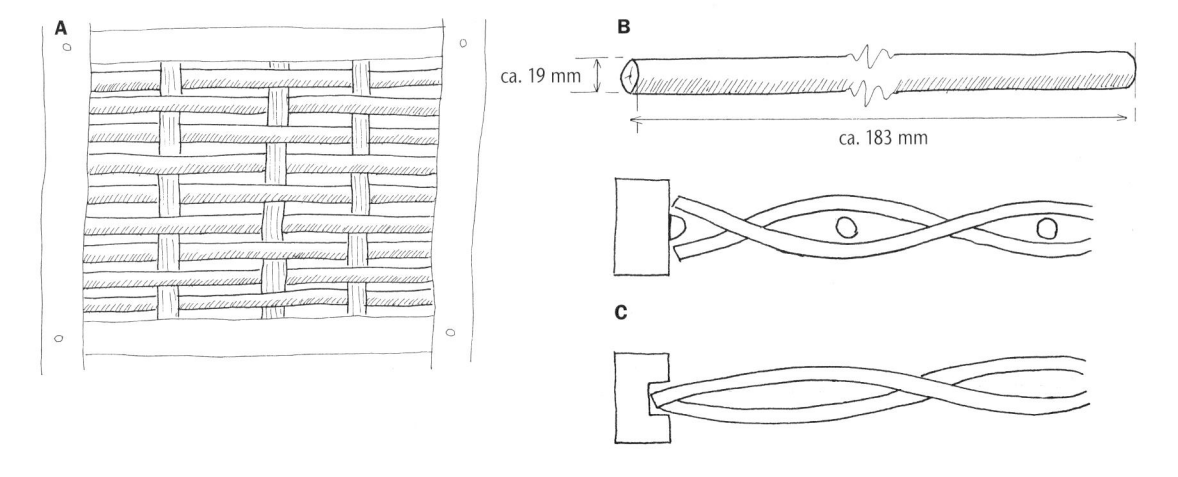

**Abb. 3.5**
Flechtwerk:
**A** Flechtwerk im Gefache;
**B** Stecken;
**C** Verbindung der Stecken mit dem Fachwerk

**Abb. 3.6**
Ruten und Spaltholzträger

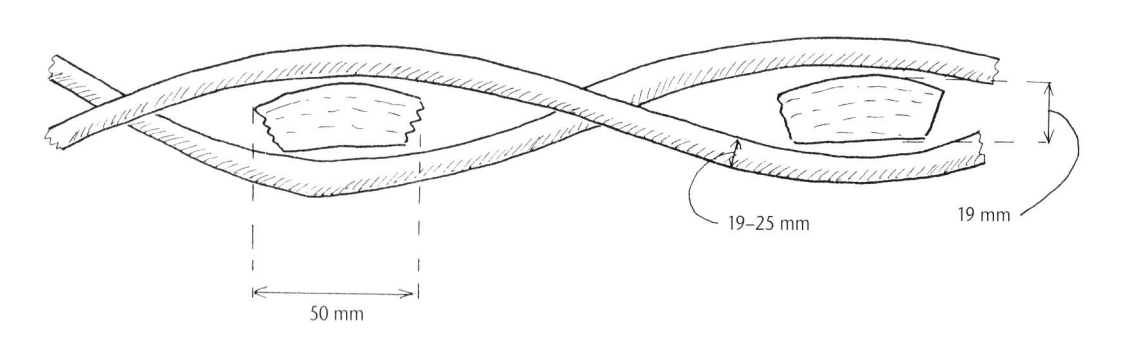

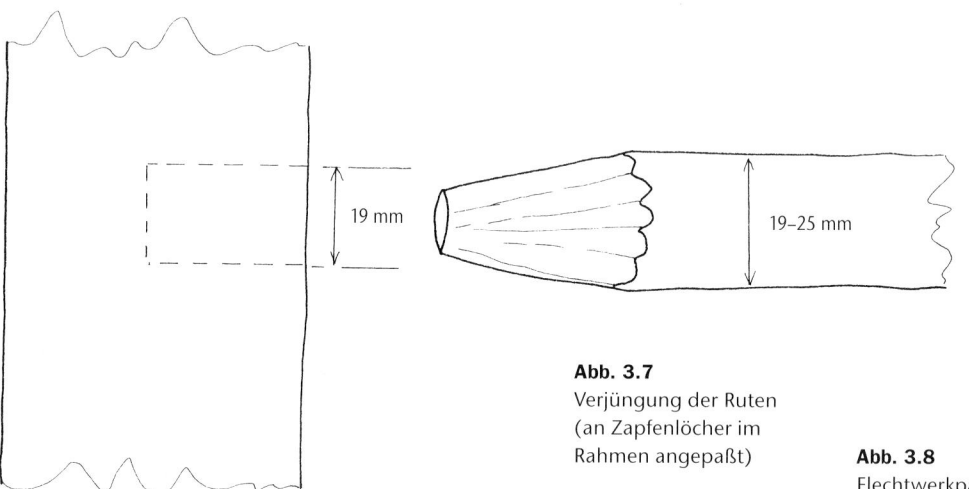

19–25 mm

19 mm

50 mm

19 mm

19–25 mm

**Abb. 3.7**
Verjüngung der Ruten
(an Zapfenlöcher im
Rahmen angepaßt)

**Abb. 3.8**
Flechtwerkpaneele:
**A** ein geflochtenes Paneel;
**B** einzelner Flechtspan;
**C** Querschnitt;
**D** Span eines
Schieferdachdeckers

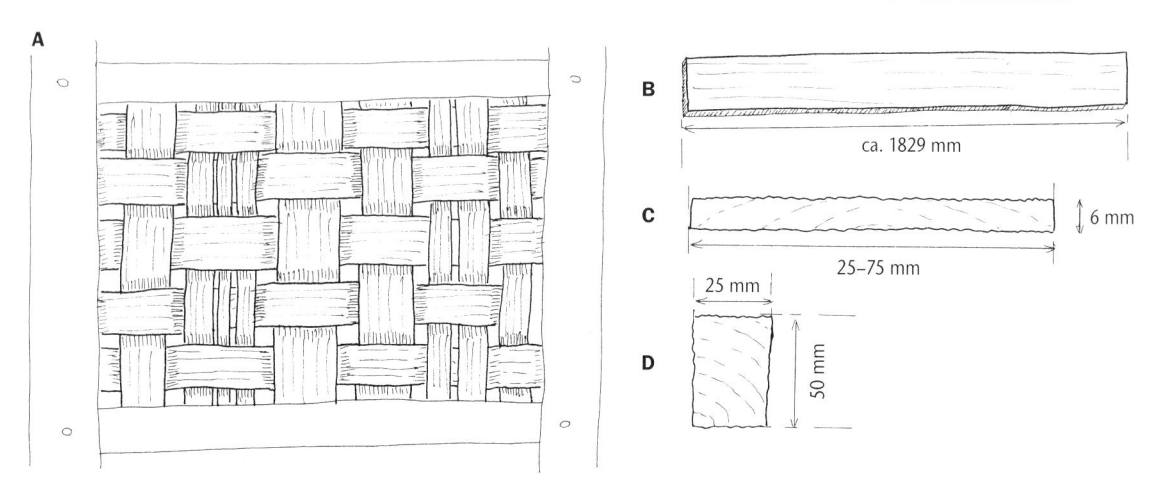

ca. 1829 mm

6 mm

25–75 mm

25 mm

50 mm

# Stangen und Stecken

In einem gepflegten Garten werden eine Vielzahl verschiedener Stangen und Stecken verwendet. Erbsenstangen sind außerordentlich vielseitig und sehen sehr natürlich aus. Sie werden aus flachen, fächerförmigen Zweigen geschnitten, können bis zu 1,80 Meter hoch sein *(Abb. 3.9)* und werden als Stütze sowohl für Wicken als auch für Erbsen benutzt. Wenn man sie flachlegt, dienen Sie als Vogelschutz für Saatbeete, wenn man nur den oberen Teil waagerecht umbiegt, kann man sie als Stütze für größere Blumen wie etwa Rittersporn verwenden.

Bohnenstangen sind lang, kräftig und einigermaßen grade. Am besten spitzt man sie am unteren Ende an und entfernt die Knospen, um die Hände zu schonen. Andere Stecken und Stangen weisen je nach Aufgabe unterschiedliche Stärken und Längen auf. Sie werden meist am unteren Ende angespitzt *(Abb. 3.10)* und oben keilartig zugeschnitten, um beim Eintreiben mit einem Hammer das Splittern zu verhindern. Obstbäume und andere Gehölze werden meist mit stärkeren Stangen gestützt, die am unteren Ende mit einer stumpfen Spitze versehen sind. Gegabelte Stützen sind besonders nützlich, um fruchttragende Äste bei Obstbäumen zu stützen, längere und dünnere werden auch immer noch verwendet, um Wäscheleinen zu stützen *(Abb. 3.11)*. Die kräftigsten Stangen werden beim Anbau von Hopfen verwendet, wie man es immer noch in manchen Gegenden sehen kann.

**Tabelle 3.1** Details gebräuchlicher Stangen und Stecken für den Garten

| Werkstück | Länge | Durchmesser | Sonstiges |
|---|---|---|---|
| Erbsenstange | 1219–1829 mm | 20 mm am unteren Ende | flach, fächerförmig, am unteren Ende angeschrägt |
| Bohnenstange | 2134–2438 mm | 25–38 mm am unteren Ende | stumpf angespitzt |
| Blumenstecken | 914–1371 mm | 25 mm am unteren Ende | oberes Ende keilförmig, unten stumpf angespitzt |
| Tomatenstecken | 1524–1829 mm | 19 mm am unteren Ende | keine |
| Topfstecken | nach Bedarf | 12 mm am unteren Ende | keine |
| Wäscheleinenstange | 2438 mm | 38 mm am unteren Ende | gegabeltes oberes Ende, angespitztes unteres Ende, oben auf etwa 600 mm entrindet |
| Himbeerstecken | 2134 mm | 75 mm am unteren Ende | benötigt ein Zapfenloch für Stützpfosten |
| Baumstecken | 1676 mm | 89 mm am unteren Ende | angespitzt |
| Hopfenstange | 4800–6000 mm | mindestens 75 mm am unteren Ende | entrindet und oberflächenbehandelt |

## Hinweise

➢ Jüngere Hasel- und Ulmenstecken (weniger als zehn Jahre alt) eignen sich für Erbsenstangen am besten. Andere Stangen können aus beliebigen Holzarten hergestellt werden.

➢ Alle Stangen und Stecken werden am besten mit einer stumpfen Spitze versehen; Erbsenstangen können mit einem einzigen Schnitt angespitzt werden.

➢ Bei Stützen für Wäscheleinen sollte die Rinde an den oberen 60 Zentimetern entfernt werden, um Flecken zu verhindern.

➢ Blumenstecken sollten oben keilartig zugeschnitten werden, damit sie beim Einschlagen nicht splittern.

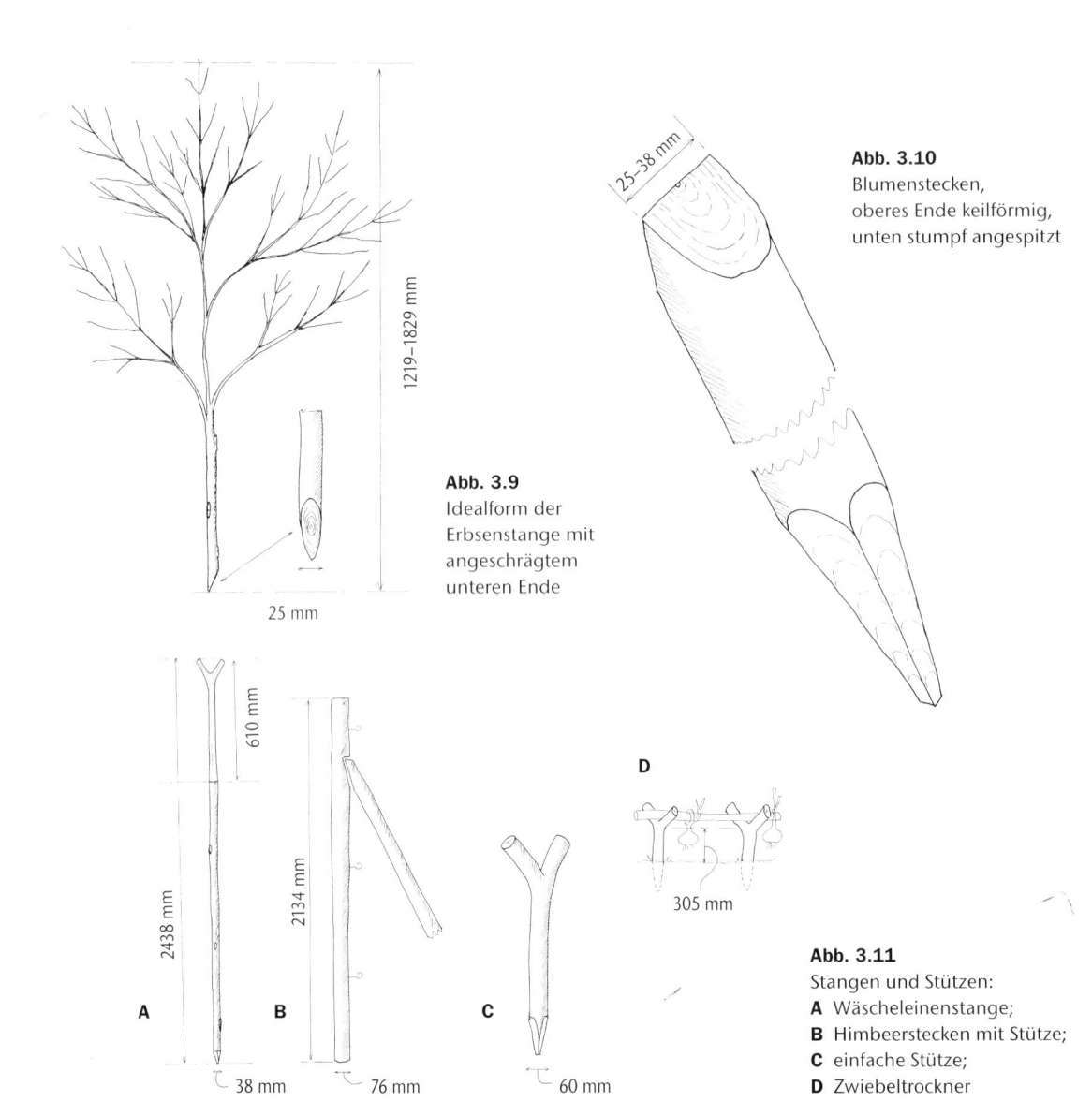

**Abb. 3.9**
Idealform der Erbsenstange mit angeschrägtem unteren Ende

**Abb. 3.10**
Blumenstecken, oberes Ende keilförmig, unten stumpf angespitzt

**Abb. 3.11**
Stangen und Stützen:
**A** Wäscheleinenstange;
**B** Himbeerstecken mit Stütze;
**C** einfache Stütze;
**D** Zwiebeltrockner

# Rankgitter, Spaliere und Torbögen

Spaliere bestehen aus einem hölzernen Rahmen, dessen offene Fächer mit einem Flechtwerk aus dünnen Stecken und Spanstreifen gefüllt werden *(3.12)*. Sie sind bei der Gartengestaltung als Stütze für rankende Pflanzen sehr beliebt. Sie werden meist als Abtrennung, als Stütze für Kletterpflanzen oder als Bögen über einem Gartenweg eingesetzt und bieten dem Erbauer reichlich Gelegenheit, seiner Phantasie freien Lauf zu lassen. Die einzelnen Gefache sind meist 1,80 Meter lang und ungefähr genauso hoch. Sie werden von Pfosten oder einem Gebäude gestützt und mit Holzschutzmittel behandelt, um ihre Lebensdauer zu erhöhen. Runde Pfosten werden meist entrindet, damit das Holzschutzmittel besser eindringen kann. Außerdem vermeidet man so das unansehnliche Zwischenstadium, in dem das Spalier die Rinde verliert. Wenn man das Spalier als Eingrenzung verwendet, kann die untere Kante auch mit Brettern eingefaßt werden, um Sichtschutz zu gewähren.

Tore, mit denen Kletterrosen über einem Gartenweg angebracht werden, bestehen aus langen und schmalen Fächern, die gebogen oder zusammengesetzt sind, um den Rundbogen zu formen *(Abb. 3.13)*.

Kletterspaliere bestehen aus einem flachen Rahmen *(Abb. 3.14 und 3.15)*, der an einer Wand befestigt wird. Auf Blumenbeeten und -rabatten werden oft konische oder pyramidenförmige Konstruktionen verwendet. Im ersten Fall wird die Konstruktion meist mit eingeflochtenen Stecken anstelle von Nägeln zusammengefügt *(Abb. 3.16 und 3.17)*.

## Hinweise

- Falls das Spalier mit normalem Holzschutzmittel behandelt werden soll, entfernen Sie erst die Rinde; falls die Rinde erhalten bleiben soll, müssen Sie ein hoch wasserundurchlässiges Oberflächenmittel verwenden.

- Dünne Holzstücke müssen vor dem Nageln eventuell vorgebohrt werden, um Splittern und Einreißen zu verhindern.

- Die Pfosten sollten 300–450 mm höher als die Spaliere sein.

- Kletterspaliere sollten mindestens 150 mm Übermaß an den senkrechten Teilen aufweisen, um sie in den Boden treiben und so selbsttragend machen zu können.

**Abb. 3.12** Spaliere – verschiedene Muster

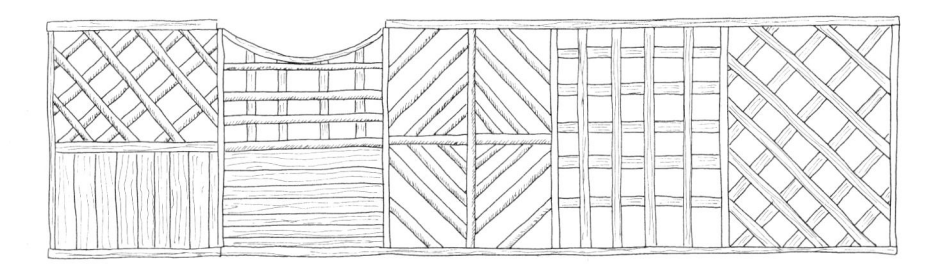

**Abb. 3.13**
Spaliere und Torbögen für Kletterrosen

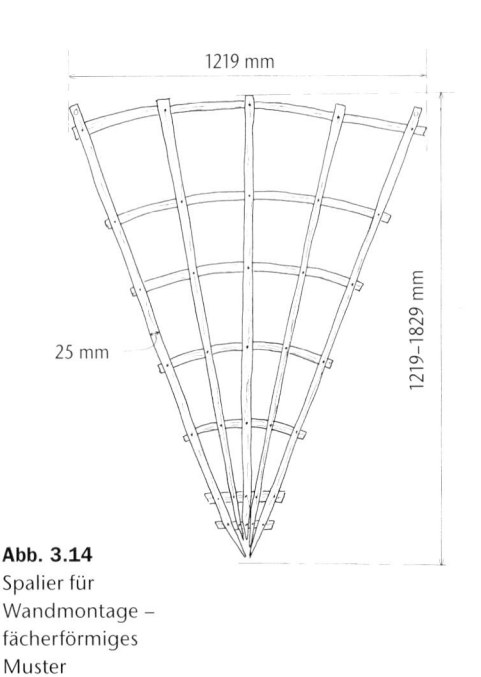

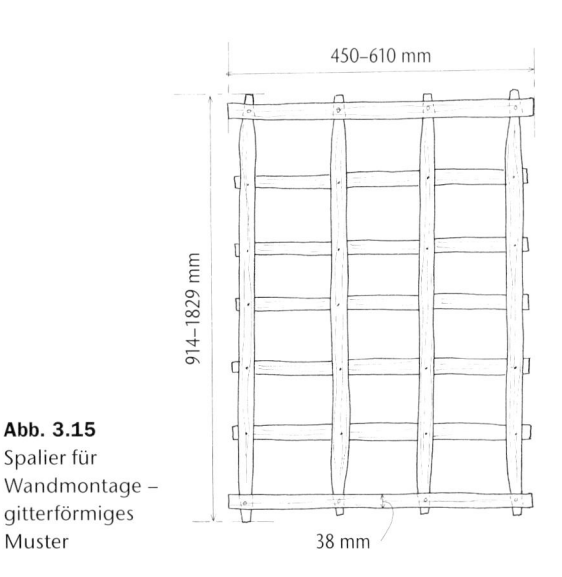

**Abb. 3.14**
Spalier für Wandmontage – fächerförmiges Muster

**Abb. 3.15**
Spalier für Wandmontage – gitterförmiges Muster

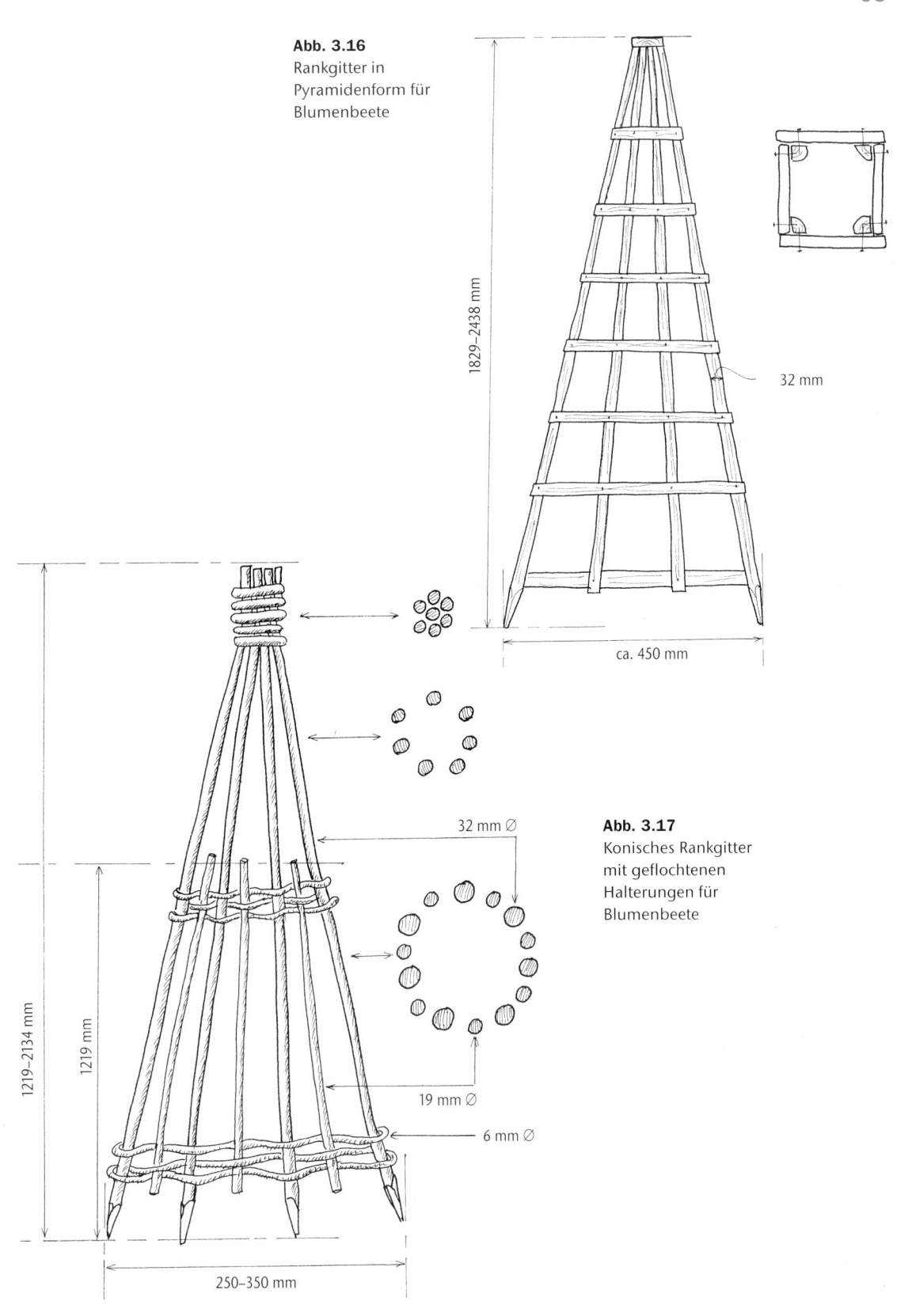

**Abb. 3.16**
Rankgitter in Pyramidenform für Blumenbeete

1829–2438 mm

32 mm

ca. 450 mm

32 mm Ø

19 mm Ø

6 mm Ø

**Abb. 3.17**
Konisches Rankgitter mit geflochtenen Halterungen für Blumenbeete

1219–2134 mm

1219 mm

250–350 mm

## Gartenlauben und Pergolen

Solche Bauwerke im Garten werden meist von Spalieren eingeschlossen, die an einem sonnigen Sommertag ein schattiges, ruhiges Plätzchen bieten, sobald sie mit Kletterpflanzen bewachsen sind. Die einfachsten Lauben bestehen aus einem der bereits beschriebenen Rund- oder Torbögen *(Abb. 3.18)*. Zu einer Laube wird ein solcher Bogen, indem man seine Rückwand mit einem geeignetem Spalier ausfüllt und eine etwa 450 mm hohe Bank in der gesamten Tiefe einbaut. Eine 1,20 Meter lange Bank bietet Sitzgelegenheit für zwei Personen. Man kann an der Rückseite ein oder zwei waagerechte Hölzer als Lehne einbauen und die unteren 1,40 Meter der Seiten und der Rückwand mit Brettern verkleiden, um das Ganze noch mehr Geborgenheit ausstrahlen zu lassen. Kompliziertere Pergolen lassen sich aus Rundstäben herstellen, *Abbildung 3.19* zeigt ein Beispiel mit sechseckigem Grundriß. Auch hier können die unteren Fächer mit Bretter und das Ganze mit einer dauerhaften Sitzgelegenheit versehen werden.

Die rustikalste Laube, die ich kenne, besteht aus einer Halbkuppel, die aus Haselstecken geflochten ist *(Abb. 3.20)*. Sie wird am Ort hergestellt, wobei die neun Träger in den Boden in den Boden gesteckt werden. Die offene Vorderseite ist etwa 1,50 Meter breit und ungefähr genauso hoch. Es ist schwierig, eine größere Höhe herzustellen – aber die Laube ist ein Traum für Kinder!

## Hinweise

- Die bodenberührenden Teile von dauerhaften Konstruktionen sollten aus Eiche oder Kastanie bestehen, das Flechtwerk aus Hasel, ansonsten kann man das Holz verwenden, das gerade zur Hand ist.

- Entrinden Sie das Holz, falls es mit Holzschutzmittel behandelt werden soll, andernfalls behandeln Sie die Rinde mit einem für Außenverwendung geeigneten Oberflächenmittel.

- Die unteren Bauteile sollten stark genug sein, um sie am Boden befestigen zu können, damit die Konstruktion auch stärkeren Winden widerstehen kann.

- Sitzgelegenheiten sollten leicht nach hinten geneigt sein, um bequem zu sein. In einer schmalen Laube sollten sie sich aus dem gleichen Grund bis zur vorderen Kante erstrecken.

- Versehen Sie die Bauteile mit fachgerechten Holzverbindungen, wo es auf Stabilität ankommt.

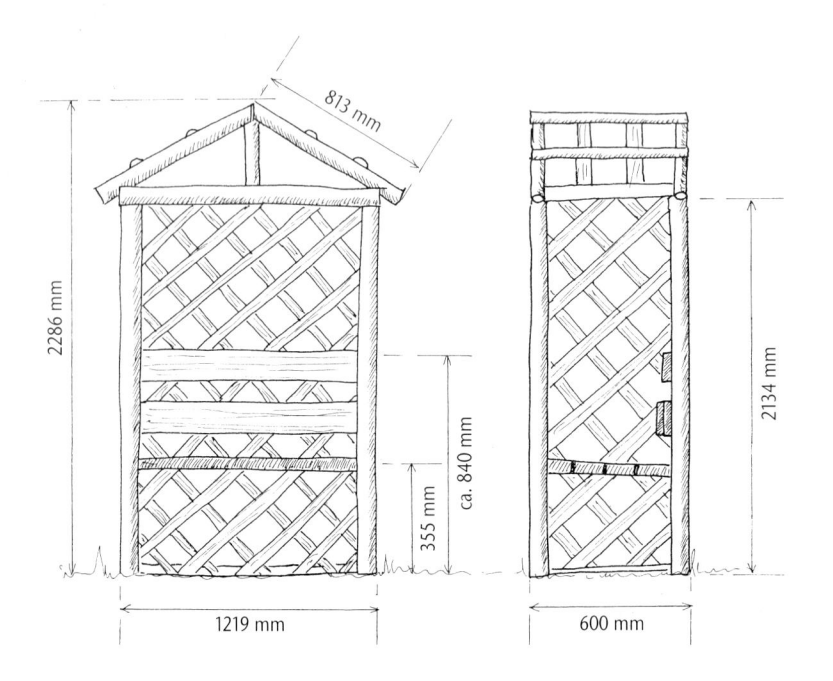

**Abb. 3.18**
Ein zur Laube ausgebauter Kletterrosenbogen

**Kapitel 3** Grünholz in Haus und Garten

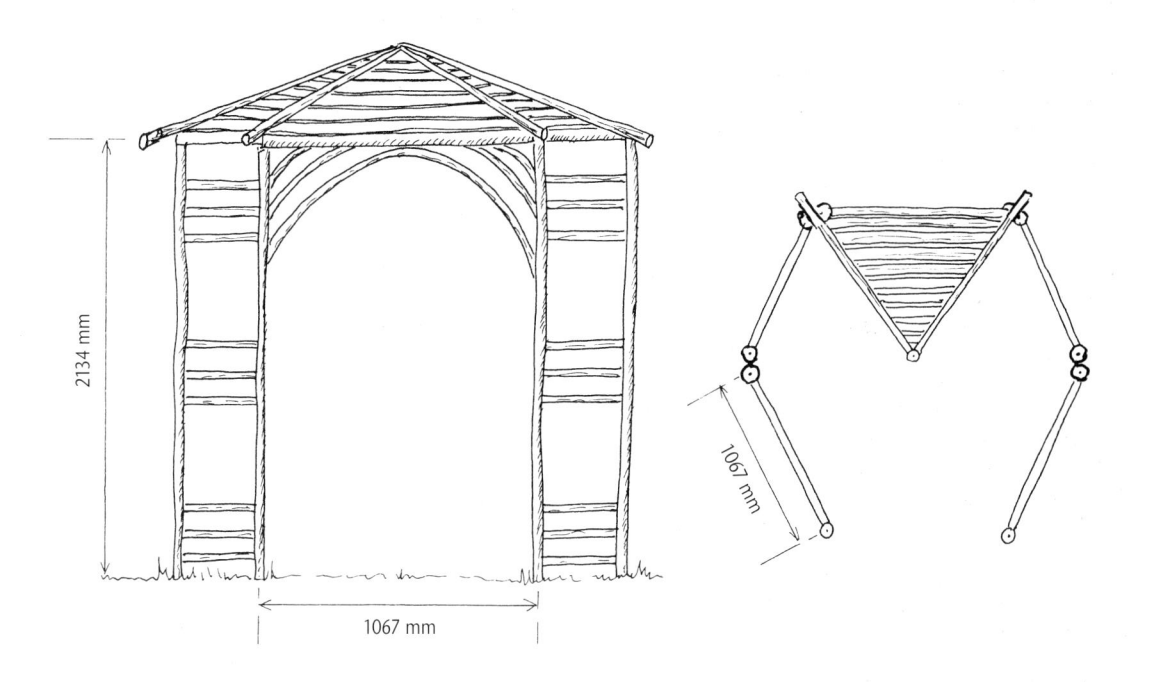

**Abb. 3.19**
Eine Pergola

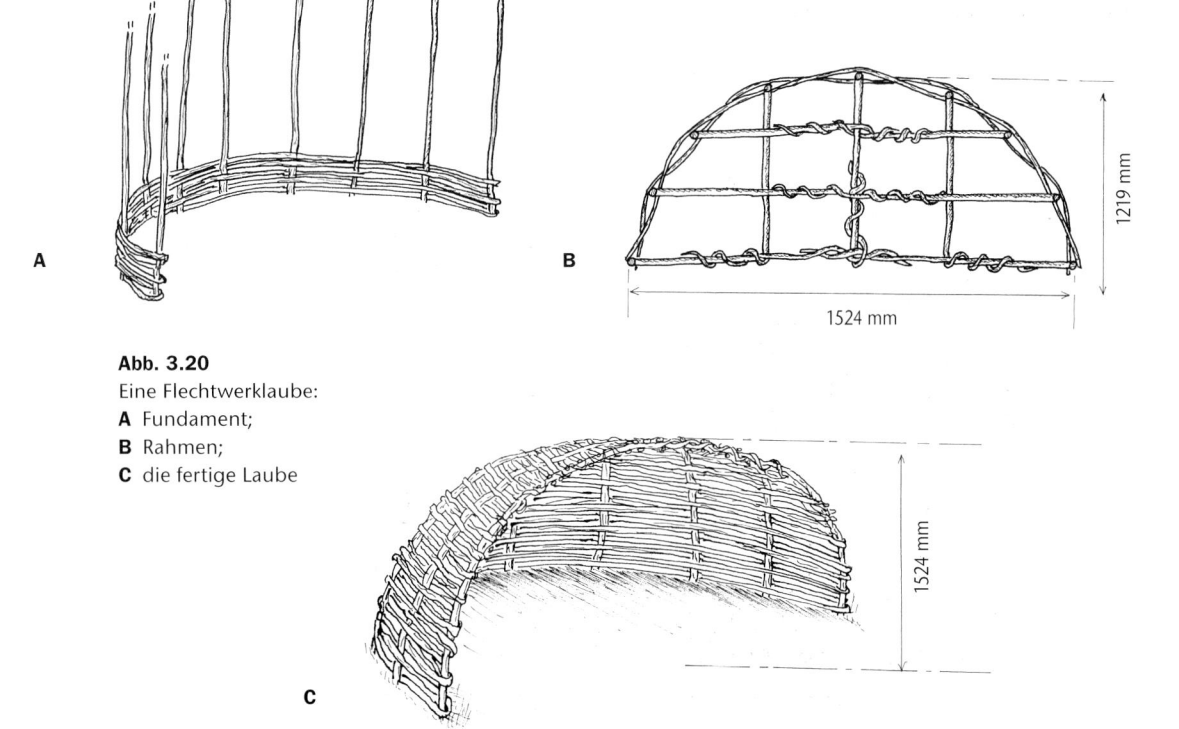

**Abb. 3.20**
Eine Flechtwerklaube:
**A** Fundament;
**B** Rahmen;
**C** die fertige Laube

# Hängekörbe und Vogelhäuschen

Diese Gegenstände blicken nicht auf eine lange Tradition zurück. Die Gestaltungen, die wir heutzutage bei Vogelhäuschen und -futterstellen sehen, vereinen ein ansprechendes Äußeres mit gewissen Kenntnissen des Verhaltens von Vögeln.

Rustikale Hängekörbe bestehen aus kleinen Rundhölzern, die paarweise über das jeweils darunter liegende Paar gelegt werden *(Abb. 3.21)*. Der Boden wird aus drei oder vier zusätzlichen Hölzern gebildet, und das Ganze wird durch Schnüre zusammengehalten, die durch Löcher an den beiden Enden jedes Rundholzes gefädelt werden. Mit diesen Schnüren wird der Korb auch aufgehängt.

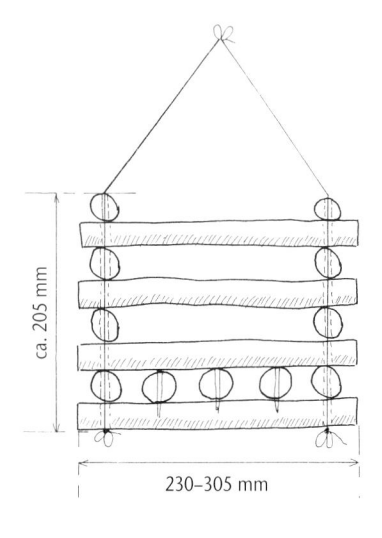

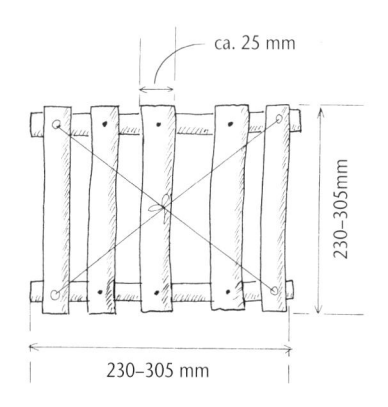

Pflanzgefäße für die Terrasse werden auf ähnliche Weise hergestellt, in diesem Fall nagelt man die Rundhölzer aber besser auf einen Rahmen aus Spaltholz, damit sie enger beieinander liegen und so eher das Herausrieseln des Inhalts verhindern *(Abb. 3.22)*.

Rustikale Futteranlagen für Vögel gibt es in verschiedenen Ausführungen. Die einfachste Version ist ein flaches Tablett mit einem erhöhten Rand, der das Futter zurückhält, und Löchern an den Ecken, um das Tablett aufzuhängen *(Abb. 3.23)*. Aussparungen im Rand ermöglichen das Abfließen von Regenwasser. Hängende Konstruktionen können durch Hinzufügen eines einfachen Daches zu Vogelhäuschen umgewandelt werden *(Abb. 3.24)*. Das Bodentablett kann aber auch auf einem Pfosten befestigt und mit einem Dach versehen werden, um ein Mindestmaß an Schutz zu gewähren. Der Boden des Tabletts und das Dach werden aus gespaltenem Holz hergestellt.

Fetthaltiges Futter kann mit Pfosten *(Abb. 3.26)* oder aufgehängten Stammabschnitten *(Abb. 3.27)* verfüttert werden, die mit Löchern versehen sind. Das Futter wird durch eine größere Öffnung hineingepreßt, so daß es durch die kleineren Löcher heraustritt. Mehr Zuspruch finden solche Anlagen, wenn man kleine Rundhölzer anbringt, auf denen die Vögel beim Fressen stehen können. Diese Vorschläge können beliebig kombiniert werden, um ein originelles Vogelhäuschen zu schaffen.

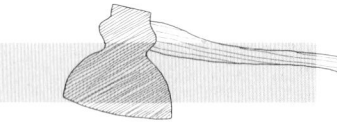

## Hinweise

- Verwenden Sie möglichst abriebfeste Seile oder Schnüre.
- Verwenden Sie ein nichttoxisches Holzschutzmittel, wo das Holz mit dem Erdreich in Kontakt kommt oder dem Wetter ausgesetzt ist.
- Stellen Sie sicher, daß die Gestaltung den Abfluß von Regenwasser vom Fütterungstablett erlaubt.
- Die Rinde bleibt an gespaltenem Holz länger erhalten, wenn es nach dem Spalten ohne direkte Sonneneinstrahlung abgelagert wird.
- Die meisten Holzarten sind geeignet, besonders aber Eiche und Kastanie.

**Abb. 3.21**
Ein Hängekorb

**Kapitel 3** Grünholz in Haus und Garten

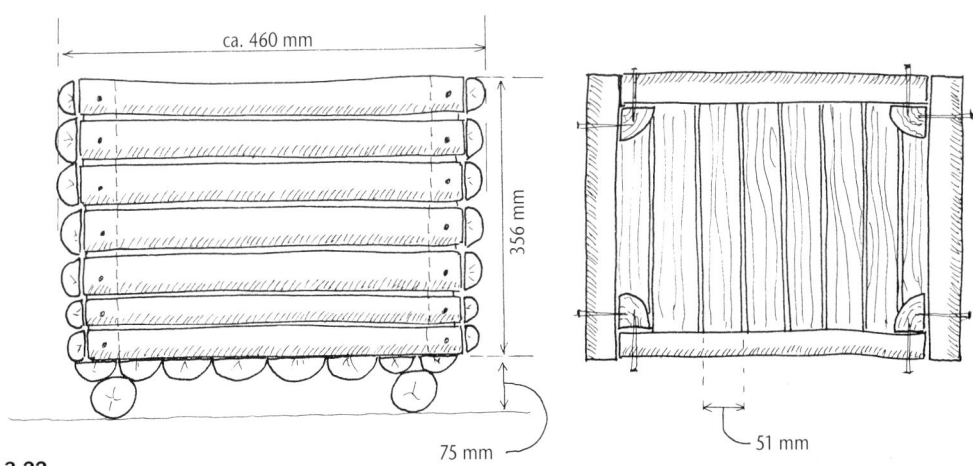

**Abb. 3.22**
Pflanzgefäß für die Terrasse

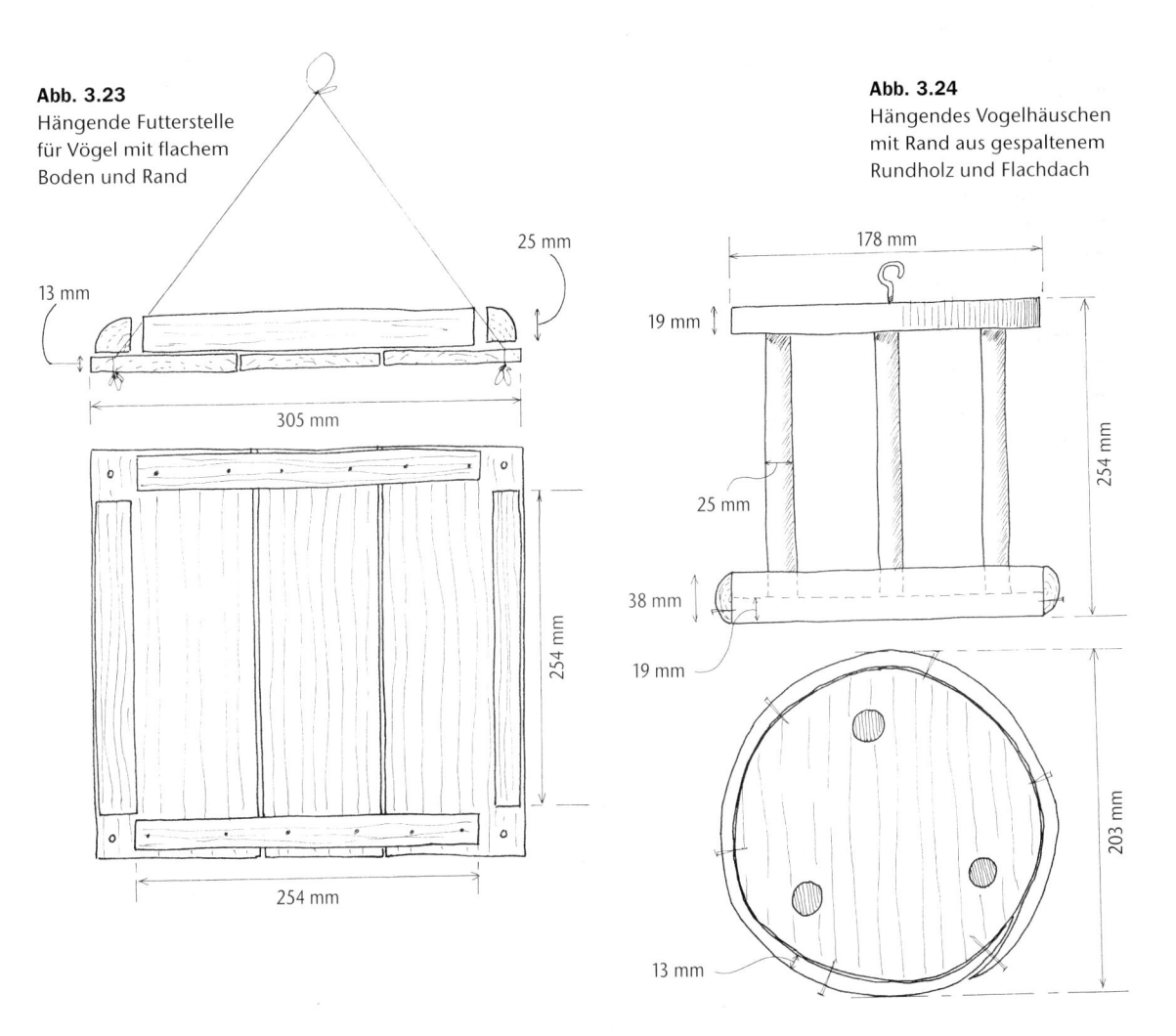

**Abb. 3.23**
Hängende Futterstelle für Vögel mit flachem Boden und Rand

**Abb. 3.24**
Hängendes Vogelhäuschen mit Rand aus gespaltenem Rundholz und Flachdach

Grünholz in Haus und Garten  **Kapitel 3**

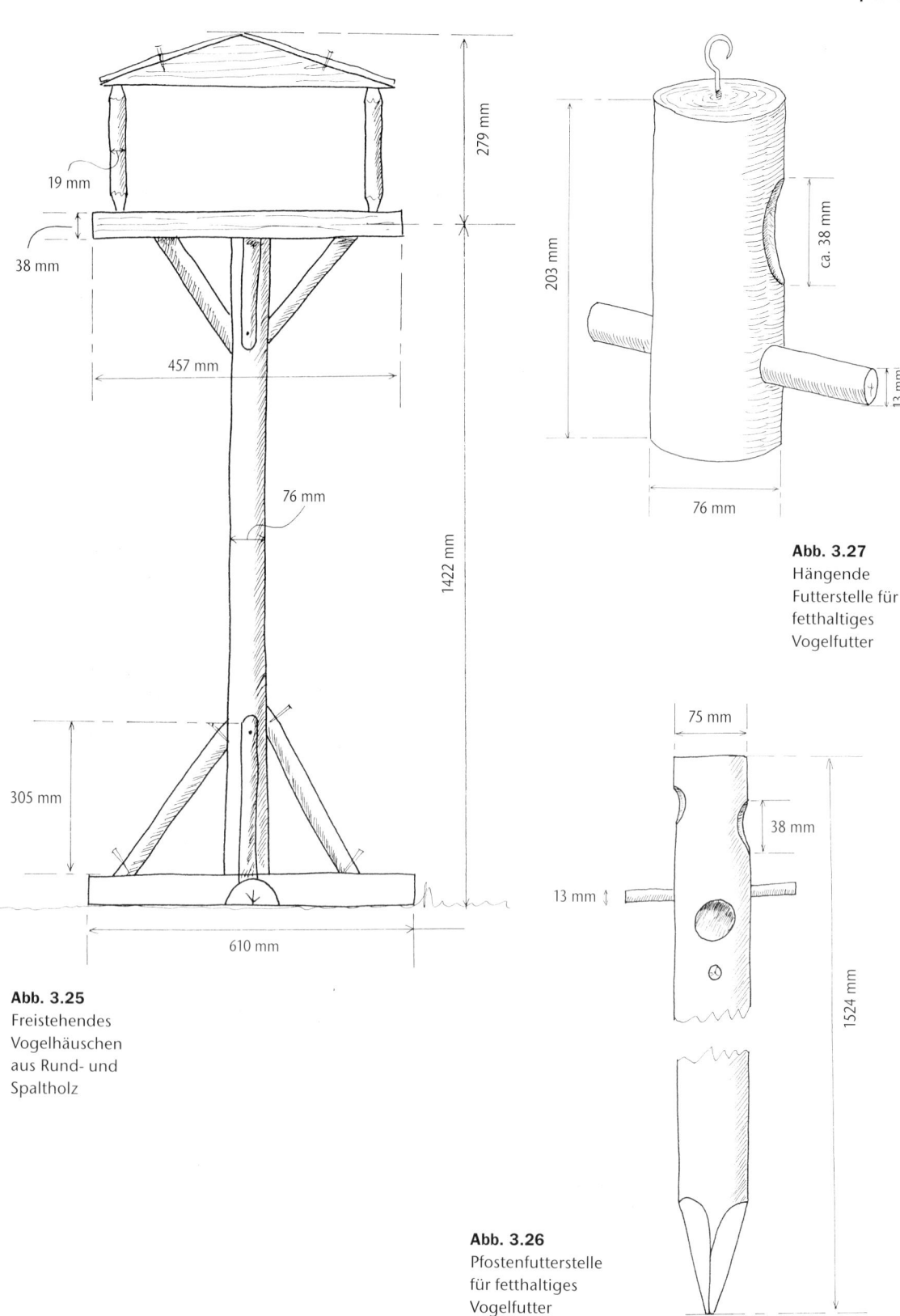

**Abb. 3.25**
Freistehendes Vogelhäuschen aus Rund- und Spaltholz

**Abb. 3.27**
Hängende Futterstelle für fetthaltiges Vogelfutter

**Abb. 3.26**
Pfostenfutterstelle für fetthaltiges Vogelfutter

# Beet-Einfassungen und Kompostierer

Grünholz eignet sich gut für die Gestaltung von Einfassungen von Blumen- und Gemüse(hoch)-beeten, von Komposthaufen und um Bäume zu schützen.

Beet-Einfassungen bestehen aus langen, gespaltenen Holzabschnitten, die an kurzen, in den Boden getriebenen Stecken festgenagelt werden (Abb. 3.28). Sie müssen dicht aneinander liegen, damit das Erdreich zurückgehalten wird. Geflochtene Einfassungen sind sehr attraktiv, man flicht sie an Ort und Stelle um kurze Pfähle, die im Erdreich stecken. Falls sie nicht mit Holzschutzmittel behandelt werden, haben sie allerdings keine lange Lebensdauer. Beliebt sind Einfassungen aus kurzen Pfählen, die mit Draht zusammengehalten werden. Sie müssen allerdings auch mit Holzschutzmittel behandelt werden und erfordern zusätzliche Pfosten, um sie aufzustellen. Sie eignen sich am besten für Beete mit engen oder vielen Kurven im Umriß.

Einfassungen für Komposthaufen lassen sich aus Haselgeflecht herstellen (Abb. 3.29): man schlägt eine Anzahl von Pfosten kreisförmig in den Boden und flechtet zwischen ihnen kleine Haselstecken ein. Die oberste Flechtlage wird „verdreht", damit sich das Geflecht nicht von den Pfosten hebt. Einen rechteckigen Kompostierer erhält man, indem man vier einzelne Paneele aus gespaltenem Holz herstellt, das an einem Rahmen festgenagelt wird (Abb. 3.30). Die Paneele können an den Ecken miteinander verschnürt werden, oder man befestigt sie an Pfosten, die im Boden stecken. Diese Konstruktion ist langlebiger als solche aus Flechtwerk.

Schutzzäune für Bäume, um grasende Tiere von jungen Bäumen fernzuhalten, ähneln den Einfassungen für Komposthaufen, sind aber meist kleiner. Falls man Flechtwerk verwendet, ist der kleinste Durchmesser etwa 1 Meter. Quadratische oder dreieckige Schutzzäune können Seiten haben, die nicht länger als 0,60 Meter sind und mit senkrechten oder waagerechten Hölzern verbunden werden, um einen Rahmen zu gestalten. In Parkanlagen sieht man häufig Schutzzäune, die 1,20 Meter im Quadrat messen (Abb. 3.32), mit vier angespitzten Eckpfosten und drei waagerechten Querstücken auf jeder Seite.

## Hinweise

- Holzkonstruktionen, die dem Wettereinfluß ausgesetzt sind oder Bodenkontakt haben, werden am besten aus Eiche oder Kastanie hergestellt. Für Flechtwerk ist allerdings Hasel das Holz erster Wahl.
- Die meisten dieser Produkte sollten mit Holzschutzmittel behandelt werden, das ist allerdings bei nicht entrindeten Haselstecken nicht ganz einfach.
- Flechtwerk wird am besten in situ hergestellt.
- Längere Spaltholzabschnitte sollten bei stumpfen Stößen sorgfältig aneinander angepaßt werden, falls sie Erdreich zurückhalten sollen. Man kann auch breitere Stücke verwenden und sie überlappen lassen.

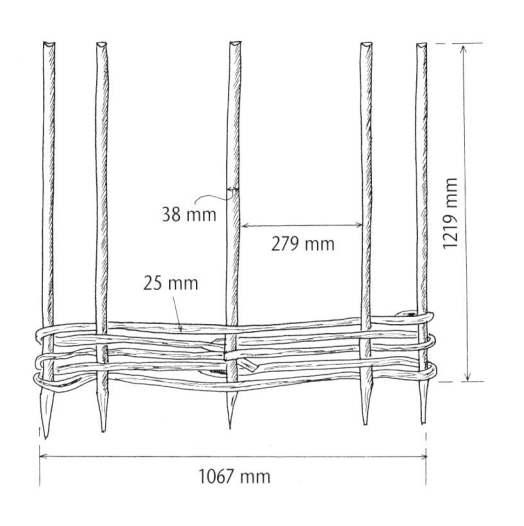

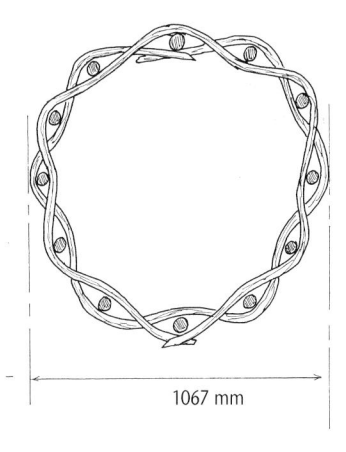

**Abb. 3.29**
Kompostierer aus Flechtwerk (noch nicht bis zum oberen Rand fertiggeflochten)

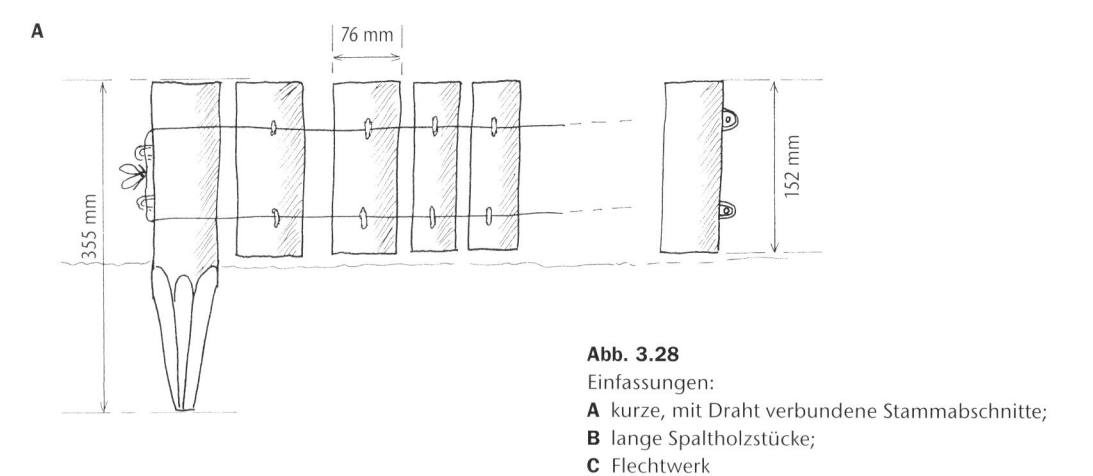

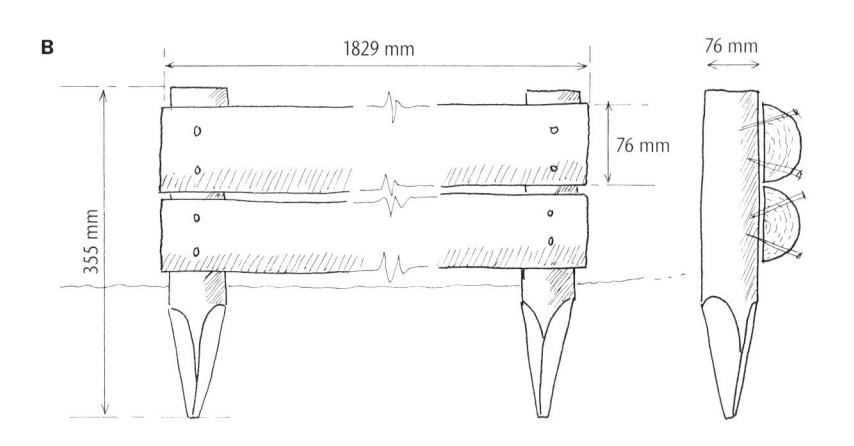

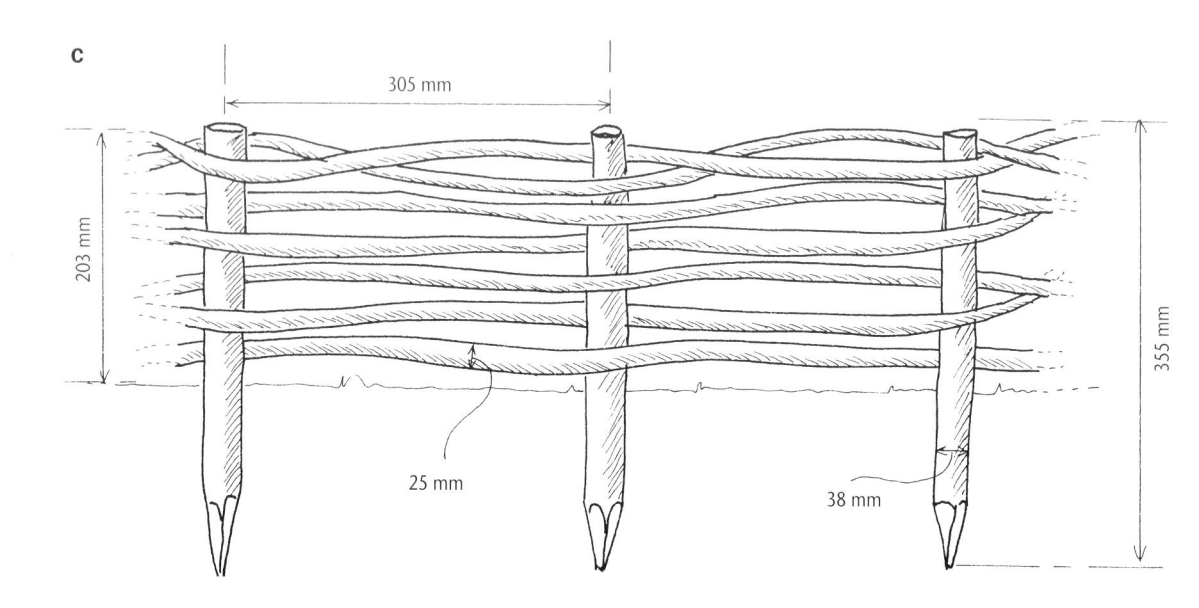

**Abb. 3.28**
Einfassungen:
**A** kurze, mit Draht verbundene Stammabschnitte;
**B** lange Spaltholzstücke;
**C** Flechtwerk

**Kapitel 3** Grünholz in Haus und Garten

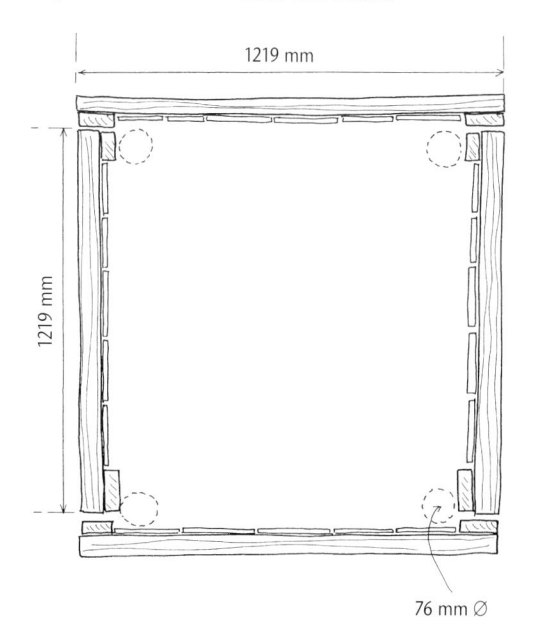

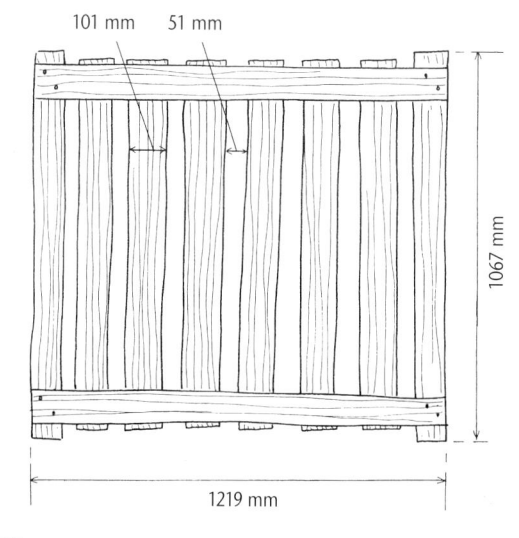

**Abb. 3.30**
Kompostierer aus gerahmten Flechtwerk

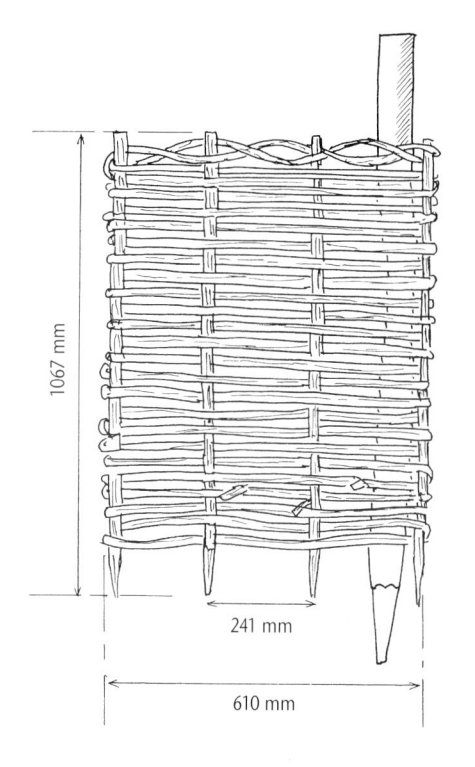

**Abb. 3.31**
Baumzaun aus Flechtwerk

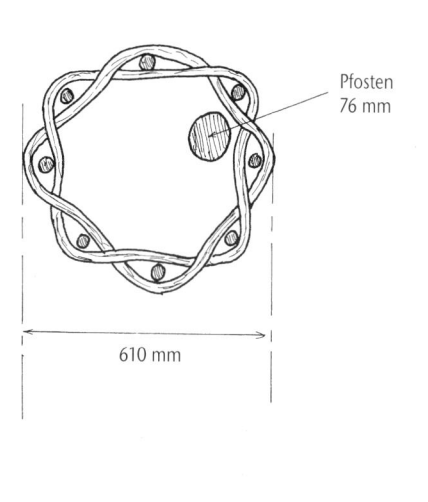

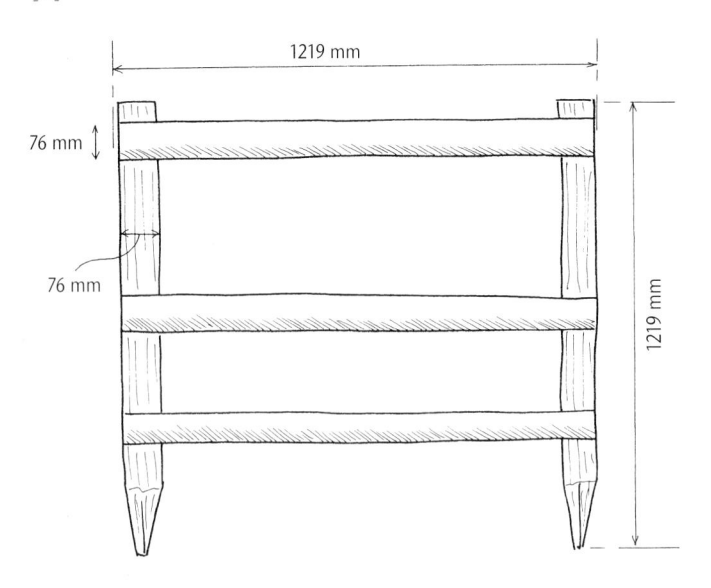

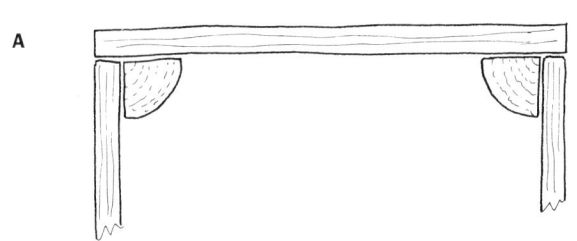

Grünholz in Haus und Garten **Kapitel 3**

**Abb. 3.32**
Baumzäune:
**A** Park-Modell;
**B** dreieckiges Modell

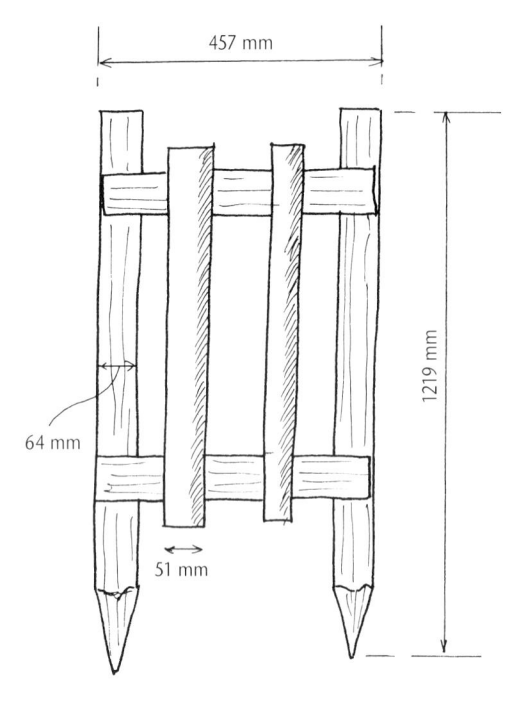

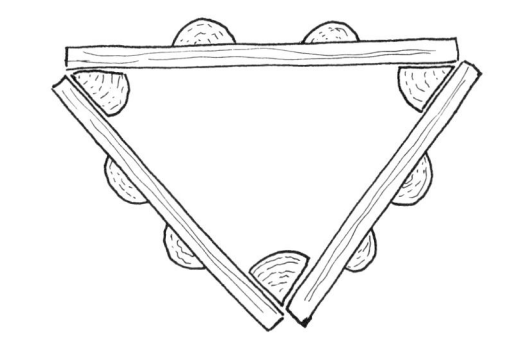

# Für Haus und Küche

## Einleitung

Da wir heute in einer Gesellschaft leben, die weitgehend von den Materialien Metall, Keramik und Kunststoff bestimmt ist, fällt es einem vielleicht schwer, sich vorzustellen, in welchem Maße das Leben unserer Vorfahren von Gegenständen aus Holz geprägt war. In diesem Kapitel werden eine Reihe von Gegenständen aus Holz für Haus und Heim vorgestellt, von denen viele auch unseren Altvorderen bekannt gewesen sein werden. Darüber hinaus sind einige Entwürfe und Konzepte aufgenommen worden, die zwar ganz und gar modern sind, aber zeigen, daß die Kunst der gelungenen funktionalen Gestaltung in der Neuzeit nicht verlorengegangen ist.

Dazu zählen eine Vielzahl kleiner Holzobjekte, die täglich im Haushalt verwendet werden. Reine Zier- oder Schmuckstücke sind jedoch nicht aufgenommen worden. Holz überdauert die Jahrhunderte natürlich nicht sehr gut, und so haben wir kaum Beispiele für die Alltagsgegenstände unserer Vorfahren, die früher als im 16. Jahrhundert entstanden sind. Für Zeugnisse aus davor liegenden Zeiten sind wir auf Abbildungen angewiesen, wie sie zum Beispiel im Teppich von Bayeux zu finden sind. Glücklicherweise verfügen wir für spätere Zeiten über solche Zufallsfunde wie das englische Kriegsschiff „Mary Rose" aus der Tudorzeit. In diesem Fall hat das Wasser der Solent-Meeresenge alle Gegenstände aus Holz konserviert, die an Bord waren, als das Schiff sank. Man hat Beispiele für Löffel, Waagen, Kerzenhalter, Krüge, Pfeifen, Schüsseln und andere Alltagsgegenstände aus der Zeit der Tudors gefunden. Wir werden in diesem Kapitel neben diesen Gegenständen auch andere betrachten, die zum Teil heute noch in Heimarbeit angefertigt und im Haus verwendet werden.

Viele der Gestaltungsformen sind traditionell überliefert und blicken auf eine lange Geschichte zurück. Dazu gehören viele Gegenstände, die heute noch populär sind und, wichtiger noch, auch heute noch nützlich und benutzbar sind. Wir benutzen sie nicht nur, weil uns ihr Aussehen anspricht. Vielmehr gibt es gute Gründe, Holz zu verwenden, wenn es mit Lebensmitteln in Berührung kommt. Wissenschaftler haben nachgewiesen, daß Holz Stoffe enthält, die Bakterien am Wachstum hindern, eine Eigenschaft, die Kunststoffe nicht aufweisen. Deshalb sind Schneidebretter und andere Holzgeräte auch dann, wenn sie bei der Verwendung vielleicht Schnittkerben oder andere leichte Beschädigungen erlitten haben, vollkommen lebensmitteltauglich.

Außerdem kann man bei diesen Produkten seiner Phantasie freien Lauf lassen, sowohl in bezug auf die Gestaltung als auch auf die Funktion. Indem man die natürlichen Eigenschaften von Holz zum Ausgangspunkt nimmt, kann man bei seinen Forschungen vollkommen neue Gegenstände erschaffen oder althergebrachte in neue Formen bringen. Es ist ein Gebiet, auf dem Sie schöne, nützliche und besitzenswerte Objekte erschaffen können.

## Gestaltung von Drechselarbeiten

Wie auf vielen anderen Gebieten der Kunst und des Kunsthandwerks ist die Gestaltung von Grünholzarbeiten keine Sache des Zufalls. Oft ist sie das Ergebnis einer Jahrhunderte dauernden Entwicklung und vieler subtiler Änderungen, so daß es zu einem bestimmten Zeitpunkt einen Kanon an Mustern gibt, der als Destillat des guten Geschmacks dieser Zeit gelten kann. Das gilt zum Beispiel für die Drechselarbeiten, die als Schmuckelemente oder aus funktionalen Gründen an vielen der Produkte in diesem Abschnitt zu finden sind. Aber auch diese Drechseleien folgen gewissen Regeln und Gesetzen. Manche der Formen (und die Begriffe, mit denen sie bezeichnet werden) stammen aus der klassischen Architektur. So wird bei antiken Gebäuden die Form bestimmter Zierleisten als stehender oder liegender Karnies bezeichnet.

Die *Abbildungen 4.1* und *4.2* zeigen eine Reihe solcher Formelemente, von der einfachen Verjüngung bis hin zu verschiedenen Karniesen. Die späteren Abbildungen zeigen individuelle Zusammenstellungen verschiedener Formen. Das Schöne an dieser Herangehensweise ist, daß man so zu zusammengesetzten Formen kommen kann, die auf das Objekt abgestimmt sind, an dem man gerade arbeitet. Man sollte sich jedoch immer vom guten Geschmack leiten lassen, um zu ermitteln, welche Formen kombiniert werden können, und übertriebenen Zierrat vermeiden. Das Drechseln komplexer Formen als Selbstzweck hat wenig Wert. Das Ziel, nach dem wir alle streben sollten, ist die Verschönerung des Objektes oder seine verbesserte Funktionalität.

Die Komplexität mancher dieser Formen ist auch der Grund, warum man sich Aufzeichnungen über die verwendeten Muster anlegen sollte. Wie schon in Kapitel Eins dargelegt, lohnt es sich, bestimmte Muster festzuhalten, so daß man sie wieder verwenden kann.

# Löffel

Einige der Stücke sind von Eric Rogers hervorragendem Buch über Löffel (siehe Literaturverzeichnis, Seite 236) inspiriert. Obwohl nur wenige antike Löffel erhalten geblieben sind, wissen wir doch, daß sie auf eine lange Geschichte zurückblicken. Die ältesten Beispiele waren kaum mehr als ein flacher Spatel ohne Laffen. Walisische Fettlöffel lassen sich 1000 Jahre zurückverfolgen, und es gibt in England gelegentlich Beispiele aus dem Mittelalter und der Zeit der Tudors. In *Abbildung 4.3* sind einige alte Löffel wiedergegeben, deren tiefe Laffen und einfache Stiele das häufigste Muster darstellen. Der Stiel konnte entweder bündig am Laffen angesetzt sein oder etwas tiefer auf ihn treffen. Löffel besserer Qualität hatten nicht selten gedrechselte Stiele mit einem Zierknopf am Ende.

**Kochlöffel aus Holz:** vermutlich die bekannteste Form, die von den meisten von uns beim Kochen verwendet wird. Es werden noch heute viele Exemplare hergestellt, wenn auch meist maschinell und nicht in Handarbeit. Sie weisen meist einen langen Stiel und einen flachen Laffen auf *(Abb. 4.4)*. Da sie maschinell hergestellt werden, ist der Stiel nicht abgewinkelt, was es schwierig macht, mit ihnen den Inhalt des Topfes zu probieren. Manche haben am Laffen eine gerade Kante, mit der man den Topf auskratzen kann. Mir gefällt besonders der Probierlöffel mit seinem langen Stiel *(Abb. 4.4)*, der seine Funktion zuverlässig erfüllt, ohne zu tropfen.

**Abtropflöffel:** Besonders nützlich und in verschiedenen Gestaltungen möglich *(Abb. 4.5)*. Exemplare mit tiefem Laffen und einem kurzen, abgewinkelten Stiel werden verwendet, um zum Beispiel Oliven aus einem Glas zu heben und die Flüssigkeit darin zurück zu lassen. Größere Exemplare haben einen geraderen Griff und manchmal nur an einer Seite des Laffen Löcher.

**Caddy-Löffel** sind vermutlich in den Vereinigten Staaten entstanden. Sie weisen einen mittelgroßen, runden Laffen und einen sehr kurzen, flachen Stiel auf *(Abb. 4.6)*, damit sie besser in den Caddy (eine Teedose) passen. Die Form und Länge des Stiels kann verändert werden, um einen gefälligeren oder funktionaleren Löffel zu erhalten.

**Dessert-, Tee- und Suppenlöffel:** Der Zweck bestimmt hier Größe und Gestaltung, um sie effektiv und bequem verwenden zu können *(Abb. 4.7)*. Wichtige Punkte für die Gestaltung eines funktionalen Löffels sind: ein Winkel zwischen Laffe und Stiel; ein leichtes Absenken des Laffenrandes am Stiel; und eine angenehme Krümmung des Stielendes *(Abb. 4.8)*. Abbildung 4.9 zeigt verschiedene Gestaltungen für das Ende des Stiels.

**Löffel für Rechts- bzw. Linkshänder** werden speziell für diesen Zweck gestaltet, daraus läßt sich ihre ungewöhnliche Form erklären *(Abb. 4.10)*.

**Senflöffel:** Dabei handelt es sich eher um stumpfe Messer als um Löffel. Der Stiel wird meist gedrechselt *(Abb. 4.11)*.

**Honigheber:** Sind auch keine Löffel im eigentlichen Sinn. Sie erfüllen ihren Zweck jedoch besser als ein Löffel und sind eine dekorative Drechselarbeit für die Küche.

**Kapitel 4** Für Haus und Küche

## Hinweise

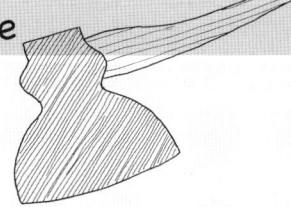

- Man kann zwar jede Holzart für Löffel verwenden, am geeignetesten sind jedoch feinmaserige Hölzer (Obstbaumhölzer, Buche, Ahorn, Eibe, Buchsbaum usw.)

- Falls der Löffel als Gebrauchsgegenstand dienen soll, müssen die Kanten entsprechend gerundet werden (Abb. 4.8).

- Die Lebensdauer von Löffeln läßt sich durch Ölen verlängern (Sonnenblumenkernöl oder Walnußöl eignen sich gut). Bedenken Sie jedoch das Risiko von Allergien beim Benutzer.

- Eine glatte Oberfläche (die unseren Vorfahren nicht so wichtig war) erhalten Sie durch wiederholtes Schleifen mit einem feinen Schleifpapier und zwischenzeitliches Befeuchten, um die Holzfasern aufzurichten.

**Abb. 4.2**
Gedrechselte Profile:
**A** Hohlkehlen, Perlstab und Rundstab;
**B** Rundstab und Hohlkehle;
**C** Karnies und Spitzkehle;
**D** Hohlkehle und Halbrundstab;
**E** Hohlkehle und liegender Karnies;
**F** liegender Karnies

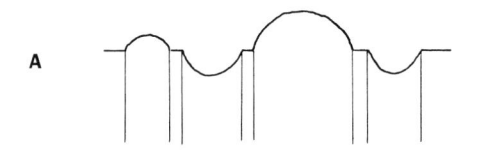

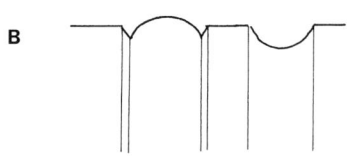

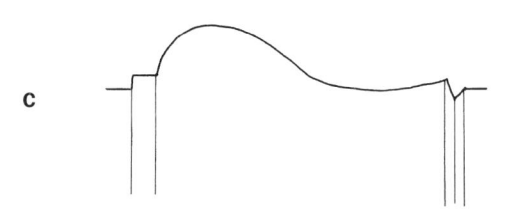

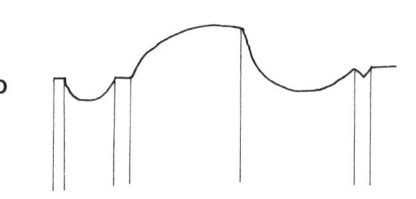

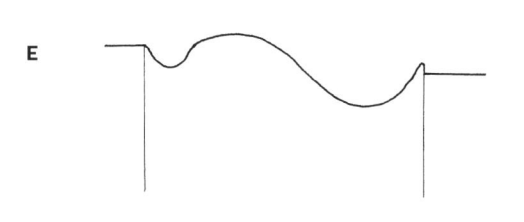

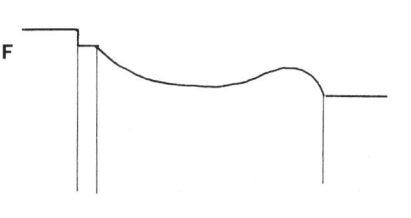

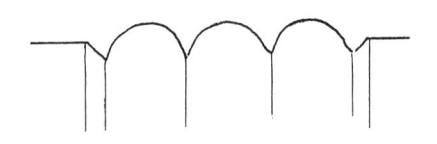

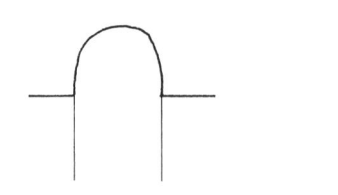

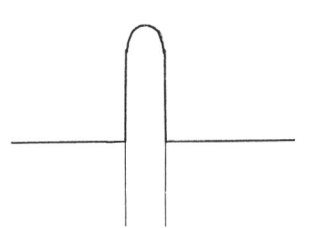

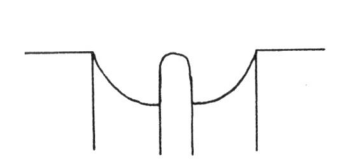

**Abb. 4.1**
Gedrechselte Profile:
**A** Rundstäbe;
**B** erhöhter Rundstab (Astragal oder Perlstab);
**C** und **D** Hohlkehlen;
**E** und **F** Scheiben;
**G** Spule;
**H** Halbrundstab und Hohlkehle;
**I** Vasenform;
**J** Urnenform;
**K** liegender Karnies;
**L** stehender Karnies

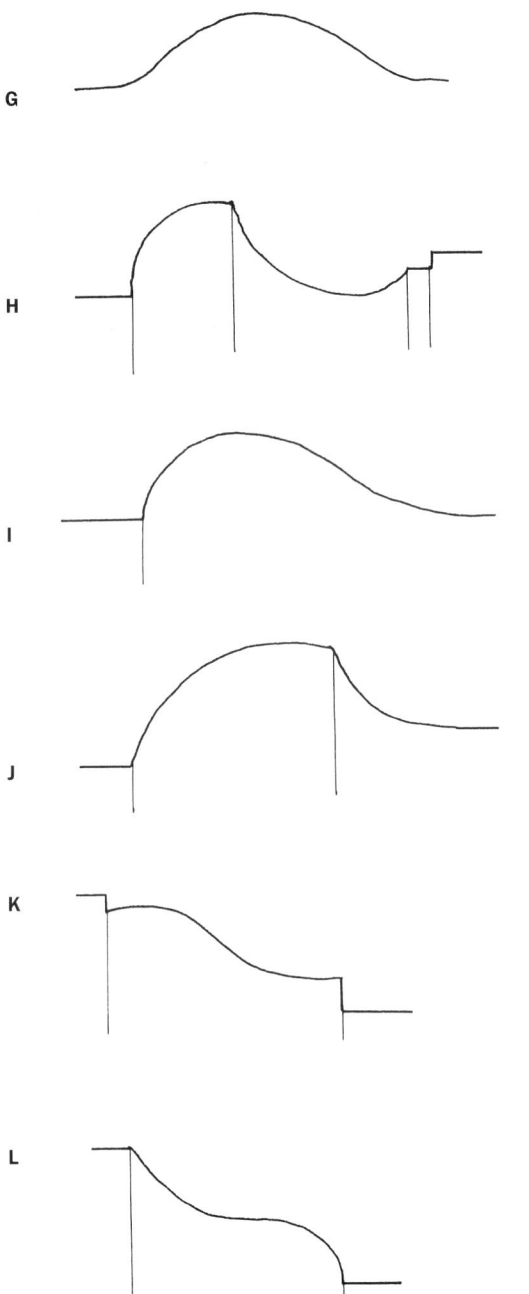

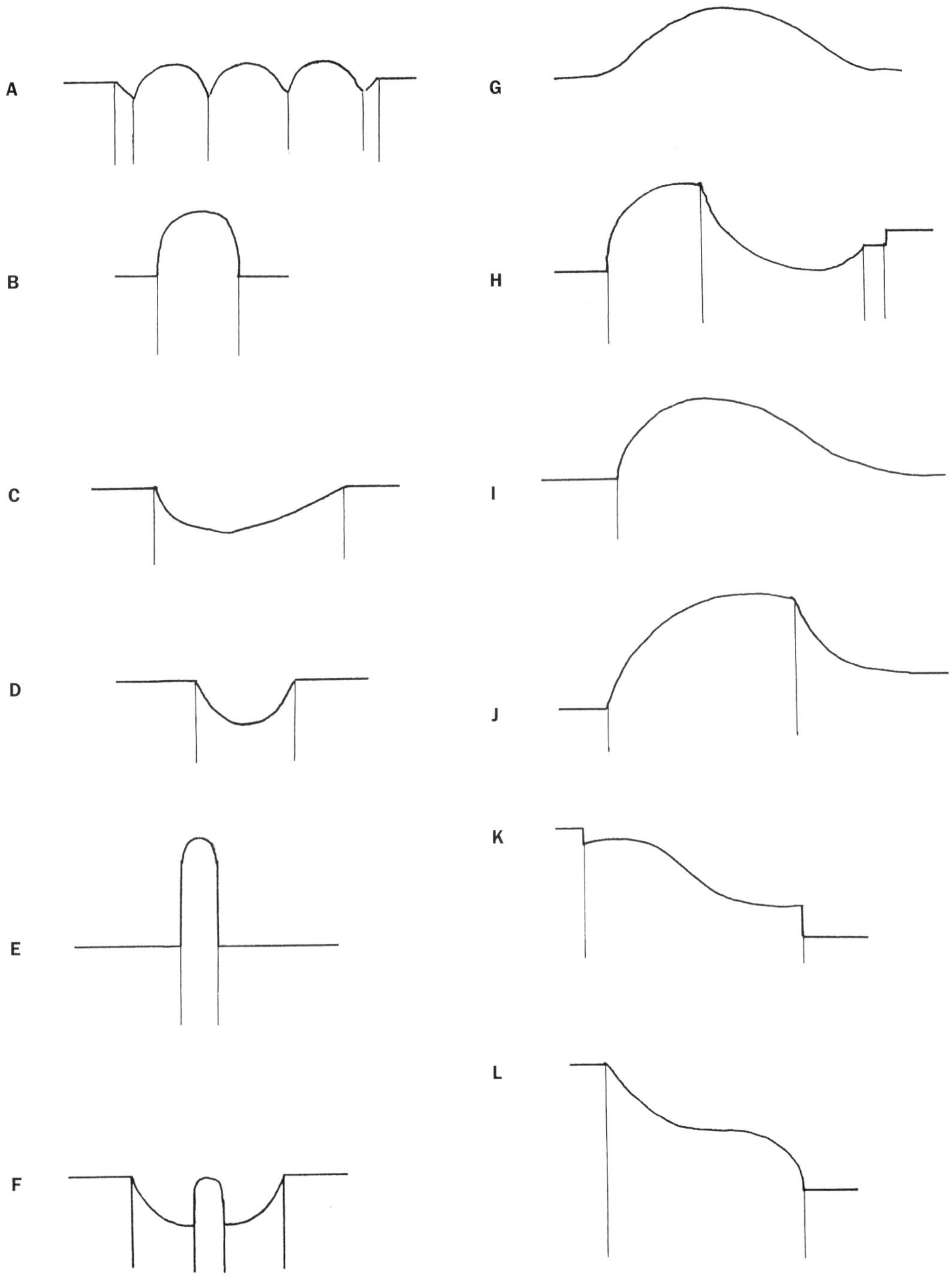

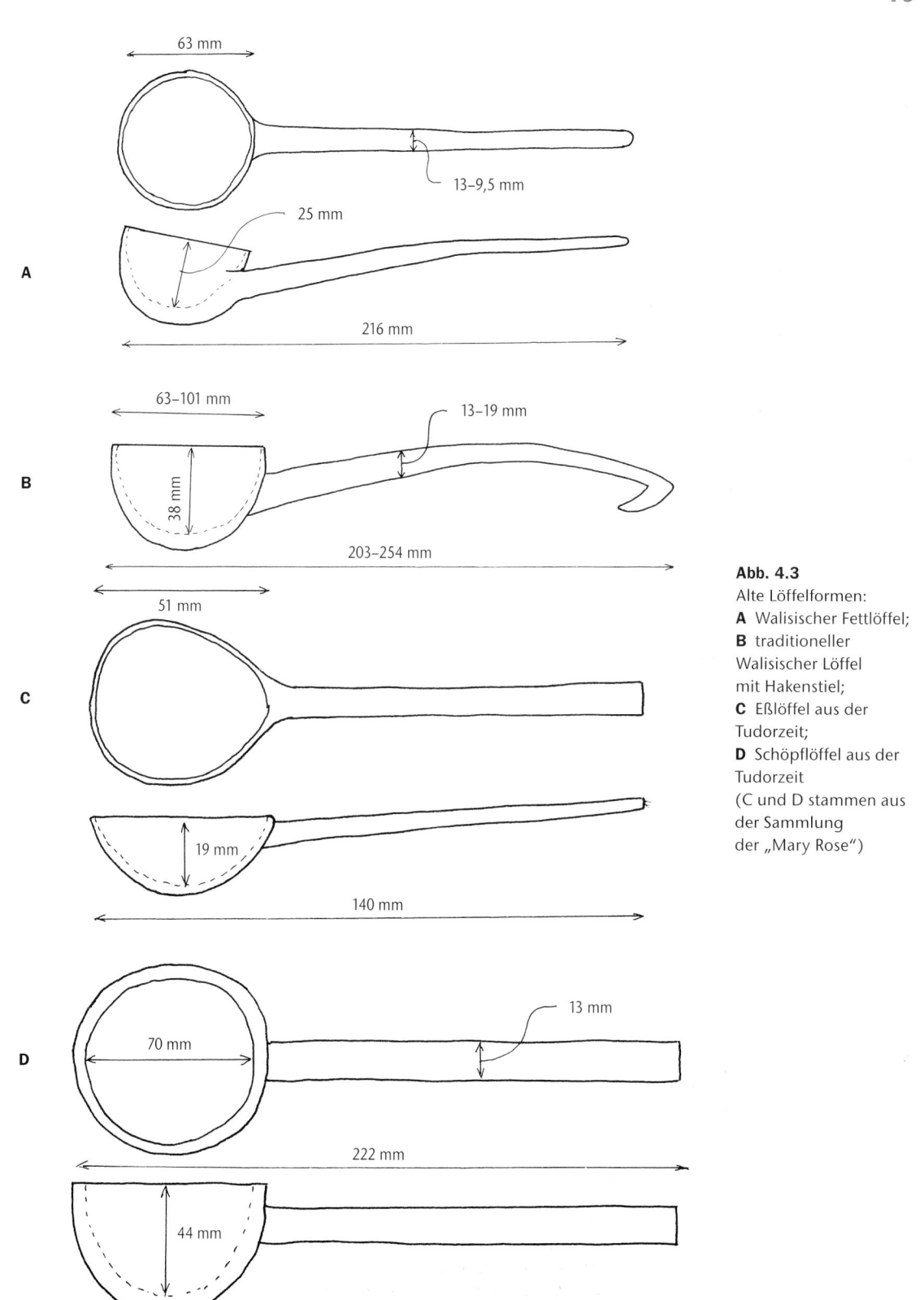

**Kapitel 4** Für Haus und Küche

**Abb. 4.3**
Alte Löffelformen:
**A** Walisischer Fettlöffel;
**B** traditioneller Walisischer Löffel mit Hakenstiel;
**C** Eßlöffel aus der Tudorzeit;
**D** Schöpflöffel aus der Tudorzeit
(C und D stammen aus der Sammlung der „Mary Rose")

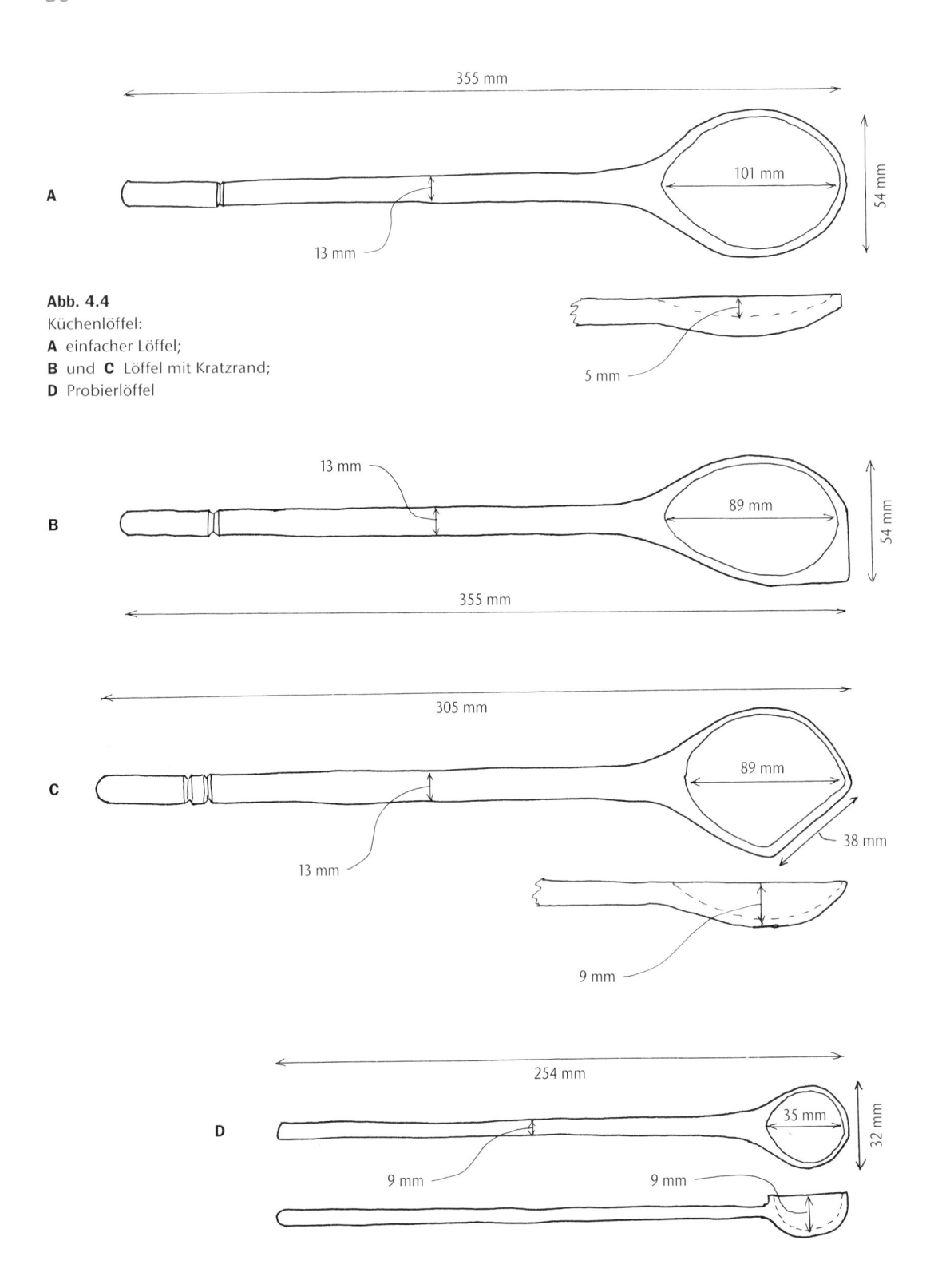

**Abb. 4.4**
Küchenlöffel:
**A** einfacher Löffel;
**B** und **C** Löffel mit Kratzrand;
**D** Probierlöffel

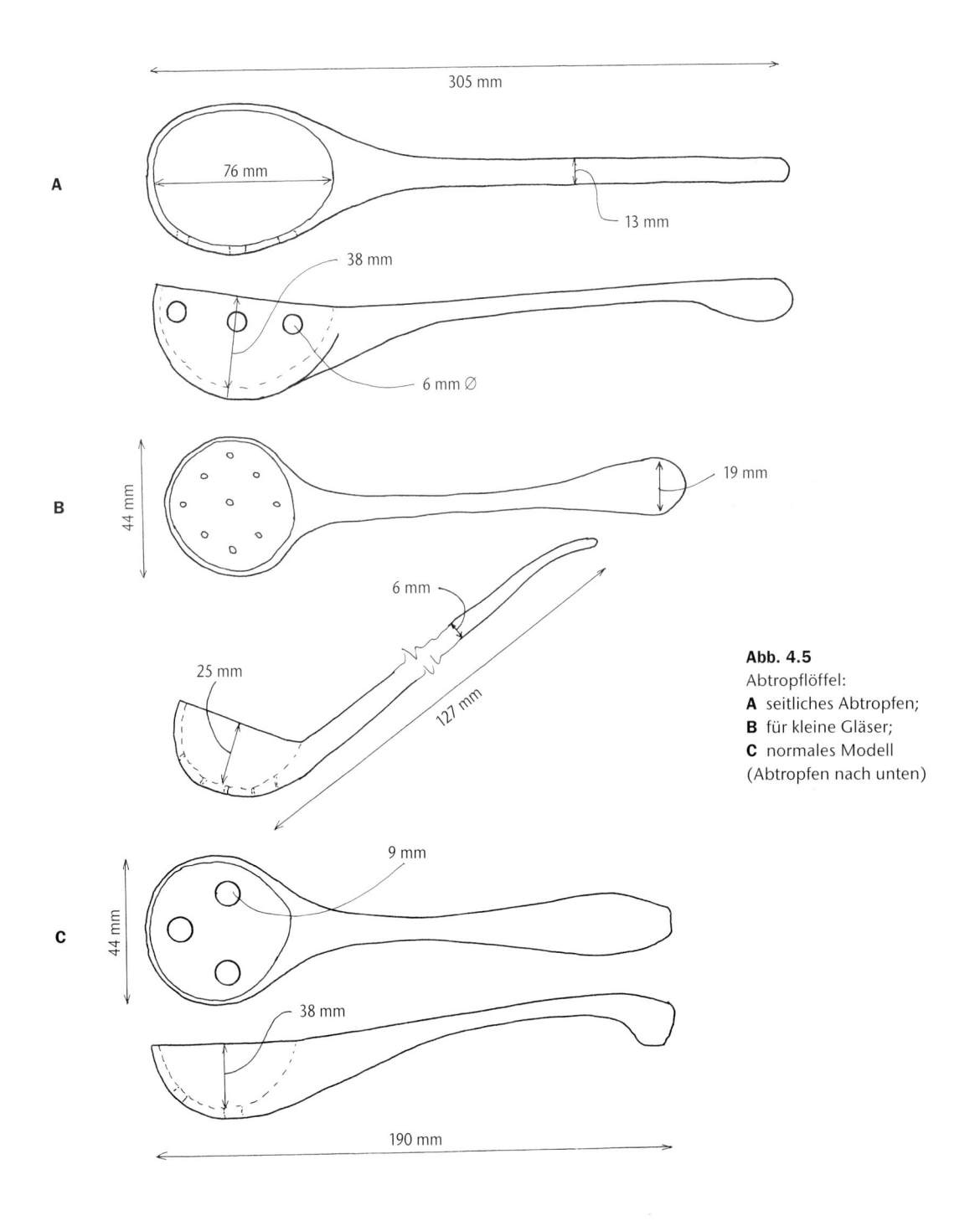

**Kapitel 4** Für Haus und Küche

**Abb. 4.5**
Abtropflöffel:
**A** seitliches Abtropfen;
**B** für kleine Gläser;
**C** normales Modell (Abtropfen nach unten)

**Abb. 4.6**
Drei verschiedene
Caddy-Löffel

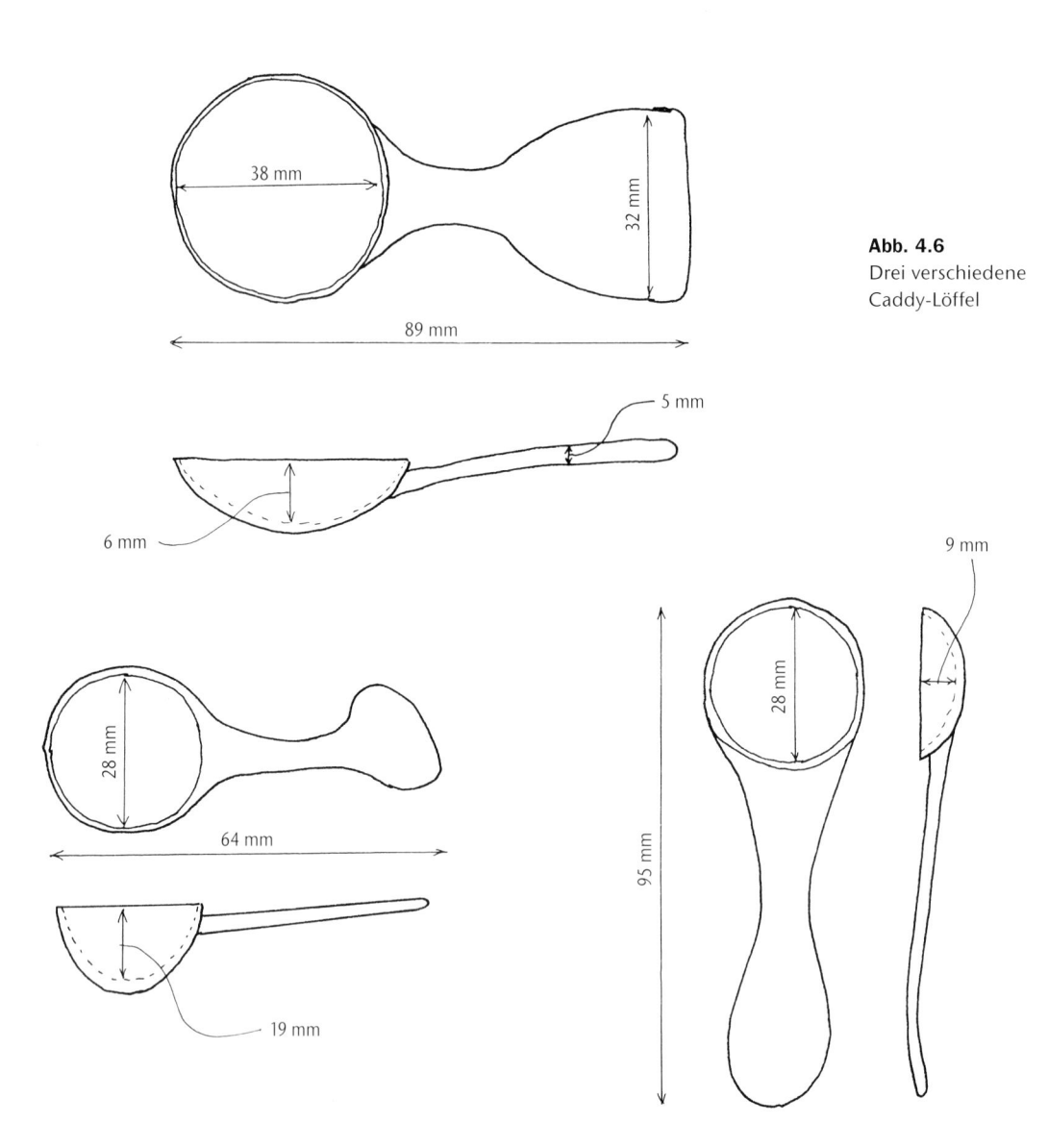

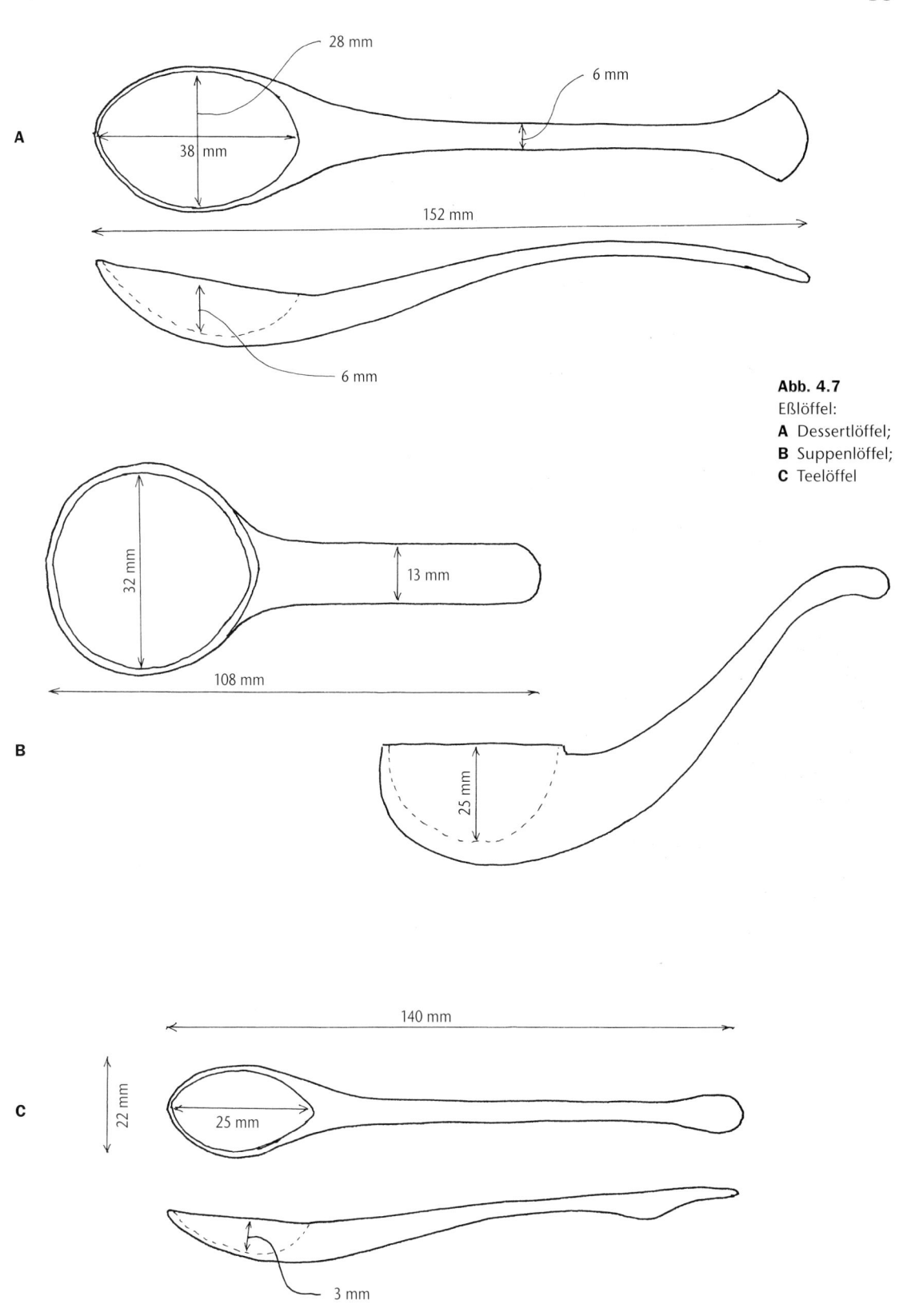

**Kapitel 4**  Für Haus und Küche

**Abb. 4.7**
Eßlöffel:
**A** Dessertlöffel;
**B** Suppenlöffel;
**C** Teelöffel

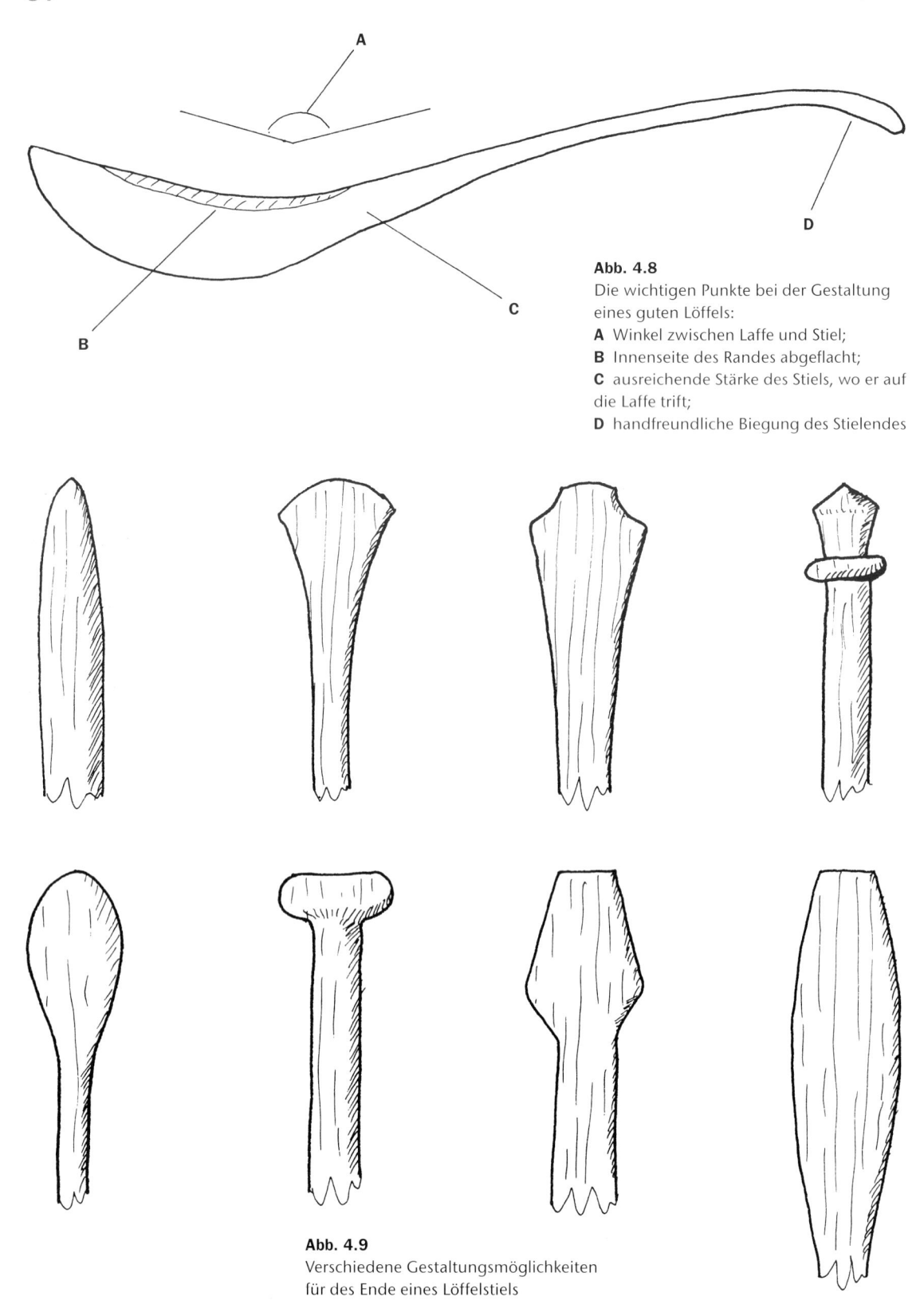

**Abb. 4.8**
Die wichtigen Punkte bei der Gestaltung eines guten Löffels:
**A** Winkel zwischen Laffe und Stiel;
**B** Innenseite des Randes abgeflacht;
**C** ausreichende Stärke des Stiels, wo er auf die Laffe trift;
**D** handfreundliche Biegung des Stielendes

**Abb. 4.9**
Verschiedene Gestaltungsmöglichkeiten für des Ende eines Löffelstiels

**Kapitel 4**  Für Haus und Küche

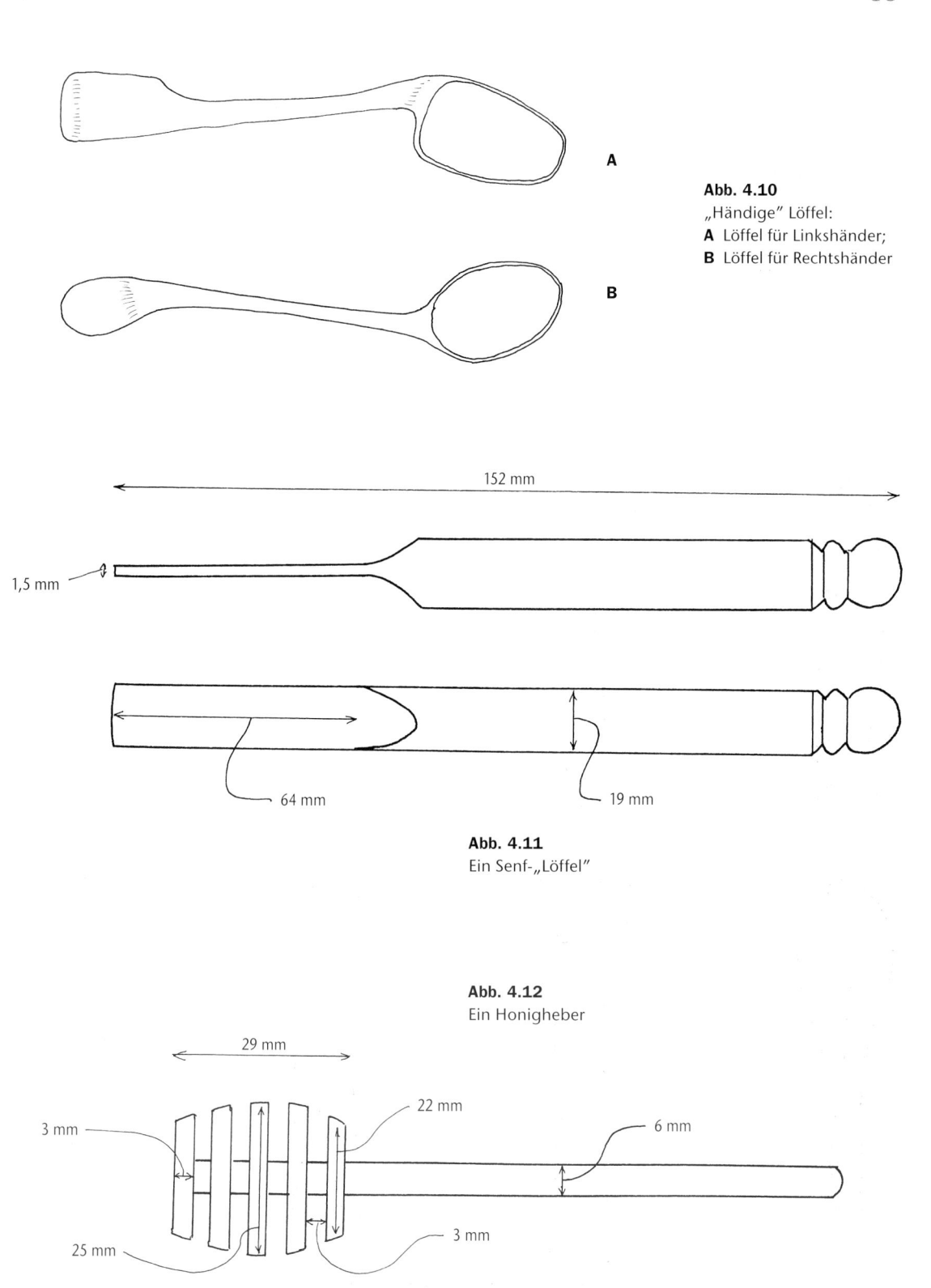

**Abb. 4.10**
„Händige" Löffel:
**A** Löffel für Linkshänder;
**B** Löffel für Rechtshänder

**Abb. 4.11**
Ein Senf-„Löffel"

**Abb. 4.12**
Ein Honigheber

# Küchengeräte

Es gibt eine ganze Reihe nützlicher und schöner Geräte aus Holz, die in der Küche verwendet werden.

Topfkratzer, Spateln und Wender sind flache, dünne Holzteile, die je nach ihrer Aufgabe geformt sind *(Abb. 4.13)*. Meist bestehen sie aus einem Griff und einem Blatt, das nach Bedarf geformt ist. Die Form des Blattes sollte den Töpfen angepaßt sein, die man benutzt. Abseiher und Schaumlöffel können anstelle eines Siebes benutzt werden, um Wasser von Lebensmitteln abzugießen, dazu hält man sie gegen den Rand des Topfes, während man das Wasser durch die Löcher oder Schlitze im Laffenboden abfließen läßt. Es gibt Gestaltungen, die an eine Schaufel erinnern *(Abb. 4.14)*, während andere als kleine Schüssel ausgeführt sind, die mit zwei Griffen auf einen Topf gelegt werden kann *(Abb. 4.15)* – ein Vorläufer des modernen Durchschlags.

„Spurtles" stammen aus Schottland, diese glatten, runden Stäbe werden dort verwendet, um heißen Haferbrei („Porridge") umzurühren *(Abb. 4.16)*. Das obere Ende kann gedrechselt sein, um es besser greifen zu können *(Abb. 4.16b)*.

Zitruspressen sind nützlich und schön. Die ersten Pressen bestanden aus zwei Hebelarmen, etwa wie bei einem Nußknacker, mit denen die Zitrone seitlich gequetscht wurde. Eine bessere Variante ist jedoch ein Griff mit einem angesetzten runden oder konischen Oberteil, das kräftige Rillen aufweist. Dieser Kopf wird in die aufgeschnittene Zitrone gedreht *(Abb. 4.17)*. Solche Zitronenpressen müssen aus Hartholz hergestellt sein.

Gemüsestampfer *(Abb. 4.18)* sind leicht herzustellen und ein gutes Beispiel für den erfolgreichen Einsatz roher Gewalt. Weniger gewalttätig sind Kohlpressen, mit denen das überflüssige Wasser aus gekochtem Kohl gedrückt werden kann *(Abb. 4.18)*.

Eine Teigrolle gibt es wohl in jeder Küche. Die einfachste Variante ist ein gerader Holzzylinder ohne jegliche Verzierungen oder Zusätze. Häufiger sieht man Exemplare mit kurzen oder längeren Griffen an den Seiten *(Abb. 4.19)*. Ich habe auch schon Teigrollen gesehen, die sich von der Mitte zu beiden Seiten hin verjüngten, dabei muß es sich allerdings um eine erworbene Vorliebe handeln!

Toastzangen sind in den USA entstanden – als Hilfe für diejenigen unter uns, die sehr zarte Finger haben. Es gibt zwei Formen. Die erste ist ein einfaches Stück Holz, das zu einer Form geschnitzt wird, die an eine Stimmgabel erinnert. Das Kochgut wird darin gehalten, indem man die Seiten gegeneinander drückt *(Abb. 4.20)*. Die raffiniertere Version besteht aus zwei Teilen, die durch ein Scharnier verbunden sind, die natürliche Elastizität des Holzes sorgt in diesem Fall dafür, daß die Zange im Ruhezustand offen ist. Diese Form sollte man gelegentlich ölen, um die Elastizität zu erhalten.

Mit ähnlich gestalteten Zangen *(4.21)* kann man auch Salat servieren.

Der Tortenheber ist ein besonders schönes Werkzeug. Er besteht aus einem dreieckigen Blatt mit einem leicht gekrümmten Griff *(4.23)*. Das Blatt wird sehr dünn gestaltet und mit gefasten Kanten versehen, damit es leicht unter das Kuchenstück gleitet.

Holzgabeln sind im Prinzip Löffel, bei denen größere oder kleinere Teile des Laffen entfernt wurden, um die Zinken zu formen *(Abb. 4.23)*. Sie sind meist relativ dick gestaltet, um ihnen die notwendige Haltbarkeit zu verleihen. Sie weisen eine Krümmung auf, außerdem kann der Griff abgewinkelt sein, um sie leichter und bequemer verwenden zu können.

Apfelentkerner und Probiermesser für Käse sind elegante Werkzeuge mit einer spitzen und im Querschnitt halbrunden Klinge. Sie werden in den Apfel oder das Käsestück gesteckt und gedreht, um das Kerngehäuse bzw. ein Probestück des Käses herauszulösen *(Abb. 4.22)*.

Topfkeile sind einfache Stufenkeile, die unter einen schweren und heißen Topf geschoben werden, um die Soße besser entnehmen zu können. Für einen größeren Topf benötigt man zwei Stück *(Abb. 4.24)*.

Mörser werden aus den härtesten Holzarten hergestellt, damit sich der Verschleiß beim Zerstoßen der Lebensmittel in Grenzen hält. Sowohl die Innenwölbung des Mörsers als auch die untere Fläche des Pistills müssen gerundet sein, damit sich die Lebensmittel nicht in den Ecken festsetzen können.

Verkorker wurden früher oft verwendet, als man häufiger noch selbst Weine herstellte. Sie bestehen aus einem konischen Metallteil, das

**Kapitel 4** Für Haus und Küche

den Korken zu einem Durchmesser zusammendrückt, der etwas geringer ist, als der Flaschenhals aufweist. Der Korken wird in die Flasche getrieben, indem man auf den Schlagstock schlägt.

**Küchenrollenhalter** sind einfach und schnell herzustellen (sie eignen sich deswegen gut als Anfangsstücke für Kinder und Jugendliche). In *Abbildung 4.27* werden stehende und liegende Exemplare gezeigt.

## Hinweise

> Eine glatte Oberfläche erhalten Sie durch wiederholtes Schleifen mit einem feinem Schleifpapier und zwischenzeitliches Befeuchten, um die Holzfasern aufzurichten.

> Diese Geräte sollten mit heißem Öl oberflächenbehandelt werden, achten Sie aber auf die Möglichkeit von Allergien.

> Achten Sie auf den Faserverlauf, wenn Sie sehr fragile Gegenstände herstellen: Er sollte immer in Längsrichtung des Stückes verlaufen, widrigenfalls (bei „kurzem Holz") kann es leicht zu Brüchen kommen.

> Die Geräte bleiben länger gebrauchsfähig, wenn man sie trocken aufbewahrt und gelegentlich einölt.

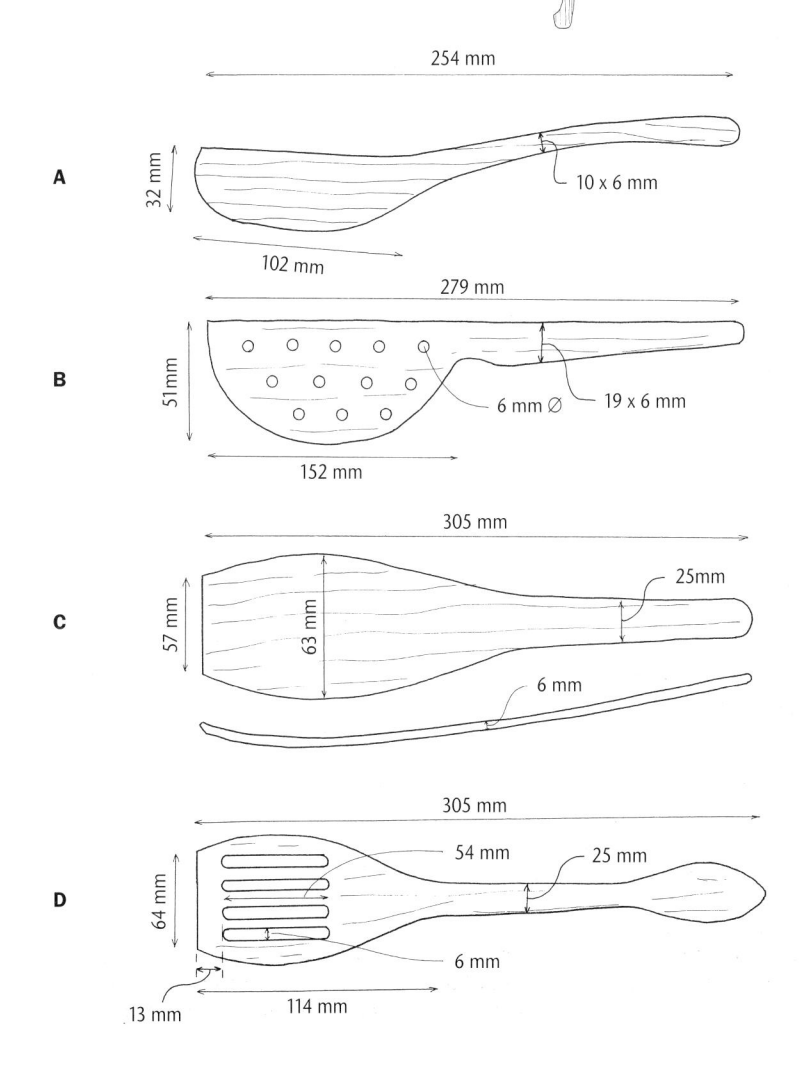

**Abb. 4.13**
Küchengeräte:
**A** Topfkratzer;
**B** Abseiher;
**C** Pfannenwender;
**D** Pfannenwender/Abseiher

**Abb. 4.14**
Kellenförmiger Schaumlöffel

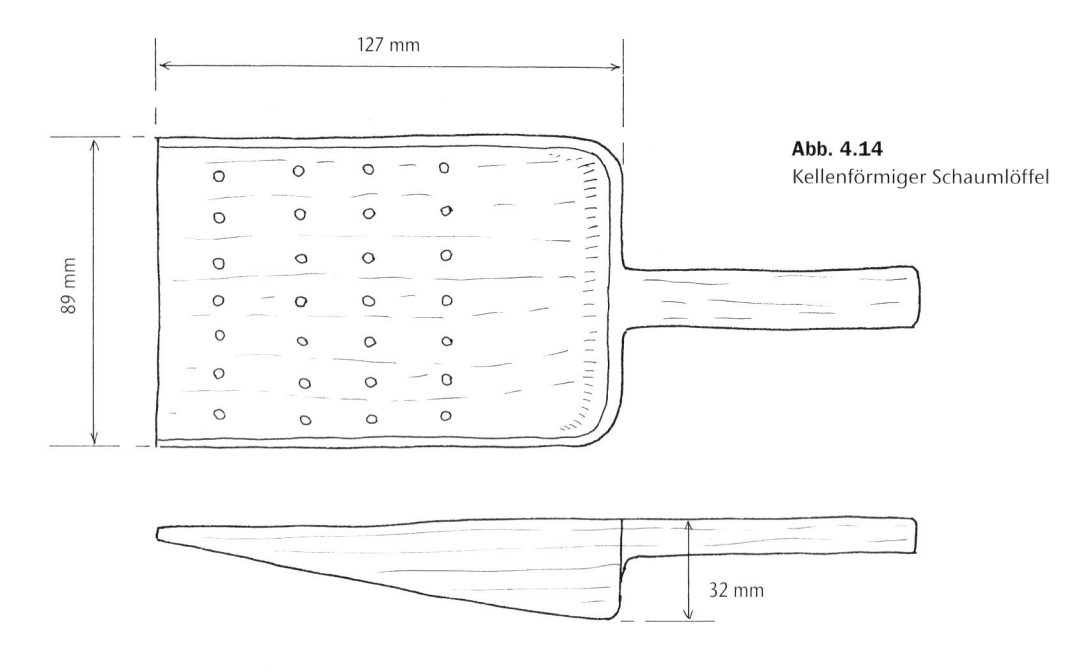

**Abb. 4.15**
Abseiher, der auf den Topfrand gelegt wird

**Kapitel 4**  Für Haus und Küche

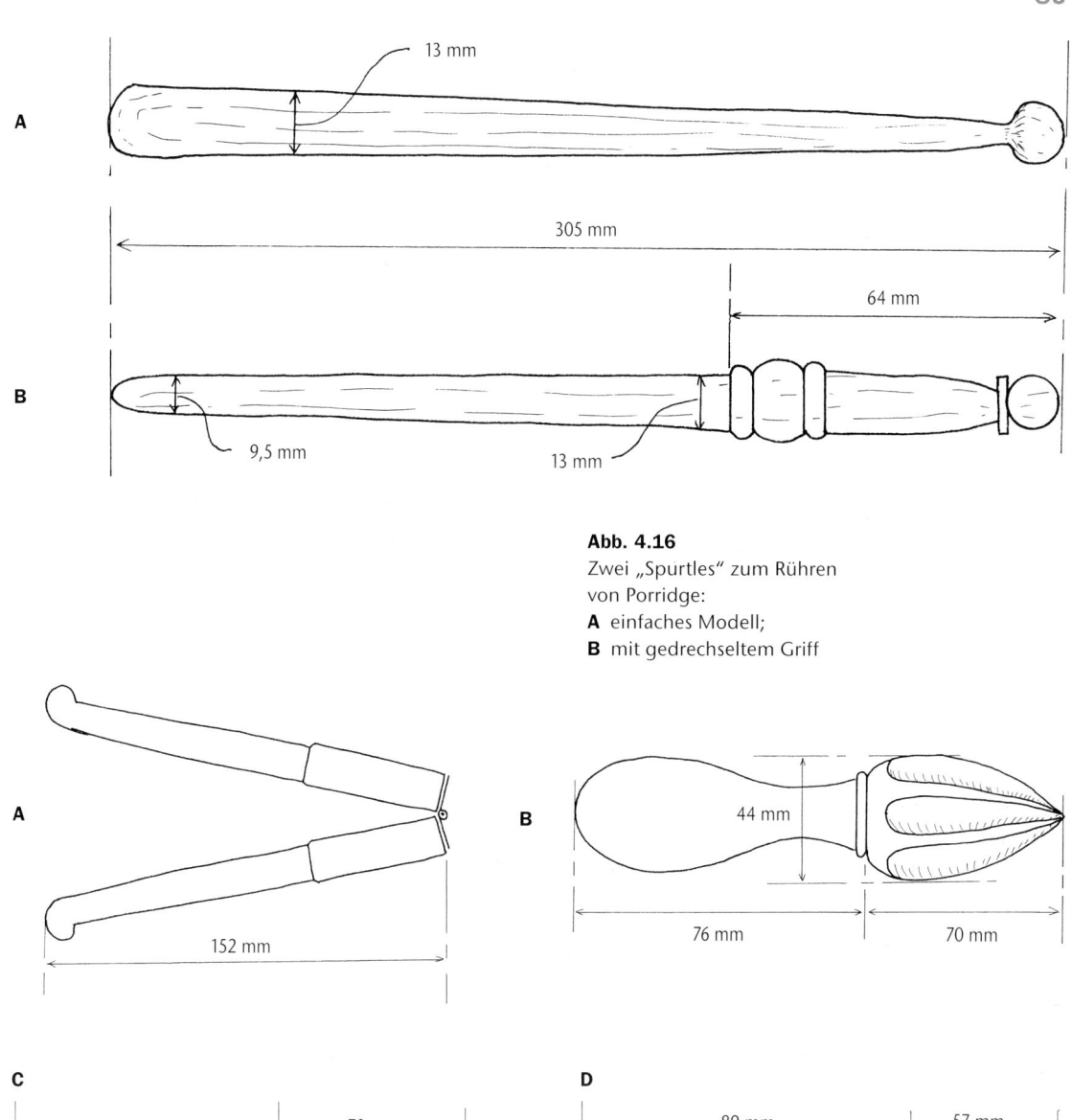

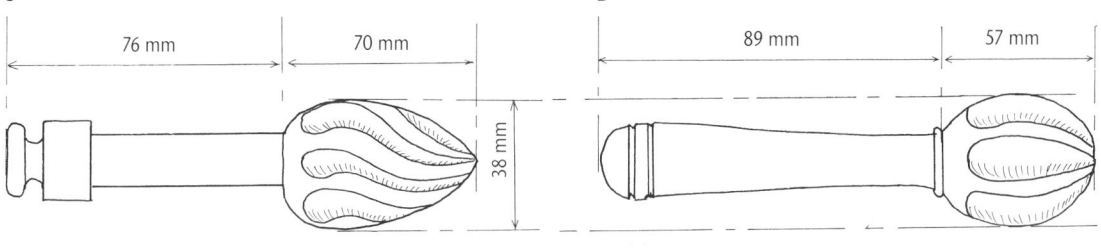

**A** — 13 mm — 305 mm

**B** — 9,5 mm — 13 mm — 64 mm

**Abb. 4.16**
Zwei „Spurtles" zum Rühren von Porridge:
**A** einfaches Modell;
**B** mit gedrechseltem Griff

**A** 152 mm

**B** 44 mm — 76 mm — 70 mm

**C** 76 mm — 70 mm — 38 mm

**D** 89 mm — 57 mm

**Abb. 4.17**
Zitruspressen:
**A** ein frühes Modell, mit dem eine kleine Zitrone ausgedrückt wird;
**B**, **C** und **D** unterschiedliche Gestaltungen

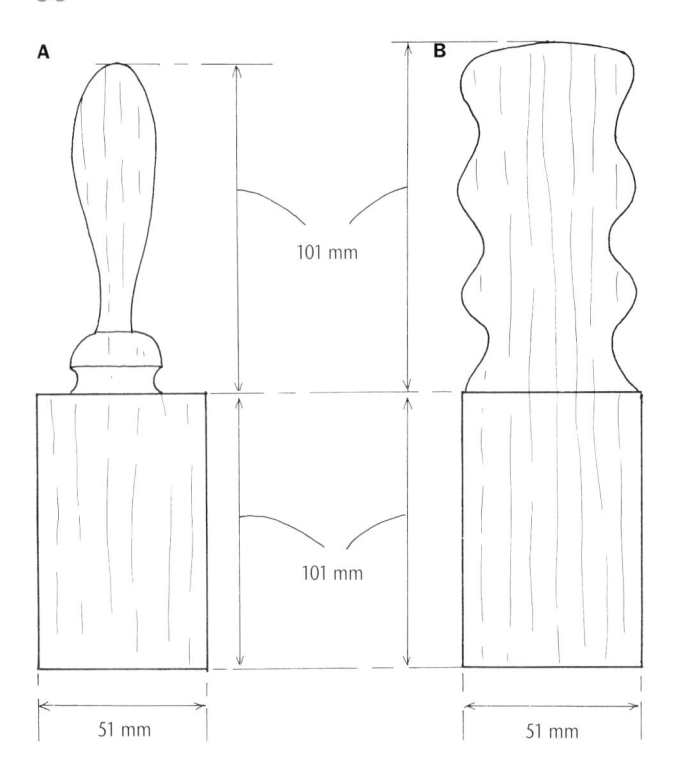

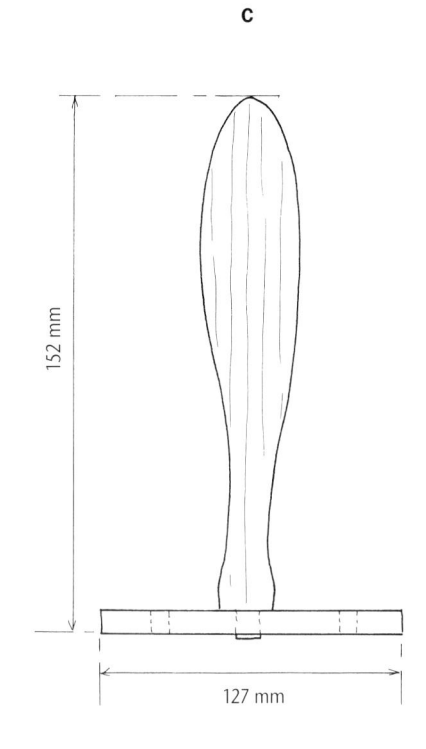

**Abb. 4.18**
Gemüsestampfer:
**A** und **B** Kartoffel- und Wurzelgemüsestampfer;
**C** eine Kohlpresse zum Auspressen des überschüssigen Wassers aus dem Gemüse

**Abb. 4.19**
Teigrollen:
**A** einfaches Modell;
**B** abgerundetes Ende an einer normalen Rolle;
**C** abgerundetes Ende an einer verjüngten Rolle;
**D** Knauf am Ende einer Teigrolle;
**E** Griff am Ende einer Rolle

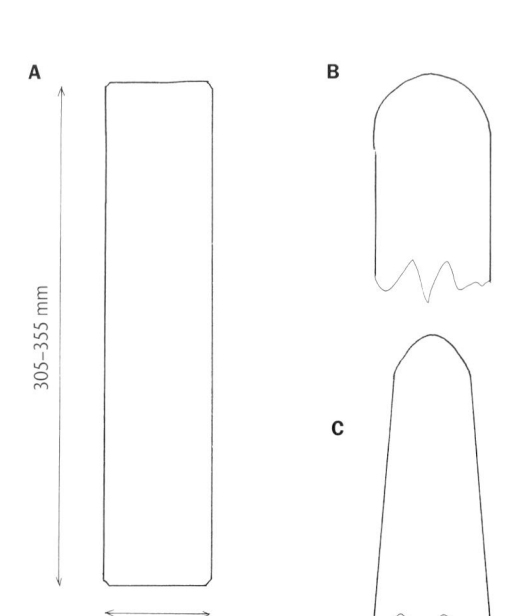

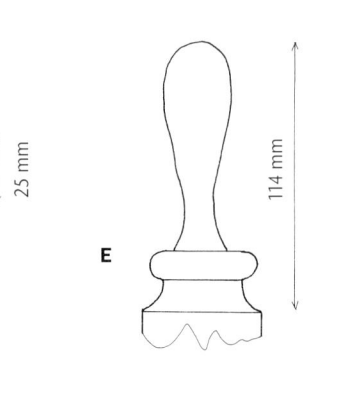

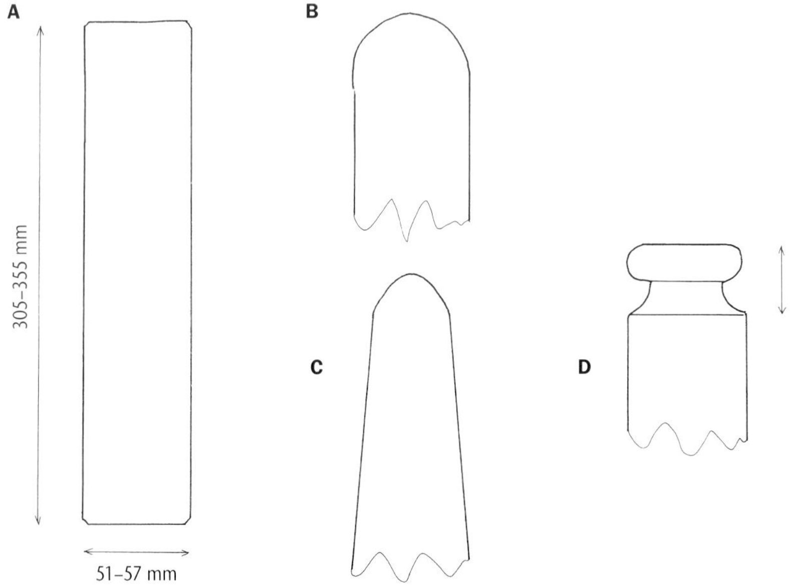

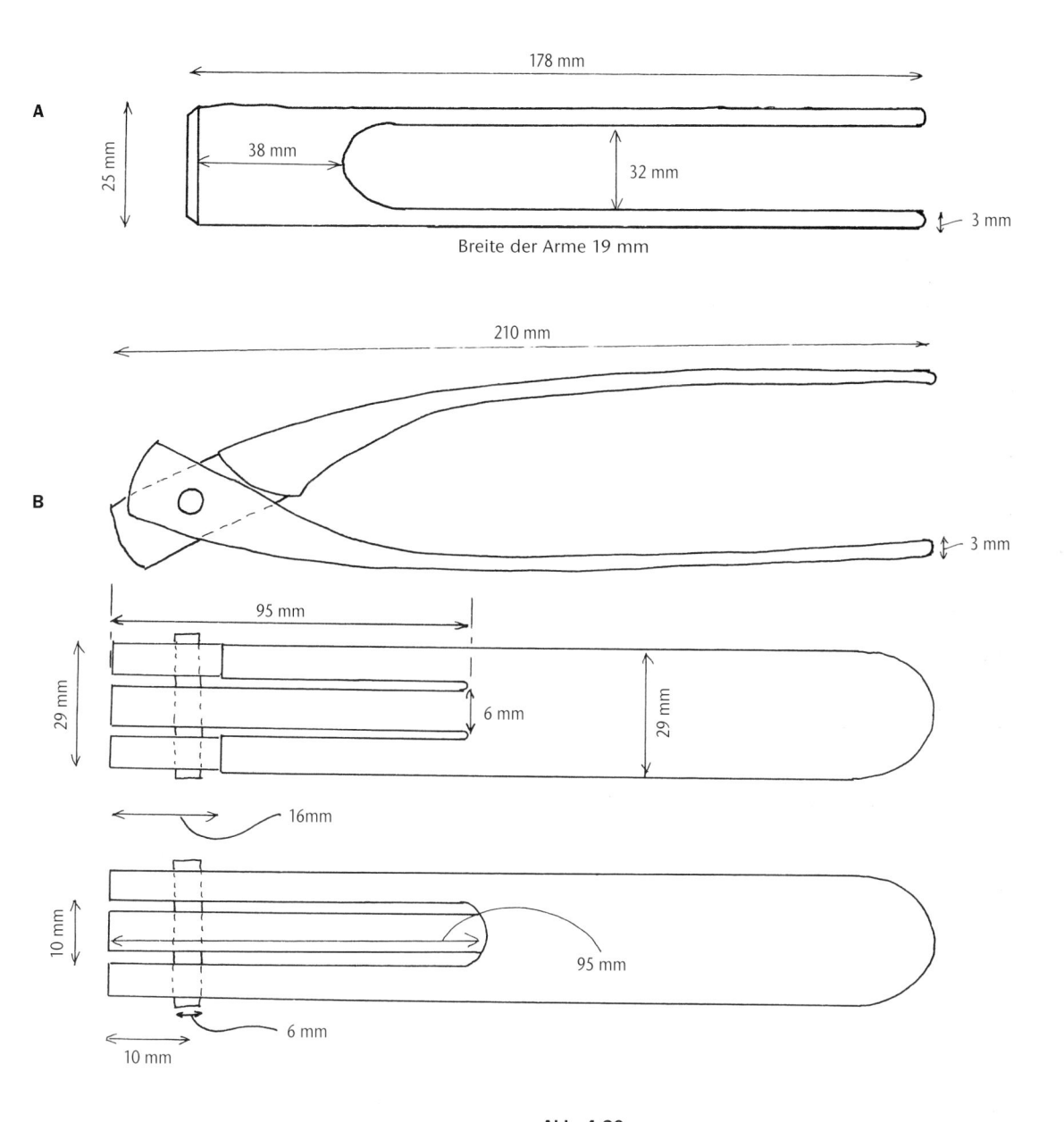

**Abb. 4.20**
Zangen:
**A** einfache Toastzange;
**B** Toastzange mit Federmechanismus

**Abb. 4.21**
Salatzange

64 mm

254 mm

19 mm

57 mm

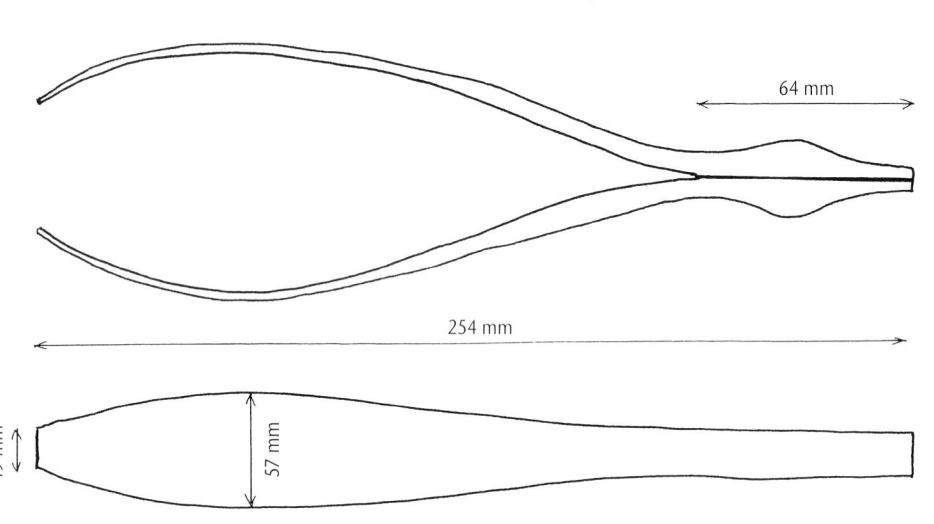

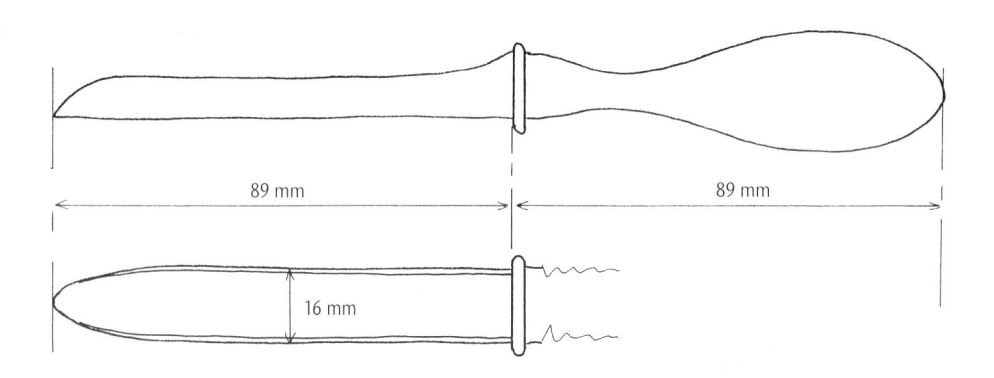

**Abb 4.22**
Apfelentkerner oder
Probiermesser für Käse

89 mm

89 mm

16 mm

**Kapitel 4**  Für Haus und Küche

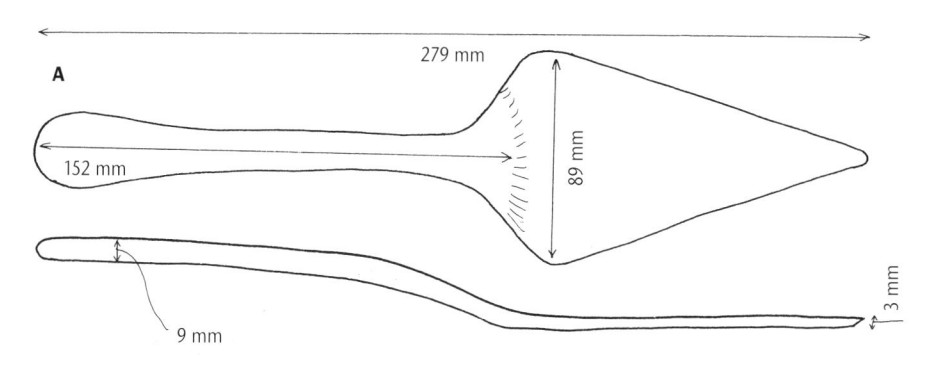

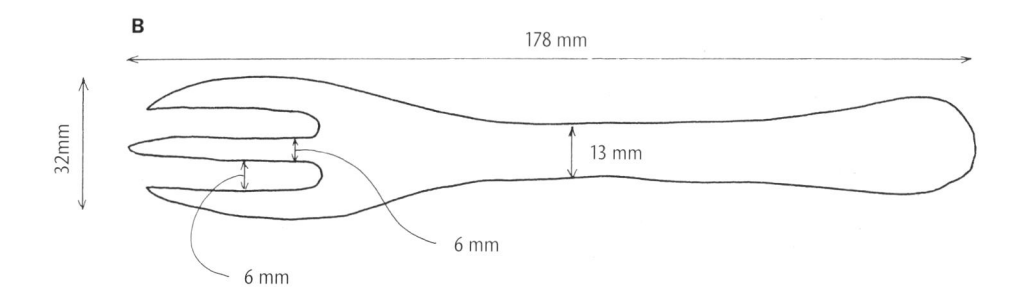

**Abb. 4.23**
Tortenheber
und Gabeln:
**A** Tortenheber;
**B** Eßgabel;
**C** Vorlegegabel;
**D** Salatgabel

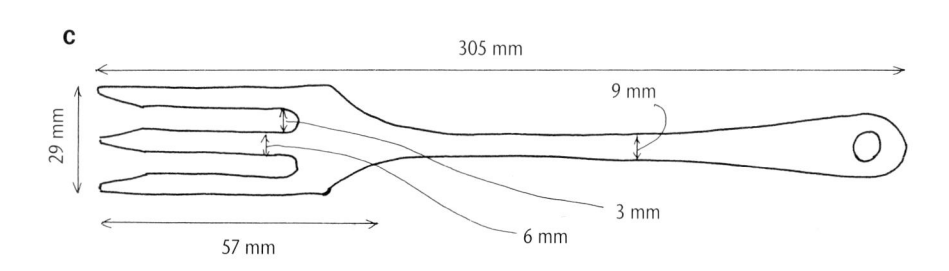

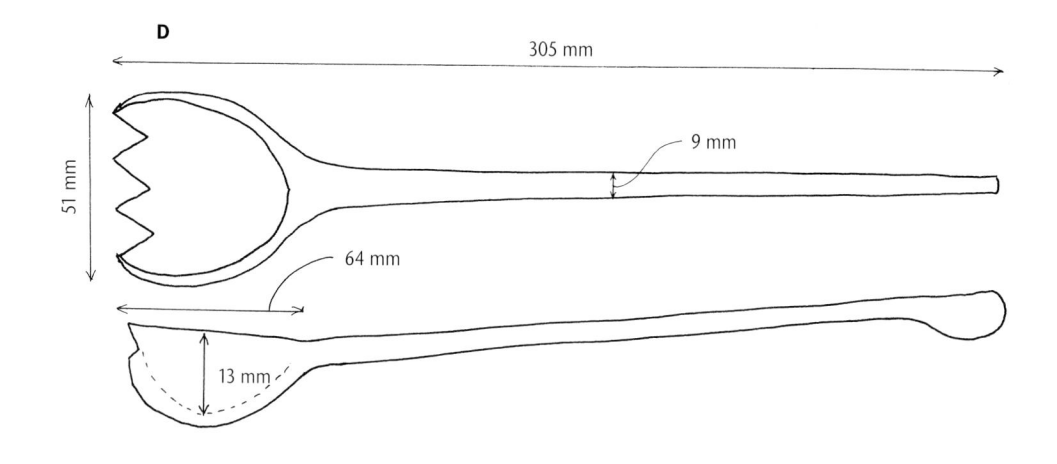

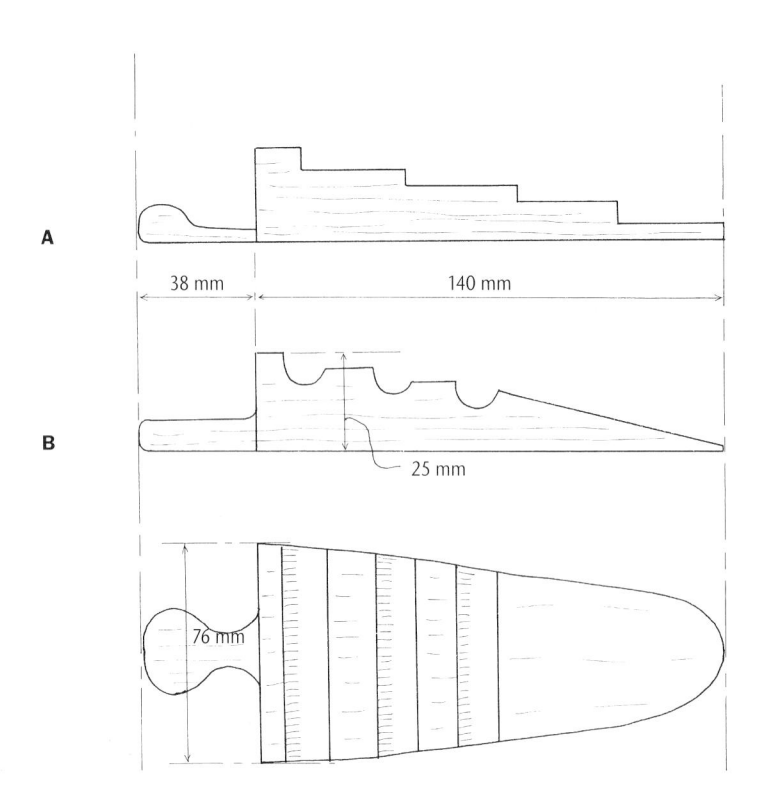

**Abb. 4.24**
Topfkeile:
**A** für Töpfe mit flachem Boden;
**B** für Töpfe mit abgesetztem Boden

**Abb. 4.25**
Zwei Mörser und ein Pistill

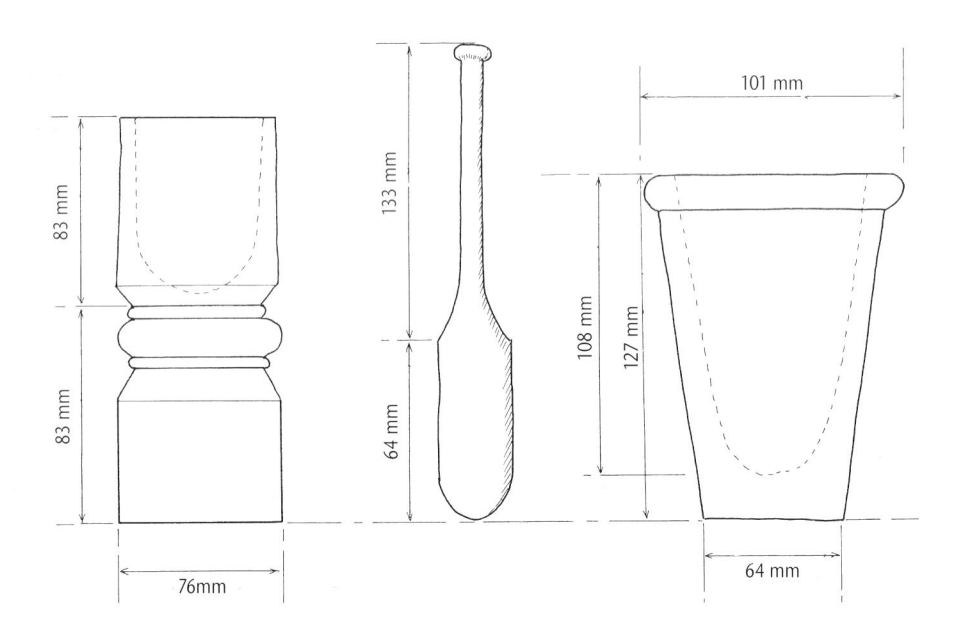

**Kapitel 4** Für Haus und Küche

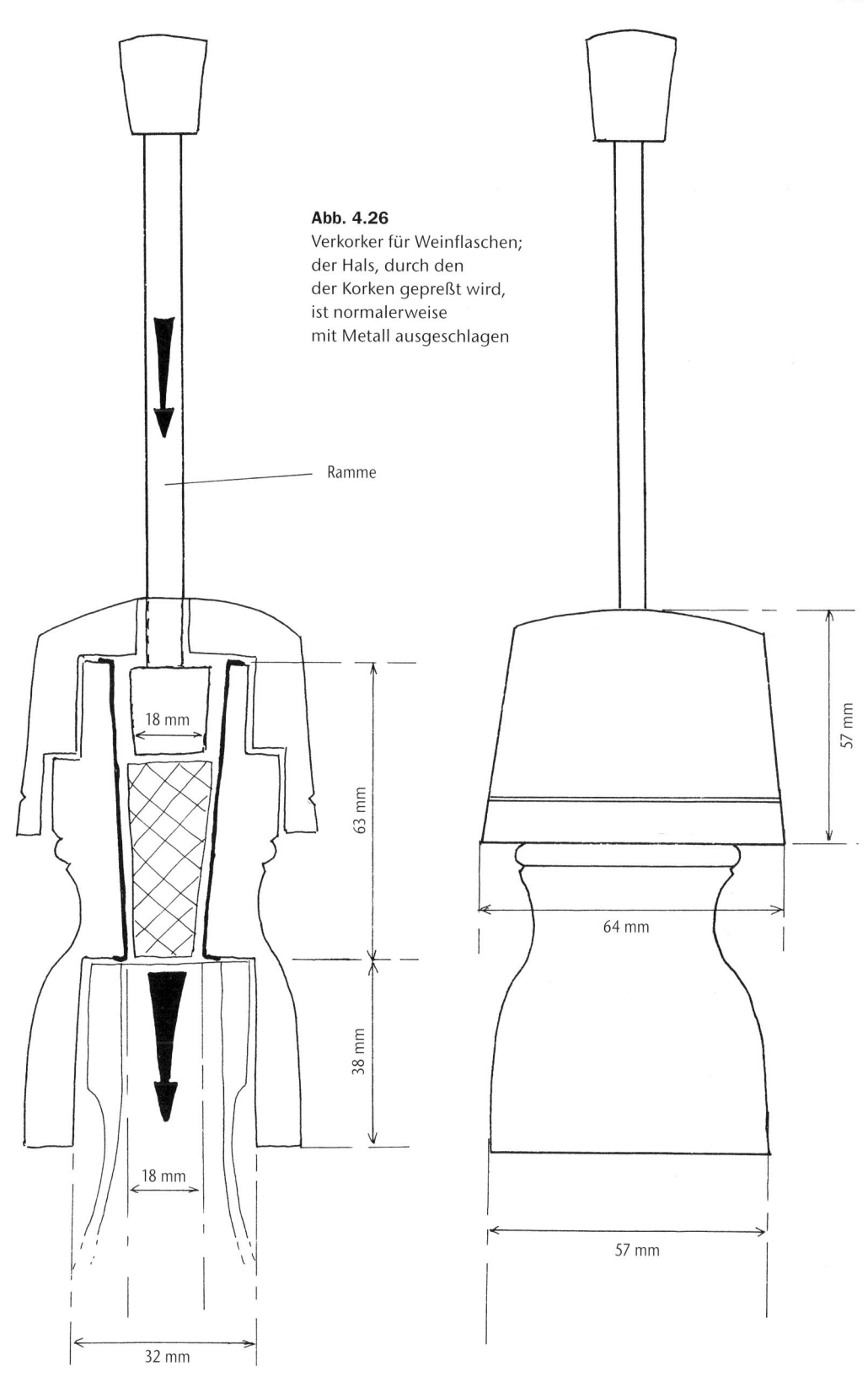

**Abb. 4.26**
Verkorker für Weinflaschen; der Hals, durch den der Korken gepreßt wird, ist normalerweise mit Metall ausgeschlagen

Ramme

18 mm

63 mm

38 mm

18 mm

32 mm

57 mm

64 mm

57 mm

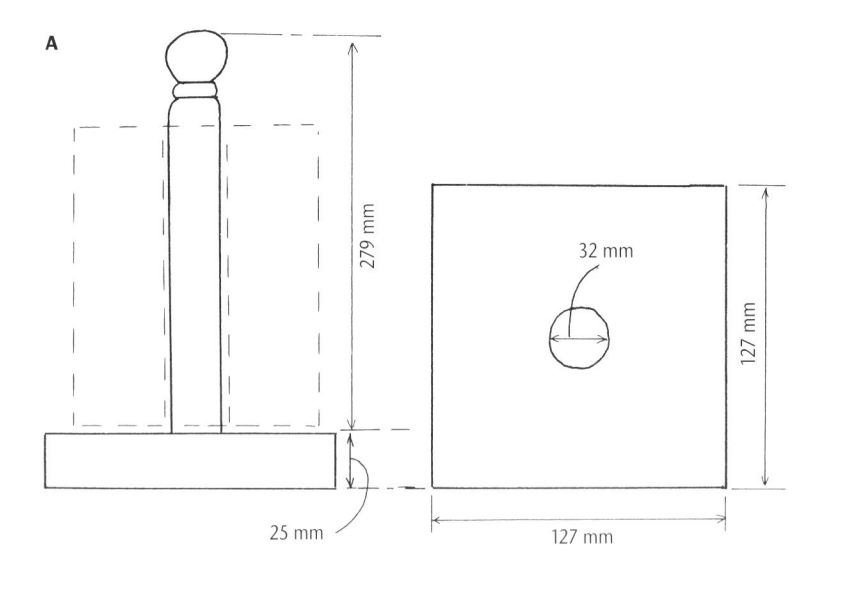

**Abb. 4.27**
Küchentuchhalter:
**A** freistehendes Modell für Arbeitsfläche (die Standfläche könnte auch rund sein);
**B** Wandmodell (ein kleinere Version eignet sich auch als Toilettenpapierhalter)

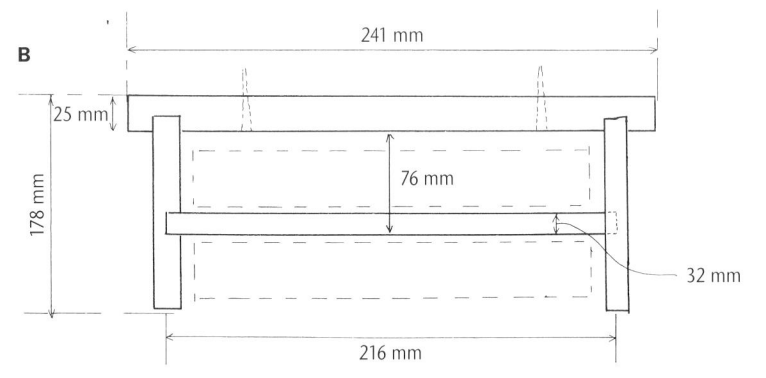

# Schalen, Schneidbretter, Platten und Eierbecher

Einige der ältesten bekannten Geschirrteile sind in Ausgrabungen aus der Eisenzeit entdeckt worden, ihre Gestaltung geht allerdings vermutlich auf noch ältere Muster zurück. Die frühsten „Schüsseln" waren längliche ausgehöhlte Tröge, die vermutlich mit Feuersteinwerkzeugen oder Messern gearbeitet wurden, so wie etwa heute noch Mollen hergestellt werden. Die Ägypter hatten Drechselbänke und Schneidwerkzeuge aus Metall, alles was also noch fehlte, waren Handwerker mit den entsprechenden Kenntnissen, um ausgehöhlte Schüsseln herzustellen. Die Herstellung solcher Schüsseln war ein großer Schritt vorwärts und machte den Vorgang des Essens und Trinkens zu einem wesentlich zivilisierteren Geschäft. In England war hölzernes Geschirr bis in die Tudorzeit weitverbreitet, danach wurde es nach und nach von Zinn- und Tongeschirr verdrängt. In Schottland und Wales scheint sich der Gebrauch von Holzgeschirr wesentlich länger gehalten zu haben. So wurden in Wales bis in die Mitte des 20. Jahrhunderts Salatschüsseln und -bestecke, Platzteller, Eierbecher und Trinkgefäße aus Holz gefertigt, in Schottland Schalen für Haferbrei (Porridge).

Die Gestalt und Größe von **Schüsseln** kann fast unendlich variiert werden. Außer dem Durchmesser der Schüssel ist vor allem die Form, die Krümmung und der Winkel der Wandung Änderungen unterworfen, aber auch die An- oder Abwesenheit eines Fußes und von Dekorationen wird unterschiedlich gehandhabt *(Abb. 4.28).*

**Tranchierbretter** aus Holz waren vielleicht die früheste Form des Tellers. Der Name stammt aus

**Abb. 4.28**
Unterschiedliche Schalen

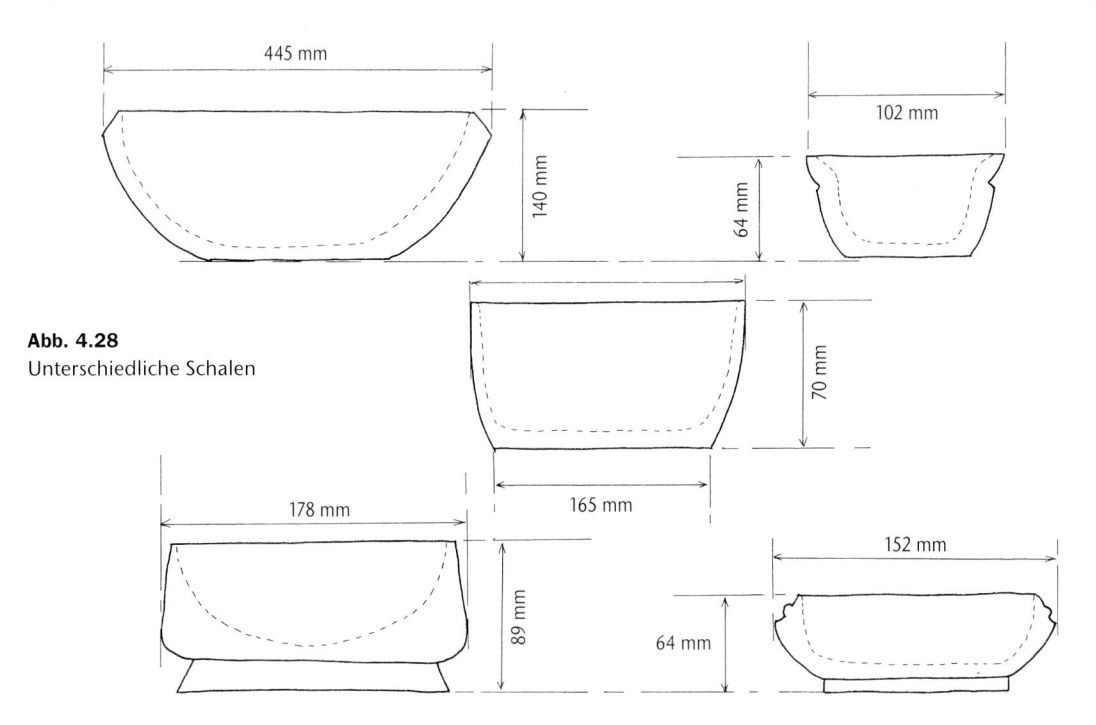

dem Französischen, wo „tranche" ein dünnes Stück trockenes Brot bezeichnete, auf dem das Fleisch serviert wurde. Im Laufe der Zeit wurde das Brot durch ein rechteckiges Holzstück ersetzt, das in der Mitte eine runde Vertiefung aufweist, um die Speise aufzunehmen. Oft gab es auch eine deutlich kleinere Vertiefung für das Salz *(Abb. 4.29)*. Manche Stücke hatten eine umlaufende tiefe Rille, um den Fleischsaft aufzufangen, andere hatten einen erhobenen Rand, der an moderne Teller erinnert.

Aus den Tranchierbrettern entwickelten sich runde **Platten,** die als Vorläufer des Tellers anzusehen sind. Die frühsten Stücke hatten einen breiten, flachen Rand, der Innenteil war oft vollkommen eben *(Abb. 4.30)*. Später nahm der Querschnitt dieser Platten immer mehr die Form eines Tellers an und schloß auch gedrechselte Ornamente ein (Hohlkehlen und Rundstäbe zum Beispiel). Sie erinnern nicht nur an unsere heutigen Teller, sie erfüllen ihre Aufgabe auch genauso gut, wenn sich auch einige der dünneren Platten und Teller im Laufe der Jahre verzogen haben mögen.

**Eierbecher** aller Art weisen einen konstanten Faktor auf: Der Innendurchmesser der Höhlung ist fast immer der gleiche, da Hühner in dieser Hinsicht sehr konservativ sind! Eierbecher begegnen uns oft in Sätzen zu vier oder sechs Stück *(Abb. 4.31)*, die einzelnen Gestaltungen waren zum Teil sehr unterschiedlich *(Abb. 4.32)*.

**Salzfäßchen** sind einfache offene Schalen, in denen das Salz auf den Tisch gestellt werden kann (Abb. 4.33), man bedient sich mit den Fingern.

## Hinweise

- Die besten Holzarten für Schüsseln sind Platane, Ahorn und Ulme. Esche läßt sich für Gefäße verwenden, die nicht feucht werden, weist allerdings eine nicht so glatte Oberfläche auf.

- Lebensmittelschüsseln sollten so oberflächenbehandelt werden wie Löffel. Manche Schüsseldrechsler verwenden auch Teaköl.

- Verfüllen Sie alle Löcher, die von den Spitzen der Drechselbank auf der Standfläche verursacht sein mögen, damit dort kein Wasser in das Holz eindringen und Probleme verursachen kann.

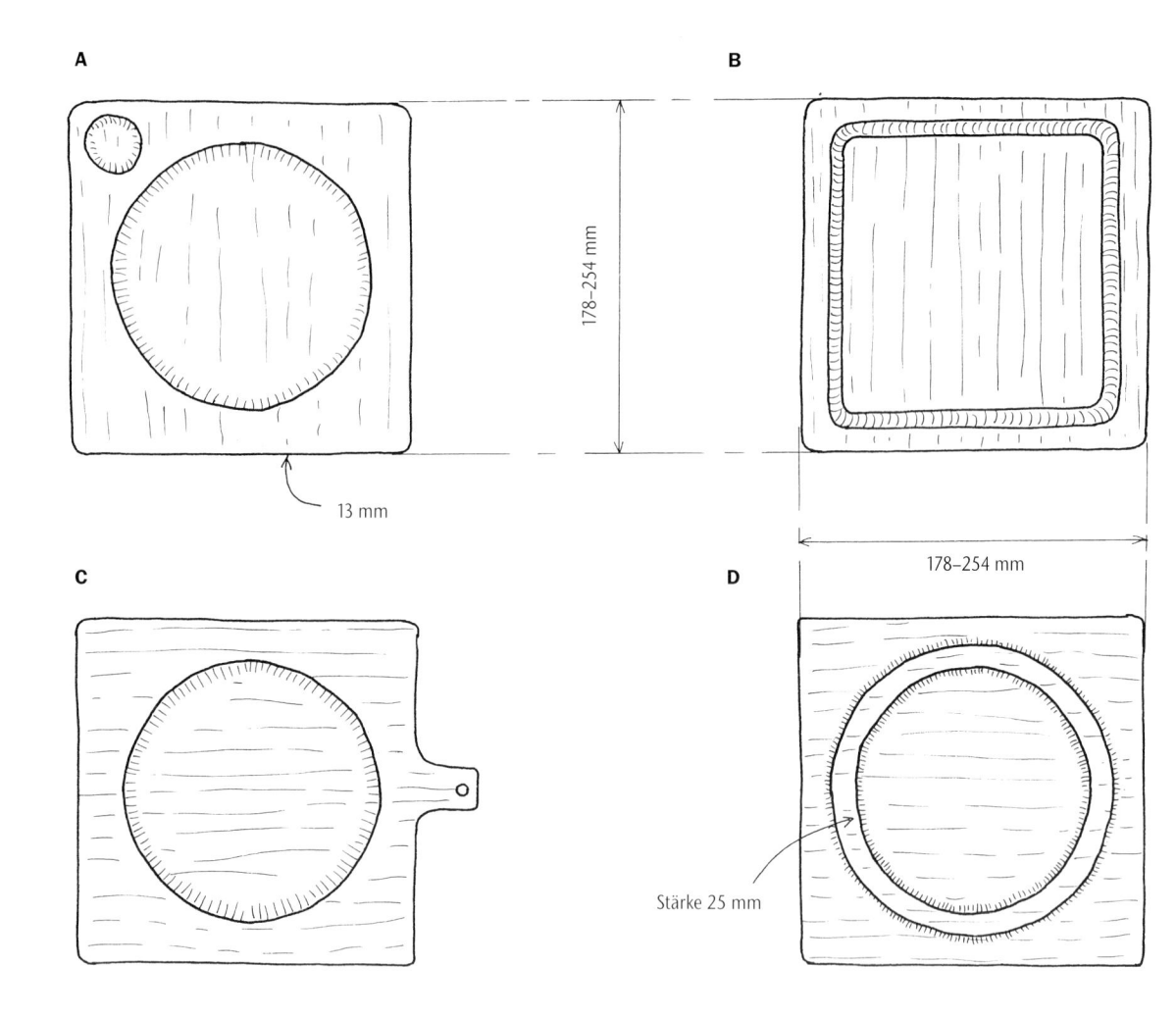

**Abb. 4.29**
Tranchierbretter:
**A** mit Salznapf;
**B** mit Rinne für Fleischsaft;
**C** mit kleinem Aufhängegriff;
**D** mit erhobenem rundem Rand, um den Fleischsaft zurückzuhalten

**Kapitel 4** Für Haus und Küche

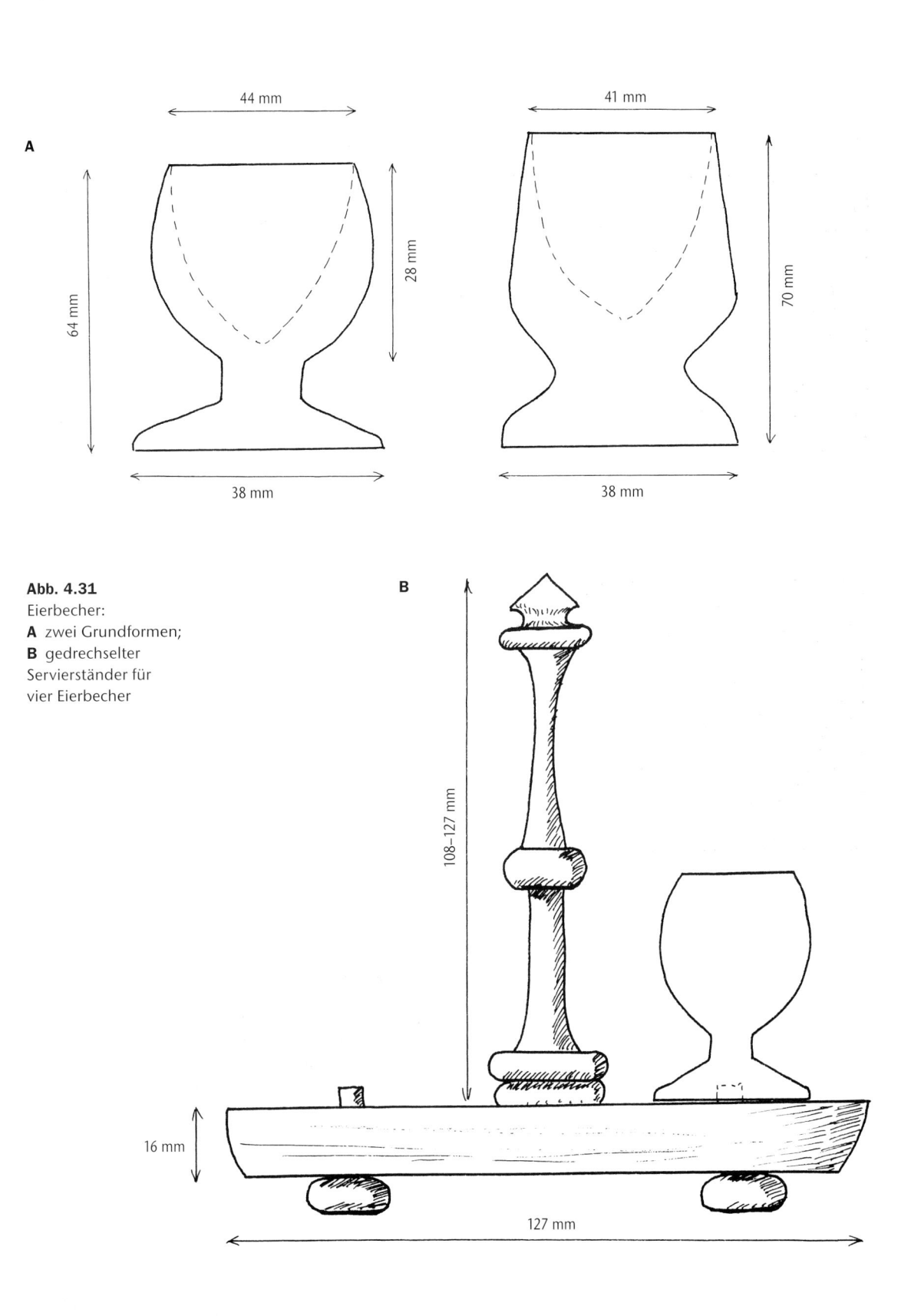

**Abb. 4.31**
Eierbecher:
**A** zwei Grundformen;
**B** gedrechselter Servierständer für vier Eierbecher

**A** 254 mm

**B** 375 mm

13 mm

25 mm

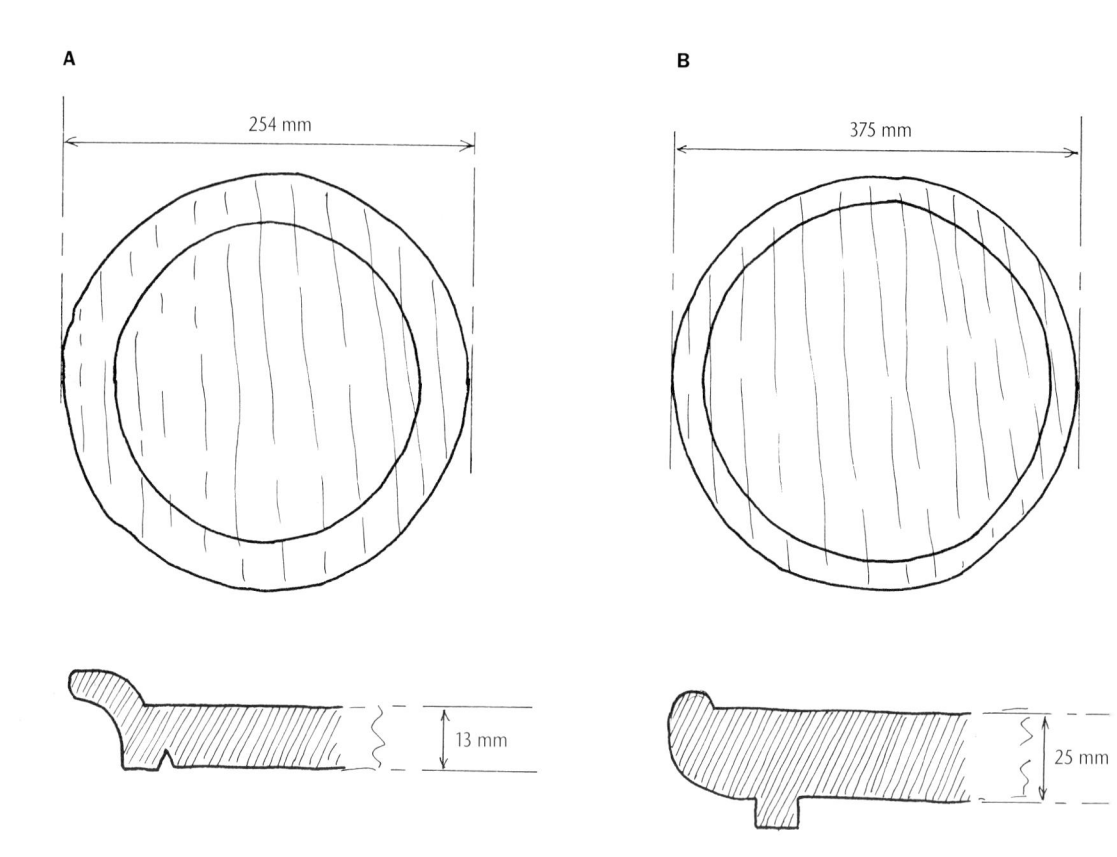

**Abb. 4.30**
Platten:
**A** und **B** sehr flache Platten mit einfachen Rändern;
**C** komplexere Randformen, die eine tiefere Platte ergeben

**Kapitel 4** Für Haus und Küche

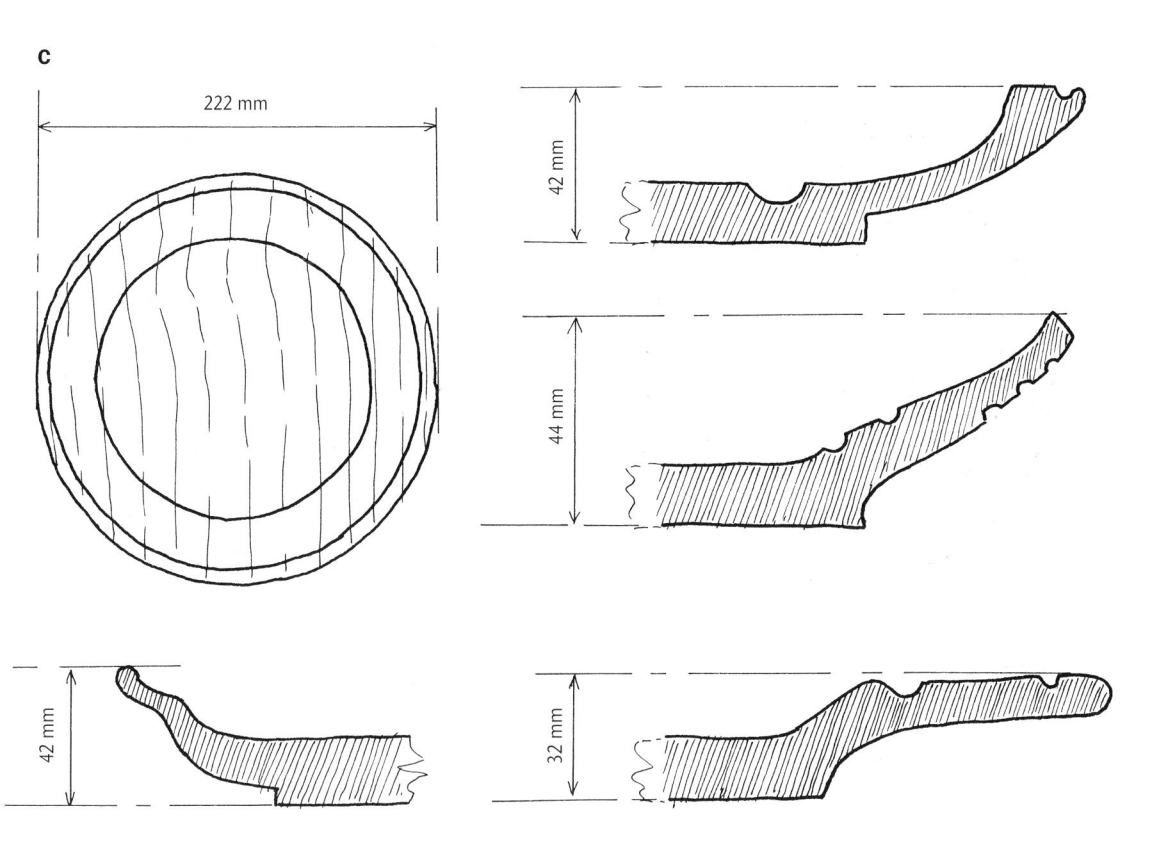

c

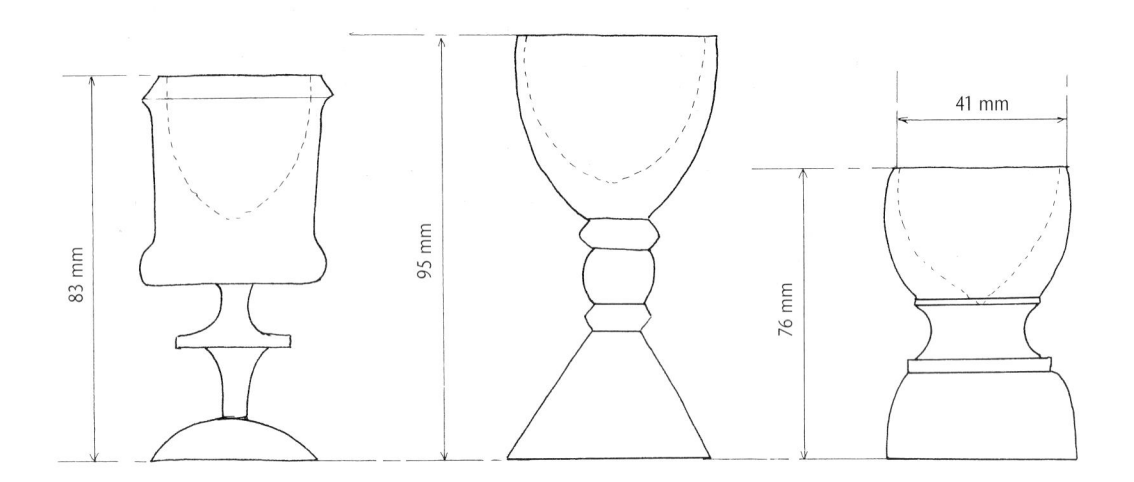

**Abb. 4.32**
Weitere Eierbecherformen
(es gibt Hunderte von Möglichkeiten!)

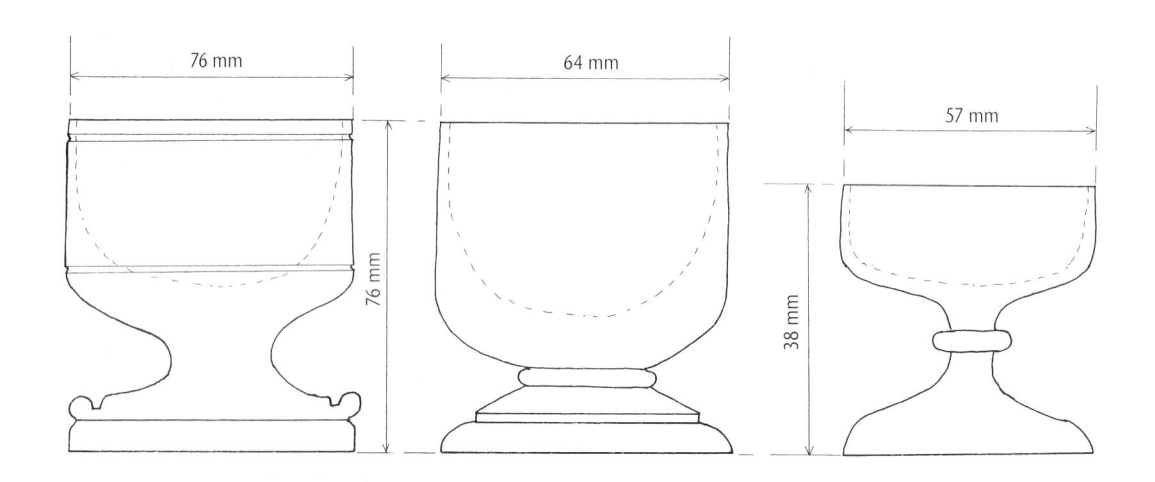

**Abb. 4.33**
Salatschüsseln

# Trinkgefäße

Die ersten Trinkgefäße waren reine Naturprodukte, man benutzte größere Muschelschalen oder Kokosnüsse. Die ersten hölzernen Trinkgefäße stammen vermutlich aus der Eisenzeit, als Messer aus Metall zur Verfügung standen, um einfache Schalen auszuhöhlen. Im Mittelalter, als die Wippdrehbank schon einige Zeit zur Verfügung stand, gab es eine differenzierte Produktpalette, wobei einige Gefäße auch aus einzelnen Dauben (wie bei einem Faß) hergestellt und nicht gedrechselt wurden. Wie bei Tellern und Schüsseln wurden auch die Trinkgefäße aus Holz nach und nach durch solche aus Zinn und Ton ersetzt.

**Schalen:** Die frühsten Trinkschalen waren relativ klein und flach *(Abb. 4.34)*. Häufig wurden sie auf der Standfläche mit einem Eigentumsvermerk versehen, was bei Tellern nie der Fall war.

Die im Englischen „Mazer" genannten **Prunkschalen** waren mit Metallverzierungen und -rändern versehen. Ursprünglich wurden sie vermutlich aus Ahornmaserholz hergestellt, woraus auch der Name abgeleitet wurde. Zwischen dem 13. und 16. Jahrhundert waren sie in Institutionen wie Klöstern häufig zu finden, heute sind sie jedoch sehr selten geworden. Einige Exemplare waren aus Dauben zusammengesetzt und nicht aus einem Einzelstück *(Abb. 4.35)*. Forschungen der Organisation Robin Wood (siehe Bibliographie Seite 236) legen nahe, daß einfachere, unverzierte „Mazer" aus verschiedenen Holzarten im Mittelalter häufig verwendet wurden.

In Schottland wurden **Trinkgefäße** („Bickers" und „Quaiches") mit zwei Griffen verwendet, deren Dauben aus alternierenden Holzarten hergestellt wurden, so daß sie hell-dunkel gestreift aussahen

Die einfachsten gedrechselten Trinkgefäße sind **Becher**, unverziert, tief und mit geraden Seitenwänden *(Abb. 4.37)*. Holzpokale werden stärker verziert als Becher, ihre Schale steht auf einem gedrechselten, dekorativen Stiel, der sich von einem flachen Fuß erhebt *(Abb. 4.38)*. Sie sind das hölzerne Gegenstück zu einem Weinkelch.

**Humpen** sind aus Dauben zusammengesetzte Bierkrüge. Die Dauben sind unten genutet, um den Boden aufzunehmen, und werden durch eine Umwicklung aus Weiden- oder Haselruten zusammengehalten *(Abb. 4.39)*. Oft werden sie mit einem Holzgriff und -deckel versehen, manchmal wird die Innenseite mit Pech abgedichtet. Der älteste Humpenfund wird den Kelten zugeordnet und stammt aus dem Jahr 50 v. Chr. (Pinot, siehe Literaturverzeichnis Seite 236). Es gab auch gedrechselte Humpen *(Abb. 4.39)*.

**Schöpfer** sind geradseitige Gefäße aus Dauben, die mit Weidenruten zusammengebunden werden. Eine der Dauben ist verlängert und dient als Griff. Sie dienen nicht nur als Trinkgefäß, sondern werden auch benutzt, um Flüssigkeiten aus größeren Gefäßen zu schöpfen *(Abb. 4.40)*. Häufig findet man auch gedrechselte Schöpfkellen mit einem Griff auf einer Seite, die den gleichen Zweck erfüllten *(Abb. 4.40)*. Das Drechseln von Schöpfkellen auf der Wippdrehbank erfordert einiges Können.

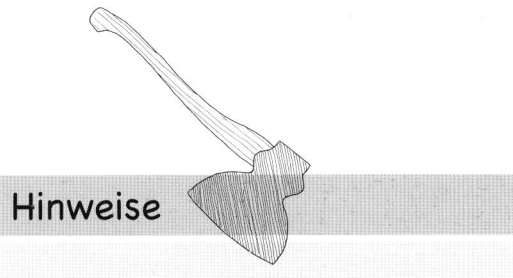

## Hinweise

> Für Trinkgefäße sollte man vorzugsweise feinmaseriges Holz verwenden; und wildgemasertes Holz (Maserknolle) verzieht sich nicht so leicht.

> Geeignete helle Holzsorten sind Ahorn oder Platane, dunkles Holz liefert Goldregen oder Erle.

> Eiche und Kiefer sind für die Dauben von Humpen gut geeignet, die Umwicklung kann aus Esche, Hasel oder Weide bestehen.

> Wie bei der Herstellung eines Fasses auch, müssen die Kanten der Dauben sorgfältig gearbeitet sein, damit das Gefäß wasserdicht wird.

> Der Boden eines Humpens wird am besten auf Maß gedrechselt, um in die Dauben zu passen.

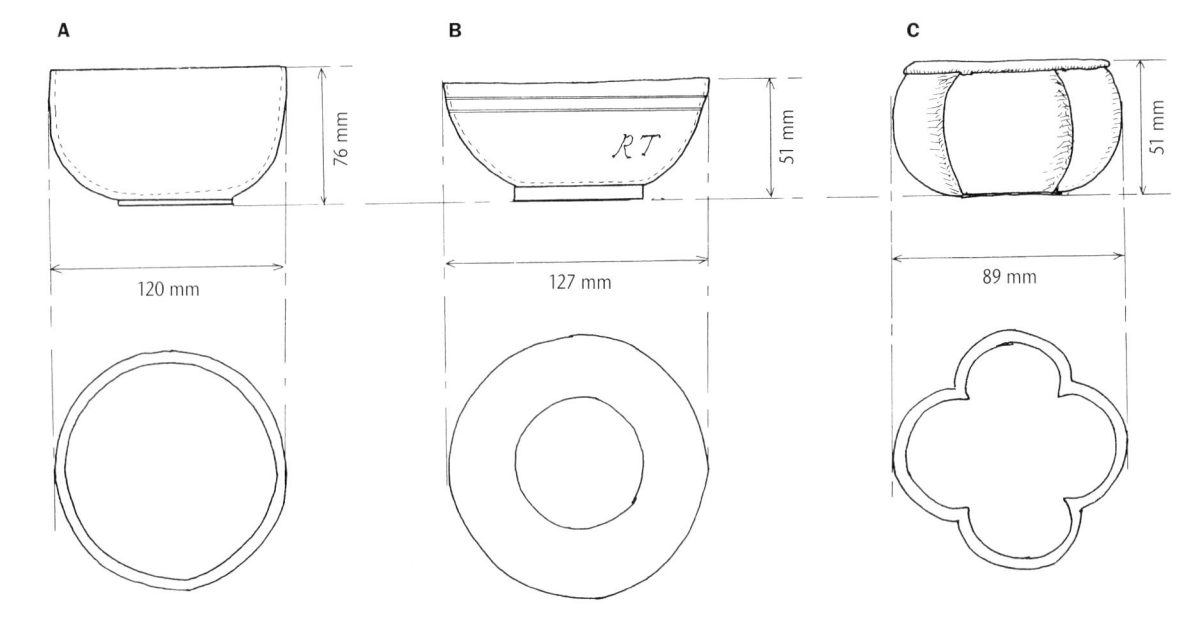

**Abb. 4.34**
Trinkschalen:
**A** einfaches Modell;
**B** flache Schale mit Initialen des Besitzers;
**C** eine ungewöhnliche vierblätterige Schale

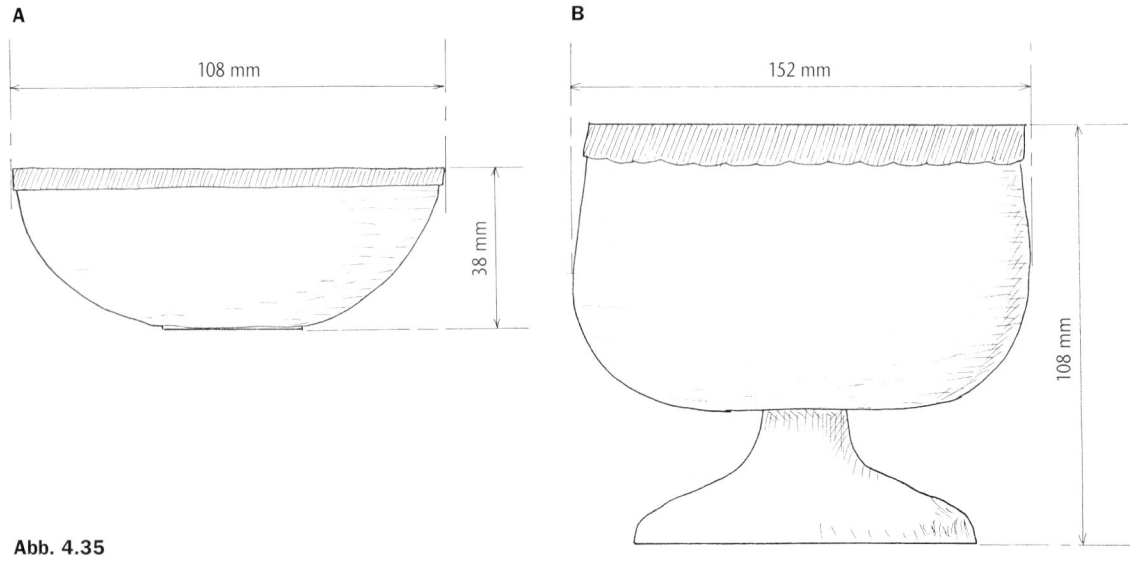

**Abb. 4.35**
„Mazers":
**A** flache Schale mit Metallrand (Silber);
**B** ungewöhnlicher „Mazer" mit Fuß und Silberrand

**Kapitel 4**  Für Haus und Küche

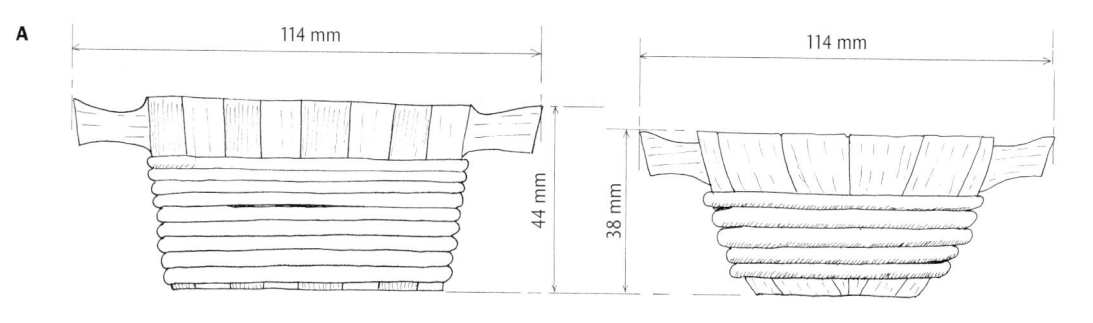

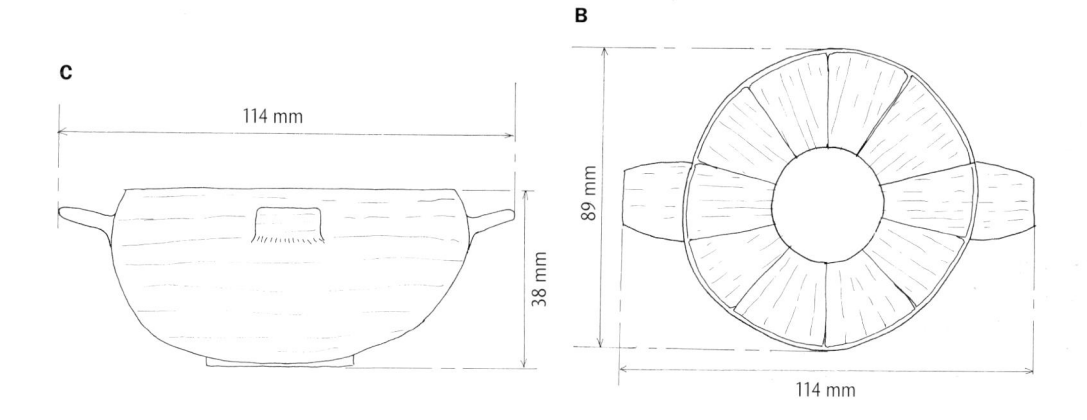

**Abb. 4.36**
„Quaiches" (schottische Trinkschalen):
**A** und **B** mit Dauben gearbeitet,
mit Weidenruten gebunden
und haben zwei Griffe;
**C** gedrechselt mit vier Griffen

**Abb. 4.37**
Becher:
drei mögliche Formen

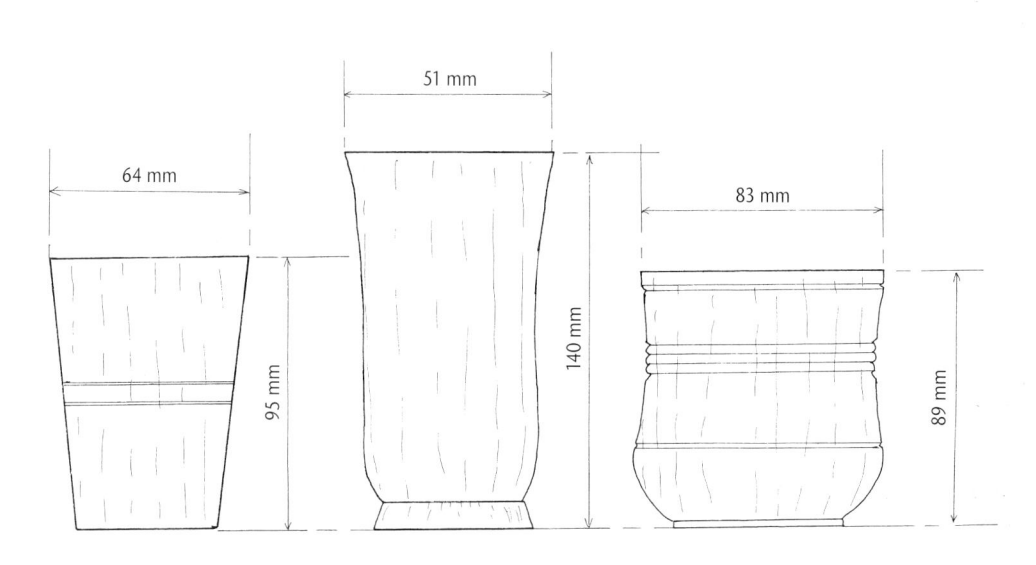

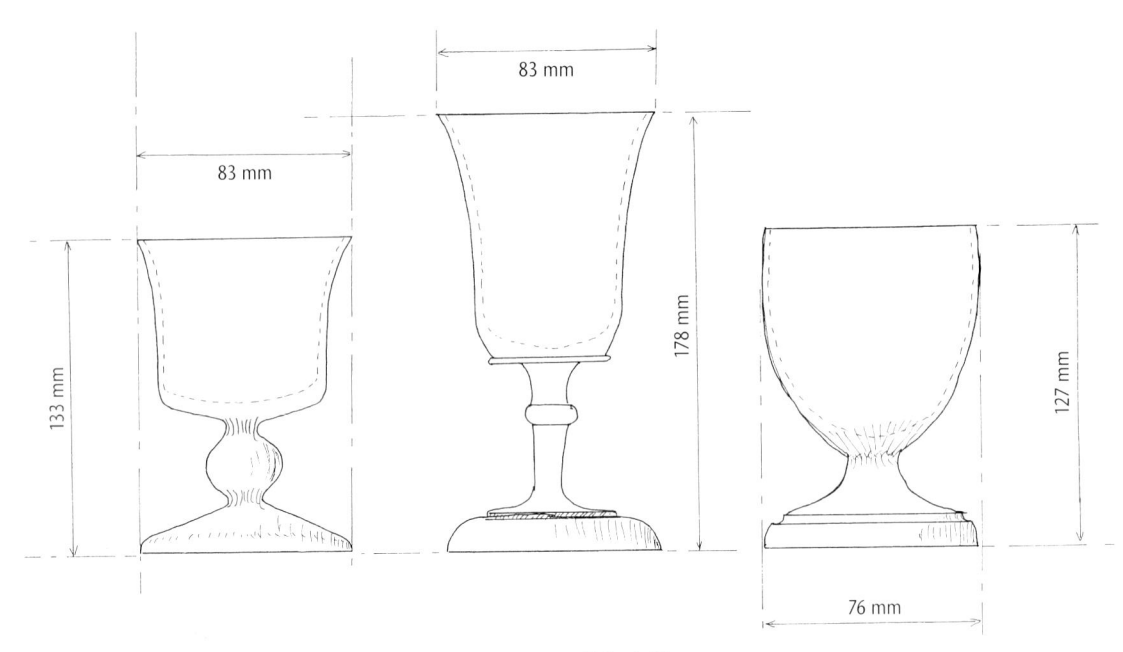

**Abb. 4.38**
Kelche:
drei verschiedene Formen

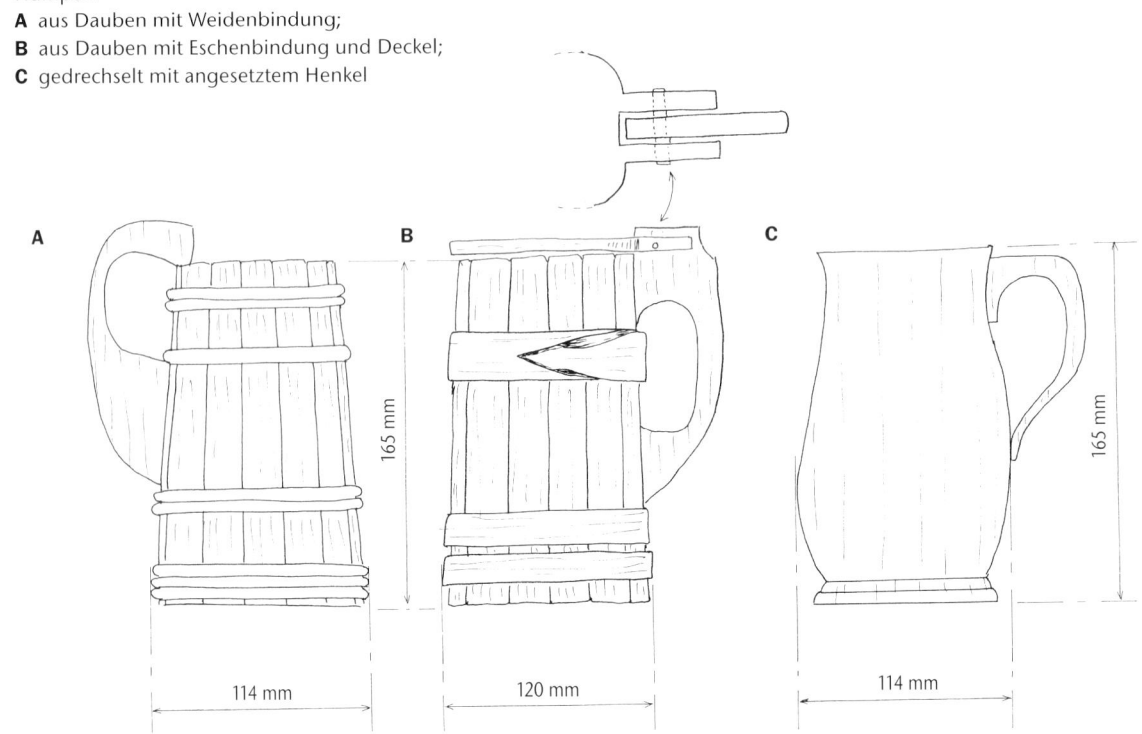

**Abb. 4.39**
Humpen:
**A** aus Dauben mit Weidenbindung;
**B** aus Dauben mit Eschenbindung und Deckel;
**C** gedrechselt mit angesetztem Henkel

**Kapitel 4**  Für Haus und Küche

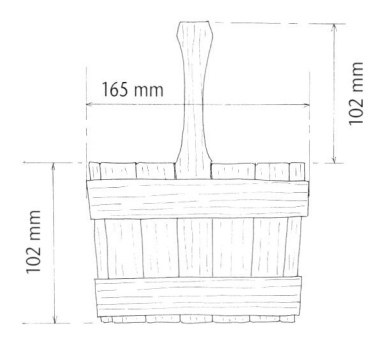

**Abb. 4.40**
Schöpfer:
ein Schöpfer aus Dauben mit Eschenbindung und einer als Griff verlängerten Daube

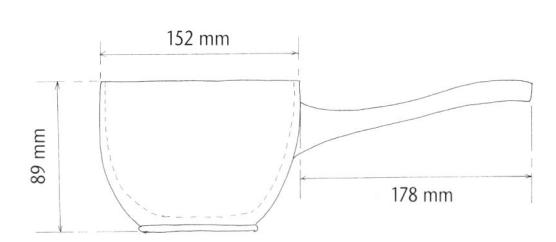

**Abb. 4.41**
Schöpfkelle:
gedrechselt mit
angesetztem Griff

## Haushaltsgeräte

Es gibt eine ganze Reihe nützlicher und schöner Geräte aus Holz, die gedrechselt oder geschnitzt werden können und deren Herstellung kurzweilig ist.

Die einfachste Form des **Türstoppers** ist ein Holzkeil, dessen Größe sich nach der Art der Tür und der Größe des Spaltes unter ihr richtet. Dies ist jedoch ein gutes Beispiel dafür, daß etwas Drechselarbeit nicht nur das Aussehen eines Produktes verbessern kann, sondern auch seine Funktionalität erhöht. Ein gedrechselter Griff läßt sich wesentlich leichter fassen als das Ende eines einfachen Keiles *(Abb. 4.42)*. Türstopper können auch auf Grund ihres großen Gewichts ihren Zweck erfüllen, im Englischen heißen solche Stücke „Porter"; sie lassen sich auch mit einem keilförmigen Ansatz versehen, der sie noch effektiver macht *(Abb. 4.43)*.

**Kerzenhalter** werden häufig aus Holz hergestellt. Die einfachste Form ist der stehende Halter mit einem breiten Fuß und einem niedrigen Stiel, damit seine Stabilität gewährleistet ist *(Abb. 4.44)*. Solche Stücke können auch mit einem breiten, schalenähnlich vertieften Fuß gedrechselt werden. Da diese Methode aber bedeutet, daß Rohmaterial verschwendet wird, ist es besser, die beiden Teile einzeln herzustellen und sie dann zu verbinden *(Abb. 4.44)*. Die einfachste Form eines Kerzenhalters ist auf der „Mary Rose" gefunden worden – ein kleines pyramidenförmiges Holzstück mit einer Vertiefung für die Kerze an der Oberseite und einem Griff an der Seite *(Abb. 4.44)*. Aus einem flachen, runden Stück Holz läßt sich ein schöner und sicherer Halter für ein Teelicht drechseln *(Abb. 4.45)*. Auf *Abbildung 4.46* ist ein Reisekerzenhalter dargestellt.

**Brieföffner** sind gute Geschenke, auf jeden Fall so lange, bis alle Verwandten mit einem versorgt sind. Der Griff wird gedrechselt, danach formt man die Klinge mit dem Ziehmesser. Sie sollte dünn genug sein, um sich etwas biegen zu lassen, ohne zu brechen. Die Gestaltung des gedrechselten Teils bleibt dem Hersteller überlassen *(Abb. 4.47)*.

Gardinenstangen und -schnüre können mit kleinen gedrechselten **Endstücken** versehen werden. Bei Stücken für Schnüre sind die Löcher an den beiden Enden unterschiedlich groß, durch eines wird die Schnur gefädelt, das andere nimmt den Knoten auf. Die Gestaltungsmöglichkeiten sind zahllos – vier Beispiele finden Sie in *Abb. 4.48*.

**Tragegriffe:** Wie oft sind Ihnen beim Tragen schwerer Tüten oder Pakete schon fast die Finger abgestorben? Diese einfachen Griffe sind eine gute Lösung für das Problem *(Abb. 4.49)*.

### Hinweise

- Die Hohlkehlen an den Enden der Tragegriffe sollten tief genug sein, damit die Griffe einer Kunststofftüte nicht abrutschen können.
- Die Aufnahmeöffnung eines Kerzenhalters sollte immer mit einem Metallfutter versehen werden, um die Brandgefahr zu verringern.
- Die Spitze eines Brieföffners muß so geformt sein, daß man mit ihr in einen Umschlag hineinfahren kann, um ihn zu öffnen.
- Türstopper sollten nicht zu dick sein, sie müssen unter die Tür passen.
- „Porter" können extra beschwert werden, indem man im ausgehöhlten Fuß ein Bleigewicht unterbringt.

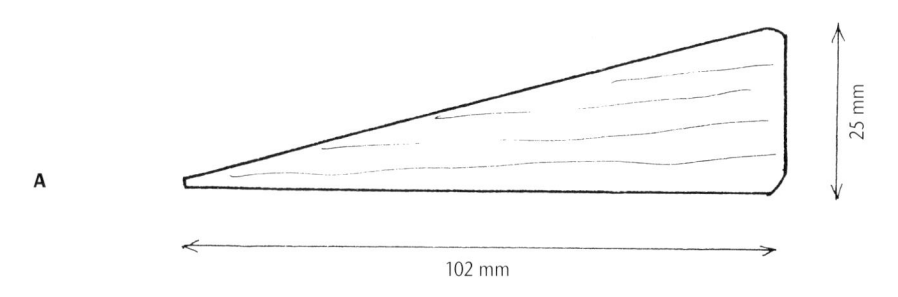

**Abb. 4.42**
Türstopper:
**A** einfacher Keil;
**B** Keil mit gedrechseltem Griff

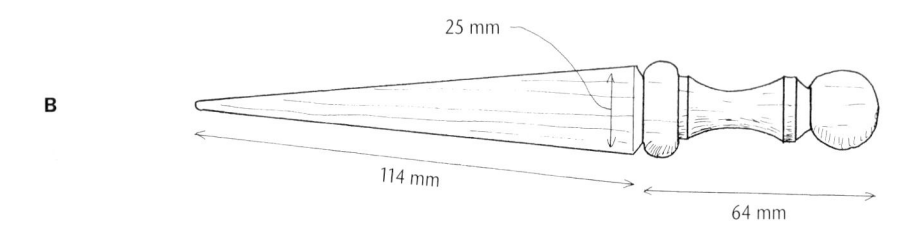

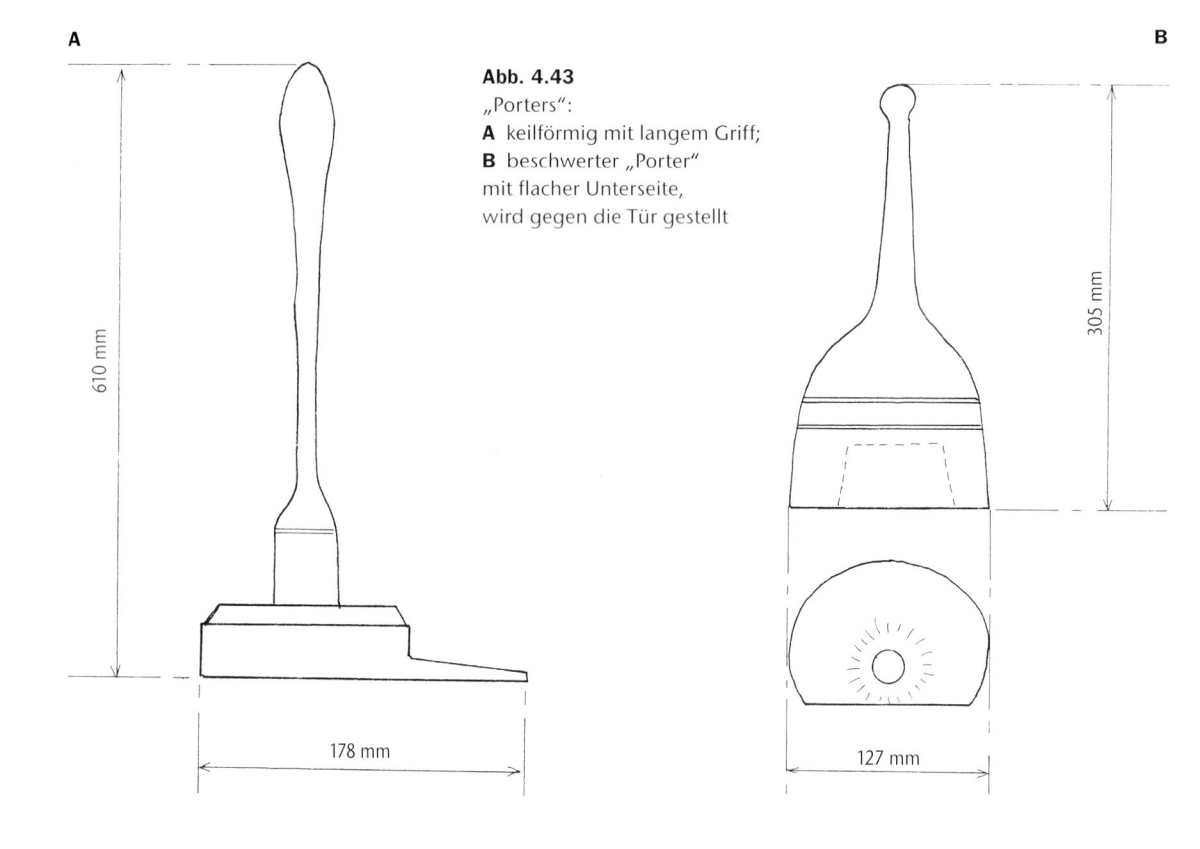

**Abb. 4.43**
„Porters":
**A** keilförmig mit langem Griff;
**B** beschwerter „Porter"
mit flacher Unterseite,
wird gegen die Tür gestellt

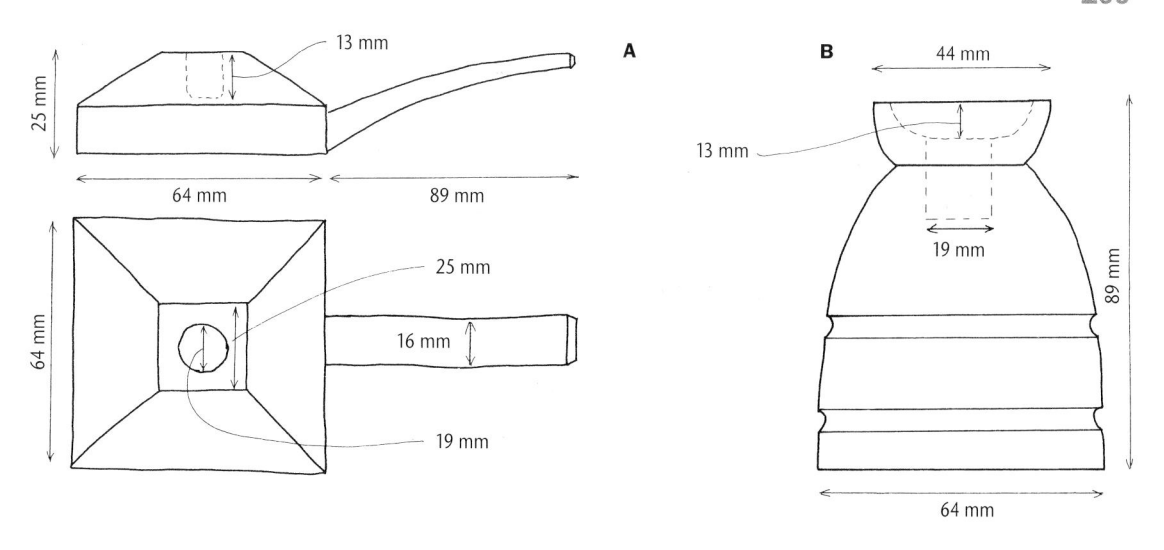

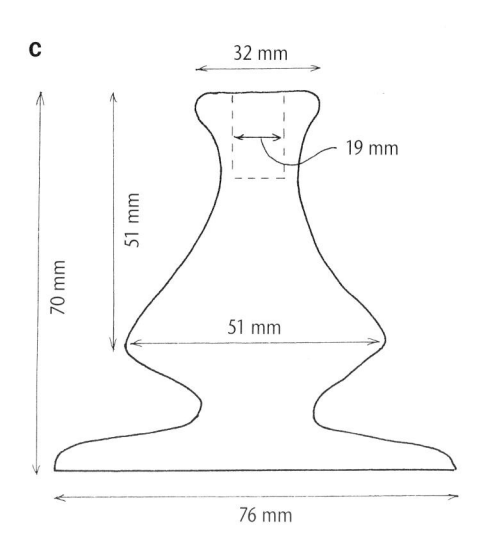

**Kapitel 4**  Für Haus und Küche

**Abb. 4.44**
Kerzenhalter:
**A** aus der Tudorzeit (Sammlung „Mary Rose");
**B** einfacher gedrechselter Kerzenhalter;
**C** gedrechselter Ständer mit Teller;
**D** zweiteiliger Kerzenständer

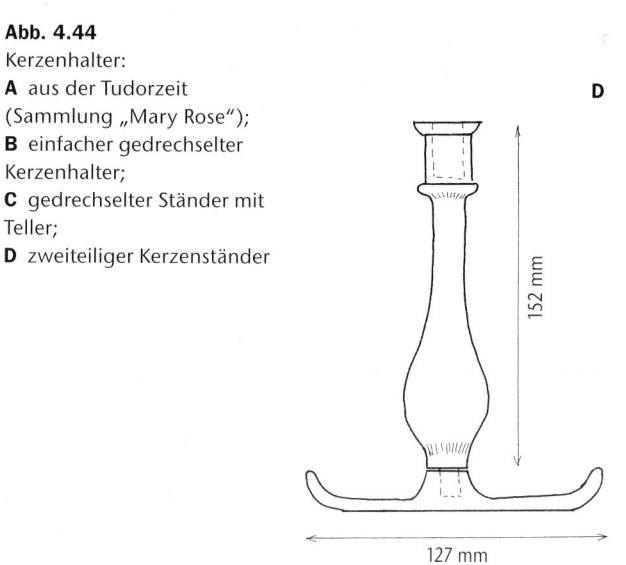

**Abb. 4.45**
Gedrechselter Teelichthalter

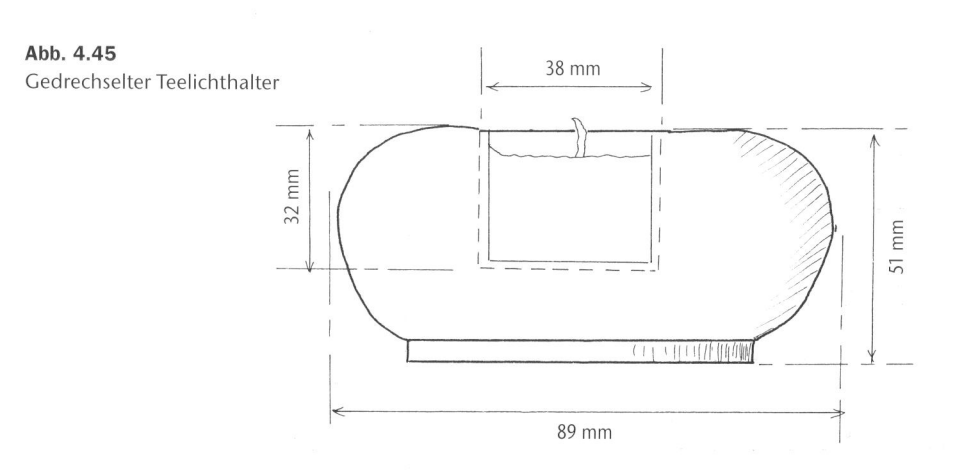

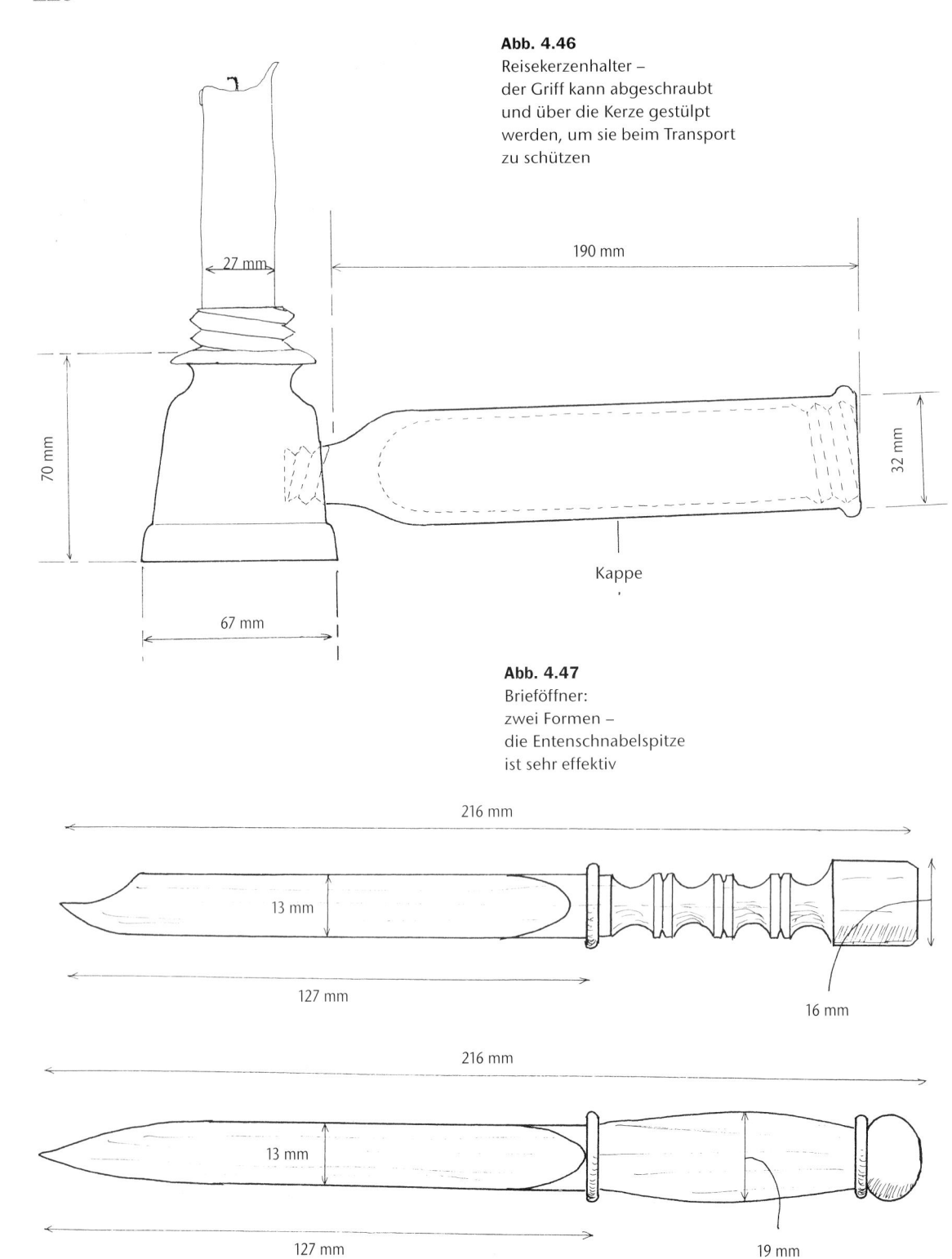

**Abb. 4.46**
Reisekerzenhalter –
der Griff kann abgeschraubt
und über die Kerze gestülpt
werden, um sie beim Transport
zu schützen

Kappe

**Abb. 4.47**
Brieföffner:
zwei Formen –
die Entenschnabelspitze
ist sehr effektiv

**Kapitel 4**  Für Haus und Küche

**Abb. 4.48**
Griffe für Gardinenschnüre

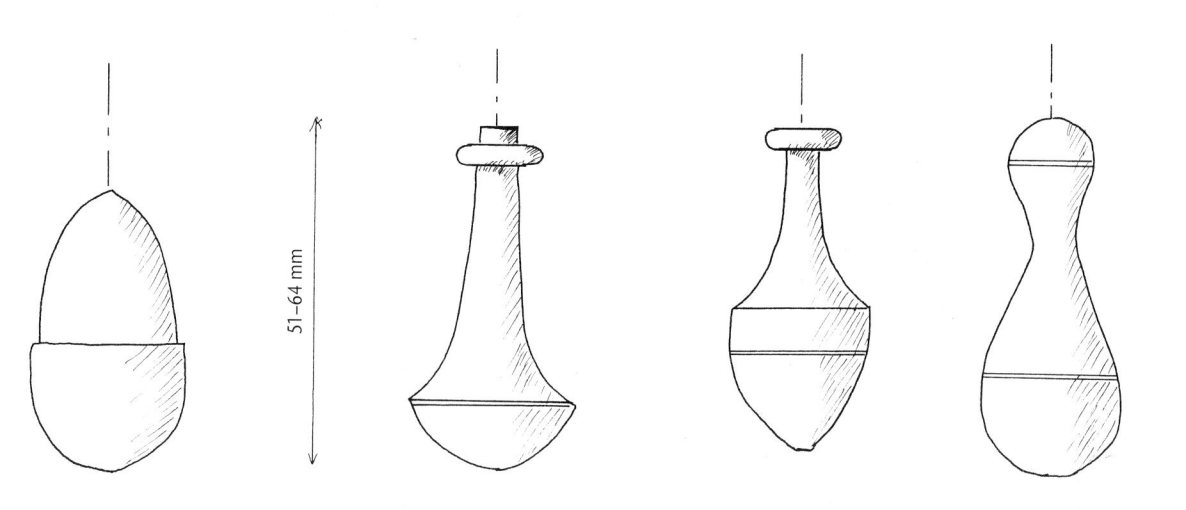

51–64 mm

**Abb. 4.49**
Verschiedene Tragegriffe

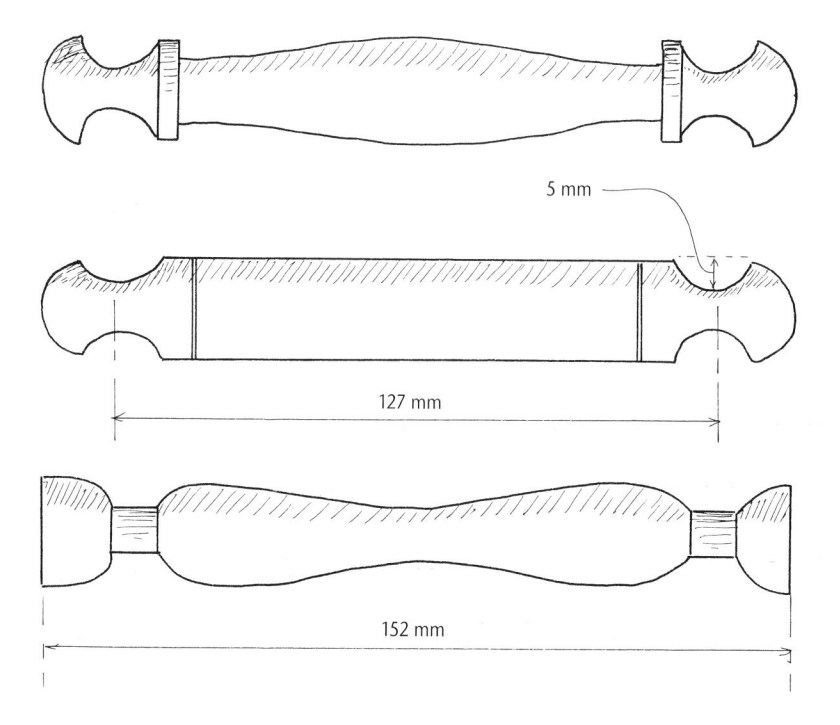

5 mm

127 mm

152 mm

# 5

# Werkzeug und Werkzeuggriffe aus Holz

## Einleitung

Seit vorgeschichtlicher Zeit hat die Menschheit Holz verwendet, um Waffen und Werkzeug herzustellen. Unsere Vorfahren entdeckten und verstanden bald die Unterschiede zwischen den verschiedenen Baumarten, die im Wald wuchsen, und wie sich ihre unterschiedlichen Eigenschaften am besten nutzen lassen. So eignet sich Esche wegen seiner Elastizität zum Beispiel besonders für Griffe, die plötzlich auftretende Kräfte aufnehmen müssen, wie etwa Speere oder Äxte, während das nicht leicht zu spaltende Ulmenholz besonders für Hammerköpfe geeignet ist. Im Laufe der Jahrhunderte ist dieses Wissen vertieft worden, so daß die hier beschriebenen Werkzeuge ihre Aufgabe alle trefflich erfüllen und bei der Benutzung Freude bereiten. Die Größe und Gestaltung, die hier beschrieben wird, ist jeweils die der heute am häufigsten verwendeten Form, wenn auch viele Werkzeuge und -griffe nach Maß gefertigt werden, um dem Besitzer gerecht zu werden. Wenn also ein Kunde einen Axtstiel einer bestimmten Länge haben möchte, so ist das kein Problem. Insofern hat sich die Situation seit dem 19. Jahrhundert nicht geändert, als Grünholzarbeit ein wichtiges Handwerk war und Werkzeugmacher eine große Auswahl an Werkzeugen anbieten mußten, um im Geschäft zu bleiben.

## Holzrechen

Bevor die meisten Handarbeiten in der Landwirtschaft mechanisiert wurden, stellte man jedes Jahr in kleinen ländlichen Werkstätten Tausende von Holzrechen her. Sie wurden verwendet, um Heu in Reihen zusammenzuharken, um den Boden in Bauerngärten zu harken, um Laub zu sammeln oder Getreidefelder zu säubern – für jeden Zweck und in jeder Region gab es eigene Muster, die sich im Laufe der Jahre herausgebildet hatten. Der klassische Heurechen besteht mit der Ausnahme von drei Nägeln und einem Blechstreifen vollkommen aus Holz (Abb. 5.1a). Der zwei Meter lange Stiel ist am unteren Ende gespalten, damit er an zwei Stellen mit dem Kopf verbunden werden kann, was zur Stabilität beiträgt. Die Holzzinken werden in ihre Bohrungen getrieben, sie sind am unteren Ende etwas angespitzt, damit sie im Gebrauch nicht splittern (Abb. 5.1c). Der Kopf steht in einem leichten Winkel zum Stiel (Abb. 5.1b), um einen guten Kompromiß zwischen Sammelleistung und der Gefahr des Steckenbleibens der Zinken im Boden zu erreichen.

Andere Verwendungszwecke erforderten eine stabilere Konstruktion, und einige der in *Abbildung 5.2* gezeigten Exemplare weisen Metallzinken und -streben oder zusätzliche Streben auf. In *Tabelle 5.1* finden Sie Details. Im Flachland wurden eher größere Rechen verwendet, da hier der Graswuchs üppiger war, aber für Gebirgswiesen mit ihrem spärlicheren Ertrag sind eher kleinere Rechen mit angewinkeltem Kopf geeignet. Alle hier dargestellten Muster sind das Resultat jahrelanger Erprobung. Sie sind, wie jeder guter Rechen, leicht, gut ausbalanciert und bereiten selbst dann noch Freuden, wenn man den ganzen Tag mit ihnen arbeitet.

## Hinweise

- Esche und Hickoryholz sind für alle Teile des Rechens am besten geeignet, für den Stiel kann man jedoch auch Salweide und für den Kopf Birke verwenden.

- Metallringe für Rechen mit gespaltenem Stiel lassen sich aus Blech herstellen.

- Das obere Ende des Stiels kann leicht angespitzt werden, so daß man den Rechen umgekehrt in den Boden stecken kann – so geht er weder verloren, noch tritt man versehentlich darauf.

- Es ist wichtig, die Enden der Zinken leicht anzuspitzen, damit sie im Gebrauch nicht splittern.

- Ein Winkel von 75 bis 80 Grad zwischen Kopf und Stiel verhindert das Steckenbleiben der Zinken im Boden und erleichtert das Sammeln von Heu und Blättern.

- Die Zinken sollten immer aus getrockneter Esche hergestellt werden, damit sie nicht schrumpfen und sich lockern können.

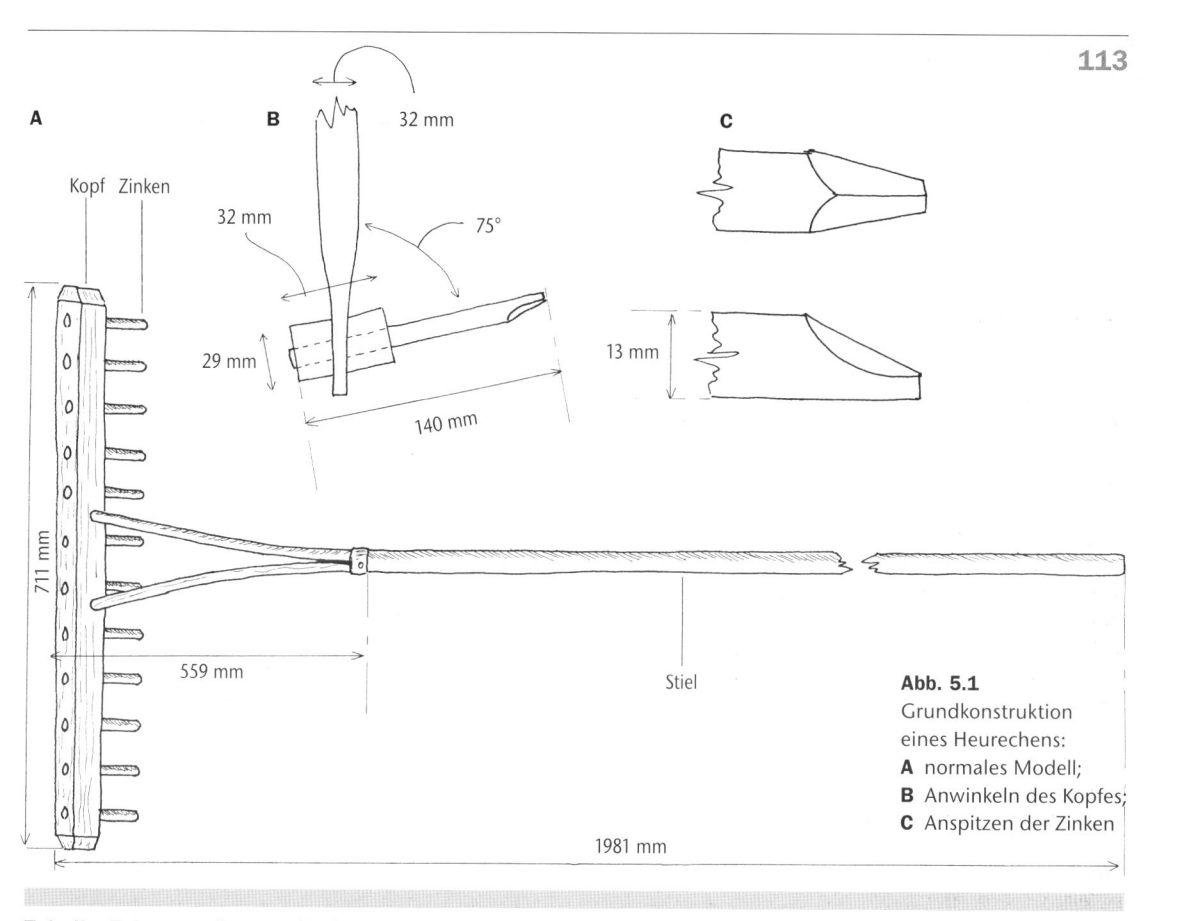

**Abb. 5.1**
Grundkonstruktion eines Heurechens:
**A** normales Modell;
**B** Anwinkeln des Kopfes;
**C** Anspitzen der Zinken

**Tabelle 5.1** Details verschiedener Rechenformen

| Rechenform | Breite des Kopfes | Länge des Stiels | Zahl der Zinken | Art der Zinken | Art des Stiels |
|---|---|---|---|---|---|
| Heu (alte englische Form | 710 mm | 1981 mm | 12–19 | Holz | geteilt |
| Saatgut | 710 mm | 1981 mm | 12 | Holz | geteilt |
| Unkraut | 710 mm | 1829 mm | 12 | Nägel mit Vierschlagkopf | geteilt |
| Garten | 450 mm | 1524 mm | 7–13 | Nägel mit Vierschlagkopf | geteilt |
| Drahtzinken und -strebe | 710 mm | 1981 mm | 12–19 | Stahlnägel | nicht geteilt, Strebe |
| Zugrechen | 2134 mm | 1981 mm | 23 auf 1200 mm | Holz | geteilt, Strebe |
| Bogenförmige Strebe | 710 mm | 1829 mm | 12 | Holz | nicht geteilt, bogenförmige Strebe |
| Getreide | 710 mm | 1981 mm | 11 | Holz | geteilt |
| Laub | 710 mm | 1829 mm | 17 | Holz | geteilt |
| „Welsh Hill" | 450 mm | 1829 mm | 7–13 | Holz | 1 oder 2 bogenförmige Streben |

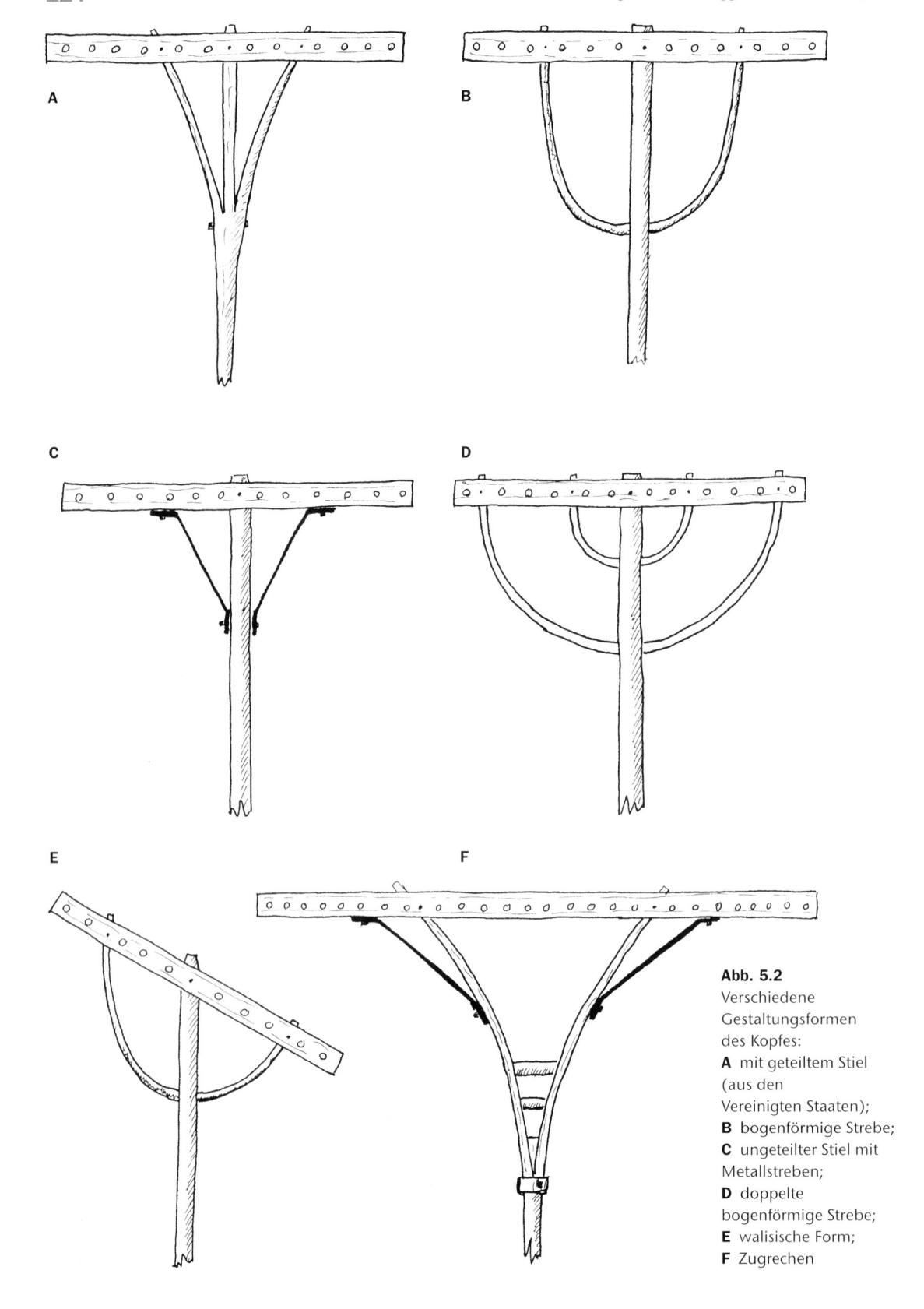

**Abb. 5.2**
Verschiedene Gestaltungsformen des Kopfes:
**A** mit geteiltem Stiel (aus den Vereinigten Staaten);
**B** bogenförmige Strebe;
**C** ungeteilter Stiel mit Metallstreben;
**D** doppelte bogenförmige Strebe;
**E** walisische Form;
**F** Zugrechen

# Reisigbesen

Vor der Verbreitung des modernen Besens fand sich in fast jedem Haus, Garten und in jeder Werkstatt ein Reisigbesen. Ein einfacher Reisigbesen besteht aus dem „Kopf", einem etwa 900 mm langen Bündel aus Reisig oder Stroh, das am oberen Ende mit Draht, Eschen- oder Brombeerholz zusammengebunden wird *(Abb. 5.3)*. Der Kopf wird mit einem Holzpflock an dem etwa 1000 mm langen Stiel befestigt, das Ganze ergibt dann den klassischen „Hexenbesen". Glücklicherweise werden Reisigbesen immer noch hergestellt und gekauft, vor allem, weil sie kaum zu schlagen sind, wenn es darum geht, Herbstlaub aufzufegen oder eine leichte Schneedecke zu beseitigen. Wenn sie abgenutzt sind, kann man mit ihnen immer noch gut Moos aus dem Rasen entfernen. Ein Reisigbesen aus geeignetem Material kann bei angemessener Pflege (kopfüber hinstellen, trocken halten) durchaus zehn Jahre täglichen Gebrauch überstehen.

Ein normaler Gartenbesen hat an der Stelle, wo der Kopf geschnürt ist, einen Umfang von etwa 250 mm *(Abb. 5.4)*. Stabilere Ausführungen für schwerere Aufgaben können bis zu 300 mm Umfang aufweisen und werden dreifach geschnürt. Eine amerikanische Version hat einen Kopf aus Broomcorn, was soviel wie Besenmais bedeutet und eine Pflanze aus der Familie der Sorghumgewächse bezeichnet. Der Kopf wird mit Weidenruten gebunden *(Abb. 5.5)*.

Rutenbündel ohne Stiel wurden früher bei der Stahlerzeugung benutzt, um bei der Herstellung von hochwertigen Stahlsorten die Schlacke von der Schmelze zu entfernen, wobei die Wechselwirkung zwischen dem Birkenreisig und dem Stahl zu einem hochreinen Endprodukt führte.

## Hinweise

› Das beste Material für den Kopf ist Birkenreisig wegen der dünnen, zähen und biegsamen Zweige. In manchen Gegenden wird statt dessen auch Besenheide oder „Besenmais" verwendet, gespaltener Bambus und Hirsestroh sind ebenfalls gute Alternativen.

› Die besten Resultate erzielen Sie, wenn Sie das Material für Besen im Winter ernten, wenn keine Blätter an den Bäumen (bzw. keine Blüten an der Heide) sind.

› Die Bindung kann aus gespaltener Esche, kleineren Hasel- oder Brombeerästen oder aus Draht bestehen. Draht ist allerdings nicht elastisch und kann kleinere Reisigstücke zerbrechen, falls man ihn zu sehr anzieht. In den Vereinigten Staaten wird als Bindung oft Hickory- oder Lindenbast verwendet.

› Bindungen aus Naturstoffen sollten sofort verarbeitet werden, bevor sie trocken und brüchig werden.

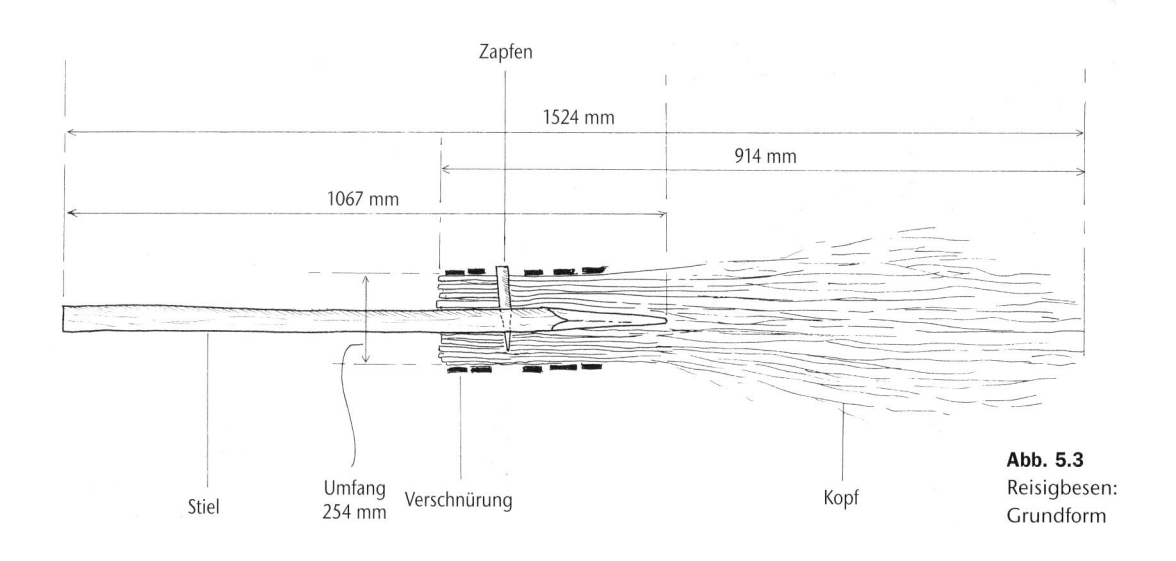

**Abb. 5.3** Reisigbesen: Grundform

**A**

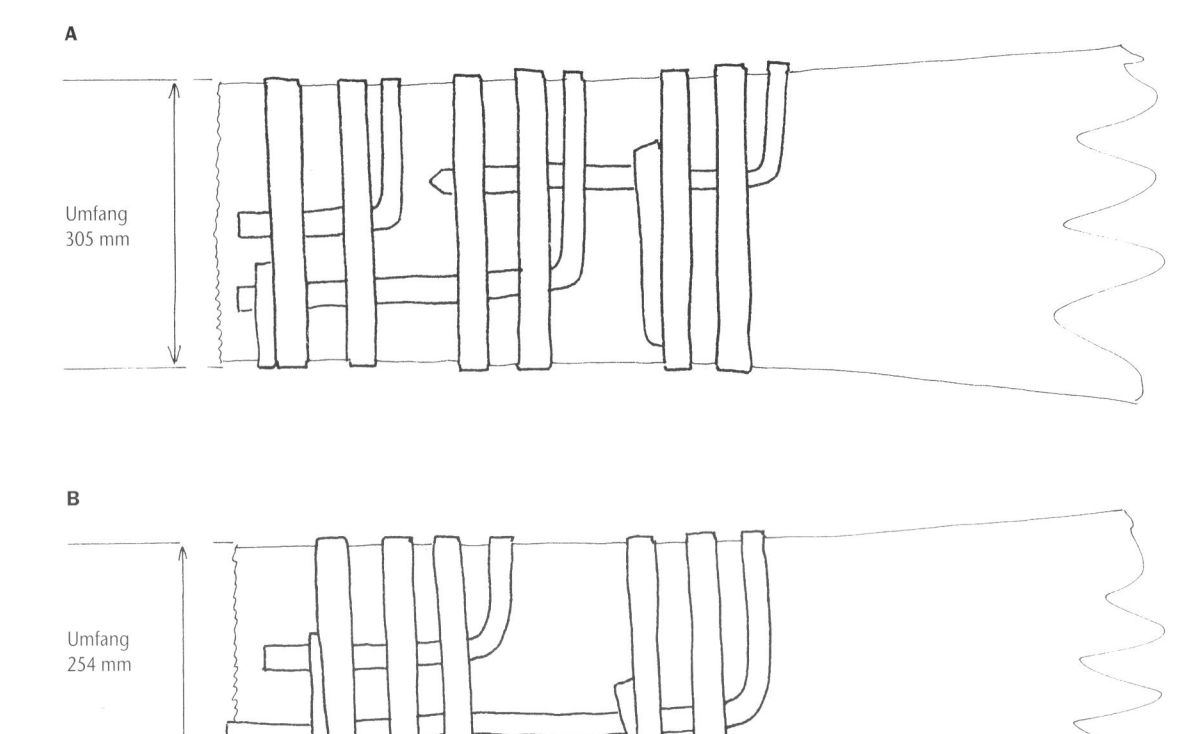

Umfang
305 mm

**B**

Umfang
254 mm

**Abb. 5.4**
Verschiedene Bindungen:
**A** drei Bindungen bei einem
305 mm langen Besenkopf;
**B** zwei Bindungen bei einem
254 mm langen Kopf

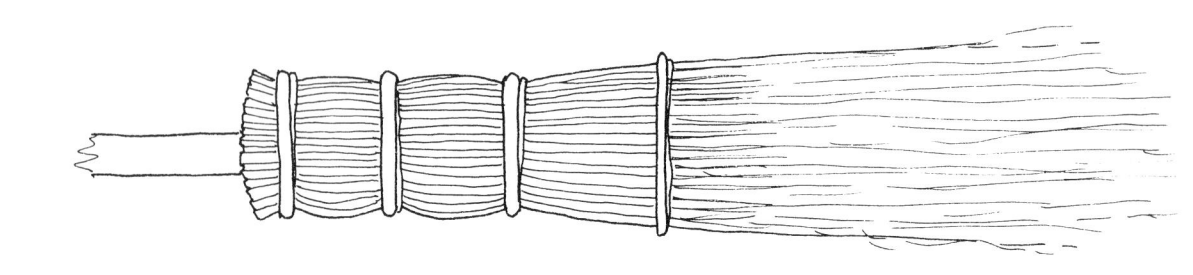

**Abb. 5.5**
Ein amerikanischer Reisigbesen
mit einem Kopf aus „Broomcorn",
Bindung aus Weidenruten

**Kapitel 5** Werkzeug und Werkzeuggriffe aus Holz

# Klüpfel

Klüpfel (Holzhämmer) haben zylindrische oder achteckige Köpfe aus einem nicht leicht spaltbaren Material. Die Stiele sind am Kopfende meist verbreitert, so daß sich der Kopf bei Gebrauch festzieht und sich nicht lösen kann *(Abb. 5.6)*. Diese Befestigungsart kommt ohne Keil aus und ist sowohl einfach als auch sicher. Schwere Holzhämmer haben an den Enden des Kopfes Metallbänder, um das Absplittern des Holzes beim Gebrauch zu verhindern.

Holzhämmer gehören zu den ältesten Werkzeugen. Ein einfacher Schlagstock aus dem dickeren Ende eines Astes unterscheidet sich eigentlich kaum von den ersten Keulen, die von Frühmenschen verwendet wurden. Obwohl sie in manchen Bereichen von Hämmern mit Stahlkopf verdrängt worden sind, gibt es immer noch eine rege Nachfrage nach Holzhämmern und Klüpfeln. Zu recht, da Hämmer aus Holz weder Holzwerkbearbeitungswerkzeuge noch Zeltheringe beschädigen, und auch bei Stahlkeilen und Spaltmessern (die bei bestimmungsgemäßem Gebrauch heftige Schläge aushalten müssen) nicht zu einer pilzförmigen Kante führen. Das führt natürlich dazu, daß solche Holzhämmer ein eher kurzes Arbeitsleben haben, was aber wiederum ihre Hersteller eher erfreut als betrübt. *Abbildung 5.6* zeigt eine Reihe verschiedener Holzhämmer und Klüpfel.

## Hinweise

- Esche und Hickoryholz sind wegen ihrer Elastizität immer die beste Wahl für Stiele. Ulme, Obstbaumhölzer und Hainbuche sind nicht leicht spaltbar und eignen sich deshalb besonders für die Köpfe.

- Auch Aststücke und –füße sind schwer spaltbar und eignen sich deshalb für Hammerköpfe.

- Falls der Stiel im Kopf verkeilt werden soll, muß der Keil rechtwinklig zur Faser des Kopfes eingesetzt werden, damit der Kopf nicht reißt.

- Metallbänder müssen in heißem Zustand angebracht werden, damit sie sich beim Abkühlen um den Kopf festziehen.

- Holzhämmer sollten vor Gebrauch abgelagert werden, um das Splitterrisiko zu reduzieren.

**Tabelle 5.2** Details verschiedener Holzhämmer

| Art oder Name | Grifflänge | ungefähres Gewicht des Kopfes | ungefähre Größe des Kopfes | Sonstiges |
|---|---|---|---|---|
| Campinghammer | 308 mm | 0,5 kg | 152 x 76 mm | runder Kopf |
| Gartenhammer | 381 mm | 0,7 kg | 152 x 102 mm | runder oder achteckiger Kopf |
| Werkstattklüpfel | 533 mm | 1,1 kg | 203 x 102 mm | runder oder achteckiger Kopf |
| Klüpfel für Spaltmesser | 381 mm Gesamtlänge | 1,1 kg | | aus Esche oder Ulme geformter Körper |
| Vorschlaghammer | 1016 mm | 2,3 kg | 305 x 152 mm, dreifach genagelt | runder Kopf mit Eisenringen |
| Schlegel | 965 mm | 2,3 kg | 305 x 152 mm | aus einem Stück Rundholz geformt |

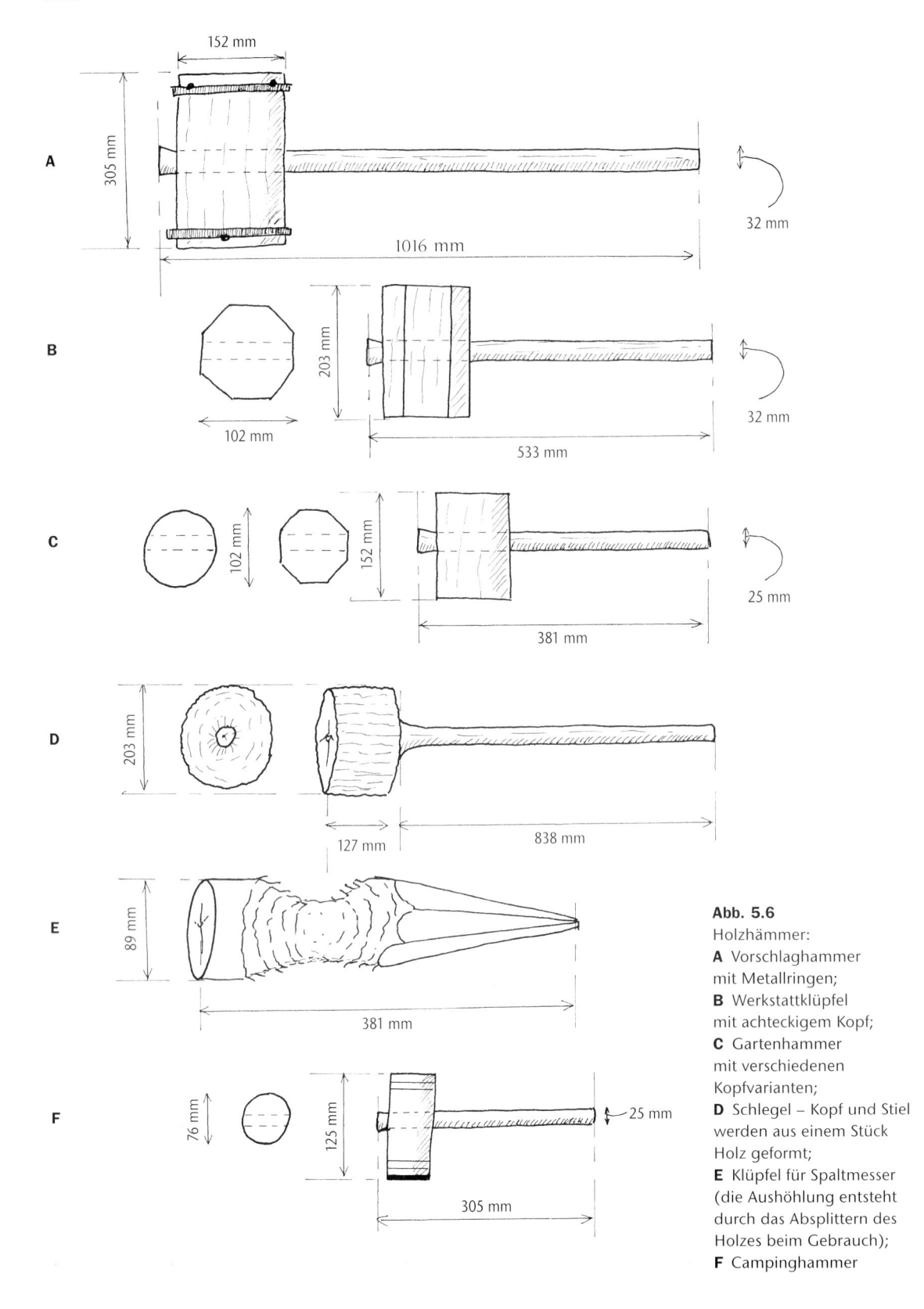

**Abb. 5.6**
Holzhämmer:
**A** Vorschlaghammer mit Metallringen;
**B** Werkstattklüpfel mit achteckigem Kopf;
**C** Gartenhammer mit verschiedenen Kopfvarianten;
**D** Schlegel – Kopf und Stiel werden aus einem Stück Holz geformt;
**E** Klüpfel für Spaltmesser (die Aushöhlung entsteht durch das Absplittern des Holzes beim Gebrauch);
**F** Campinghammer

**Kapitel 5**  Werkzeug und Werkzeuggriffe aus Holz

# Mistgabeln und Heuforken

Mistgabeln werden verwendet, um Ställe auszumisten. Sie bestehen aus kräftigen Eschenstöcken, die auf einer Länge von mindestens 500 mm in der Mitte längs eingesägt werden. Die beiden Teile werden mit einem Holzkeil auseinandergetrieben, um eine einfache zweizinkige Gabel zu erhalten *(Abb. 5.7)*. Sie sind sehr viel besser zu verwenden, wenn die Zinken leicht gebogen sind. Diese einfachen Gabeln mit zwei Zinken sind sehr gut geeignet, um Streu auszumisten. Sie werden stark beansprucht, aber wegen ihrer einfachen Gestaltung sind sie leicht und preiswert herzustellen. Die gebogenen Zinken müssen meist durch Dämpfen hergestellt werden.

Die beiden schönen Heuforken in der *Abbildung 5.8* stammen aus Nordamerika. Wie Heurechen sind auch sie in größeren landwirtschaftlichen Betrieben kaum noch in Gebrauch, aber bei kleineren Flächen lassen sie sich immer noch gut zum Verladen von Heu einsetzen. Heuforken können zwei bis fünf Zinken aufweisen *(Abb. 5.8)*, wobei die Stärke des Stiels entsprechend angepaßt wird. Die Krümmung der Zinken kann nur durch Dämpfen und Erkaltenlassen in einer entsprechenden Form erreicht werden.

## Hinweise

- ➢ Das beste Holz für diese Produkte ist Esche oder Hickory.
- ➢ Treiben Sie die Zinken der Mistgabel mit einem kleinen Keil auseinander, und nageln Sie sie in dieser Position fest.
- ➢ Verwenden Sie einen Runden Haselstab als Abstandshalter zwischen den Zinken der Heuforke, und nageln Sie die Zinken im richtigen Abstand daran fest.
- ➢ Achten Sie darauf, daß die Zinken gleichmäßig stark sind – sonst werden sie keinen gleichmäßigen Abstand haben und können sogar brechen.

**Abb. 5.7**
Einfache Mistgabel

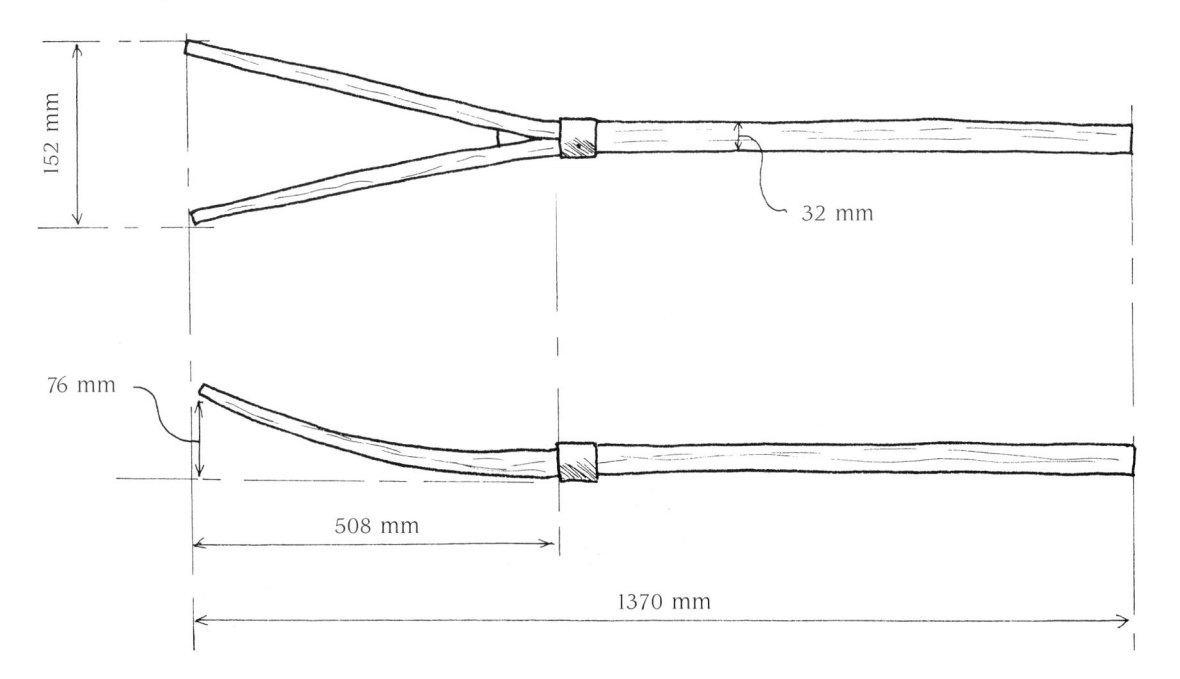

**Abb. 5.8**
Drei- und fünfzinkige Heuforken

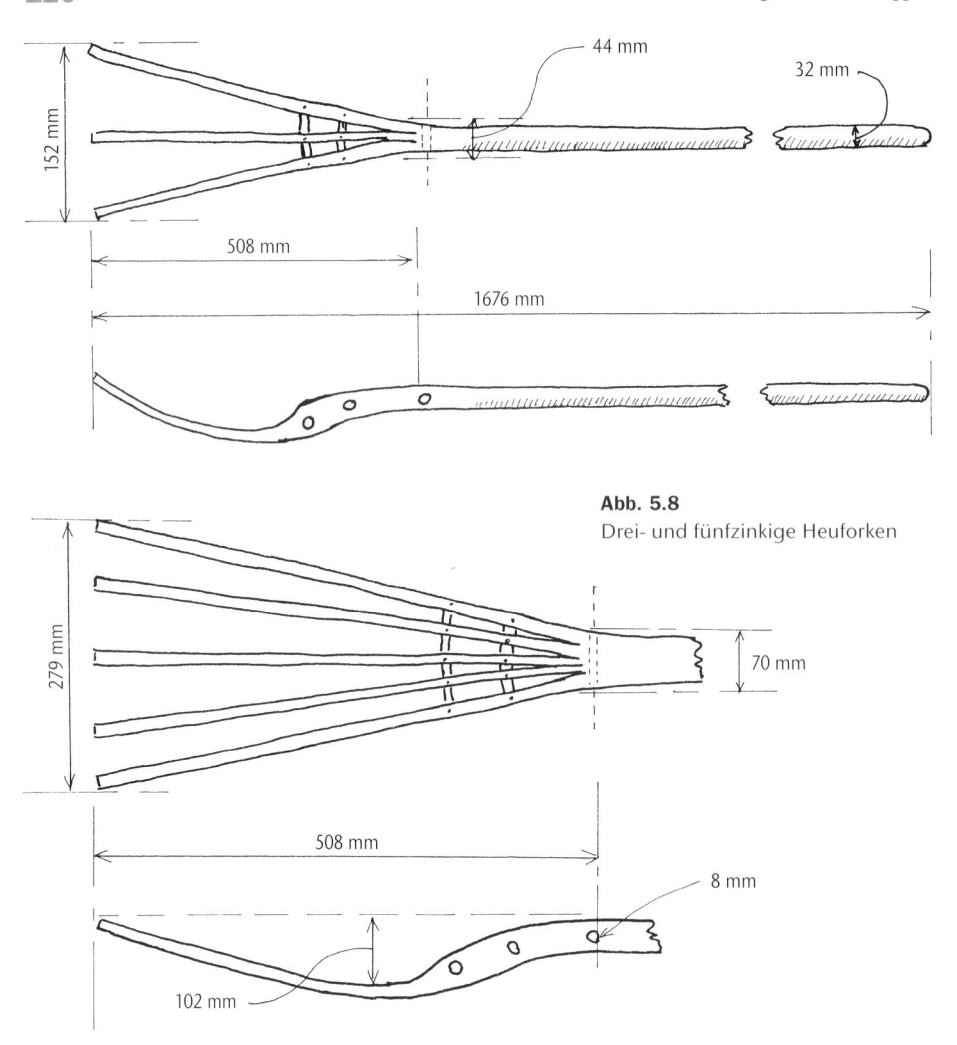

# Werkzeuggriffe

Die Liste der Werkzeuge mit Griffen aus Holz erscheint endlos lang. Schon in der Steinzeit wurden Feuersteine mit einfachen Stielen versehen, um Äxte herzustellen, und das Verfahren ist nie aufgegeben worden, da Holz das ideale Material für Griffe und Stiele ist. Es ist handwarm und absorbiert die Kräfte, die auf das Werkzeug wirken. In unlackiertem Zustand rutschen Holzgriffe nicht aus der Hand (Weidenholz nimmt sogar den Schweiß auf, der den Griff sonst schlüpfrig lassen werden könnte), entwickeln aber im Laufe der Zeit bei regelmäßiger Verwendung eine Patina, die sich angenehm anfassen läßt. Die Gestaltung, Größe und das Material der Werkzeuggriffe blicken auf eine lange Geschichte zurück, die von der Suche nach ergonomischen Werkzeugen bestimmt ist. Griffe müssen nicht nur robust sein, darüber hinaus entscheidet auch ihre Form über die Effektivität und Sicherheit des Werkzeugs.

Eine Auswahl häufig verlangter Werkzeuggriffe ist in den *Abbildungen 5.9* und *5.10* wiedergegeben. Ich bin immer wieder erstaunt, wie viele Lieblingswerkzeuge aus den Schuppen der Leute auftauchen und einen neuen Griff benötigen.

**Griffe für Hippen und Stecheisen:** Einfache runde und ovale Griffe werden gedrechselt, ebenso wie Teile solcher Griffe, die eine Tülle für das Eisen oder einen Zierknopf aufweisen. So läßt sich ein genau passender Zapfen für die Metallzwinge des Eisens herstellen. Die Griffe für Werkzeuge mit langen Angeln (jene in *Abb. 5.9*) müssen die richtige Länge aufweisen, damit die Angel am Ende des Griffs austritt und umgeschlagen werden kann, um den Griff zu halten *(Abb. 5.11)*. Stechbeitelgriffe werden immer aus sehr feinmaserigem Holz hergestellt, bei ihnen ist das Loch für die Angel gerade lang genug, um diese aufzunehmen, sie stößt nicht durch das Ende des Griffs *(Abb. 5.11)*. Sowohl Hippen- als auch Stechbeitelgriffe werden am Blattende mit einer Zwinge versehen, damit der Griff nicht gespalten wird, wenn man die Angel eintreibt. Oft weisen die Griffe für solche Stechbeitel, mit denen schwerere Arbeiten ausgeführt werden, auch am oberen Ende eine Zwinge auf, damit der Griff nicht durch den Klüpfel gespalten wird *(Abb. 5.10)*. Die Griffe für Werkzeuge mit Tülle müssen auf Maß gedrechselt werden *(Abb. 5.11)*.

**Stiele für Äxte, Dechseln und Vorschlaghämmer:** Die Stiele für diese Werkzeuge sind meist asymmetrisch geformt mit einem ovalen Querschnitt *(Abb. 5.12 und 5.13)*. Das Oberteil des Stieles ist verdickt, um in die Tülle am Kopf des Werkzeugs zu passen. Oft wird der Stiel hier auch eingesägt, um einen Keil aufzunehmen, damit der Werkzeugkopf fest sitzt. Bei der Formgebung wird der Stiel zwischen Spitzen gehalten und mit dem Ziehmesser und Schweifhobel bearbeitet. Ländliche Handwerker stellten Werkzeuggriffe und -stiele immer genau nach den Anforderungen des Kunden her. Als während der Industriellen Revolution größere Firmen begannen, Werkzeuge herzustellen, gaben sie Listen mit den erhältlichen Größen heraus. Axtstiele gab es zum Beispiel in Längen von 14, 16, 18, 20, 22, 24, 26, 28, 30, 32, 34 und 36 Zoll (etwa 350 bis 1000 mm).

**Stiele für Schaufeln** werden gedrechselt, geschnitzt und gedämpft *(Abb. 5.14)*. Die Nachfrage ist stetig. Die genaue Größe des Stiels wird von der Tülle an der Schaufel festgelegt.

**Sensenstiele** müssen gedämpft und in einer Form getrocknet werden, um ihre charakteristische Form zu erhalten *(Abb. 5.15)*. Meist werden die kleinen Handgriffe für den Sensenstiel gedrechselt, die Metallbeschläge und das Sensenblatt jedoch zugekauft.

# Hinweise

› Lange Stiele, die großen Kräften ausgesetzt werden, sollten aus zähelastischem Holz wie Esche oder Hickory hergestellt werden. Dagegen ist feinmaseriges Holz wie Buche und Buchsbaum für Griffe von Werkzeugen vorzuziehen, die geschlagen werden, wie es etwa bei Stechbeiteln der Fall ist.

› Das Holz für Stiele und Griffe sollte mindestens drei Monate abgelagert sein, der Rohling darf nicht größer als ein Viertel des Stammumfangs sein, aus dem er stammt. So wird das Schrumpfen und die Gefahr des Splitterns vermindert.

› Die Angeln von Werkzeugen laufen meist konisch zu. Die Löcher für ihre Aufnahme im Griff sollten deshalb mit Bohrern unterschiedlicher (kleiner werdenden) Durchmesser gebohrt werden, um eine gute Passung zu erreichen.

› Die Griffe von Werkzeugen mit Angeln sollten eine Zwinge aufweisen, damit der Griff beim Eintreiben der Angel nicht gespalten wird.

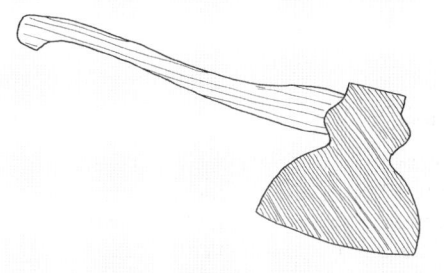

› Die Stiele von Werkzeugen, die schwingend verwendet werden (Äxte und Hippen zum Beispiel), sollten nicht lackiert werden, damit sie einem nicht aus der Hand rutschen.

› Das Holz kann gegen Feuchtigkeit geschützt werden, indem man es mit Leinöl einreibt.

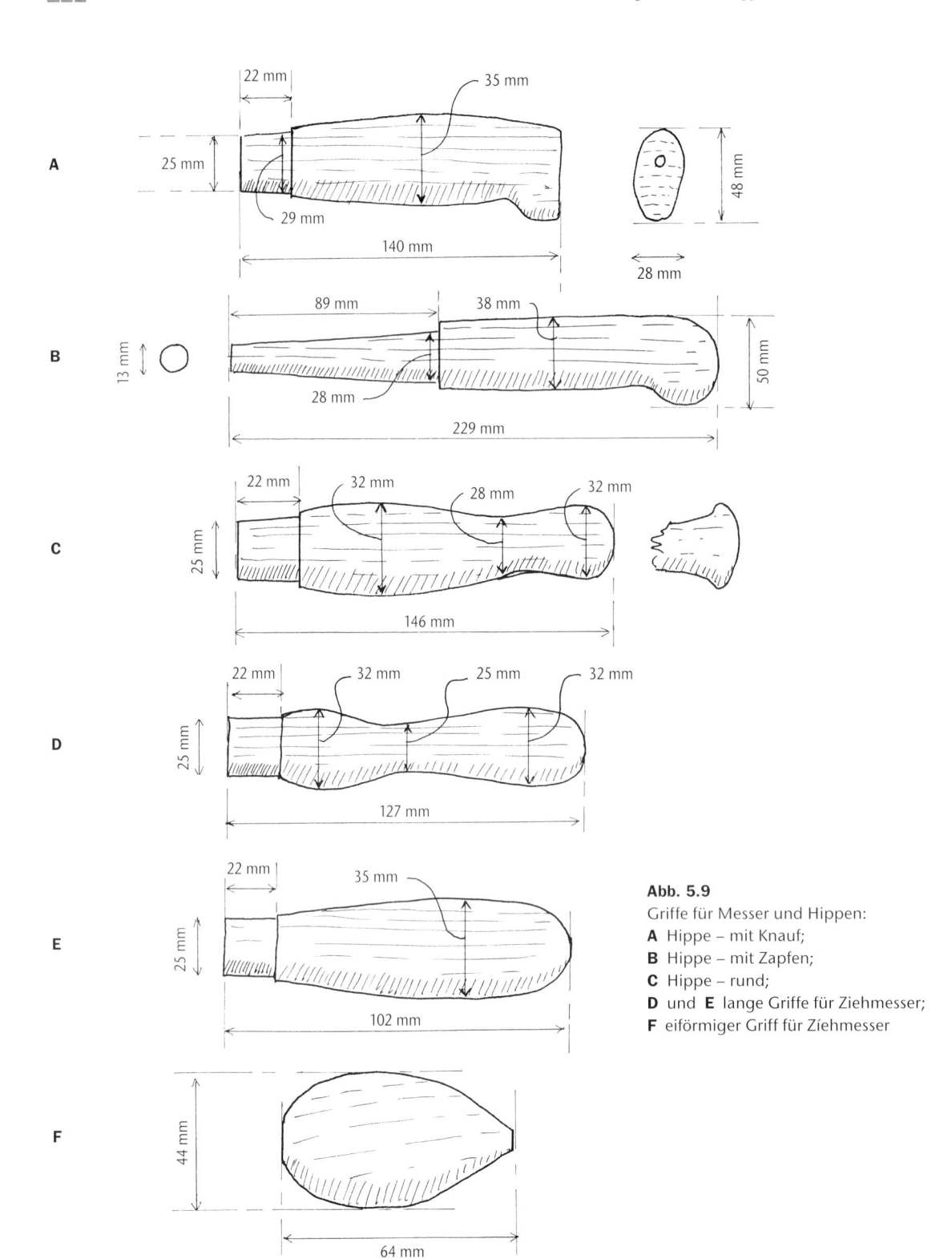

**Abb. 5.9**
Griffe für Messer und Hippen:
**A** Hippe – mit Knauf;
**B** Hippe – mit Zapfen;
**C** Hippe – rund;
**D** und **E** lange Griffe für Ziehmesser;
**F** eiförmiger Griff für Ziehmesser

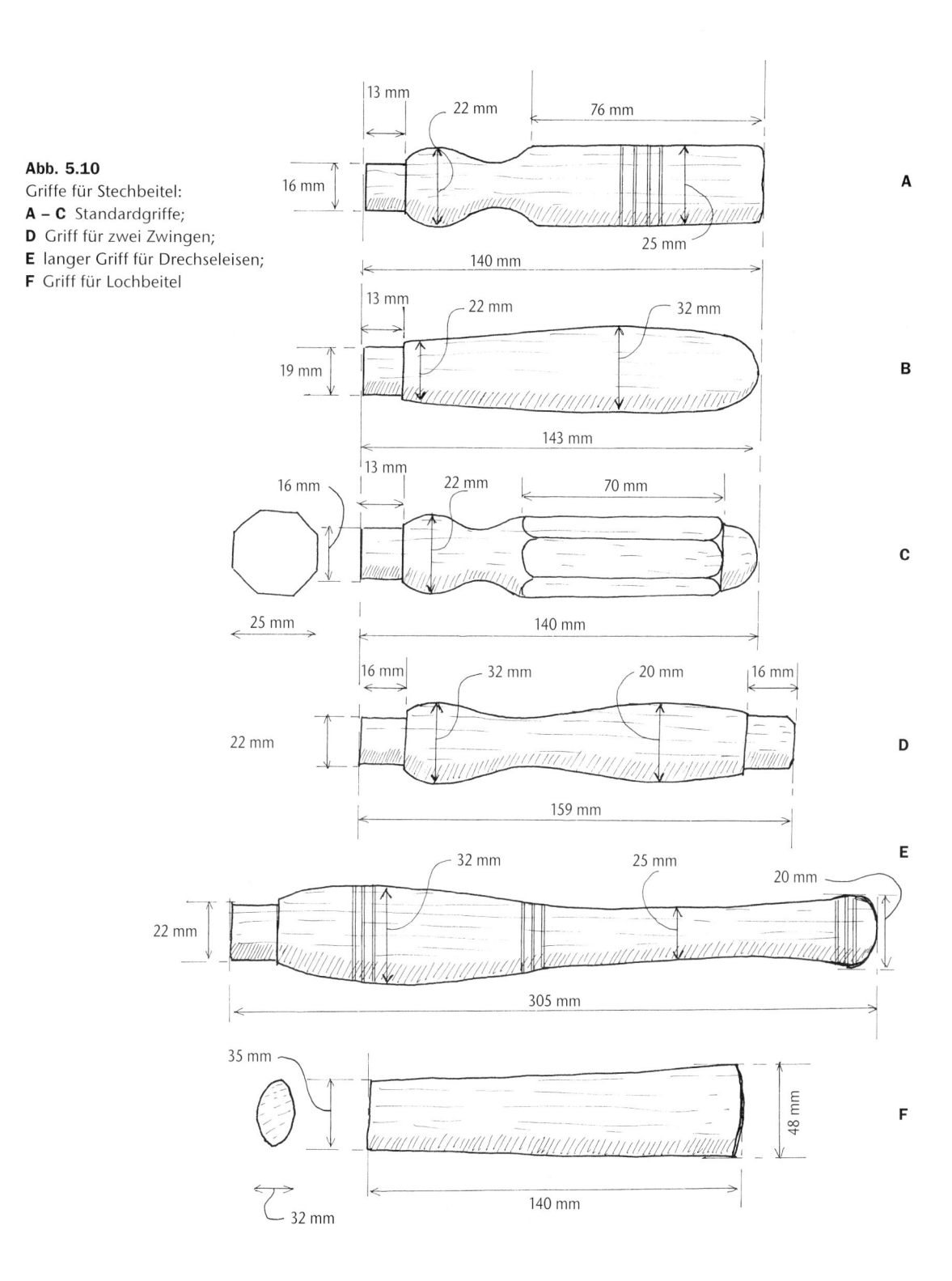

**Abb. 5.10**
Griffe für Stechbeitel:
**A – C** Standardgriffe;
**D** Griff für zwei Zwingen;
**E** langer Griff für Drechseleisen;
**F** Griff für Lochbeitel

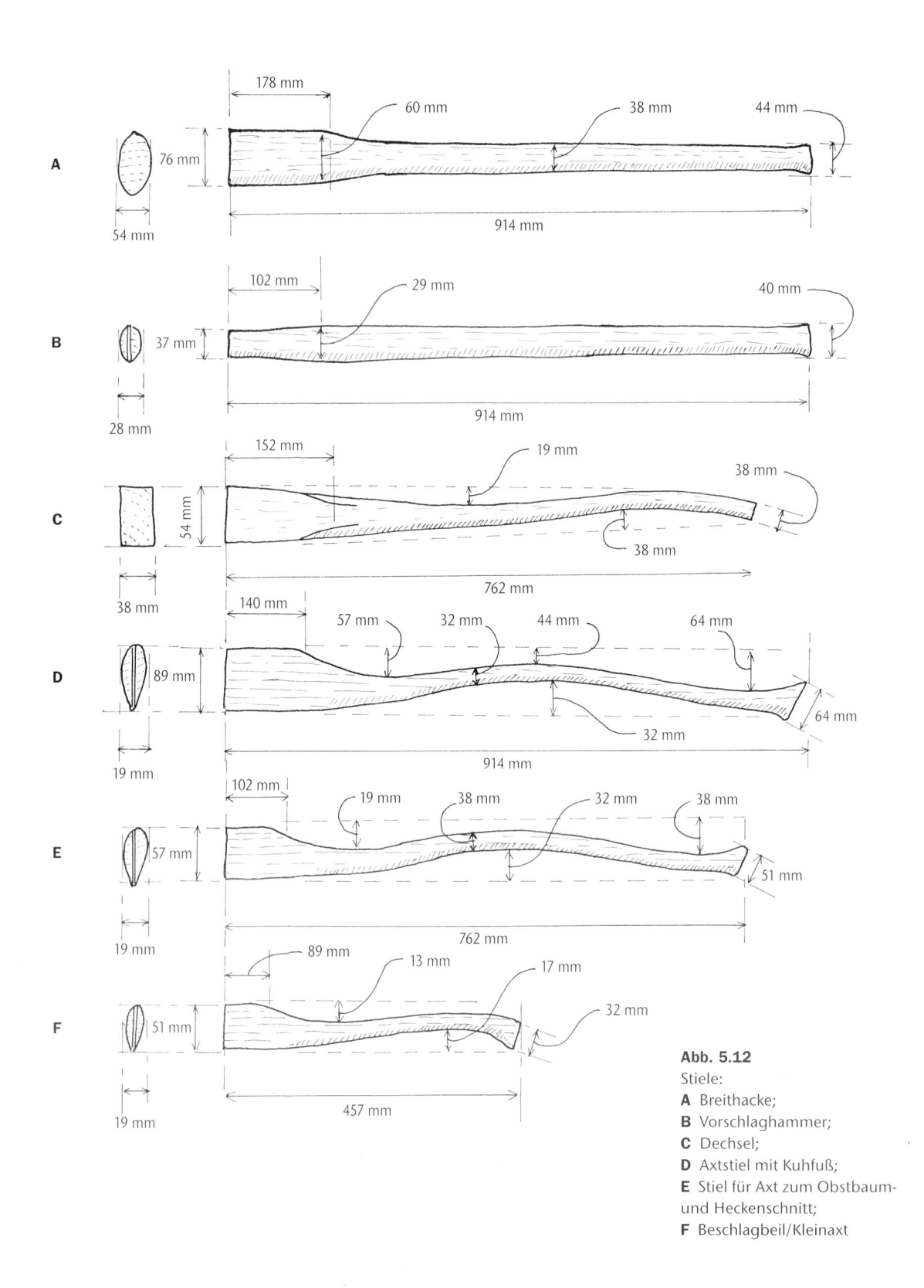

**Abb. 5.12**
Stiele:
**A** Breithacke;
**B** Vorschlaghammer;
**C** Dechsel;
**D** Axtstiel mit Kuhfuß;
**E** Stiel für Axt zum Obstbaum- und Heckenschnitt;
**F** Beschlagbeil/Kleinaxt

**Kapitel 5** Werkzeug und Werkzeuggriffe aus Holz

**Abb. 5.11**
Verbindungen zwischen einem kurzen Griff und der Klinge:
**A** lange Angel, die am Griffende über eine Unterlegscheibe umgelegt wird;
**B** kurze Angel, z. B. bei einem Stechbeitel;
**C** gezapft – eine Schraube durch die Metallzwinge der Klinge hält den Griff

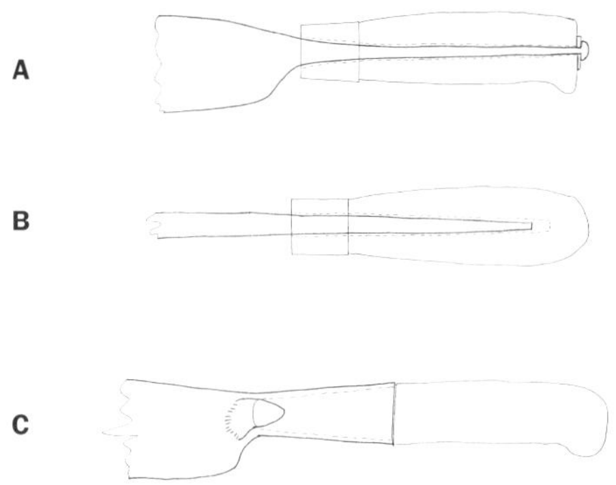

**Abb. 5.13**
Weitere Axtstiele:
**A** gebogener Stiel für ein Beschlagbeil;
**B** Beschlagbeil eines Stuhlmachers;
**C** englische Fällaxt (gerader Stiel);
**D** Fällaxt (Pembrokemodell)

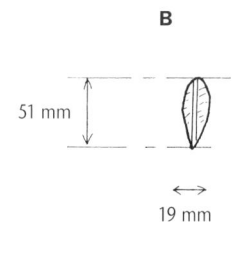

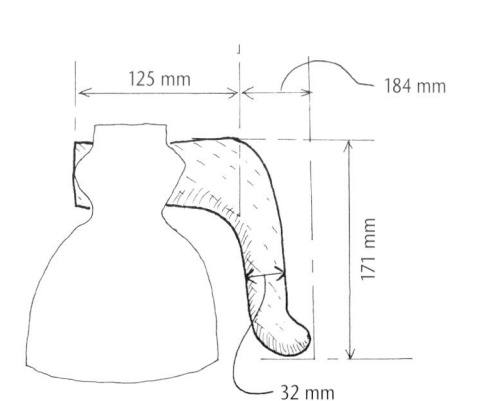

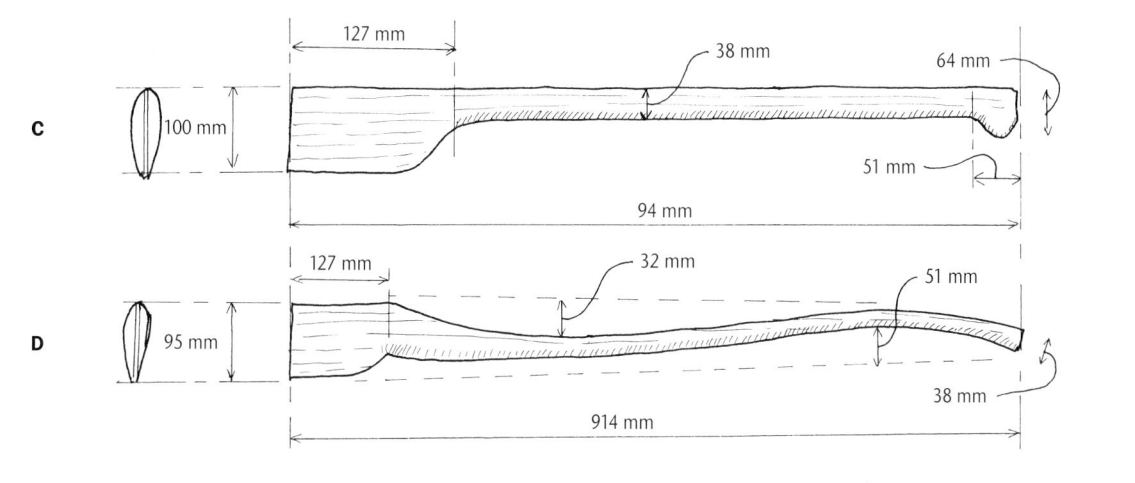

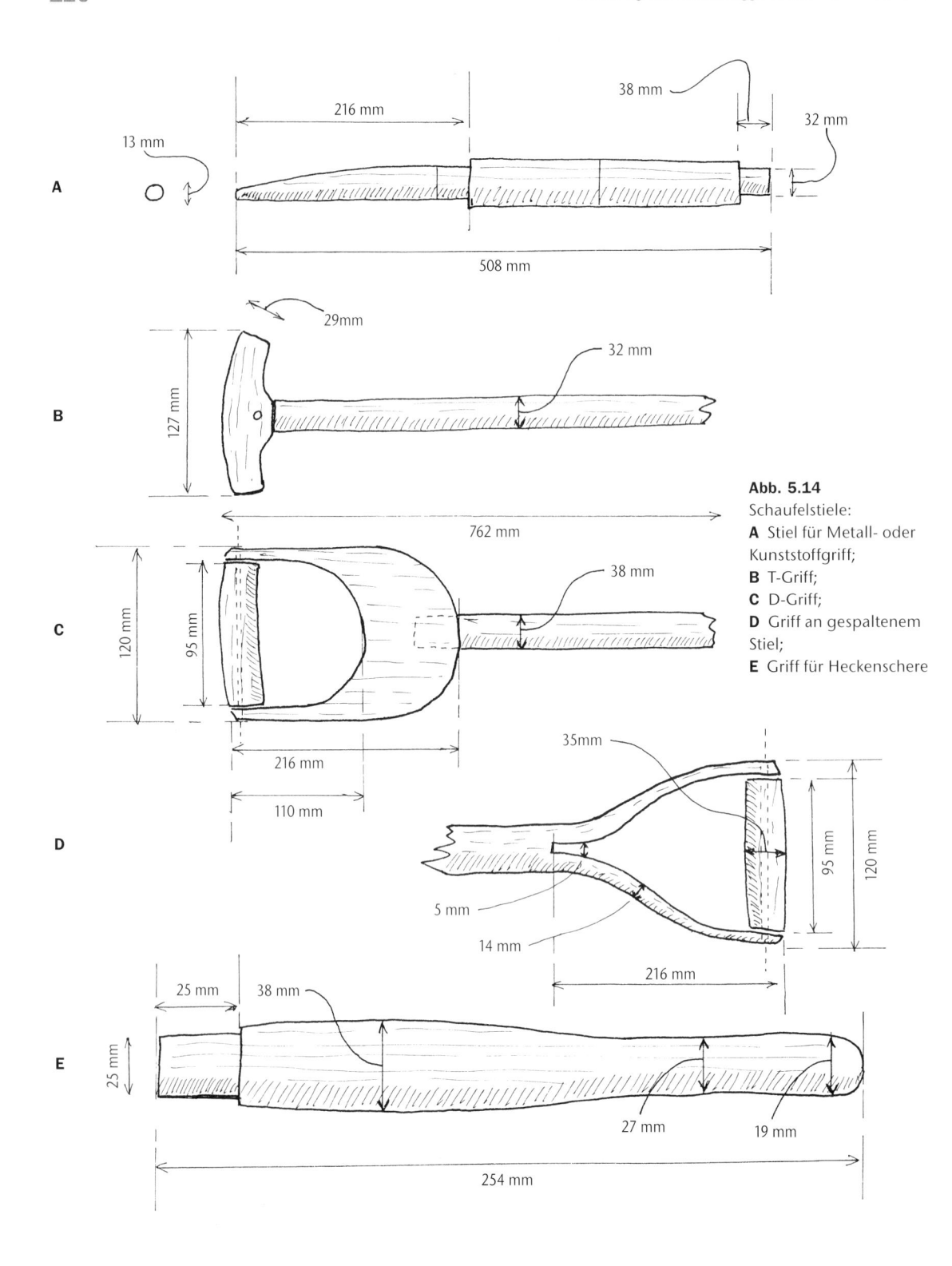

**Abb. 5.14**
Schaufelstiele:
**A** Stiel für Metall- oder Kunststoffgriff;
**B** T-Griff;
**C** D-Griff;
**D** Griff an gespaltenem Stiel;
**E** Griff für Heckenschere

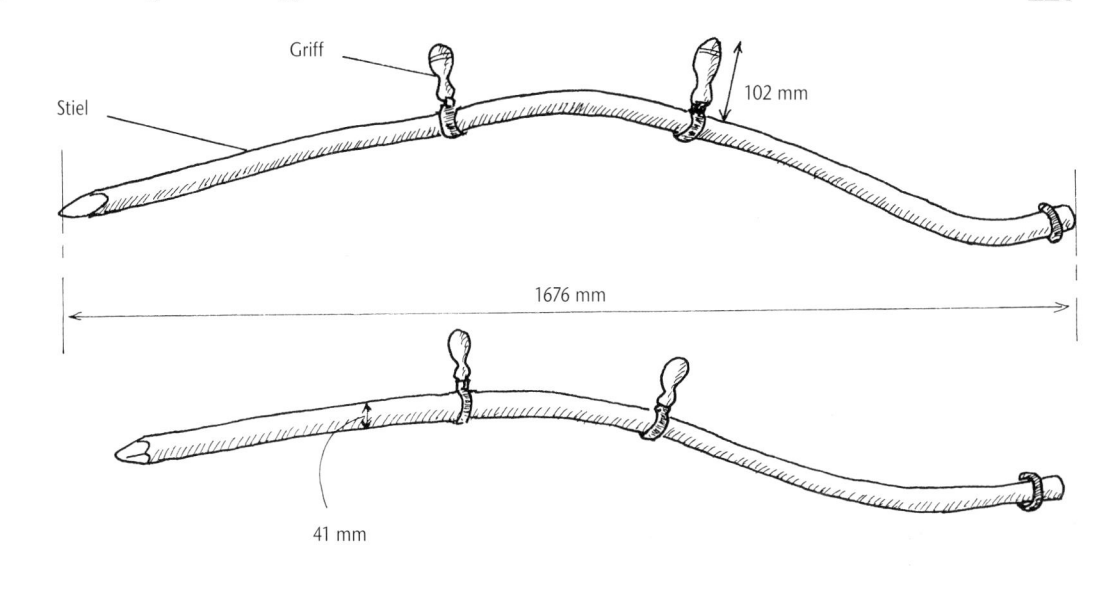

**Kapitel 5** Werkzeug und Werkzeuggriffe aus Holz

**Abb. 5.15**
Sensenstiel:
**A** englische Form;
**B** aus Suffolk/Norfolk;
**C** aus Roding;
**D** aus Amerika

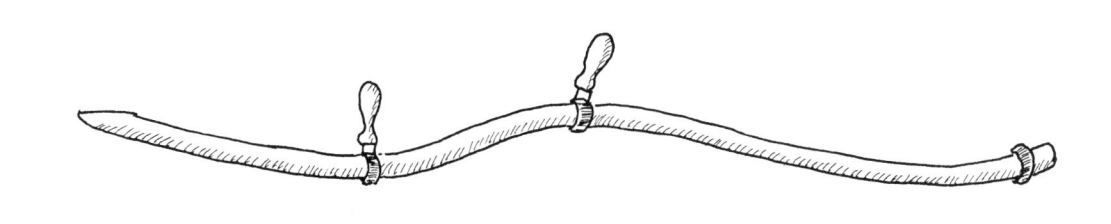

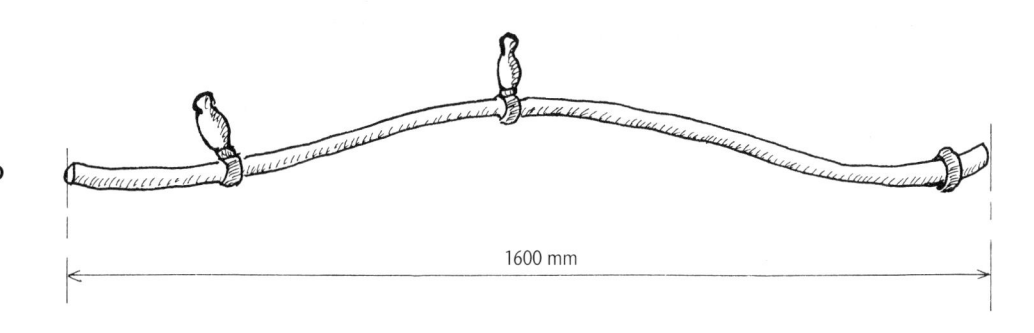

# Pflanzhölzer, Schaufeln und Kellen

Pflanzhölzer werden immer noch viel von Gärtnern verwendet, sowohl von Hobbygärtners als auch von Profis, um Setzlinge umzusetzen oder einzupflanzen. Sie werden gedrechselt und bestehen aus einem einfachen Griff über einem konisch verjüngten Stück, mit dem ein zylindrisches Loch in lockeren Boden gedrückt wird, um den Setzling aufzunehmen *(Abb. 5.16)*. Oft wird der konische Unterteil des Pflanzholzes mit Markierungen in einem Abstand von 25 mm versehen, damit man Löcher vorgegebener Tiefe erzeugen kann. Der Durchmesser der Pflanzhölzer variiert je nach Größe der Setzlinge. Eine sehr große Variante wird benutzt, um große Pflanzen umzusetzen, in diesem Fall ist der Griff so ausgelegt, daß er auch stärkeren Druck aushalten kann *(Abb. 5.17)*.

Gerade Linien im Garten werden mit zwei Pflöcken und einer dazwischen gespannten Schnur markiert. Die unteren Enden der Pflöcke werden angespitzt, damit sie leichter in den Boden gedrückt werden können, während das Oberteil so geformt wird, daß die Schnur daran gut befestigt werden kann *(Abb. 5.18)*.

Holzspaten sollten nicht dort zum Graben verwendet werden, wo Kies und Steine die Schneide beschädigen können – für solche Arbeiten ist ein Metallwerkzeug vorzuziehen. Es gibt jedoch auch Aufgaben, für die ein Holzspaten besser geeignet ist. In ländlichen Gegenden begegnete man gelegentlich dem „Schneespaten" aus Holz. Er wurde aus einem flachen Spaltstück Holz hergestellt, wies ein langes, flaches Blatt auf *(Abb. 5.19)* und eignete sich besonders zum Räumen von Tiefschnee, da Schnee an seinem Blatt nicht so schnell hängen blieb wie an einem aus Metall.

Holzschaufeln mit breiten, tiefen Blättern sind vor allem beim Bewegen von Getreide und Malz verwendet worden *(Abb. 5.20)*. Da ein hölzernes Blatt keinen Funkenflug verursacht, wenn es auf Stein oder Metall trifft, waren diese Schaufeln in Scheunen sehr viel sicherer, da das gelagerte Getreide immer auch die Gefahr von Staubexplosionen barg. Die tiefe Lippe dieser Schaufeln verlieh ihnen auch ein größeres Fassungsvermögen.

Kleine Schaufeln und Schöpfkellen aus Holz wurden für viele verschiedene Aufgaben in Werkstatt, Haus und Hof verwendet. Deshalb gibt es auch viele verschiedene Größen, wenn auch der Grundentwurf immer sehr ähnlich ist *(Abb. 5.21)*.

## Hinweise

- Das beste Holz für Pflanzhölzer ist feinmaserig (Buchsbaum oder Obstbaum), aber Esche und Ahorn werden der Aufgabe auch gerecht.
- Spaten werden oft aus Esche hergestellt, da es bei diesem Holz leicht ist, die erforderlichen langen, geraden Rohlinge zu erhalten.
- Tiefe Schaufeln werden aus zwei oder drei Teilen zusammengesetzt. Das Blatt wird aus einem einzelnen Holzstück ausgehöhlt – Ahorn eignet sich gut, ist aber oft kaum in der notwendigen Größe zu erhalten.

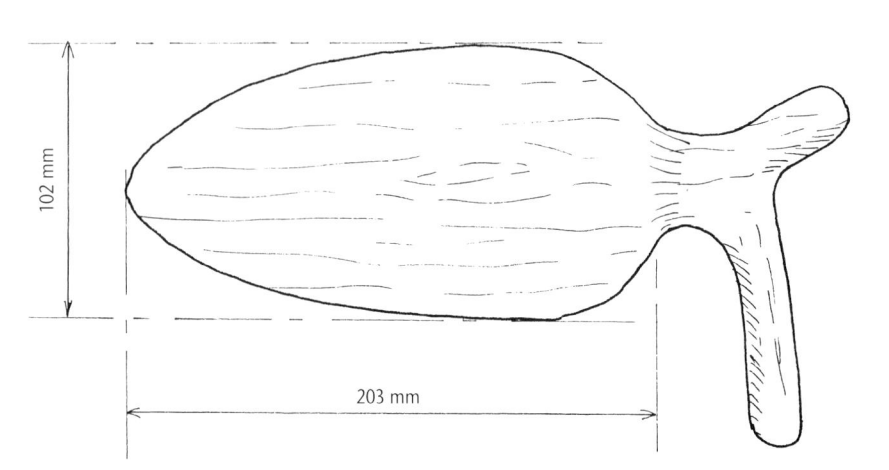

**Abb. 5.17**
Ein großes Pflanzholz mit ungewöhnlichem Griff

**Kapitel 5**  Werkzeug und Werkzeuggriffe aus Holz

**Abb. 5.16**
Pflanzhölzer:
**A** typische Form mit Markierungen für die Pflanztiefe;
**B** kleines Pflanzholz für sehr kleine Sämlinge

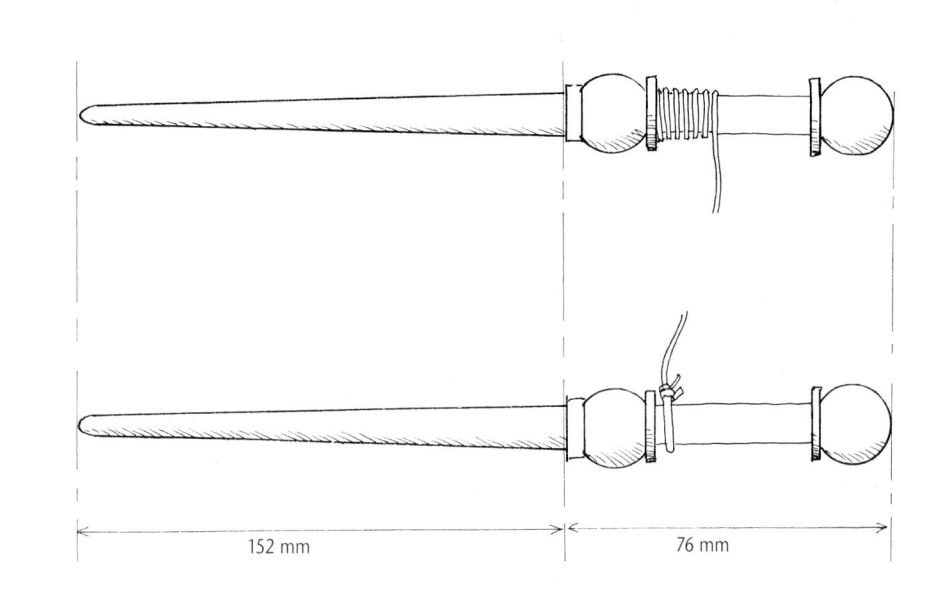

**Abb. 5.18**
Typische Pflöcke für eine Gartenschnur

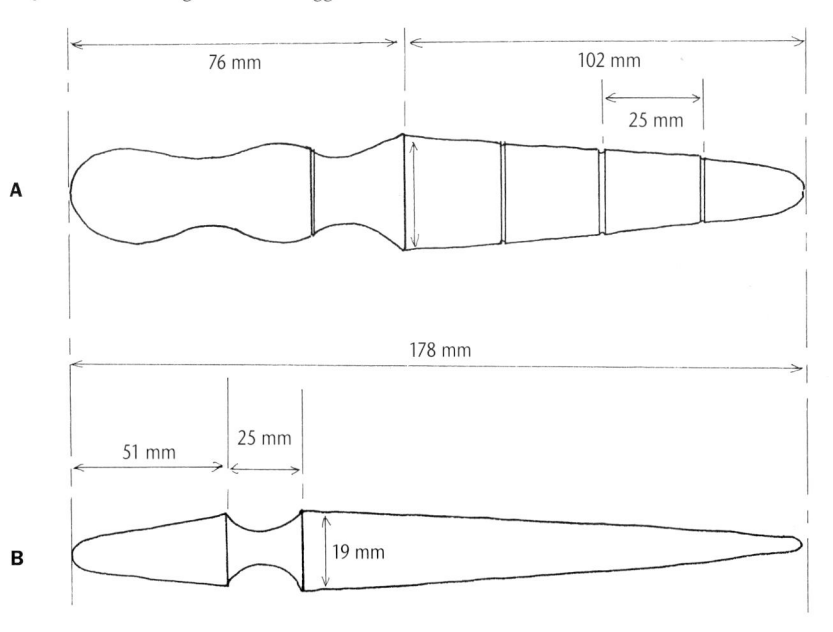

**Abb. 5.19**
Schneespaten

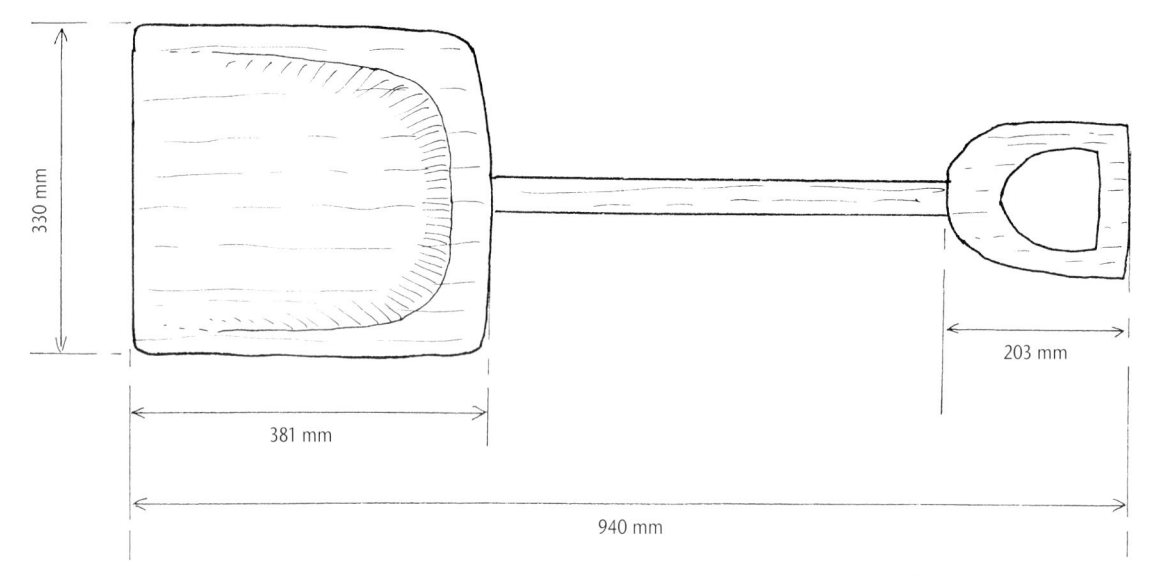

**Abb. 5.20**
Holzschaufel

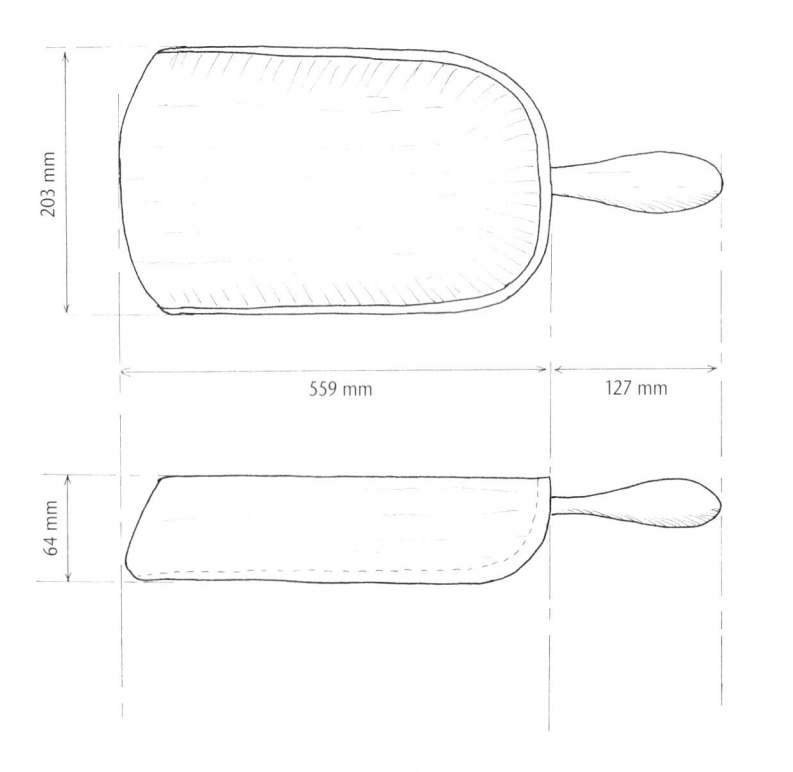

**Abb. 5.21**
Handschaufel aus Holz

# Rustikale Möbel und Bänke

## 6

## Einleitung

Viele der Möbelstücke in diesem Kapitel stammen von den einfachen Möbeln ab, die unsere Vorfahren herstellten. Allerdings haben von diesen Stücken preiswerten reinen Gebrauchsmöbeln aus Holz natürlich kaum welche überdauert, die früher als im 18. Jahrhundert entstanden sind. Es gibt Hinweise, daß solche Möbel auch von den Ureinwohnern der Vereinigten Staaten hergestellt wurden, manche Stücke sind auch in Möbelkatalogen des 18. und 19. Jahrhunderts beschrieben worden. Sie waren zwar eine Zeitlang nicht mehr in Mode, aber in den letzten Jahrzehnten ist die Nachfrage wieder gestiegen, da immer mehr Stadtbewohner versuchen, auch in ihrer Einrichtung wieder eine Verbindung zu ihren Ursprüngen herzustellen.

Rustikale Möbel sind eher das Produkt kleiner ländlicher Werkstätten als das großer Fabriken. In England werden die Handwerker, die in solchen Werkstätten arbeiten, als Heckenschreiner („Hedge Carpenters") bezeichnet, ein treffender und genauer Ausdruck, da das Rohmaterial oft aus Hecken und dem Niederwald stammte. Da dieses Rohmaterial geringe Durchmesser aufweist und meist als Rundstück verwendet wird, ist eine etwas wildere Maserung und ein gelegentlicher Ast nicht so sehr ein Problem – im Gegenteil, sie tragen zum Charakter des einzelnen Stückes bei. Rustikale Möbel sind als „Zelebrierung der natürlichen Form" bezeichnet worden. Die Beschreibung ist treffend, da sie deutlich macht, daß der Handwerker die Möglichkeiten erkennen muß, die in naturgegebenen Formen und Eigenheiten stecken, um Möbel zu produzieren, die sowohl funktional als auch ästhetisch ansprechend sind.

Einer der Vorteile dieser Möbel für den Hersteller ist, daß sie oft schneller zu produzieren sind als andere Möbelarten. Meist gibt es keinen bindend vorgeschriebenen Bauplan – der Handwerker sieht das fertige Stück vor seinem inneren Auge, sowohl in Hinsicht auf die Funktion als auch auf das Aussehen. Die Details werden erst während der Arbeit deutlich, und jedes Stück Rohmaterial wird auf seine Eignung für das fertige Stück hin überprüft. Außerdem ist ein rustikales Möbelstück auch etwas nachsichtiger mit dem Handwerker, da viele der Einzelteile nicht maßgenau sein müssen, um ihre Aufgabe zu erfüllen. Das soll allerdings nicht heißen, daß man geringere Kenntnisse und Fähigkeiten oder ein weniger ausgeprägtes Formempfinden benötigt. Das Ergebnis ist, daß jedes Stück im wahrsten Sinne des Wortes ein Einzelstück ist, das die Schönheit und die Form des Holzes, aus dem es entstand, zu voller Geltung bringt. Die Kehrseite der Medaille ist, daß es weniger maßgebende Gestaltungen gibt als für andere Produkte, die in diesem Buch beschrieben werden. Dieses Kapitel kann dem Leser nur eine Vorstellung der Prinzipien vermitteln, die bei der Herstellung angewendet werden, und einige Beispiele für die phantasievollen Produkte geben, die von Handwerkern rund um die Welt hergestellt werden.

## Holzverbindungen und Arbeitsmethoden

Es soll nicht Aufgabe dieses Buches sein, die Herstellung der beschriebenen Werkstücke zu schildern. Bei den rustikalen Möbeln ist es aber oft weniger offensichtlich, wie die einzelnen Teile zusammengefügt werden. Da die verwendeten Techniken bei der Herstellung einiger der Stücke unentbehrlich sind, besonders bei der Arbeit mit Rundholz, sollen sie hier verständlich beschrieben werden.

Zwar werden bei rustikalen Möbeln auch die traditionellen rechtwinkligen Loch-und-Zapfen-Verbindungen verwendet, allerdings hauptsächlich bei schwereren Bänken, bei denen die Einzelteile größere Abmessungen aufweisen. Bei diesen Stücken reicht der Zapfen immer durch das Zapfenloch hindurch (Abb. 6.1), da die Notwendigkeit einer versteckten Verkeilung entfällt. Bei sehr sorgfältig ausgeführten Bänken kann der Zapfen auch aus dem Zapfenloch herausragen und auf der Außenseite verkeilt werden (Abb. 6.2). Bei kleineren Möbelstücken werden meist runde Zapfen und Zapfenlöcher verwendet, die überaus werkgerecht sind. Diese Verbindungen können verkeilt (Abb. 6.3), genagelt oder geleimt werden. Manche Handwerker stellen mit einem Zapfenschneider Zapfen her, die mit einer abgesetzten, rechtwinkligen Schulter versehen sind (Abb. 6.4), es gibt aber keine Hinweise, daß diese Verbindung stabiler ist als eine mit einem einfachen konischen Zapfen.

Das Grundprinzip der Holzverbindungen ist, daß man das Zusammenfügen von Rundungen und Rundungen vermeiden sollte. Erreichen kann man das, indem man verschiedene stumpfe oder überlappende Verbindungen einsetzt, wie sie in *Abbildung 6.5* gezeigt werden. Die einzige Methode, Rundungen aneinander sicher zu befestigen, ist indem man sie mit Gewindeschrauben aneinander verschraubt. Falls man auf diese Methode zurückgreift, ist es wichtig, Unterlegscheiben zu verwenden, um Beschädigungen am Holz zu vermeiden. Besonders bei Möbeln aus Aststücken kann man die Stabilität erhöhen, ohne gleichzeitig das Gewicht zu vergrößern, indem man eine Anzahl kleinerer Stücke verwendet, die sorgfältig positioniert und angebracht werden, um als Streben für die Hauptkonstruktion zu dienen *(Abb. 6.6)*. Solche Streben werden am besten in den Rahmen eingezapft. Falls sie genagelt werden sollen, empfiehlt es sich, Löcher vorzubohren, um das Spalten der kleineren Stücke zu vermeiden. Die Nägel können zwar durch das Holz hindurch- und dann auf der Außenseite umgeschlagen werden, um sie vor dem Herausziehen zu sichern, man sollte dieses Verfahren aber nur dann anwenden, wenn der Sitzende nicht in Gefahr gerät, an dem Nagel hängenzubleiben.

In manchen Fällen kann man die Zahl der notwendigen Verbindungen verringern, indem man geeignete Astgabeln verwendet – solche natürlichen Verbindungsstücke sind zudem immer stärker als handwerklich hergestellte Verbindungen. Dieses Verfahren ist besonders bei Möbeln aus dünneren Aststücken wichtig, bei denen Diagonalstreben unabdingbar sind, um dem Werkstück die erforderliche Steifheit zu verleihen. Die beschriebenen Arbeitsverfahren sind altbewährt. So ist ein Möbelstück aus dem Jahr 1858 beschrieben worden (Mack, 1996, siehe Literaturverzeichnis Seite 236), bei dem die wichtigen Verbindungen mit gebohrten Zapfenlöchern hergestellt wurden, während kleinere Stücke genagelt wurden.

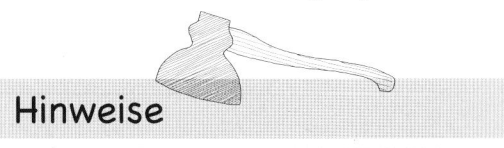

## Hinweise

- Beugen Sie der Rostgefahr bei Möbeln für den Außenbereich durch die Verwendung verzinkter Nägel vor – sie sitzen außerdem auch fester als normale Nägel.

- Zapfen sollten gut getrocknet sein, bevor man das Werkstück zusammenbaut – dann können sie nur aufschwellen und so die Verbindung noch fester machen.

- Entfernen Sie an Verbindungsstellen, die verleimt werden sollen, die Rinde vom Holz.

- Holzstücke mit geringen Abmessungen sollten vor der Verarbeitung drei Monate lang getrocknet werden – dadurch wird die Gefahr verringert, das Holz beim Nageln zu spalten.

- Benutzen Sie einen Amboß (ein flaches Stück Abfalleisen oder –stahl kann als Notbehelf dienen), um Nägel umzuschlagen, damit sie fest sitzen.

- Stumpfen Sie die Spitzen der Nägel etwas ab, bevor sie verwendet werden, um dem Spalten des Grünholzes vorzubeugen.

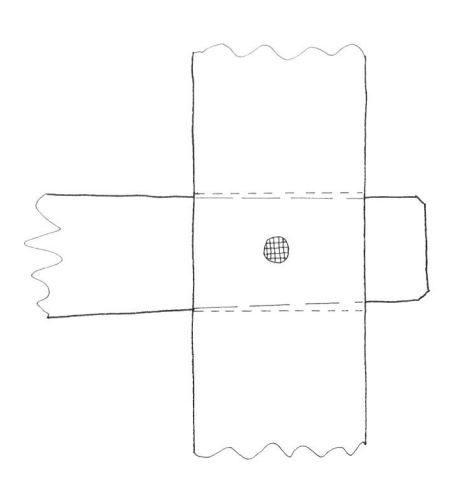

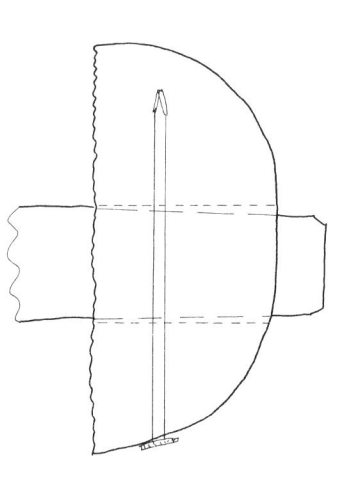

**Abb. 6.1**
Einfache genagelte Zapfenverbindung

**Abb. 6.2**
Zapfenverbindung
mit Außenkeil

**Abb. 6.3**
Verkeilte
Zapfenverbindung

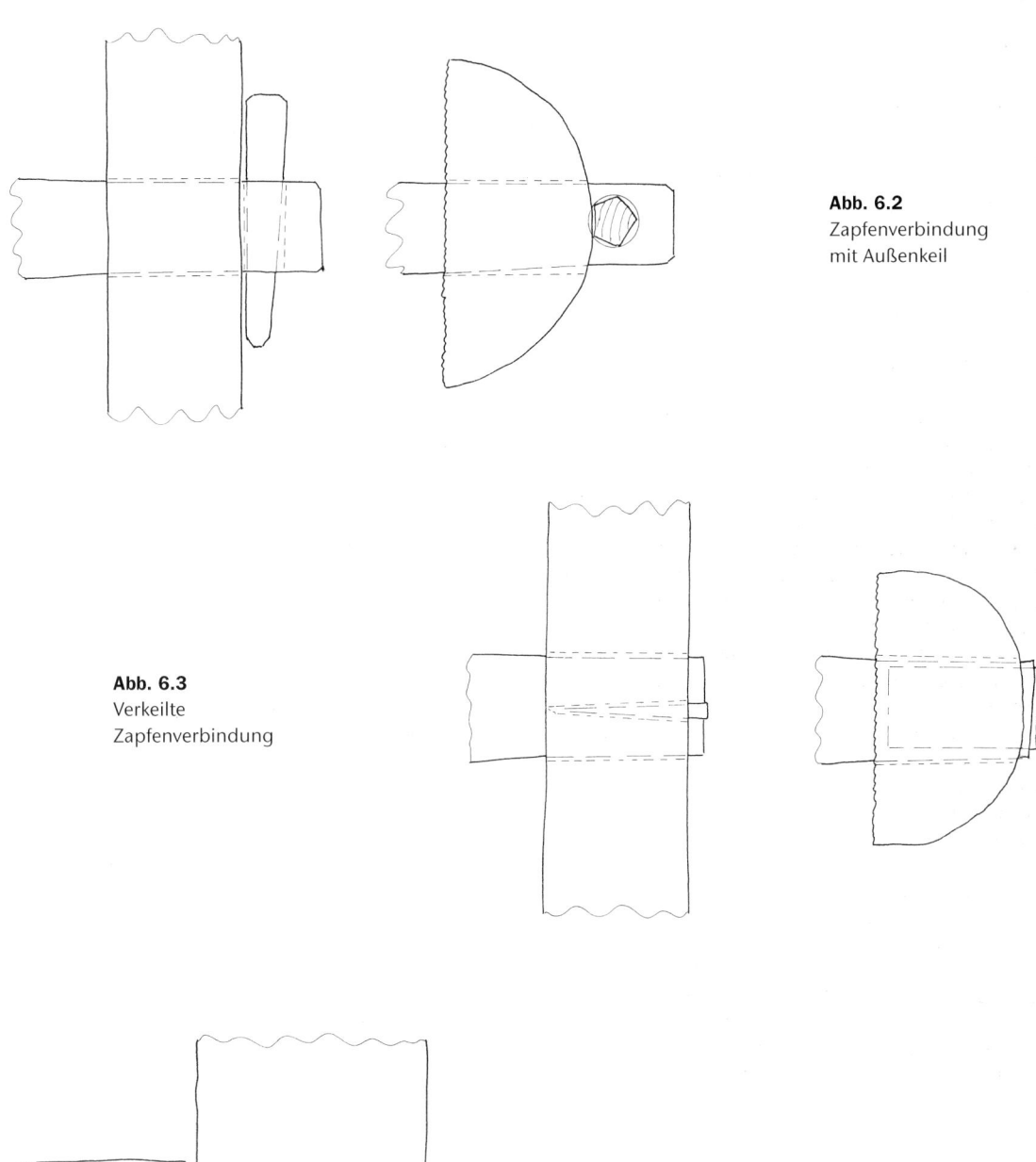

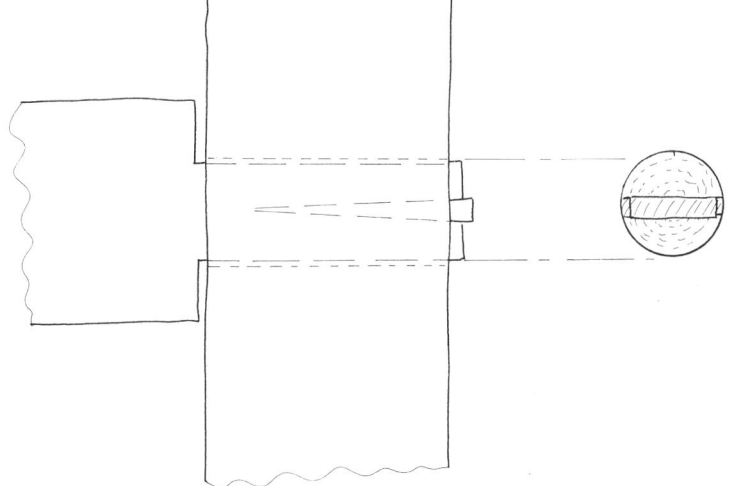

**Abb. 6.4**
Abgesetzte
Rundzapfenverbindung
mit Keil

**Abb. 6.5**
Verbindungen für Rundholzmöbel:
**A** auf Stoß;
**B** auf Stoß in Kerbe;
**C** Teilüberlappung;
**D** Überlappung;
**E** Ecküberlappung;
**F** nicht durchgehende Rundzapfenverbindung

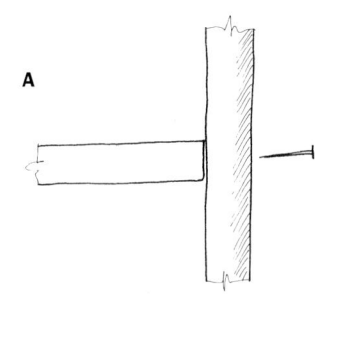

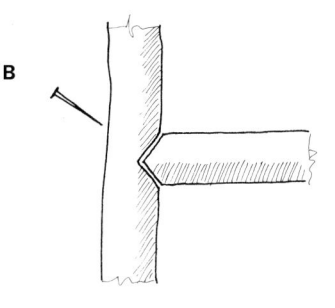

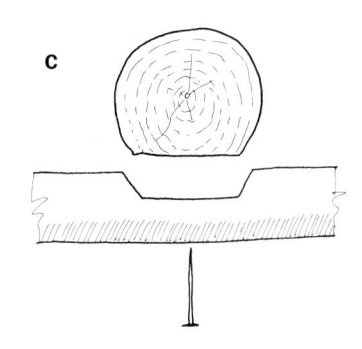

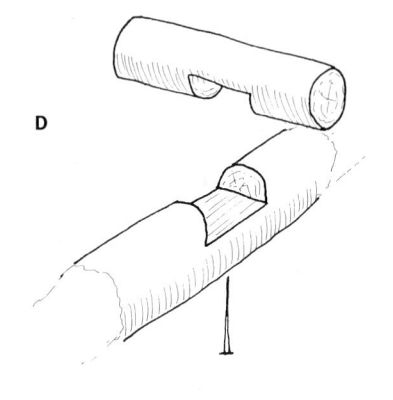

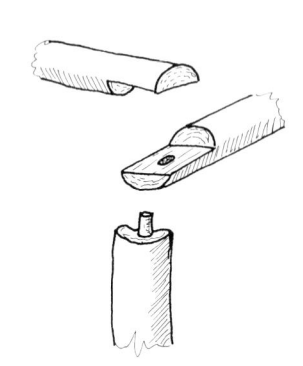

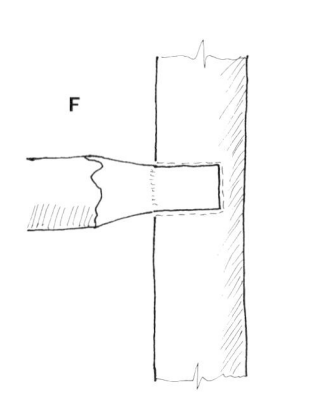

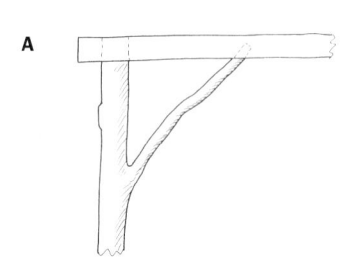

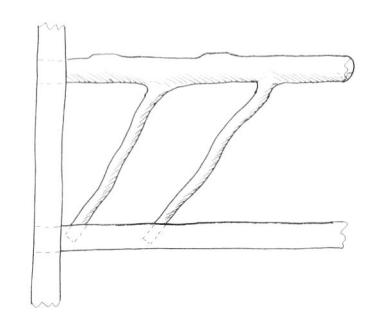

**Abb. 6.6**
Zweige als Streben für Möbel:
**A** Strebe für eine einfache Verbindung;
**B** Armlehne mit Streben für einen Stuhl;
**C** Strebe für ein Stuhlgestell;
**D** Streben für eine bogenförmige Stuhllehne

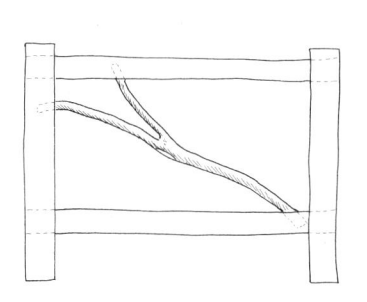

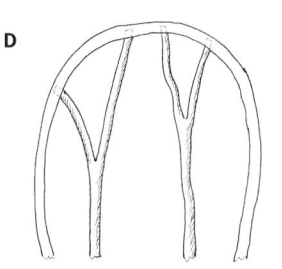

# Rundholzmöbel

Wie der Name es schon nahelegt, werden Rundholzmöbel aus kleinen Astabschnitten (Rundhölzern oder Stangen) hergestellt, die von Hecken oder aus dem Niederwald stammen. Die Aststümpfe, Biegungen und Seitenäste müssen bei diesem Rohmaterial nicht entfernt werden. Häufig wird auch die Rinde an den Ästen belassen, was man beim Sammeln des Rohmaterials bedenken sollte. Zwar wird der Trocknungsprozeß durch die Rinde deutlich verlängert, aber bei stärkerem Material wird dadurch auch das Auftreten langer Radialrisse vermindert, die sonst beim schnellen Trocknen auftreten können.

Die Gestaltung von Rundholzmöbeln ähnelt derjenigen aus Pfosten und Holmen (siehe Kapitel Sieben) – das Gestell besteht aus vier senkrechten Pfosten, die als Beine dienen. Bei einem Hocker *(Abb. 6.7)* werden diese senkrechten Pfosten auf jeder Seite durch ein oder zwei Streben (Holme) verbunden. Der Rahmen der Sitzfläche wird aus vier Teilen hergestellt. Bei einem Stuhl sind die beiden hinteren Beine bis zur vollen Höhe der Rückenlehne ohne Verbindungen verlängert. Bei einem Sessel werden auch die vorderen Beine verlängert, so daß sie an der Vorderseite des Sessels die Lehnen stützen *(Abb. 6.8)*. Alle wichtigen Verbindungen bei diesen Sitzmöbeln werden mit runden Zapfen und Zapfenlöchern hergestellt, die entweder verleimt oder genagelt werden. Bänke mit Lehnen werden auf die gleiche Weise gebaut *(Abb. 6.9)*. Der wichtigste Unterschied zwischen Rundholzmöbeln und anderen Möbelstücken ist, daß sie ganz und gar aus rundem Holz geformt werden, ohne längs gespaltene oder gesägte Abschnitte zu verwenden. Das bedeutet natürlich auch, daß keine zwei Teile sich in ihrer Krümmung, Form, Größe oder Verzweigung genau gleichen, der Handwerker muß sein Rohmaterial sichten und die beste Kombination in bezug auf Passung, Aussehen und Haltbarkeit finden. Aus diesem Grund werden auch Stühle, die durchaus auf „klassischen" Entwürfen beruhen, ein eher rustikales Aussehen haben. Seiner Kreativität kann der Hersteller vor allem bei der Lehne freien Lauf lassen. Hier kann man eine Vielzahl dünnerer und verzweigter Äste verwenden, wie auch bei der Unterkonstruktion der Sitzfläche. In *Abbildung 6.10* werden verschiedene Stuhllehnen gezeigt. Ein interessanter und vor allem in ländlichen Gegenden häufiger Stuhlentwurf ist der „Dreiecks-" oder „Eckenstuhl" *(Abb. 6.11)*, der angeblich bei Hahnenkämpfen benutzt wurde, um in den Hinterzimmern der Dorfkneipe einen Kreis um die Arena zu bilden. Eine moderne Variante hat statt des einzelnen hinteren Beines zwei eng beieinander stehende Beine.

Die Sitzfläche kann unterschiedlich gestaltet werden. Man findet solche, die aus Bast oder Leinwand geflochten sind, wie das in Kapitel Sieben beschrieben ist, viele andere bestehen aber auch aus kleinen Ästen, die dem Hersteller gerade zur Hand waren *(Abb. 6.12)*. Am häufigsten werden Rundhölzer mit geringem Durchmesser dicht nebeneinander gesetzt. Eine solche Sitzfläche kann auch in einen unregelmäßigen Rahmen eingepaßt werden und ist bequem genug, daß man einige Zeit auf ihr sitzen kann. Größere Rundstücke werden oft längs halbiert und als Sitz verwendet. Allerdings sind sie weniger bequem, wenn die gerundete Seite nach oben zeigt, und sind nicht sehr stabil, wenn man sie mit der runden Seite nach unten auf den Rahmen nagelt. Diesem Problem kann man begegnen, indem man schmalere Stücke benutzt und sie dicht an dicht festnagelt. Flache, brettartige Holzstücke gehen beiden Problemen aus dem Weg, und wenn man sie sorgfältig glättet, ergeben sie eine gute Sitzfläche, die auch leicht konturiert werden kann. Eine weitere Möglichkeit ist es, aus kleinen Rundhölzern eine Sitzfläche zu flechten.

Die Arbeitsmethoden, die bei der Herstellung von Stühlen aus kleinen Rundhölzern angewandt werden, lassen sich auch auf andere Möbelstücke übertragen. Einige Beispiele (Bilderrahmen, Regale, Stehlampen und Tische) zeigen die *Abbildungen 6.13 und 6.14*.

## Hinweise

- Holz für Sitzflächen sollte frei von Aststümpfen und größeren Splittern sein.

- Verwenden Sie gegabelte Äste, um einem Stuhl höhere Stabilität und ein gefälligeres Aussehen zu verleihen.

- Möbel für Innenräume können aus fast jeder Holzart hergestellt werden, aber Eiche, Esche, Hickory und Ulme sind immer die erste Wahl.

- Sammeln Sie das Rohmaterial im Frühjahr, wenn die Säfte im Baum steigen, zu dieser Zeit ist es einfacher, die Rinde zu entfernen, ohne das darunterliegende weiche Holz zu beschädigen.

- Behandeln Sie die Oberfläche der fertigen Stühle mit Wachs und Öl.

Rustikale Möbel und Bänke **Kapitel 6**

**A**

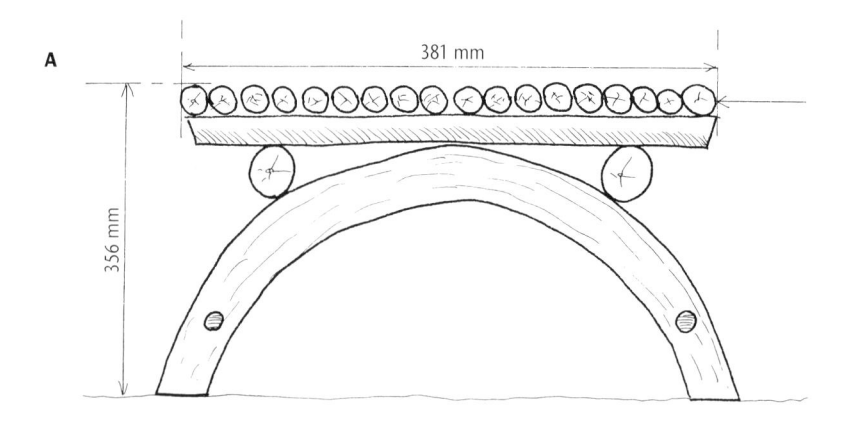

381 mm

356 mm

**Abb. 6.7**
Hocker – verschiedene
Arten der Verstrebung:
**A** und **B** Beispiele aus
dem 19. Jahrhundert
unter Verwendung
gebogenen Holzes;
**C** Posten und Streben

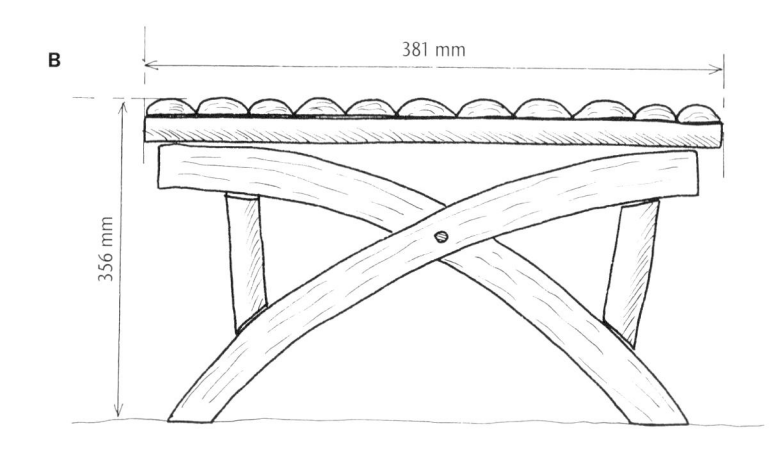

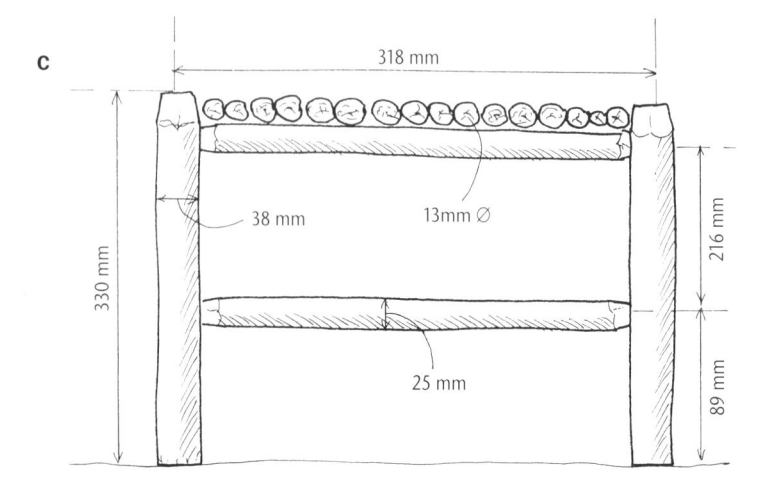

**B**

381 mm

356 mm

**C**

318 mm

38 mm

13 mm ⌀

216 mm

330 mm

25 mm

89 mm

**Kapitel 6**   Rustikale Möbel und Bänke

**Abb. 6.8**
Gestaltung von Rundholzmöbeln:
**A** Sessel mit niedriger Lehne (siehe *Mack 1996*,
Literaturverzeichnis Seite 236);
**B** Sessel mit gebogenem Holz;
**C** Stuhl mit hoher Rückenlehne;
**D** Stuhl mit hoher Rückenlehne, weniger formaler
Entwurf (siehe *Mack 1996*, Literaturverzeichnis Seite 236).
Beachten Sie, daß für **A**, **C** und **D** geflochtene oder
Leinwandsitzflächen notwendig sind.

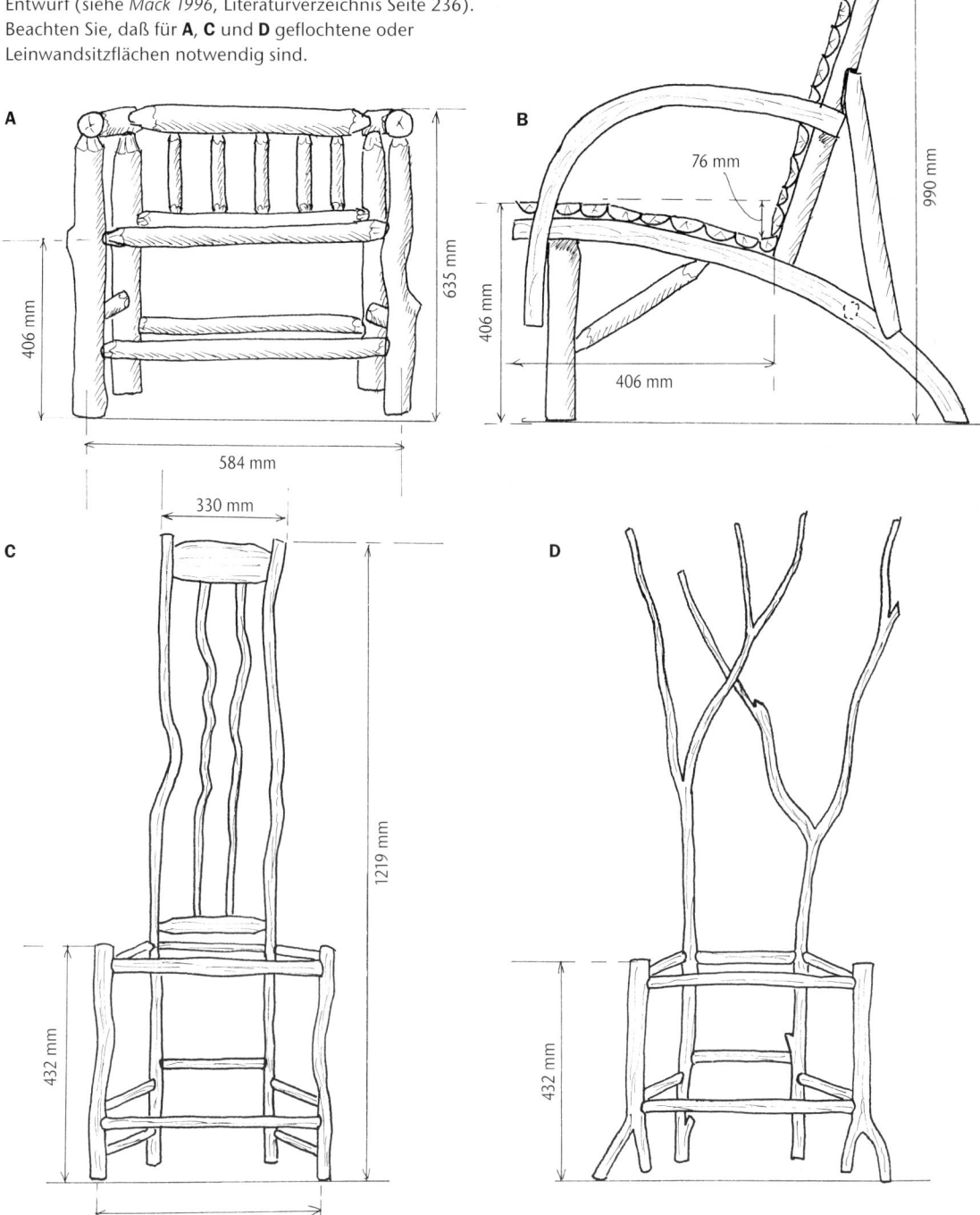

Rustikale Möbel und Bänke **Kapitel 6**

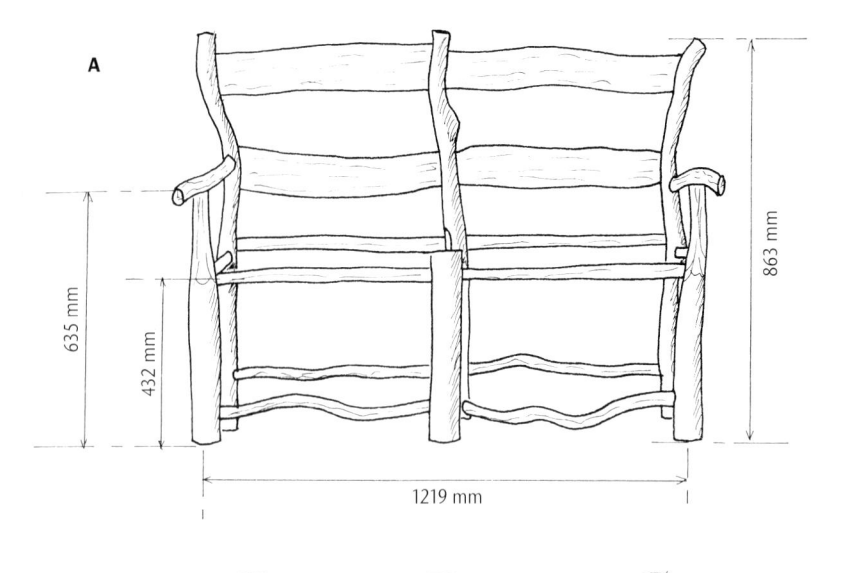

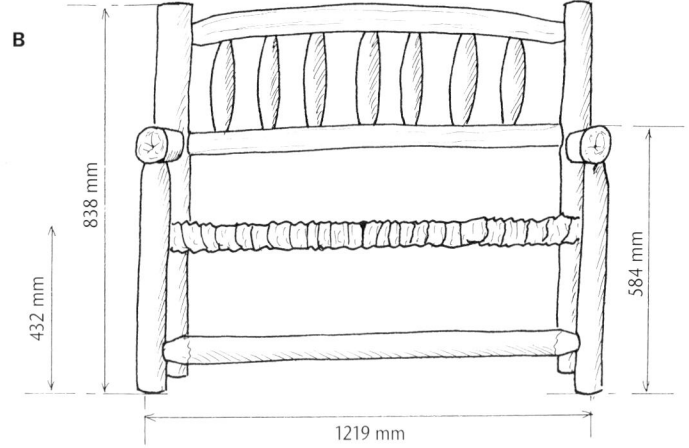

**A**

**B**

**Abb. 6.9**
Bänke aus Rundholz:
**A** rustikales Modell mit sechs Beinen;
**B** geflochtene Sitzfläche und Rückenlehne mit Spindeln;
**C** einfache Rundholzkonstruktion, Sitzfläche und Rückenlehne aus Leinwand

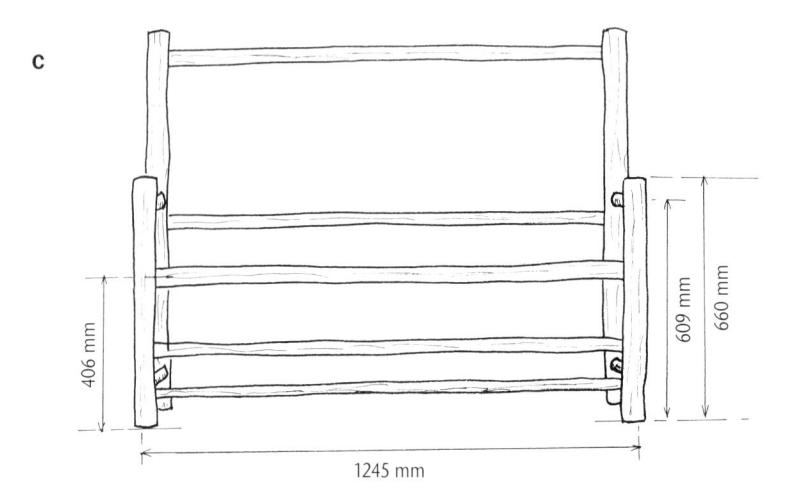

**C**

**Kapitel 6** Rustikale Möbel und Bänke  139

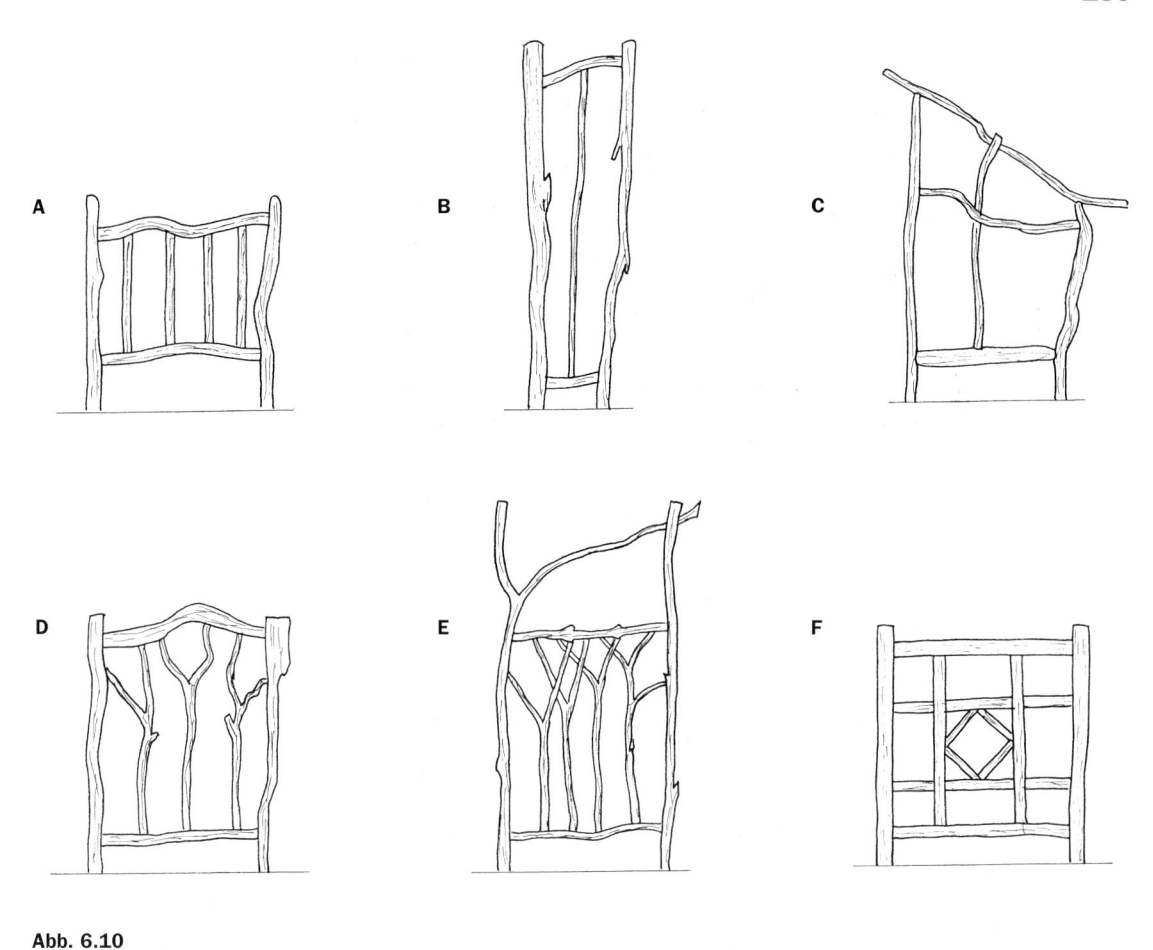

**Abb. 6.10**
Rundholzstühle – verschiedene Rückenlehnen, von sehr formalen Entwürfen bis hin zu phantasievoller Verwendung naturgegebener Formen

**Abb. 6.11**
Dreiecksstuhl aus Rundholz, Sitzfläche aus Spaltholz

Rustikale Möbel und Bänke **Kapitel 6**

**Abb. 6.12** (oben)
Sitzflächen aus Holz:
**A** kleine Rundhölzer;
**B** halbrundes Spaltholz;
**C** seitlich beschnittenes halbrundes Spaltholz (verringert die „Täler" zwischen den Hölzern);
**D** halbrundes Spaltholz mit abgeflachten Flächen;
**E** dicke Bretter;
**F** Flechtwerk aus dünnen Rundhölzern

**Abb. 6.13** (links)
Rundholzmöbel:
**A** Stehlampe (nach Ruoff);
**B** Regal;
**C** Spiegel- oder Bilderrahmen

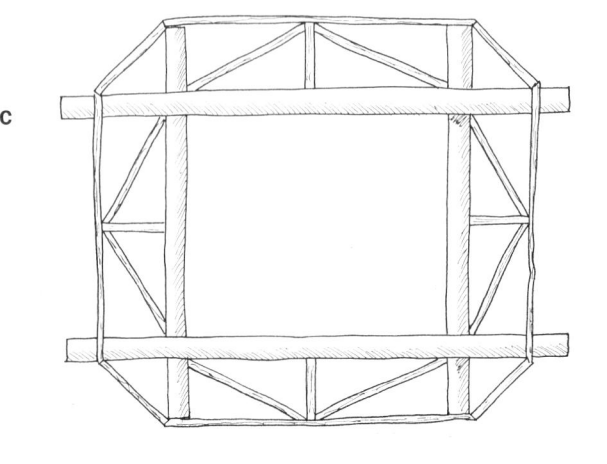

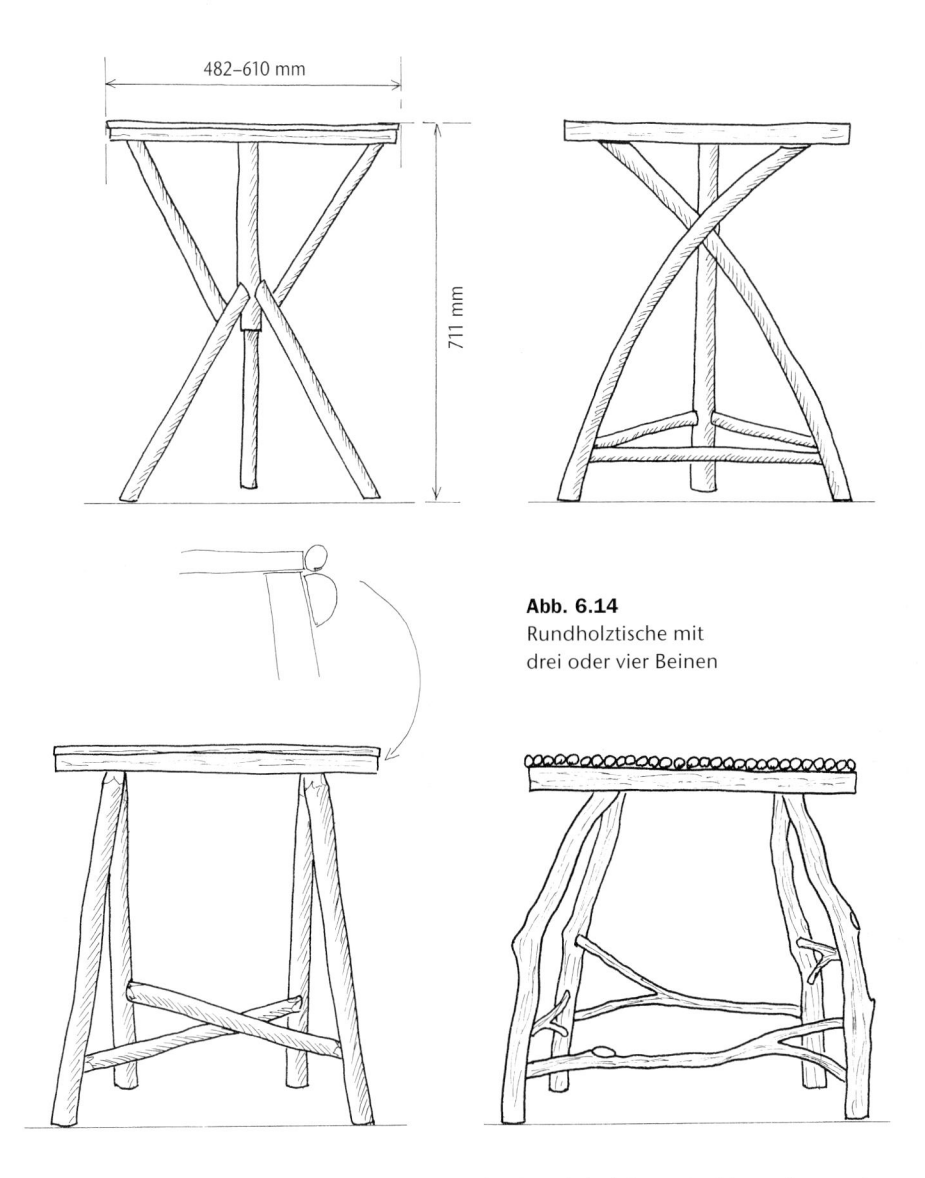

**Abb. 6.14**
Rundholztische mit drei oder vier Beinen

## Stühle aus Weide, gebogenem Holz und aus kleinen Ästen

Als Einleitung einige Definitionen: Möbel aus gebogenem Holz werden aus langen, dünnen Grünholzstücken hergestellt, die um einen Rahmen aus stärkeren Rundstücken gebogen und an diesem befestigt werden *(Abb. 6.15)*. Gestaltungsmöglichkeiten werden im folgenden beschrieben. Möbel aus kleinen Ästen sind eine Mischung aus Rundholzmöbeln und solchen aus gebogenem Holz. Oft wird ein massiver Rahmen verwendet, der aber aus kleineren Holzabschnitten hergestellt wird als die bereits beschriebenen Rundholzmöbel *(Abb. 6.16)*. Schließlich gibt es auch noch Möbel aus Weidenholz, die, vor allem wenn sie in das Erdreich gesteckt werden und so weiterwachsen können, schon fast an Skulpturen erinnern. Für solche lebende Möbel, die oft an Stücke aus gebogenem Holz erinnern, werden hier keine Vorschläge gemacht, man vergleiche statt dessen *Warnes, 2001,* der Details gibt (siehe Literaturverzeichnis, Seite 236). Möbel aus gebogenem Holz bedürfen sorgfältiger Planung. Man muß ein genaues Bild des fertigen Möbelstücks vor Augen haben, wenn man mit der Arbeit beginnt. Dieses innere Bild bestimmt die Form des Rahmens, der notwendig ist, um die biegsamen Ruten einerseits zu stützen und andererseits in die gewünschte Form zu bringen. Es gibt bestimmte Rahmenformen, die immer wieder verwendet werden *(Abb. 6.17)*, an Hand der hier wiedergegebenen Beispiele kann man erkennen, wie die Ruten befestigt werden, um die kühnen Schwünge der Arm- und Rückenlehnen zu erreichen, die so typisch für diese Art von Möbeln sind. Für den Außenrand der Rückenlehne wird Grünholz benutzt, *Abbildung 6.18* zeigt eine Reihe von Möglichkeiten, die Lehne zu füllen. Ein weiteres Merkmal dieser Möbel ist die Tatsache, daß dünnere Ruten oft in Bündeln von drei bis fünf Stück verwendet werden, um die Lehne sowohl stabiler als auch bequemer zu gestalten. Die Ruten können alternierend dünnes an dickes Ende angebracht werden, man erhält so eine elegante Krümmung, die sich mit keinem anderen Material erreichen läßt *(Abb. 6.19)*.

Es lassen sich verschiedene Rahmen herstellen, um Stühle, Sessel, Bänke, Lehnbänke und Tische zu produzieren *(Abb. 6.20)*. Die Rückenlehnen sind meist hoch, man kann aber auch Lehnstühle oder -bänke mit niedrigen Rückenlehnen und sehr schönen flachen Armlehnen gestalten *(Abb. 6.21)*. Solange dünnere Ruten noch biegsam sind, kann man mit ihnen Flechtmuster gestalten, die jenen ähneln, die man auch an Hürden findet. Sowohl Rückenlehnen als auch Sitzflächen können aus Flechtwerk hergestellt werden, wobei die Enden der Ruten entweder überstehen *(Abb. 6.22b)* oder – optisch ansprechender – zwischen zwei gebogenen Rundstücken eingefaßt werden *(Abb. 6.22a)*. Die Sitzflächen von Stühlen aus gebogenem Holz werden aus dünnen Ästen hergestellt. Man kann das Material auch von der Oberkante der Rückenlehne bis zur Vorderkante des Sitzes durchlaufen lassen, wodurch sich dann ein angenehmer Übergang zwischen den beiden Teilen ergibt.

Ein Stuhl aus gebogenem Holz läßt sich auch vollkommen ohne Rahmen herstellen. Ein besonders gelungenes Beispiel aus den Vereinigten Staaten ist in Abbildung 6.24 wiedergegeben, hier kann man sehen, wie sich gebündelte Rundhölzer verwenden lassen, um eine einzigartige Kombination aus Stabilität und Ästhetik zu erreichen.

## Hinweise

> Dünne Ruten für Arbeiten aus gebogenem Holz sollten aus Weiden- oder Haselholz sein.

> Die Ruten sollten ungetrocknet verwendet werden, es ist jedoch angebracht, sie nach dem Schneiden einige Wochen abgedeckt zu lagern, um sie zäher zu machen.

> Grünholzruten sollten vor dem Nageln vorgebohrt werden, damit sie nicht vom Nagel gespalten werden.

> Gartenmöbel sollten mit verzinkten Nägeln hergestellt und mit einem Schutzanstrich versehen werden.

> Bei dieser Art von Möbeln wird die Rinde meist am Holz belassen.

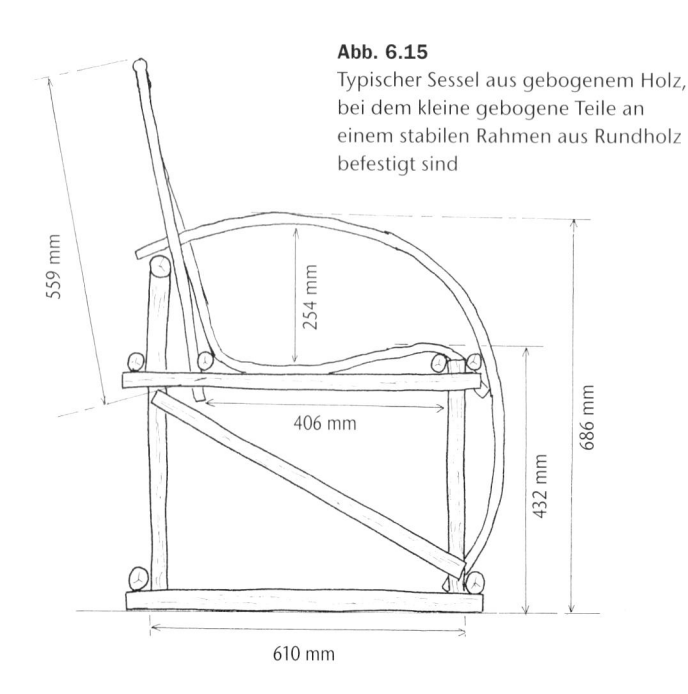

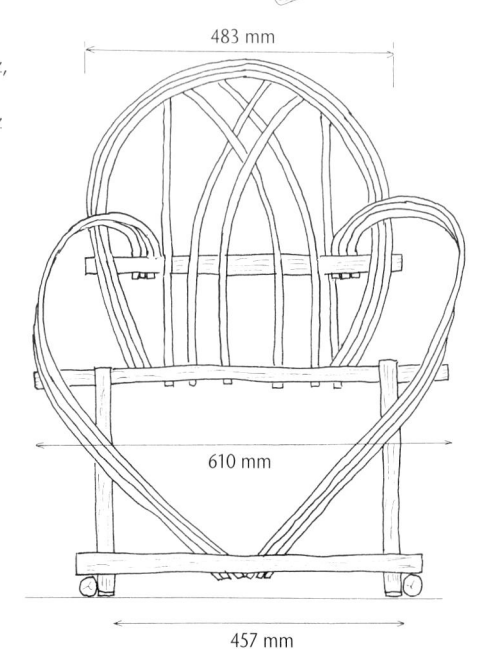

**Abb. 6.15**
Typischer Sessel aus gebogenem Holz, bei dem kleine gebogene Teile an einem stabilen Rahmen aus Rundholz befestigt sind

**Kapitel 6** Rustikale Möbel und Bänke 143

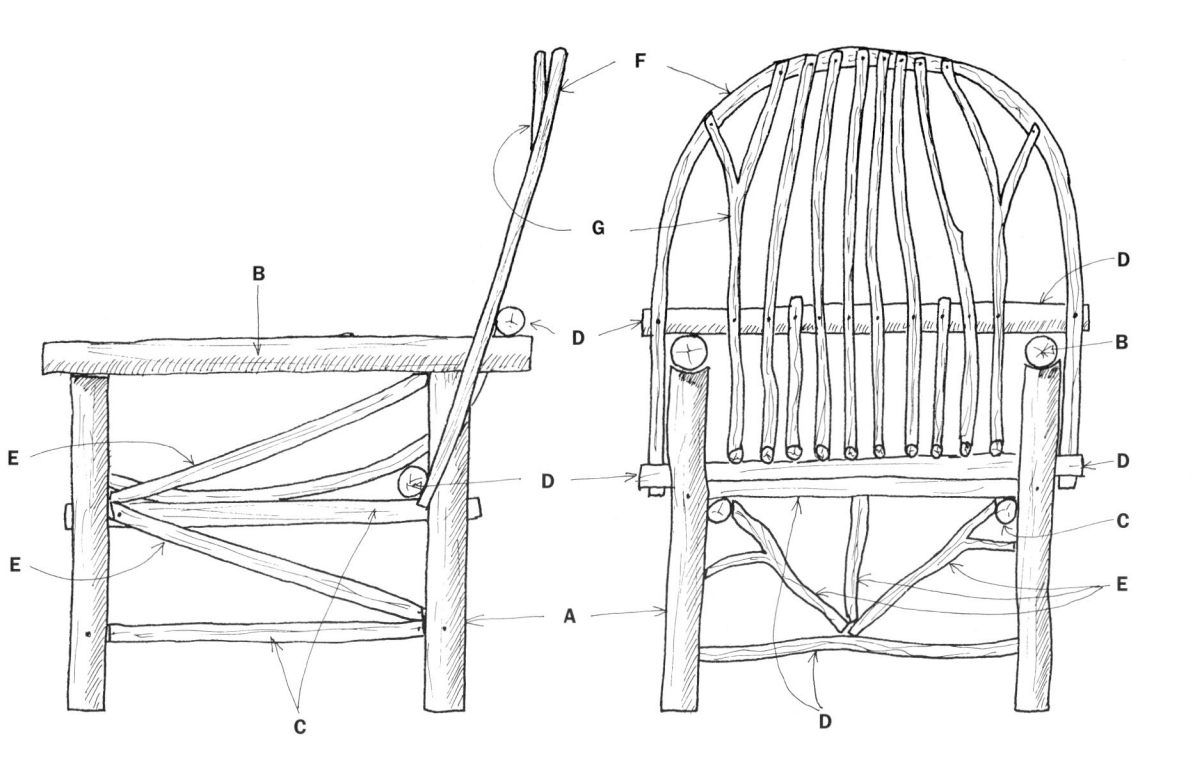

**Abb. 6.16**
Rundholzsessel mit kleinen Ästen:
**A** Beine;
**B** Armlehnen;
**C** Streben;
**D** waagerechte Stützhölzer;
**E** Diagonalstreben;
**F** Rundbogenlehne;
**G** Äste in der Sitzfläche und Rückenlehne

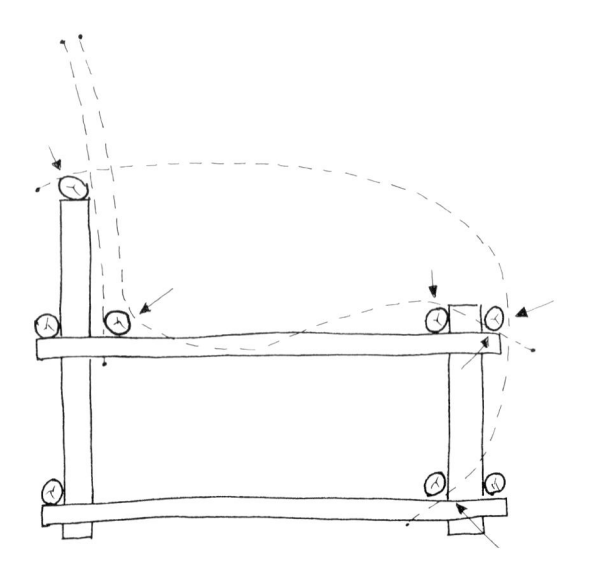

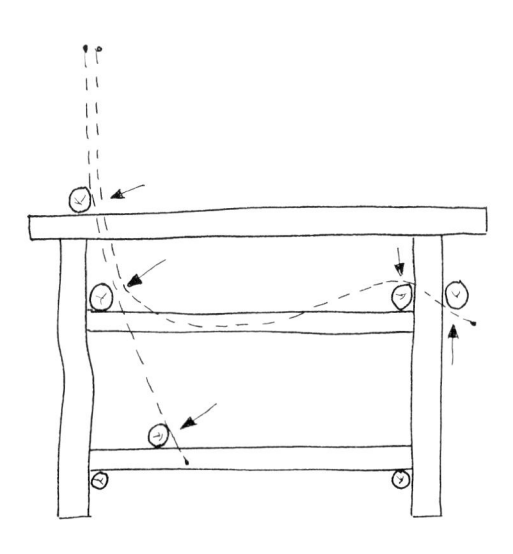

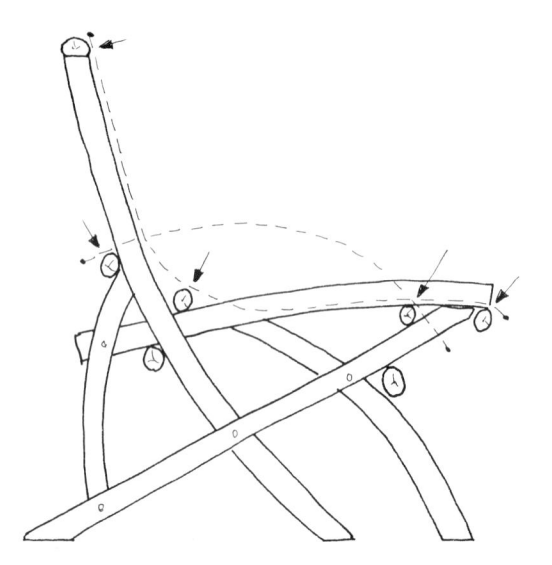

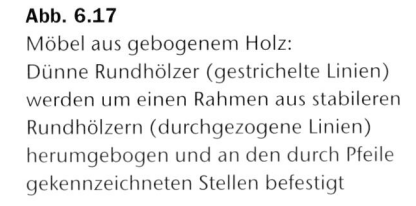

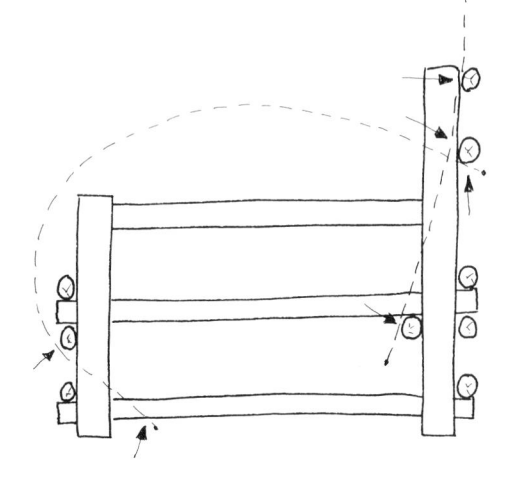

**Abb. 6.17**
Möbel aus gebogenem Holz:
Dünne Rundhölzer (gestrichelte Linien) werden um einen Rahmen aus stabileren Rundhölzern (durchgezogene Linien) herumgebogen und an den durch Pfeile gekennzeichneten Stellen befestigt

**Kapitel 6** Rustikale Möbel und Bänke

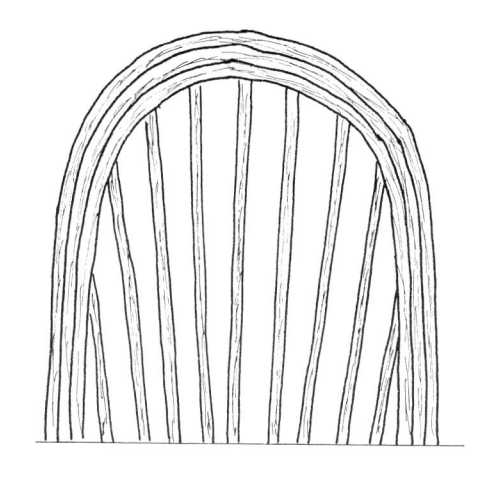

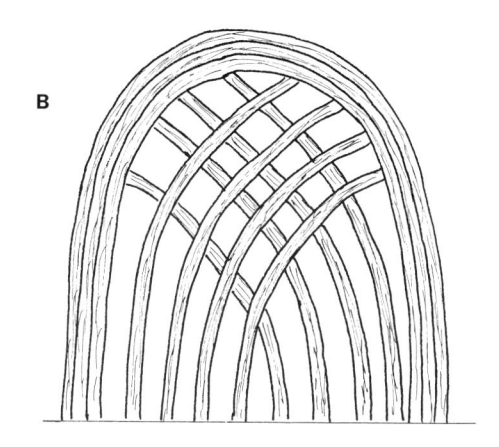

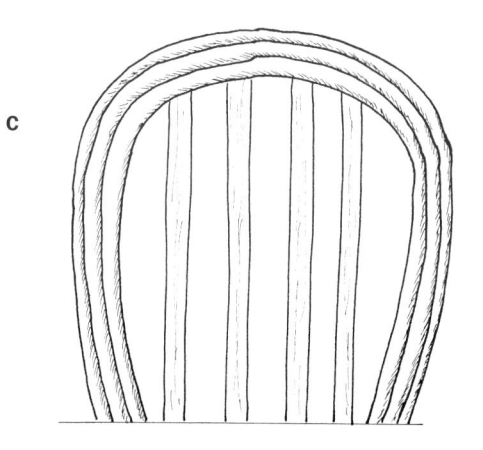

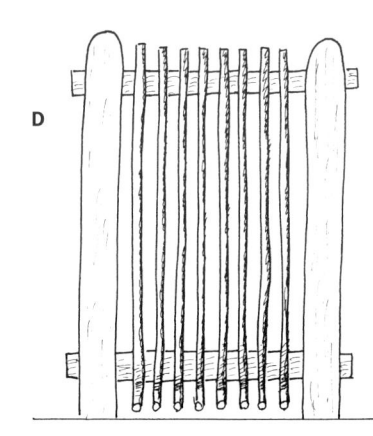

**Abb. 6.18**
Füllungen für die
Rückenlehnen
bei Stühlen
aus gebogenem Holz:
**A** und **B** Rundhölzer;
**C** Bretter;
**D** Rundhölzer,
die in der Mitte
gebogen werden,
um eine
durchgehende Fläche
zwischen Rückenlehne
und Sitzfläche
zu erreichen

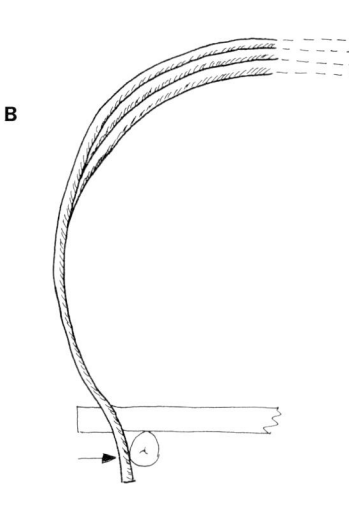

**Abb. 6.19**
Krümmungen
bei Möbeln
aus gebogenem Holz:
**A** Armlehne;
**B** Rückenlehne –
beide Abbildungen
in Frontalansicht.
Die Pfeile weisen auf
Befestigungspunkte hin

**146** Rustikale Möbel und Bänke **Kapitel 6**

**Abb. 6.20**
Weitere Möbel aus gebogenem Holz:
**A** Liegestuhl;
**B** und **C** kleine Tische

**A**

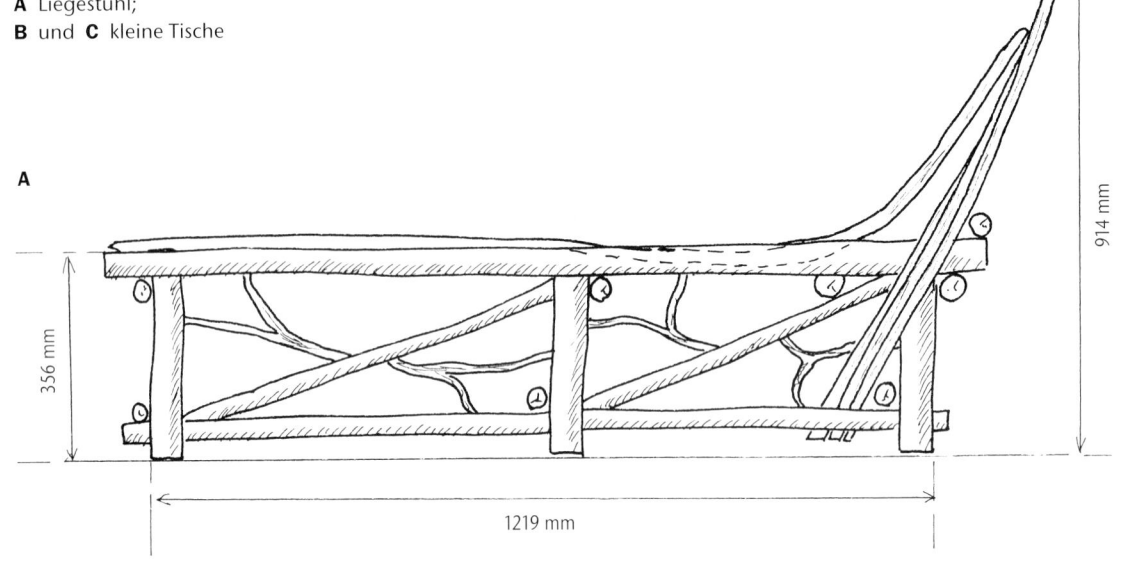

914 mm
356 mm
1219 mm

**B**

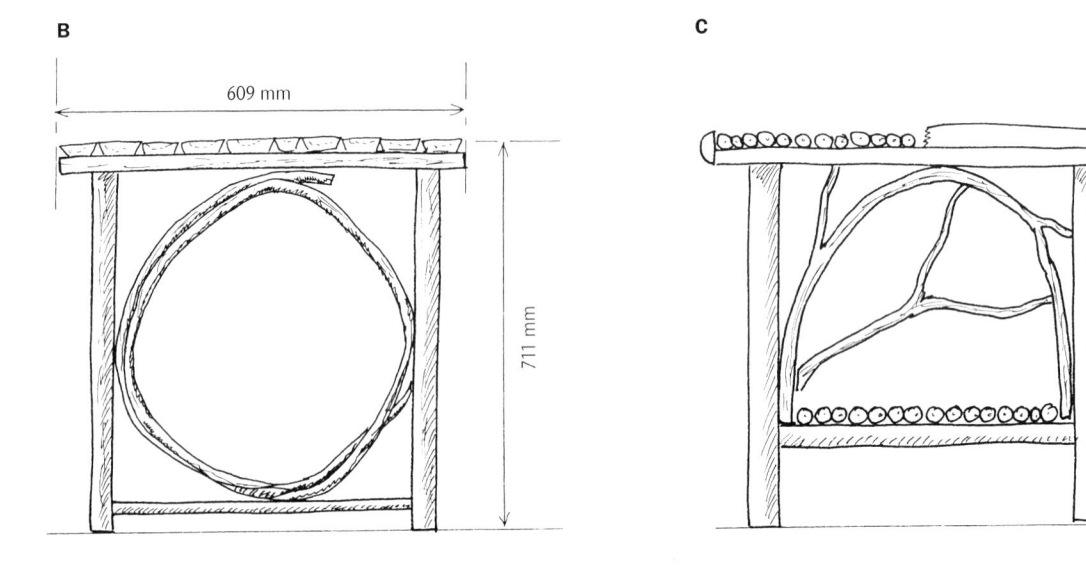

609 mm
711 mm

**C**

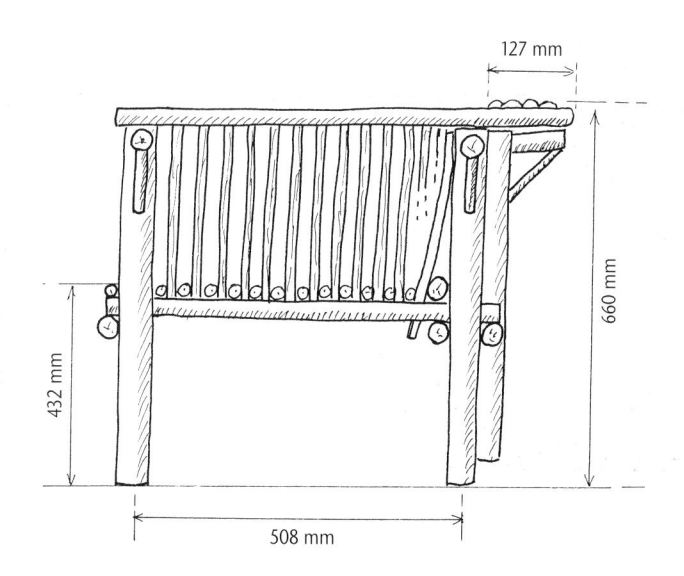

**Kapitel 6** Rustikale Möbel und Bänke

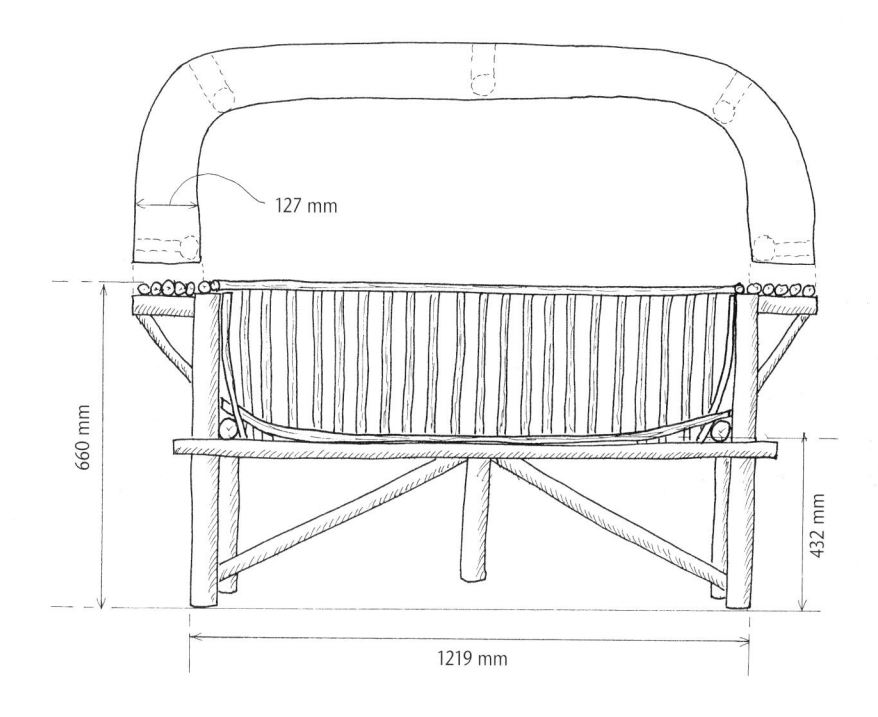

**Abb. 6.21**
Bank aus gebogenem Holz mit flachen Armlehnen an der oberen Kante (nach Johnson)

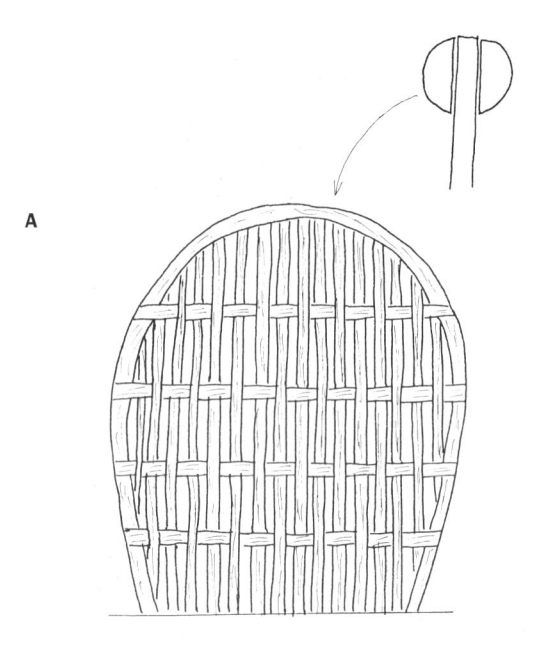

**Abb. 6.22**
Rückenlehnen von Stühlen
aus gebogenem Holz
mit Flechtwerkfüllung

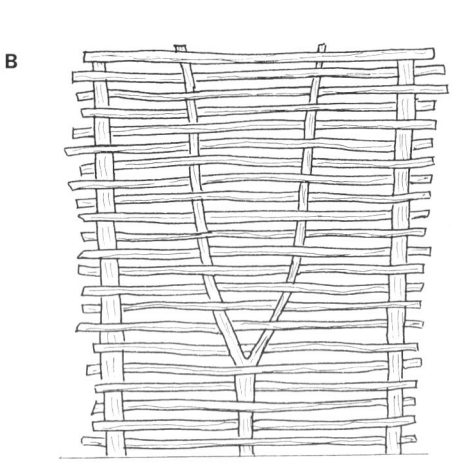

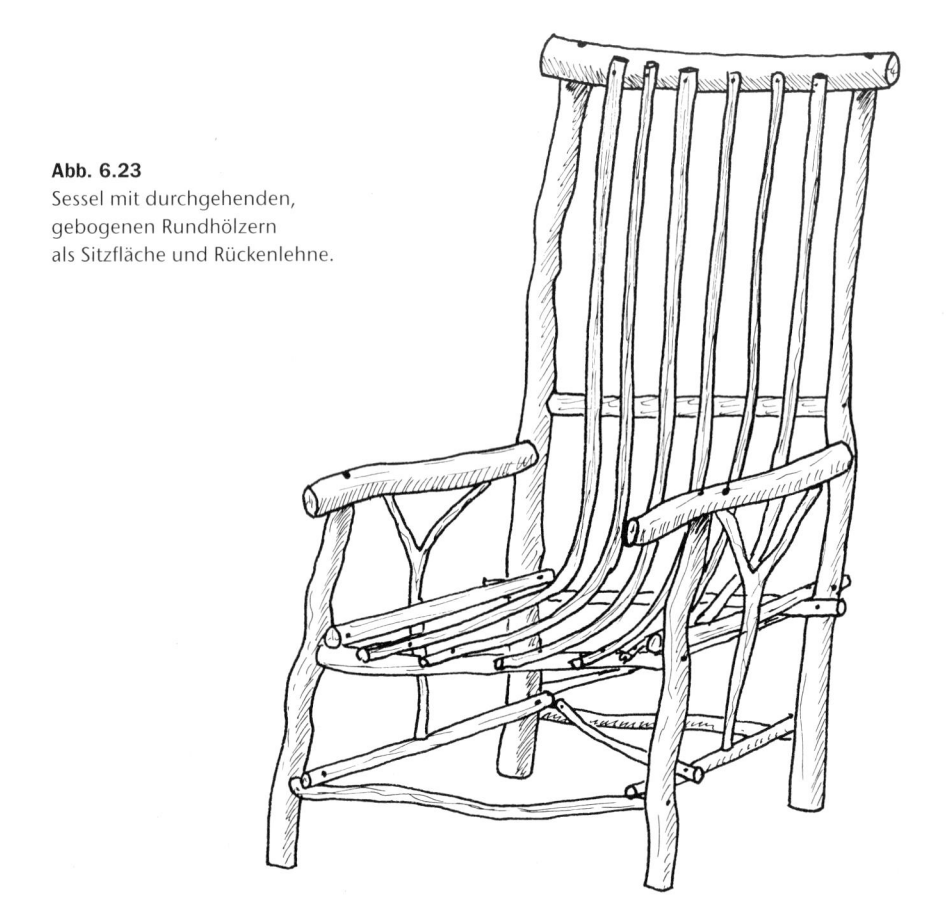

A

B

**Abb. 6.23**
Sessel mit durchgehenden,
gebogenen Rundhölzern
als Sitzfläche und Rückenlehne.

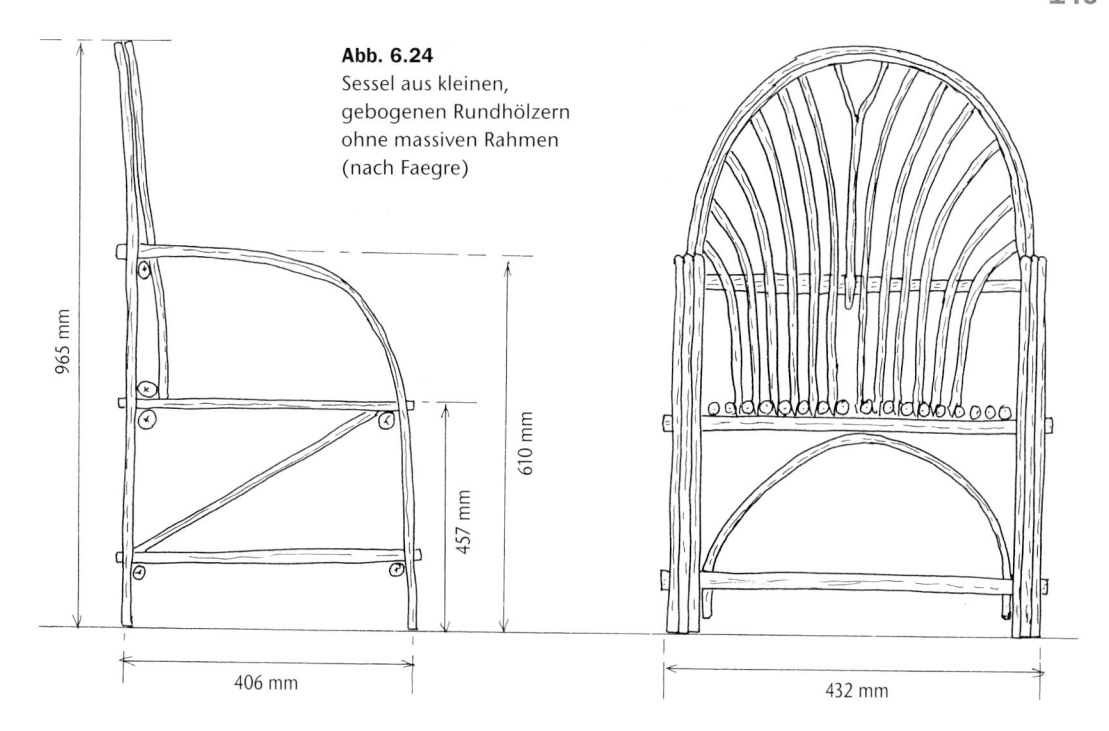

**Abb. 6.24**
Sessel aus kleinen, gebogenen Rundhölzern ohne massiven Rahmen (nach Faegre)

## Gartenbänke

Gartenbänke sind massiver konstruiert als die Lehnbänke für Innenräume, denen wir schon begegnet sind. Sie bieten zwei oder drei Personen Platz. Wegen ihrer Größe werden die Hauptverbindungen bei Gartenbänken meist als Loch und Zapfen ausgeführt, entweder in rechteckiger oder in runder Form und durch Nägel oder Keile zusätzlich gesichert *(Abb. 6.1 bis 6.4)*. Die Rinde kann entfernt oder belassen werden, so oder so werden jedoch Aststümpfe meist entfernt, falls sie nicht dekorative Zwecke erfüllen.

Die Abmessungen einer Gartenbank sollen sich vor allem nach der Bequemlichkeit richten *(Abb. 6.25)*. Die Sitzfläche wird meist zwischen den beiden Vorderbeinen angebracht, ihre Höhe und Tiefe ähnelt der eines Stuhles. Aus Bequemlichkeitsgründen sollte die Rückenlehne in einem stumpfen Winkel zur Sitzfläche stehen.

Einige Gartenbänke werden vollkommen aus Rundhölzern hergestellt *(Abb. 6.26)*. Dadurch können sie ziemlich schwer werden, was aber nicht unbedingt ein Nachteil ist, da sie sowieso selten bewegt werden. Die Sitzfläche besteht meist aus Spalt- oder Rundholz wie auch bei Rundholzmöbeln beschrieben ist. Am besten geeignet ist starkes Spaltholz. Der einfachste Sitz für eine Gartenbank besteht aus einer dicken Bohle von einem starken Baumstamm *(Abb. 6.27)*. Die Rückenlehnen können auf verschiedene Art ausgeführt werden, von einfachen, die lediglich aus einigen Rundhölzern bestehen, bis hin zu komplizierten Mustern aus gewachsenen Ästen *(Abb. 6.28)*. Muster aus dem 19. Jahrhundert zeichnen sich durch ihre Regelmäßigkeit und Komplexität aus *(Abb. 6.29)*. Alle Gartenbänke weisen mehrere Dreiecksstreben auf, die sie daran hindern, sich nach vorne oder hinten oder seitwärts zu verziehen.

Einige der schönsten Gartenbänke bestehen aus Spaltholz *(Abb. 6.30)*. Dieses Verfahren bietet den Vorteil sehr stabiler Konstruktionen ohne den Nachteil hohen Gewichts. Da gespaltenes Holz in zwei spiegelbildlichen Hälften anfällt, lassen sich so auch sehr symmetrische und dennoch rustikale Möbel herstellen. Außerdem kann man mit spiegelbildlichen Spalthölzern identisch gekrümmte Teile erhalten, die sehr ansprechend aussehen. Bei manchen Gartenbänken dieser Art sind die parallelen Teile der Rückenlehne durch gedrechselte Spindeln verbunden, wie es auch bei Stühlen mit Spindellehne der Fall ist.

## Hinweise

- Gartenbänke lassen sich aus fast jedem Holz herstellen, Hickory, Eiche und Kastanie sind jedoch die dauerhaftesten Arten, und Esche ist die am leichtesten zu verarbeitende.

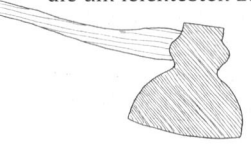

- Gartenbänke sollten mit einem Holzschutzmittel oder einem wasserabweisenden Anstrich behandelt werden, um ihre Lebensdauer zu erhöhen.

- Falls sie stärkere Rundhölzer entrinden, sollten sie unter einer Abdeckung langsam getrocknet werden, um starke Radialrisse zu vermeiden.

- Sichern Sie die Loch-und-Zapfen-Verbindungen mit verzinkten Nägeln oder Gewindeschrauben.

- Quer- und Dreiecksstreben sind wichtig, um eine stabile Konstruktion zu erreichen.

- Aststümpfe und Splitter sollten immer entfernt werden, wenn sie dem Benutzer lästig oder gefährlich werden könnten.

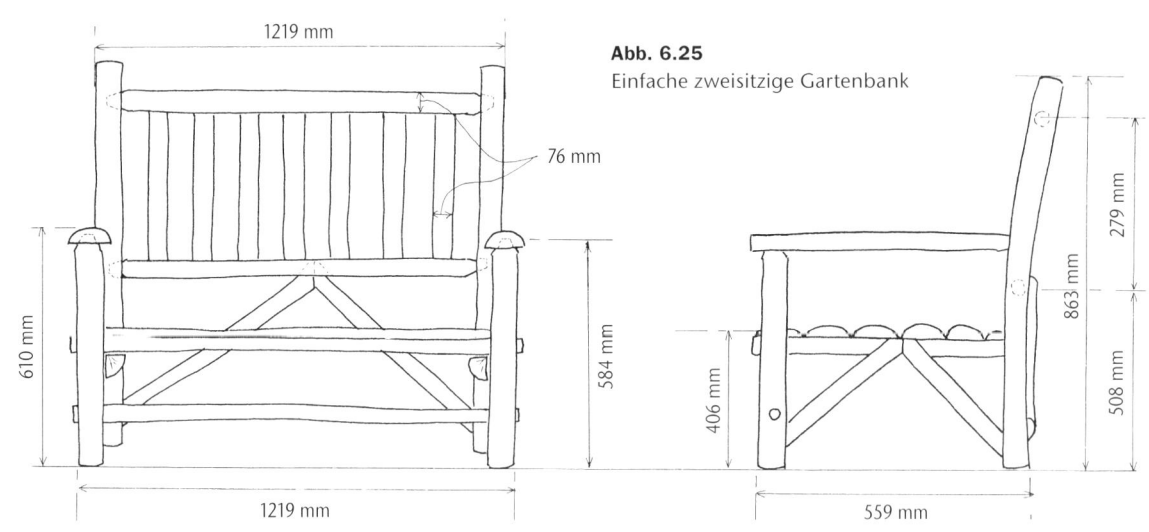

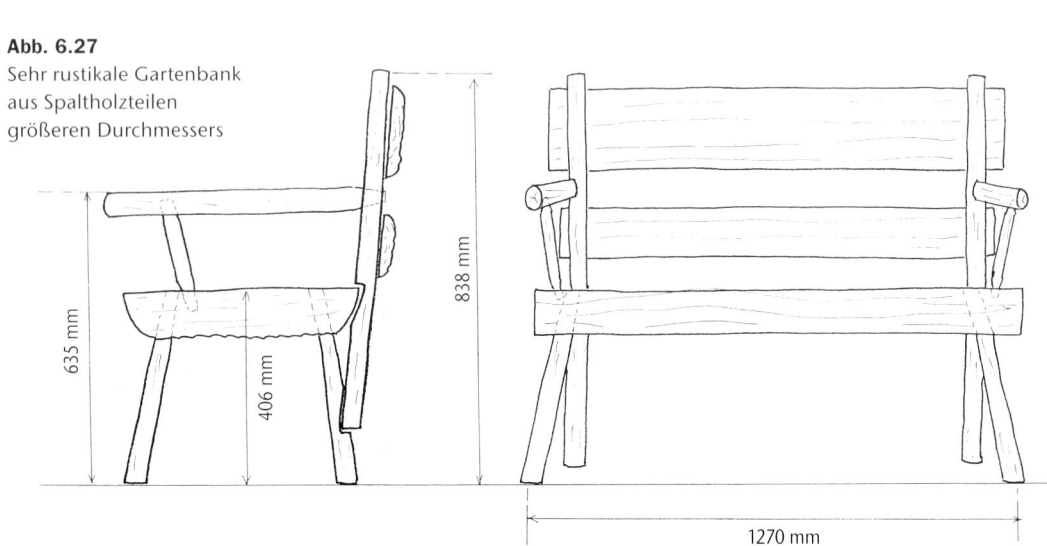

**Abb. 6.25**
Einfache zweisitzige Gartenbank

**Abb. 6.27**
Sehr rustikale Gartenbank aus Spaltholzteilen größeren Durchmessers

**Kapitel 6**  Rustikale Möbel und Bänke

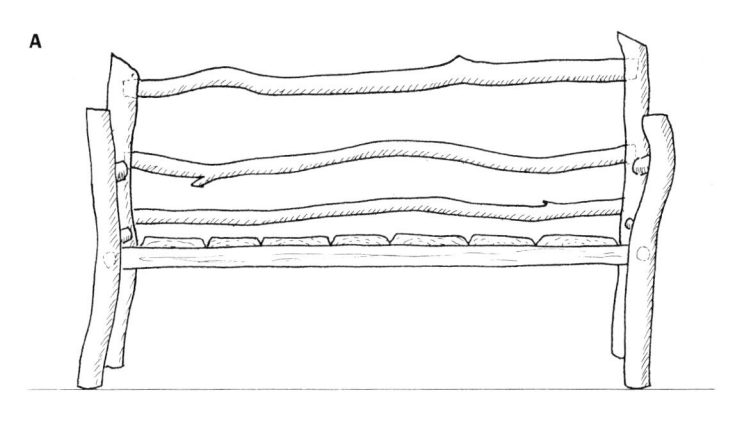

**Abb. 6.26**
Rundholz-Gartenbänke:
**A** mitteldicke naturbelassene Rundhölzer, Sitzfläche aus Spaltholz;
**B** kleine naturbelassene Rundhölzer, Sitzfläche aus Rundhölzern;
**C** starke Rundhölzer

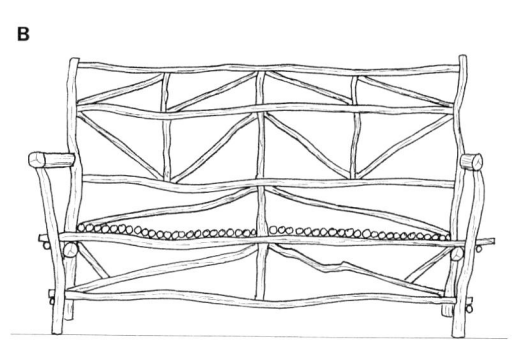

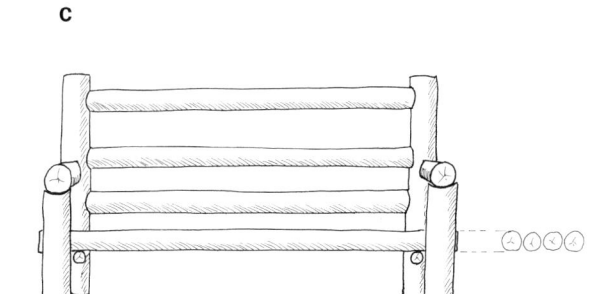

**Abb. 6.28**
Verschiedene Rückenlehnen für Gartenbänke

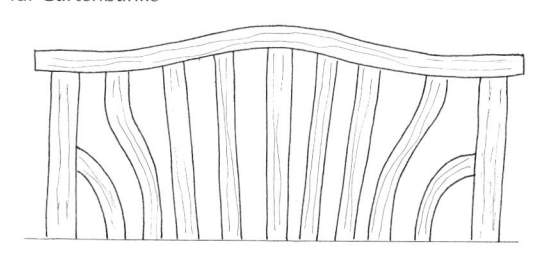

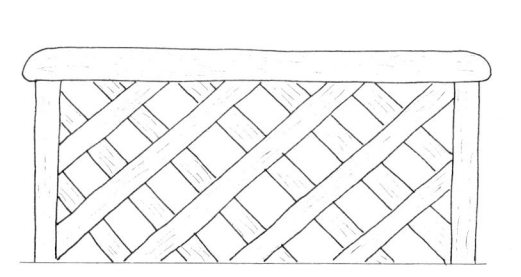

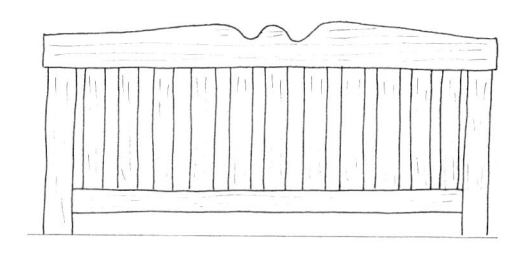

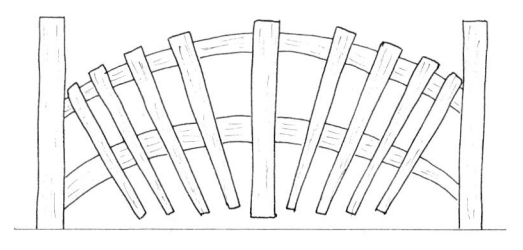

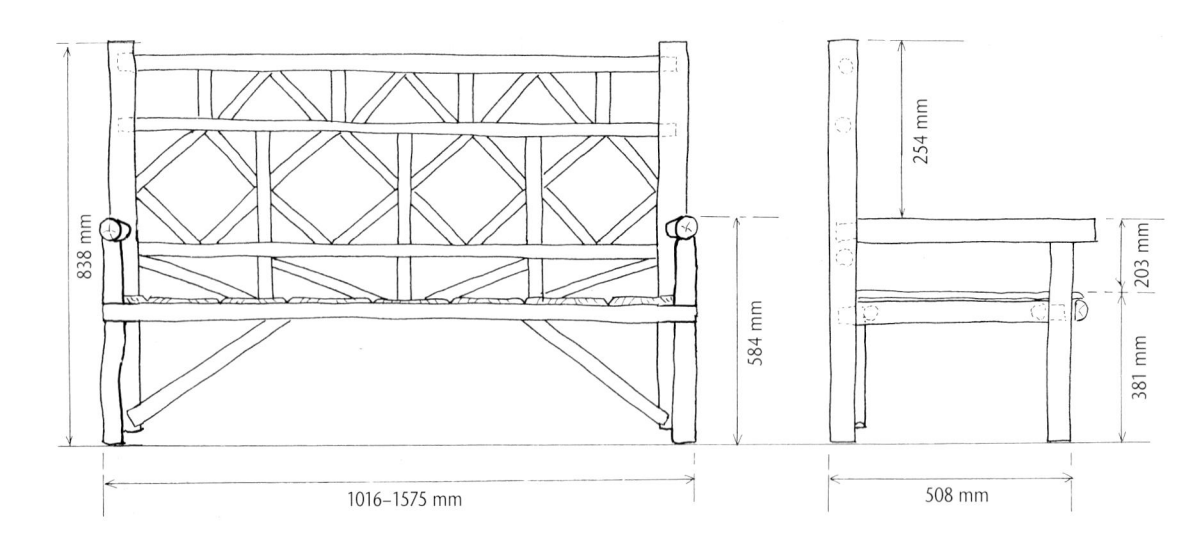

**Abb. 6.29**
Rundholz-Gartenbank aus dem 19. Jahrhundert,
zeittypische aufwendige Gestaltung der Rückenlehne

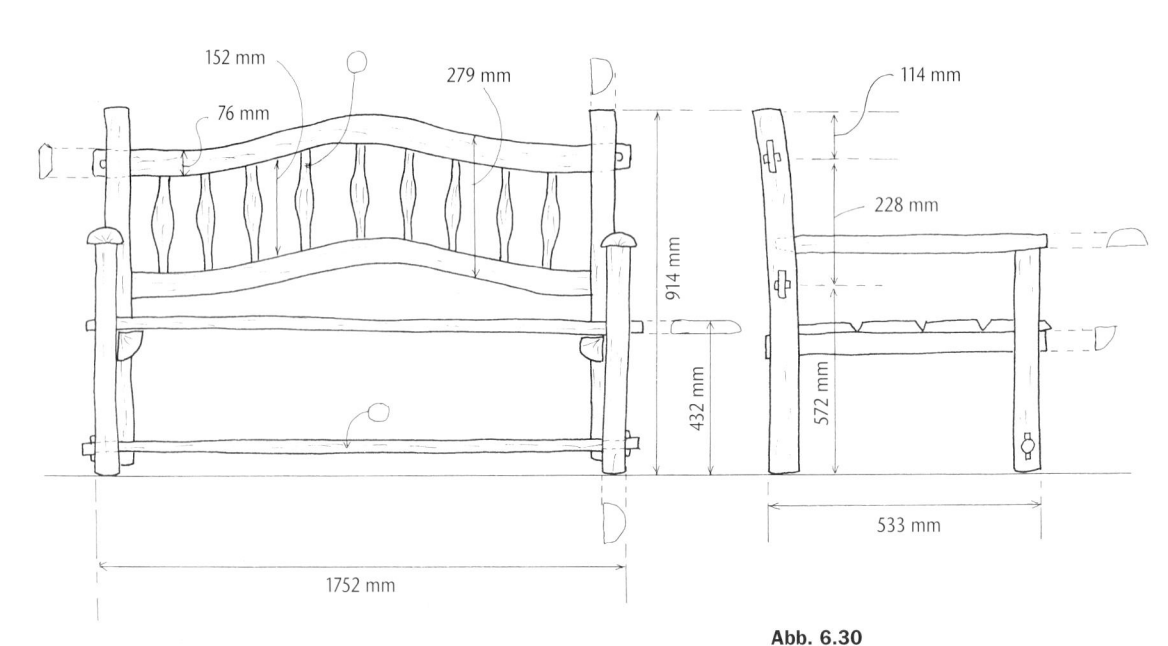

**Abb. 6.30**
Gartenbank aus der
Grafschaft Kent aus starken
Kastanien-Spalthölzern

# Platte-und-Rundholz-Möbel und Pfosten-und-Strebe-Möbel

## Einleitung

Die Stuhlmacherei ist zweifelsohne die Hohe Kunst der Grünholzarbeit. Heutzutage ist es ein ganz besonderes Erlebnis, aus einem Baum einen Stuhl herzustellen. Zur Blütezeit dieses Handwerks war es jedoch für unzählige Holzarbeiter ein alltägliches Erlebnis. Diese Möbel wurden nicht nur zu Tausenden hergestellt, sie waren auch in allen Teilen der Bevölkerung beliebt und in Gebrauch. Wie stark diese Gebrauchsmöbel beansprucht wurden, kann man daran erkennen, daß nur sehr wenige Exemplare bis heute überdauert haben.

Vor dem 16. Jahrhundert gab es nur sehr wenige anspruchsvolle Haushaltssitzmöbel. Die frühsten Konstruktionen waren schwer und solide: Ein starker Sitz, in den die Beine eingezapft wurden. Stühle waren sehr viel seltener als Hocker. Bei den frühsten überlieferten Beispielen findet man nur selten gedrechselte Beine. Erst das Aufkommen der Wippdrehbank führte zu einer größeren Verbreitung gedrechselter Beine und ließ auch bei diesen funktionalen Produkten erste Schmuckelemente aufkommen. Im 17. Jahrhundert waren gedrechselte Dekorationen dann schon häufig zu finden – für unseren heutigen Geschmack schon fast zu häufig, da sich an den meisten Stühlen kaum ein Stück Holz fand, das nicht mit gedrechseltem Schmuck versehen war.

Mit der Verbreitung der Möbel nahm auch die Zahl und Bandbreite der verfügbaren Stile zu, und die Stuhlmacherei entwickelte sich von einem dörflichen Handwerk, das der örtliche Tischler ausübte, zu einer Industrie, in der einige wenige, aber größere Manufakturen die Führung übernahmen. Wir haben nur sehr wenige schriftliche Quellen, in denen die frühsten Stühle abgebildet sind, aber im viktorianischen Zeitalter gaben die größten Stuhlhersteller schon Kataloge heraus, in denen über 140 verschiedene Modelle abgebildet waren. Viele dieser Stühle waren farbig lackiert, da man so den verschiedenen Holzarten, aus denen ein einzelner Stuhl hergestellt sein konnte, ein einheitliches Aussehen verleihen konnte, und die Stühle bei Verwendung im Freien auch vor dem Einfluß der Witterung geschützt waren. Trotz der offensichtlich wohlorganisierten Arbeitsteilung blieb die Stuhlmacherei doch in gewisser Weise Stückwerk. Die Beine und Streben wurden auf der Wippdrehbank direkt im Wald gedrechselt, der auch das Rohmaterial lieferte. Die Herstellung der Sitze und die Montage der einzelnen Teile führte der Stuhlmacher dann allerdings in der Werkstatt aus. Die traditionelle Stuhlmacherei in den Chiltern-Wäldern und ähnlichen Gegenden Englands ist zwar längst ausgestorben, aber das Erbe dieser Handwerker lebt in einzelnen Werkstätten auf der ganzen Welt fort.

Die geschilderte Entwicklung gilt vor allem für Möbel des Platte-und-Rundholz-Typs. Die Geschichte der Pfosten-und-Strebe-Möbel ist weniger gut dokumentiert. Sie beginnt etwa zur gleichen Zeit wie die des anderen Typs: In einer Abbildung eines Handwerksbuches aus dem 16. Jahrhundert kann man einen Stuhl dieser Art erkennen. Allerdings sind nur wenige Exemplare bis in die heutige Zeit erhalten geblieben. Alle notwendigen Arbeiten bis hin zur Herstellung des Sitzes können mit Handwerkszeugen ausgeführt werden, es ist also keine Wippdrehbank notwendig. Stühle mit Konstruktionen aus Pfosten und Streben entstanden vor allem in Nordamerika, zeitgleich mit der Ankunft der Siedler aus der neuen Welt. Möbel ließen sich nicht gut über den Atlantik transportieren, und so war die Herstellung einfacher und funktionaler Möbel eine Notwendigkeit, die sich mit Pfosten-und-Strebe-Möbeln gut erfüllen ließ. Die elegantesten und schönsten Exemplare stammten aus den Werkstätten der Shaker, und dieser Stuhltypus ist heute noch bei Stuhlmachern auf der ganzen Welt beliebt.

## Hocker und Stühle in Pfosten-und-Strebe-Bauweise

Das Wesentliche an Pfosten-und-Strebe-Möbeln wird schon durch die Bezeichnung sehr genau beschrieben – sie bestehen aus vier Pfosten oder Beinen, die durch mehrere Streben verbunden sind (Abb. 7.1 und 7.2). Meist sind die Beine unterhalb des Sitzrahmens durch jeweils zwei Streben verbunden, bei niedrigen Hockern reicht allerdings jeweils eine einzelne Strebe (Abb. 7.3). Bei Stühlen laufen die hinteren Pfosten durch und bilden sowohl die Hinterbeine als auch die

Seitenteile der Rückenlehne. Dies ist ein wesentliches Merkmal der Pfosten-und-Strebe-Bauweise, das in dieser Form bei Platte-und-Rundholz-Möbeln nicht vorkommt. Bei einem Sessel werden auch die vorderen Pfosten über die Höhe der Sitzfläche hinauf fortgeführt und dienen als Auflage für die Armlehnen *(Abb. 7.4)*. Die unteren Enden der Pfosten können mit einer Kufe verbunden sein, um einen Schaukelstuhl entstehen zu lassen *(Abb. 7.5)*. Die Sitzfläche wird angebracht, nachdem der Rahmen fertiggestellt ist, und besteht aus einem Flechtwerk aus Bast, Binsen oder Stoff. Stühle dieser Bauart gibt es in verschiedenen Stilen, die mit unterschiedlichen Namen (meist nach den Herstellern oder der Herkunftsgegend) bezeichnet werden *(Abb. 7.6)* – „Shaker" oder „Brewster" zum Beispiel. Aber auch nach bestimmten Merkmalen werden sie benannt: „Sprossen-Rückenlehne" oder „Flechtsitz" etwa.

Obwohl auch gedrechselte Pfosten und Sprossen vorkommen – vor allem an Stühlen des Brewster-Typs –, werden die Einzelteile doch sehr viel häufiger aus Spaltholz hergestellt, das mit dem Ziehmesser und Schweifhobel in die erwünschte Form gebracht wird. Die fertigen Stühle erhalten dadurch eine einzigartige Oberflächentextur und -optik, die den handwerklichen Charakter jedes einzelnen Stückes noch unterstreicht. Die Holzverbindungen bestehen aus Zapfen und Zapfenlöchern, ohne Ausnahme rund ausgebildet, und bei den besten Möbelstücken werden die Verbindungen durch versteckte Keile gesichert *(Abb. 7.7)*. Die gesamte Konstruktion verleiht einem leichten, eleganten Stuhl ein hohes Maß an Belastbarkeit.

Obwohl die beschriebene Gestaltung weitgehend durch Tradition festgelegt ist, gibt es dennoch Gebiete, auf denen der Handwerker seinen persönlichen Geschmack ins Spiel bringen kann.

**Drechselarbeiten:** Die Vorderbeine, die Seitenteile der Rückenlehne und die vorderen Streben können gedrechselt werden *(Abb. 7.8)*, wobei jedes der in *Abbildung 7.31* gezeigten Muster verwendet werden kann. „Brewster"-Stühle haben meist kurze, gedrechselte senkrechte Verbindungen zwischen den Seitenstreben und den Streben in der Rückenlehne *(Abb. 7.9)*.

**Rückenlehnen:** Diese können hoch oder niedrig sein *(Abb. 7.10)*, was sich wiederum auch auf die Zahl der Streben auswirkt. Bei Stühlen mit solchen Sprossen-Rückenlehnen werden die „Sprossen" in unterschiedlichen Mustern angeordnet, die sowohl in Nordamerika als auch in England für Pfosten-und-Strebe-Stühle kennzeichnend sind *(Abb. 7.11)*. Eine andere häufige Gestaltungsform bei Pfosten-und-Strebe-Stühlen ist die Spindel-Rückenlehne *(Abb. 7.12)*. Diese Spindeln werden in der Regel gedrechselt, aber man kann auch einfache Leisten verwenden.

**Sitzflächen** lassen sich auf unterschiedliche Art gestalten. Das angemessenste Material ist vielleicht Rindenbast von Ulmen, Linden oder Hickorybäumen. Nachdem die äußere Rinde entfernt worden ist, kommt der Bast zum Vorschein, der biegsam genug ist, um aus ihm eine Sitzfläche zu flechten. Unterschiedliche Flechtmuster werden in *Abbildung 7.13* gezeigt. Alternative Materialien sind Seegras *(Abb. 7.14)*, Binsen oder Leinen. Außerdem kann der Sitz natürlich auch aus dünnen Brettern bestehen, die auf den Rahmen genagelt werden *(Abb. 7.15)*.

## Hinweise

- Verwenden Sie das Holz, solange es noch frisch ist.
- Trocknen Sie die Zapfen nach der Herstellung, aber bringen Sie die Zapfenlöcher im Grünholz an. So ziehen sich die Verbindungen beim Trocknen fest, anstatt sich zu lockern.
- Weichen Sie den Bast vor dem Flechten in Wasser ein.
- Grünholz, das mit Handwerkzeugen gerundet worden ist, nimmt nach dem Trocknen einen etwas ovalen Querschnitt an. Dem kann man abhelfen, indem man nach dem Trocknen mit Ziehmesser oder Schweifhobel nacharbeitet.
- Die Einzelteile des Rahmens für die Sitzfläche sollten allerdings oval sein, um das Material des Sitzes besser tragen zu können.
- Die besten Holzarten sind Esche, Eiche und Hickory. Sie müssen jedoch geradfaserig und astfrei sein.
- Versehen Sie die Enden aller Pfosten und Streben mit einer Fase.
- Behandeln Sie die Oberfläche nach der Fertigstellung mit Dänischem Öl oder mit Bienenwachs.

**Kapitel 7** Platte-und-Rundholz-Möbel und Pfosten-und-Strebe-Möbel

Rücklehnenbrett

durchgehender Pfosten – Hinterbein und Rückenlehne

Sitzflächenhölzer

Vorderbein

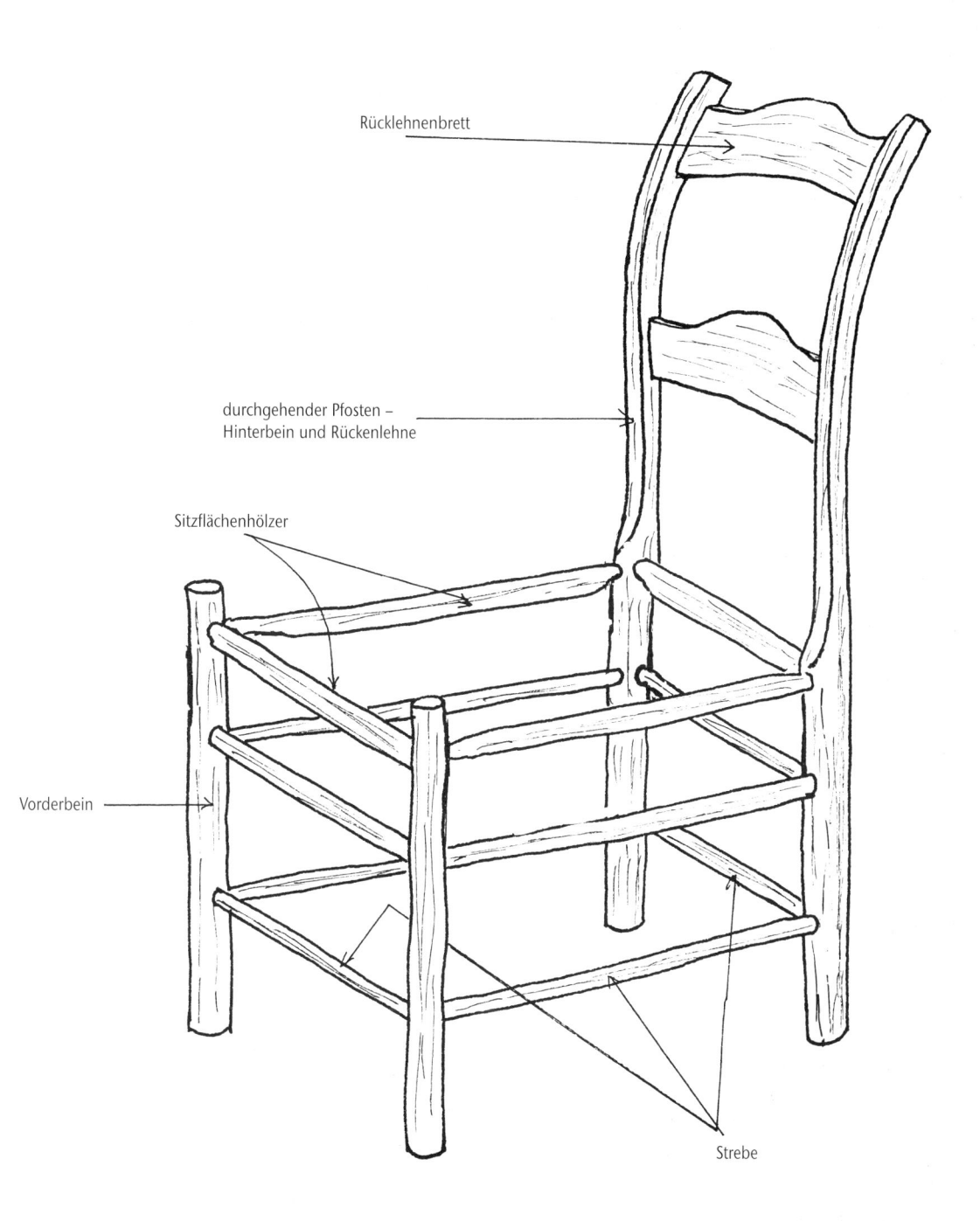

Strebe

**Abb. 7.1**
Bauelemente und Terminologie
bei einem Stuhl in
Pfosten-und-Strebe-Bauweise

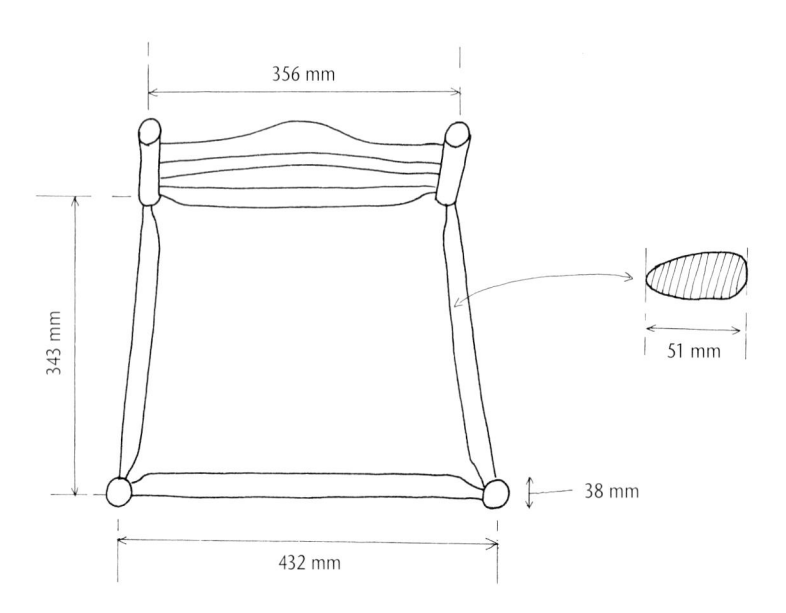

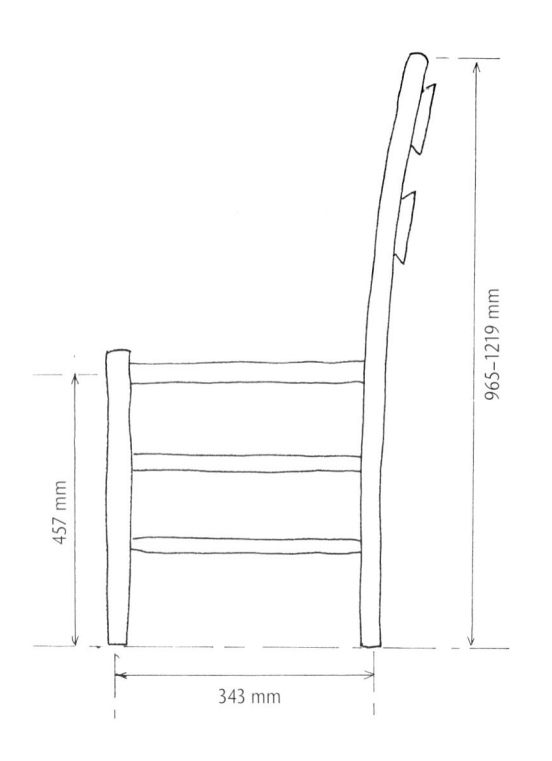

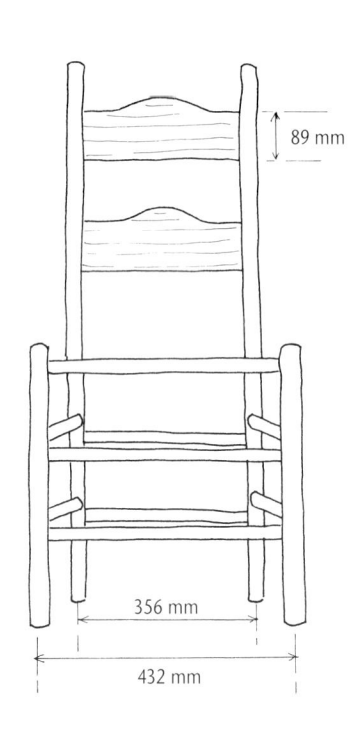

**Abb. 7.2**
Rahmendetails eines Stuhls in
Pfosten-und-Strebe-Bauweise

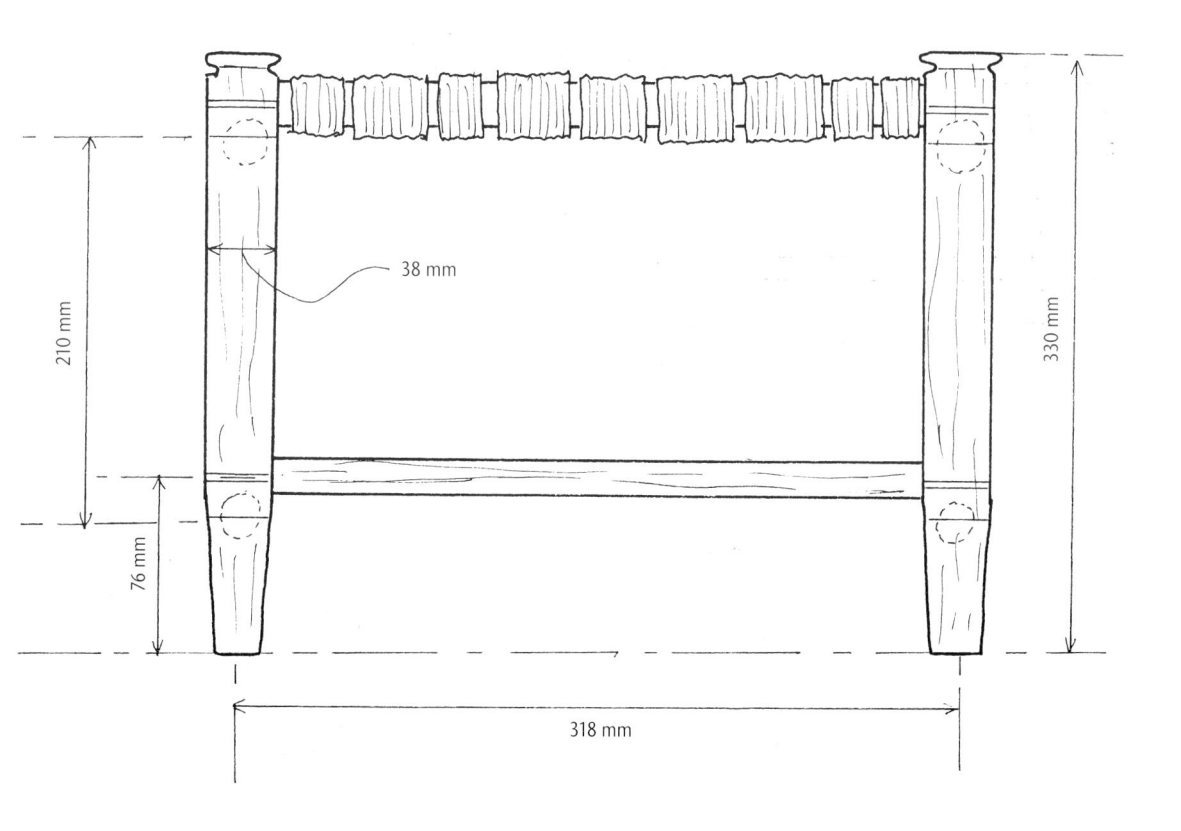

**Kapitel 7** Platte-und-Rundholz-Möbel und Pfosten-und-Strebe-Möbel

**Abb. 7.3**
Niedriger Hocker in Pfosten-und-Strebe-Bauweise, der nur einen Satz Streben benötigt

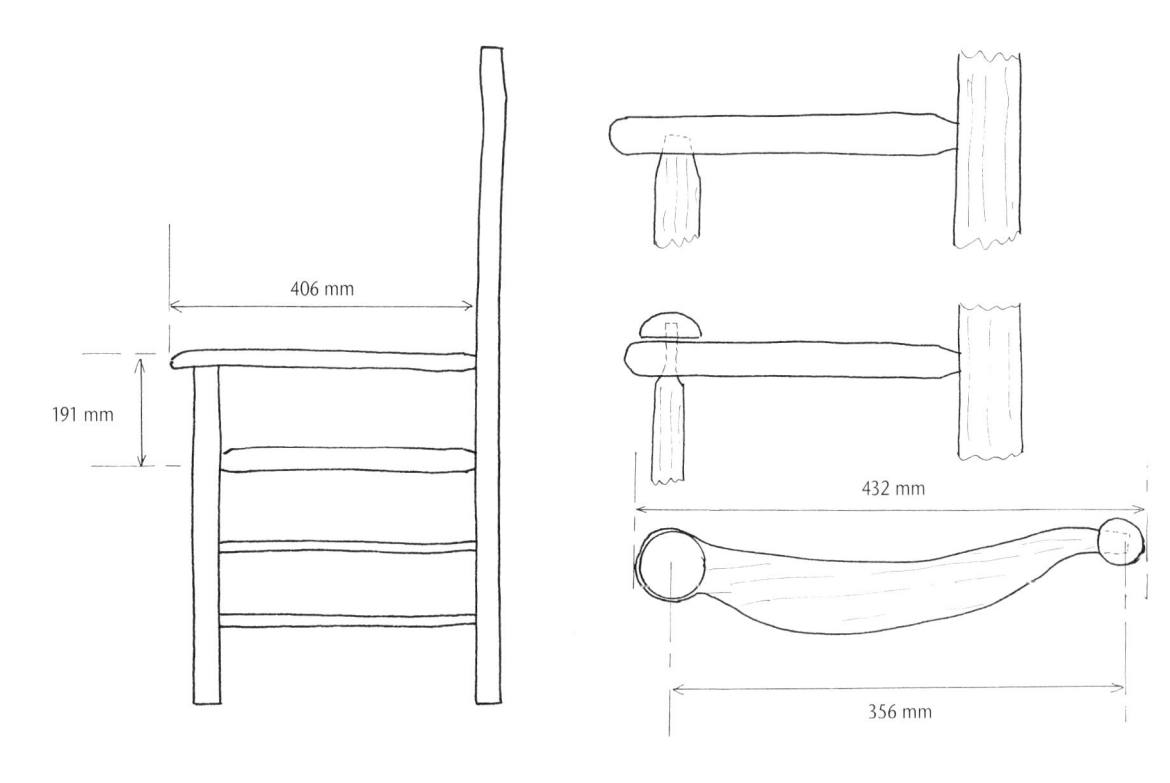

**Abb. 7.4**
Verschiedene Möglichkeiten,
eine Armlehne an einem verlängerten
Vorderbein zu befestigen

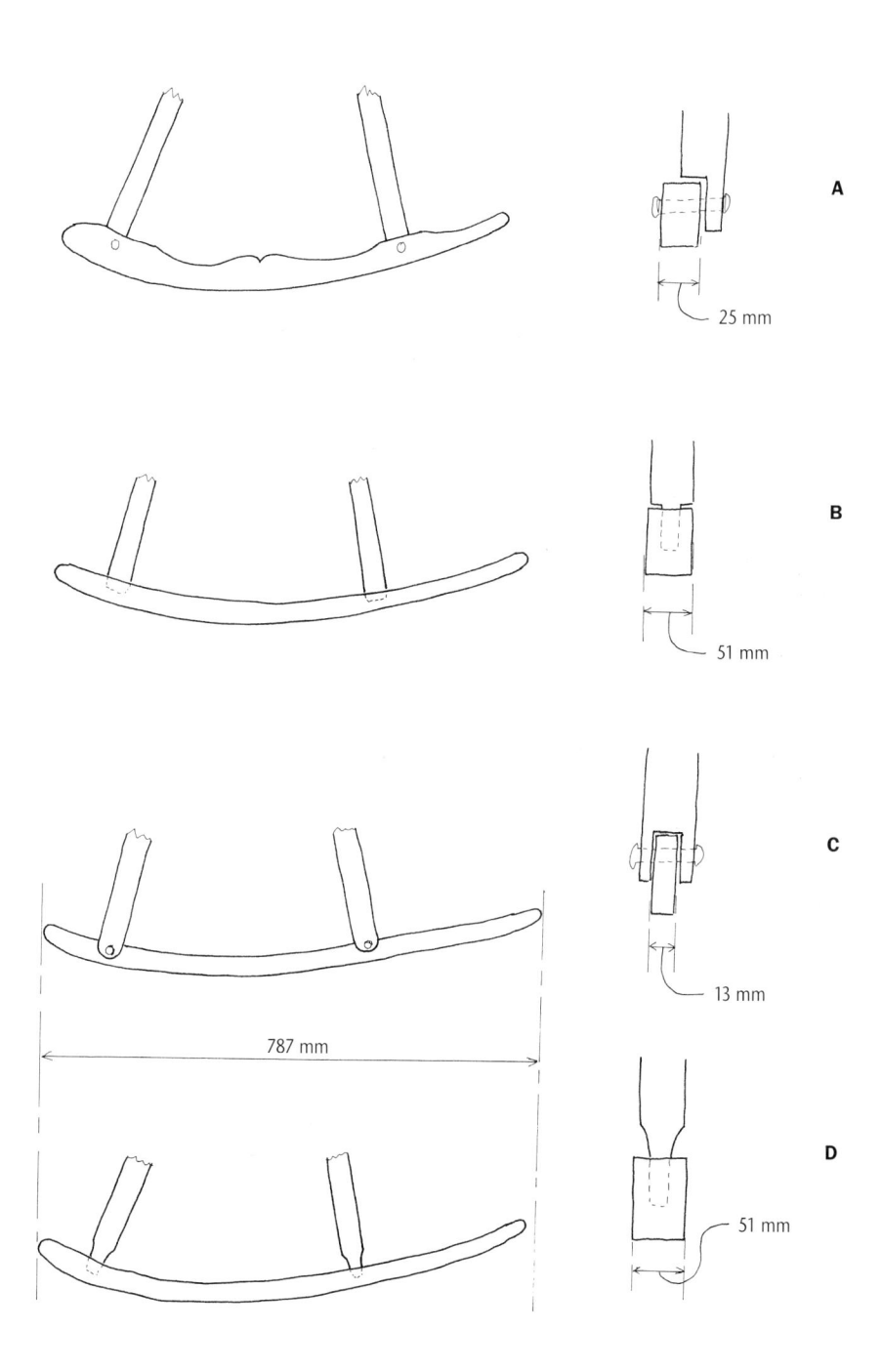

**Kapitel 7** Platte-und-Rundholz-Möbel und Pfosten-und-Strebe-Möbel

**Abb. 7.5**
Vier verschiedene Methoden, Kufen an einem Schaukelstuhl zu befestigen; **A** und **C** stammen von Shaker-Möbeln

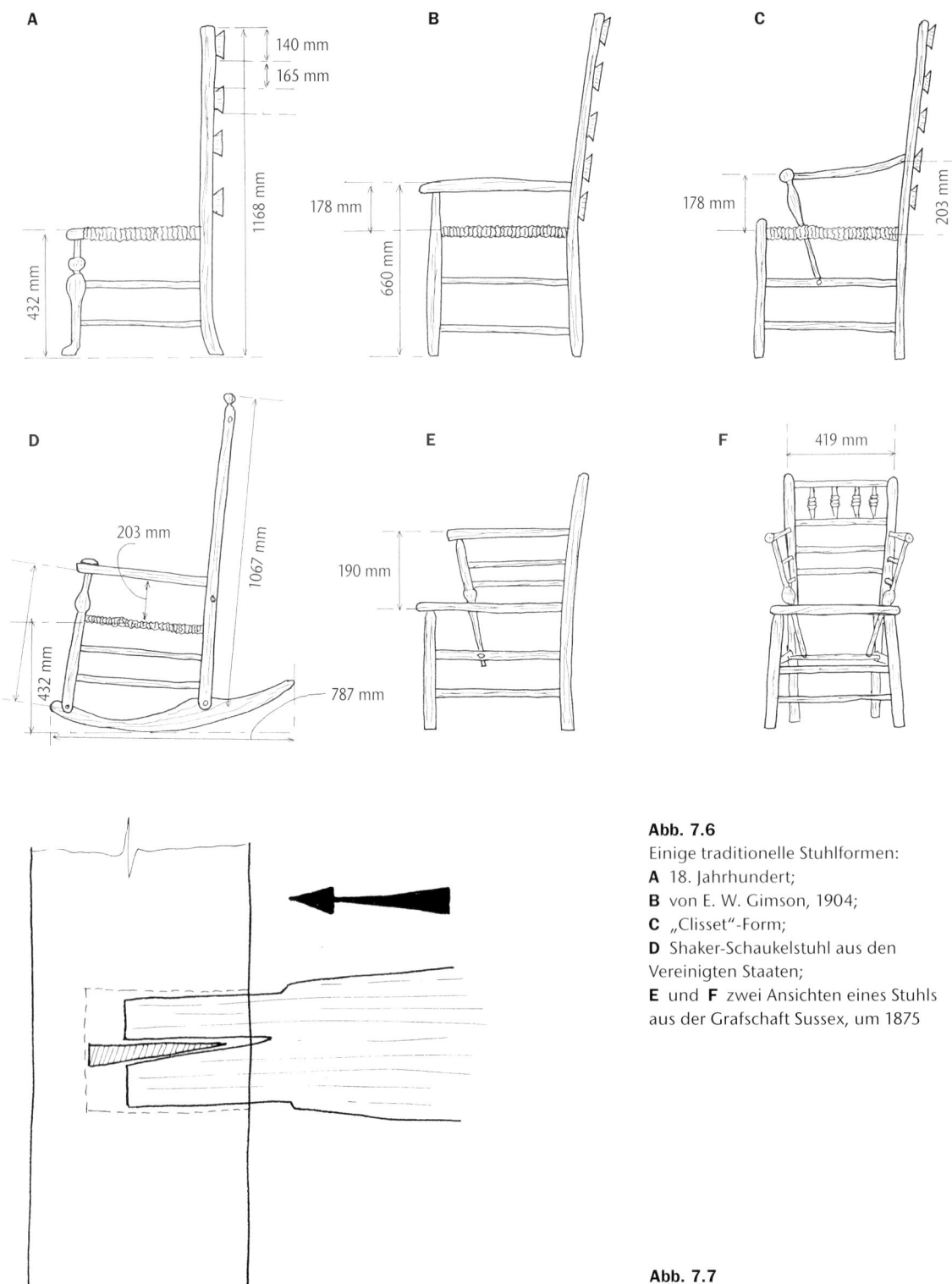

**Abb. 7.6**
Einige traditionelle Stuhlformen:
**A** 18. Jahrhundert;
**B** von E. W. Gimson, 1904;
**C** „Clisset"-Form;
**D** Shaker-Schaukelstuhl aus den Vereinigten Staaten;
**E** und **F** zwei Ansichten eines Stuhls aus der Grafschaft Sussex, um 1875

**Abb. 7.7**
Versteckter Keil, wie er in hochwertigen Möbeln verwandt wird

**Kapitel 7**  Platte-und-Rundholz-Möbel und Pfosten-und-Strebe-Möbel

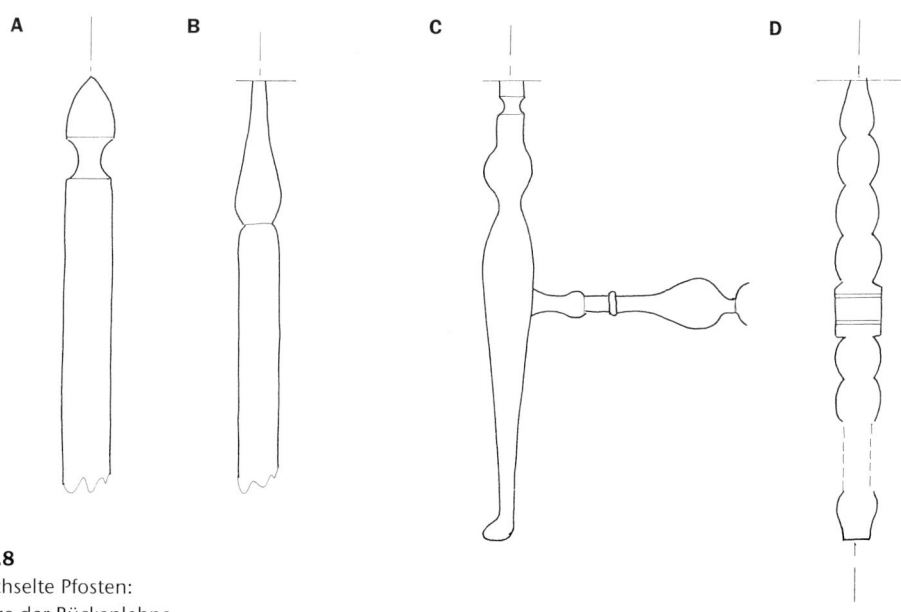

**Abb. 7.8**
Gedrechselte Pfosten:
**A** Spitze der Rückenlehne – ein Shaker-Entwurf;
**B–C** Stuhlbeine

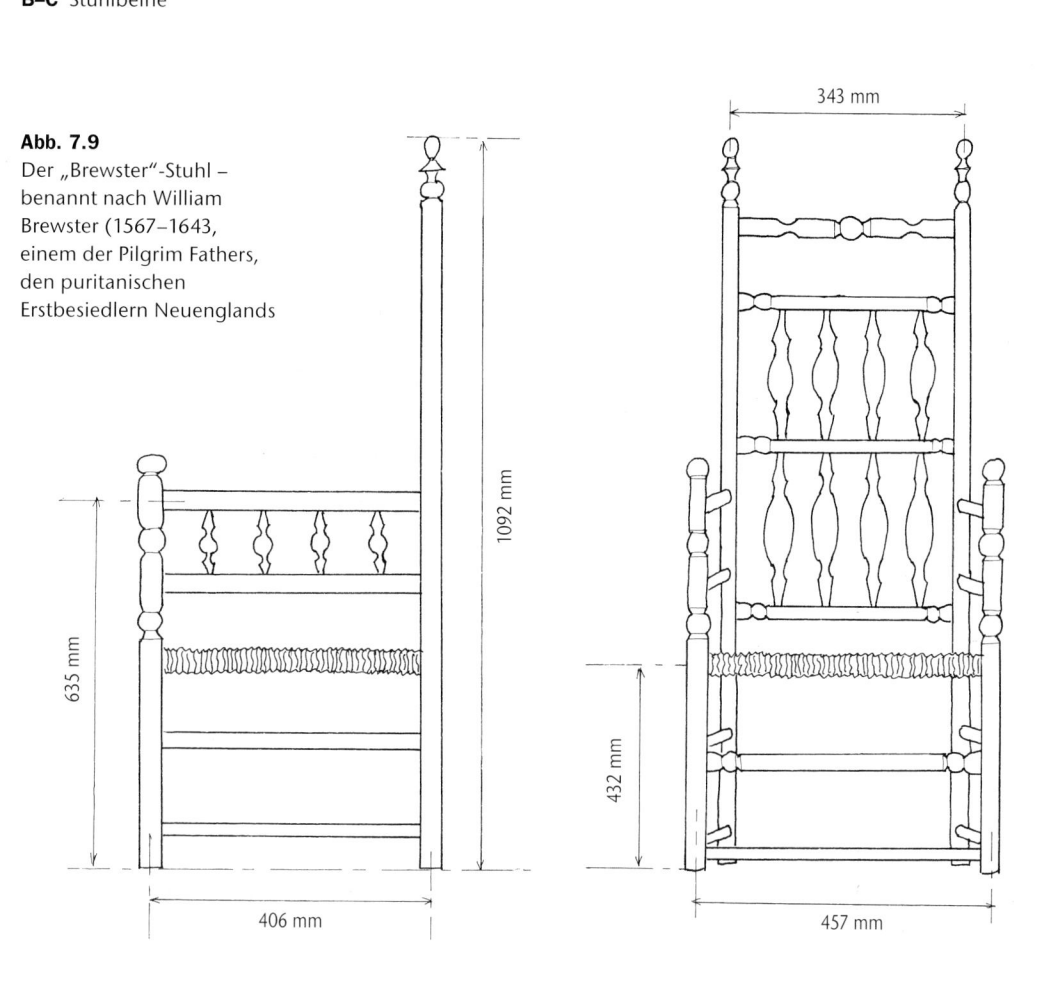

**Abb. 7.9**
Der „Brewster"-Stuhl – benannt nach William Brewster (1567–1643, einem der Pilgrim Fathers, den puritanischen Erstbesiedlern Neuenglands

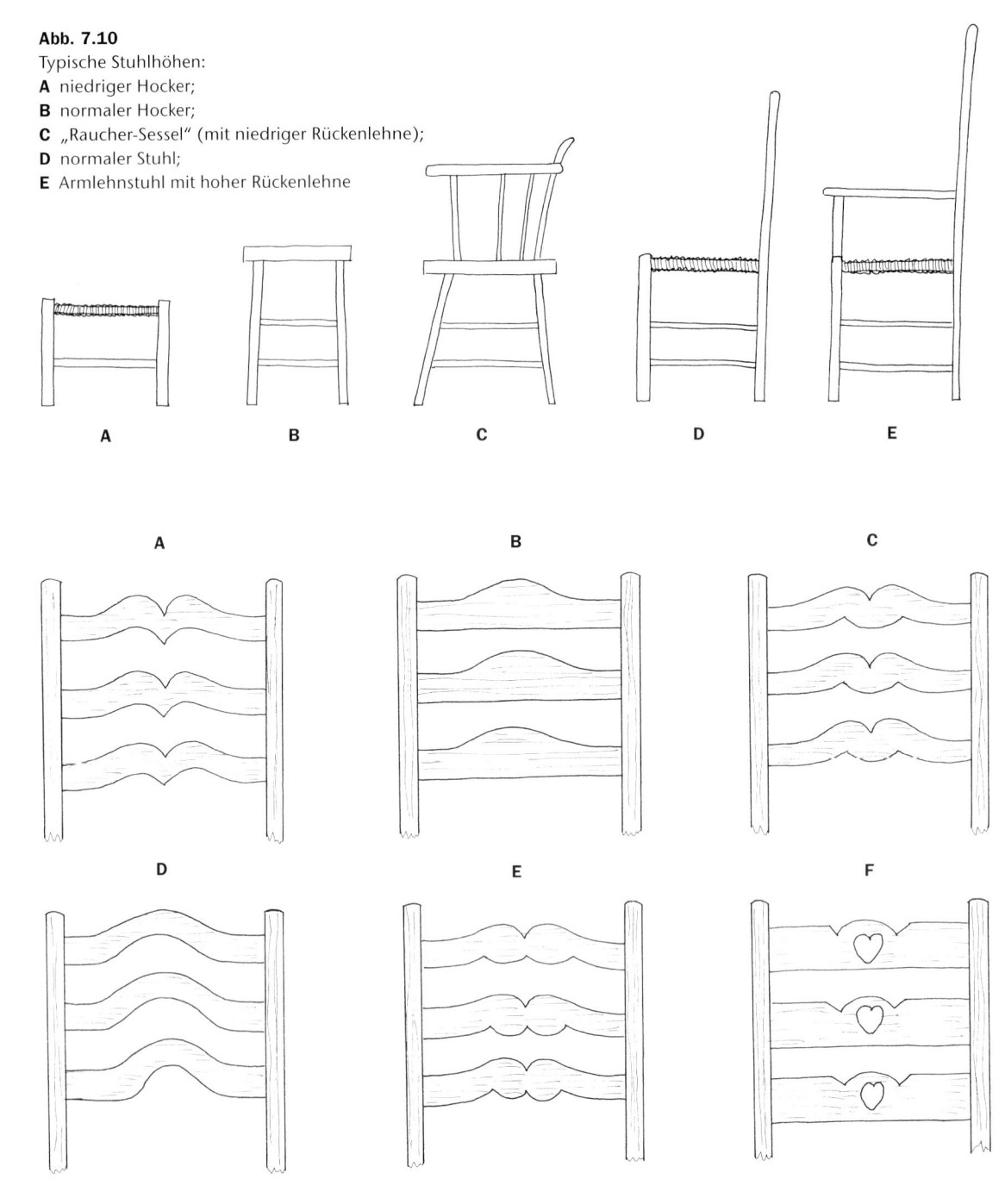

**Abb. 7.10**
Typische Stuhlhöhen:
**A** niedriger Hocker;
**B** normaler Hocker;
**C** „Raucher-Sessel" (mit niedriger Rückenlehne);
**D** normaler Stuhl;
**E** Armlehnstuhl mit hoher Rückenlehne

**Abb. 7.11**
Verschiedene Sprossenlehnen:
**A** 18. Jahrhundert;
**B** Gimsons Rückenlehne – 19. Jahrhundert;
**C** und **D** zwei Lehnen aus Lancashire, 18. Jahrhundert;
**E** Cupidsbogen;
**F** Herz-Lehne (nach Vosey)

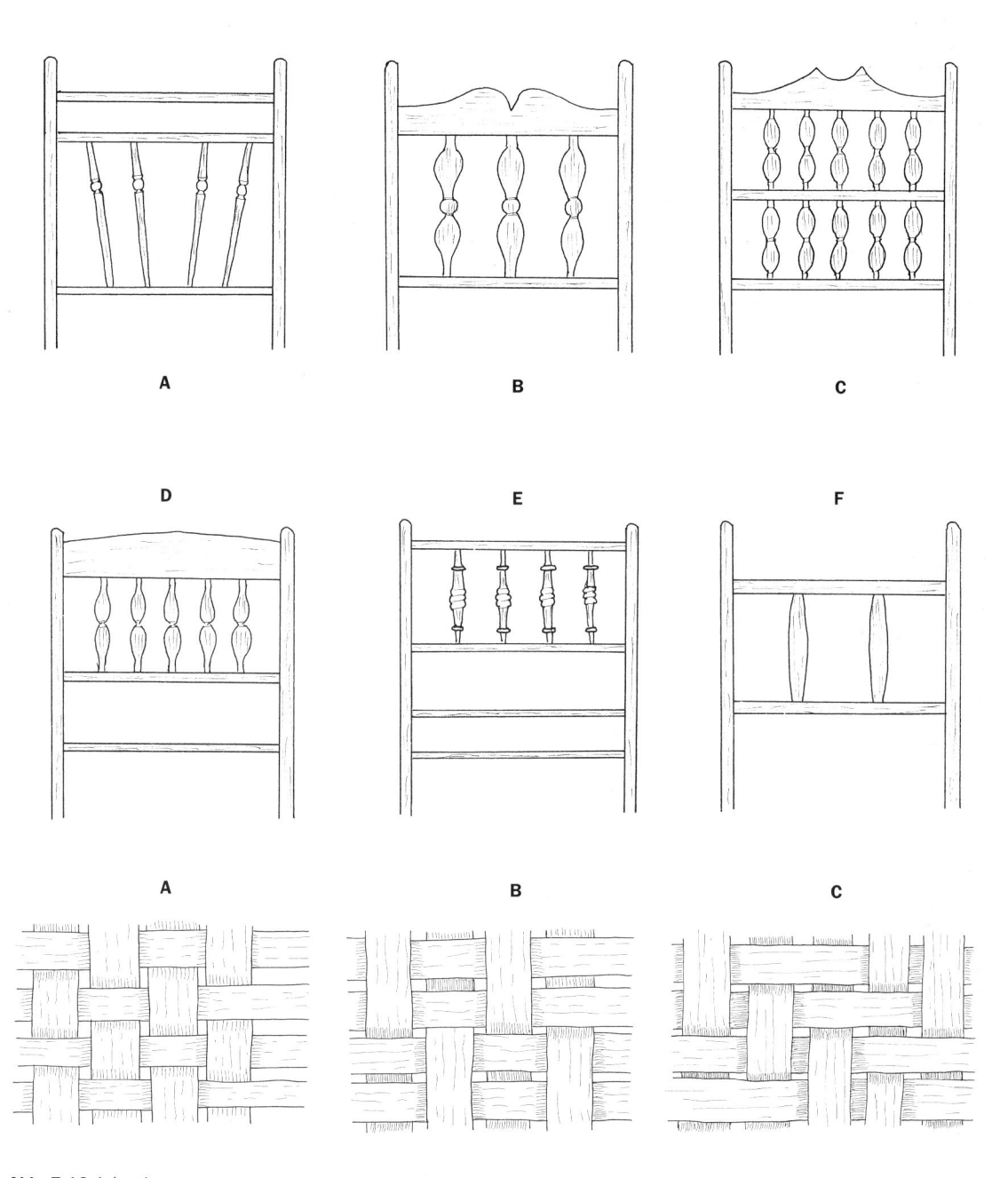

**Abb. 7.12** (oben)
Verschiedene Spindellehnen:
**A** einfache Form;
**B** aus Cumberland;
**C** aus Yorkshire;
**D** aus Lancashire;
**E** aus Sussex;
**F** Kinderstuhl aus den Vereinigten Staaten

**Abb. 7.13**
Geflochtene Sitzflächen aus Ulmenbast:
**A** einmal drüber, einmal drunter;
**B** zweimal drüber, zweimal drunter;
**C** Fischgrätmuster

**Abb. 7.14**
Binsen- oder Seegras-Sitzfläche

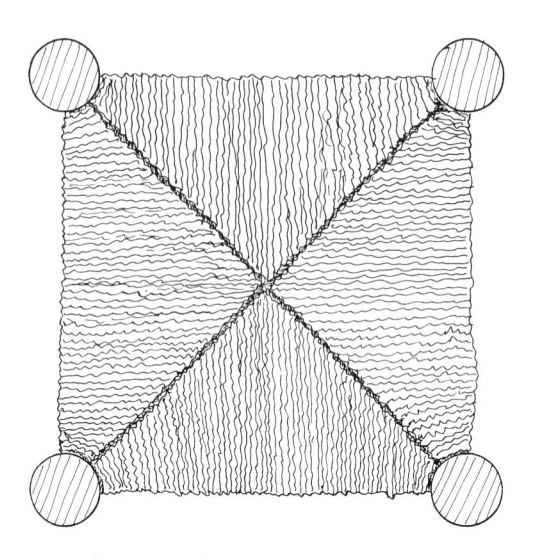

**Abb. 7.15**
Sitzfläche aus aufgenagelten oder -geschraubten Brettern

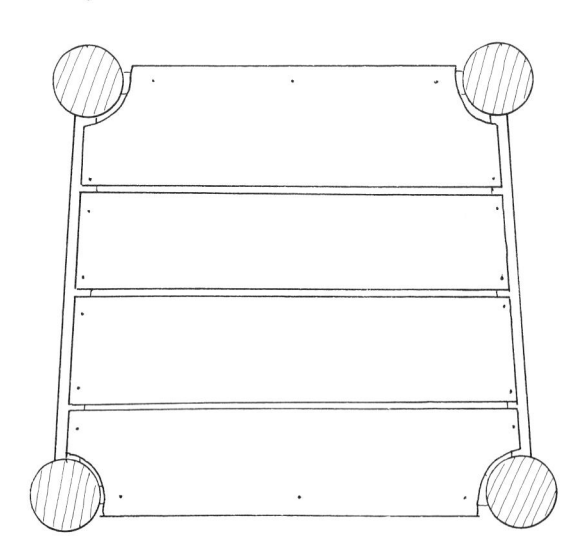

# Einfache Platte-und-Rundholz-Möbel

Auch in diesem Fall sagt die Bezeichnung schon das Wichtigste über die Konstruktion aus – eine Holzplatte dient als Sitzfläche, die Beine (Rundhölzer) werden von unten in die Platte eingezapft. Die zusätzlichen Rundhölzer, aus denen die Rückenlehne besteht, werden in einem weiteren Arbeitsgang von oben in die Sitzfläche eingezapft. Die Beine reichen niemals über die Sitzfläche nach oben hinaus, um die Rückenlehne oder Armlehnen zu bilden, so wie das bei Pfosten-und-Strebe-Möbeln der Fall ist. Zu den ältesten Beispielen für Sitzmöbel, die wir aus Illustrationen kennen oder die sogar noch existieren, gehören Hocker mit rechteckiger Sitzfläche und vier eingezapften Beinen.

**Hocker:** Ich habe in der Grafschaft Kent gesehen, wie Grünholzarbeiter einen sehr einfachen Hocker herstellten, ohne anderes Werkzeug als ein Beschlagbeil, einen Holzbohrer und eine Kreuzaxt zu verwenden. So haben es auch Generationen von Handwerkern vor ihnen getan. Ein weiterer grundlegender Entwurf ist der des Melkschemels, der immer einen runden Sitz und drei eingezapfte Beine aufweist *(Abb. 7.17)*. Die Keile werden so eingesetzt, daß das Holz des Sitzes nicht gespalten wird *(Abb. 7.18)*. Niedrige Hocker mit vier Beinen haben meist vier Streben zwischen den Beinen, die entweder ein Rechteck oder ein diagonales Kreuz bilden *(Abb. 7.19)*. Falls die Sitzhöhe bei einem Hocker an die eines normalen Stuhles heranreicht, kann es auch notwendig sein, die Zahl der Streben zu erhöhen. Die Beine und Streben können entweder sehr einfach und mit dem Ziehmesser gestaltet sein oder in einer der bei Windsorstühlen gebräuchlichen Formen gedrechselt werden.

**Stühle:** Die Platte, die das Herzstück dieser Möbel bildet, ist meist stärker ausgebildet und auf der Oberseite nur wenig konturiert. Der Umriß kann rechteckig, rund oder halbrund sein *(Abb. 7.20)*. Die ersten Stühle in Platte-und-Rundholz-Bauweise hatten Rückenlehnen, die in die Oberseite der Platte eingezapft wurden. Bei diesen Entwürfen reichten die Zapfenlöcher durch die Platte hindurch und die Zapfen wurden auf der Unterseite verkeilt. Die Rückenlehnen können unterschiedlich ausgestaltet sein, die einfachste Form besteht aus zwei oder drei Rundhölzern, die entweder allein als Lehne dienen *(Abb. 7.21)* oder mit Sprossen versehen werden können. Diese etwas klobigen Entwürfe eignen sich besser für Gartenmöbel als für die Möblierung des Wohnzimmers. Rückenlehnen aus Rundhölzern können entweder regelmäßig geformt sein oder einer Reihe von natürlichen Krümmungen folgen, die dem Stuhl optischen Reiz verleihen und ihn auch bequemer machen *(Abb. 7.23)*. Ein kleiner Vorteil dieser Konstruktion gegenüber der Pfosten-und-

**Kapitel 7**  Platte-und-Rundholz-Möbel und Pfosten-und-Strebe-Möbel

Strebe-Bauweise ist, daß man den Winkel zwischen Sitzfläche und Rückenlehne, der so wichtig für eine bequeme Sitzhaltung ist, sehr viel leichter ändern kann. Man muß nicht auf das Dämpfen und Biegen der Lehnenteile zurückgreifen, sondern kann einfach den Winkel ändern, in dem die Zapfenlöcher gebohrt werden.

Aus diesen einfachen Platte-und-Rundholz-Stühlen haben sich später die eleganten Windsorstühle entwickelt. In *Abbildung 7.22* sieht man einige Beispiele sehr früher Windsorstühle, die sehr deutlich ihre Abstammung von Möbeln in Platte-und-Rundholz-Möbeln erkennen lassen.

## Hinweise

- Ulme ist wegen seiner geringen Neigung zum Spalten die beste Holzart für die Platte.

- Die Platte sollte mit einer leicht ausgehöhlten Sitzfläche versehen werden.

- Stühle sind bequemer, wenn die Rückenlehne in einem leichten Winkel zur Sitzfläche steht.

- Hocker und Stühle sind bequemer, wenn die Beine etwas ausgestellt werden (etwa um 10 Grad nach außen).

- Alle Kanten, einschließlich derjenigen an den unteren Enden der Beine, sollten angefast werden.

- Gartenmöbel können lackiert werden, sonst reicht als Oberflächenbehandlung auch Dänisches Öl oder Bienenwachs.

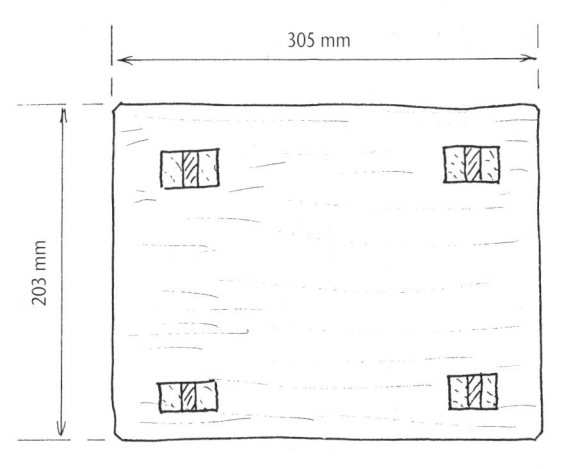

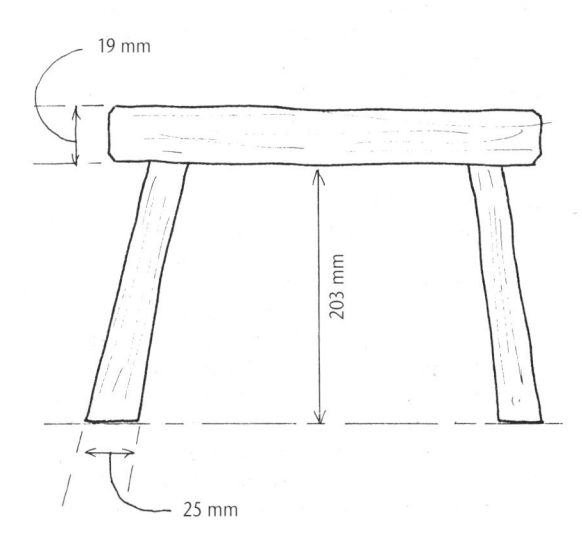

**Abb. 7. 16**
Einfacher im Wald hergestellter Hocker

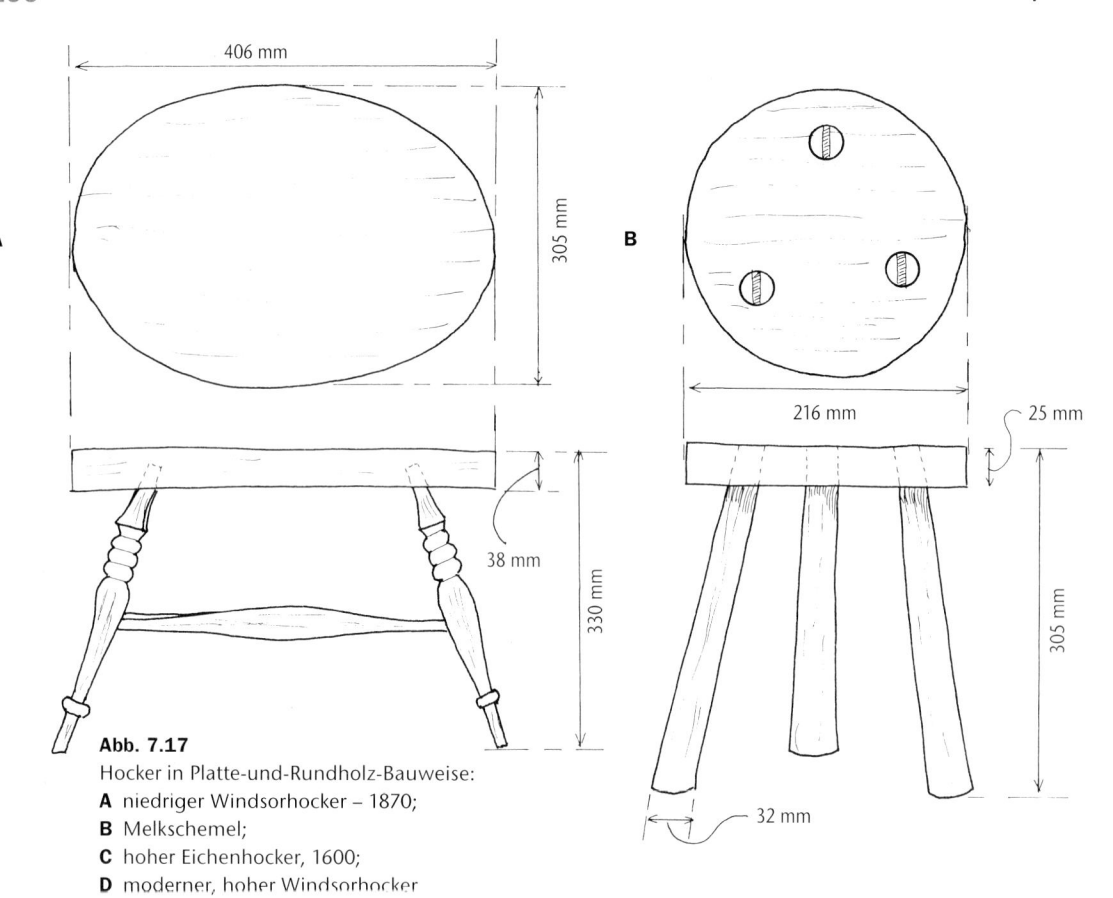

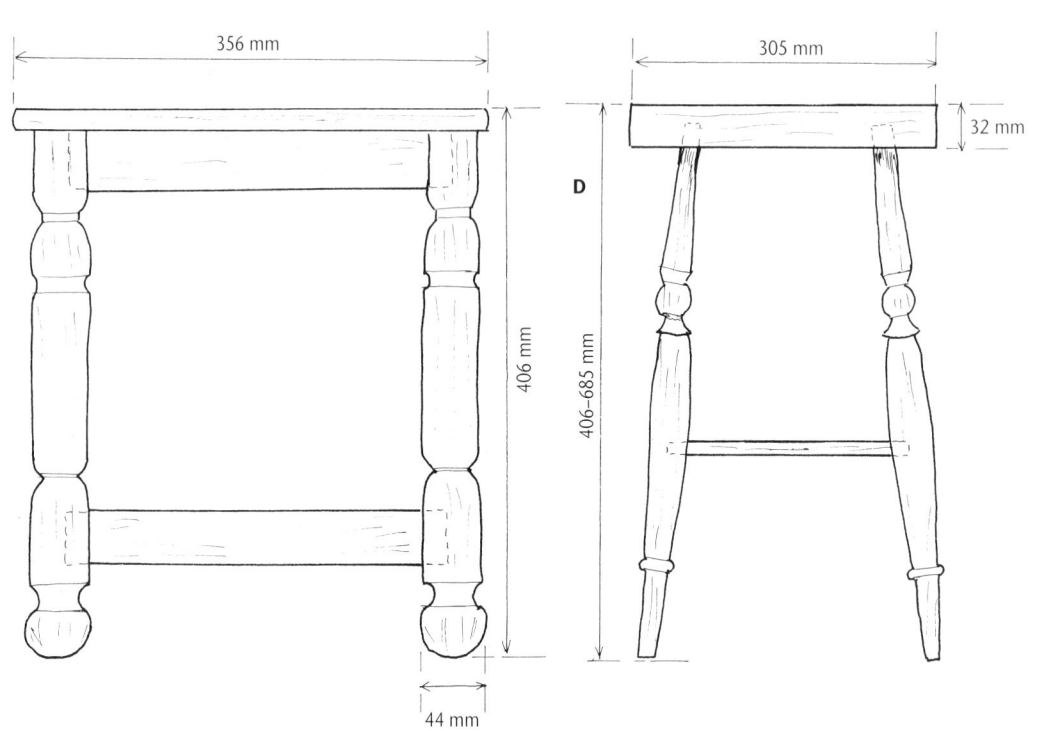

**Abb. 7.17**
Hocker in Platte-und-Rundholz-Bauweise:
- **A** niedriger Windsorhocker – 1870;
- **B** Melkschemel;
- **C** hoher Eichenhocker, 1600;
- **D** moderner, hoher Windsorhocker

**Kapitel 7** Platte-und-Rundholz-Möbel und Pfosten-und-Strebe-Möbel

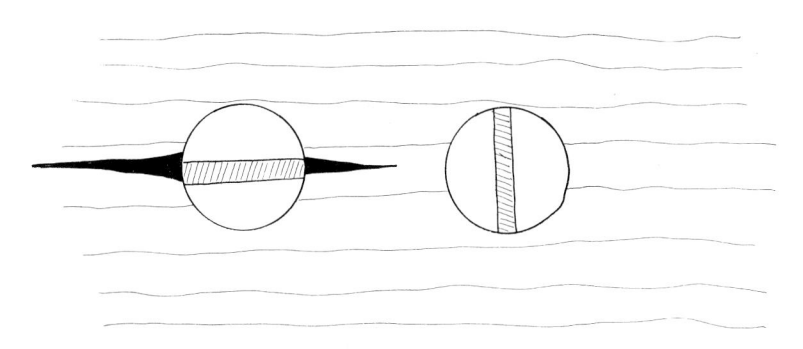

**Abb. 7.18**
Ausrichtung von Keilen quer zur Faser, um Spalten zu verhindern

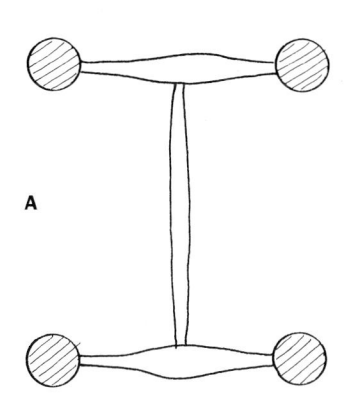

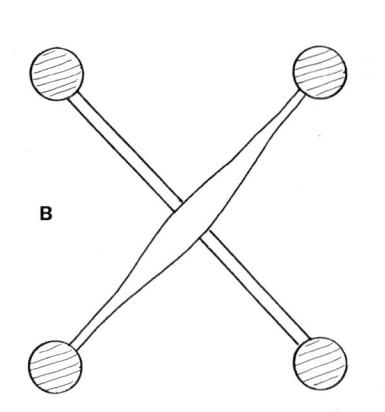

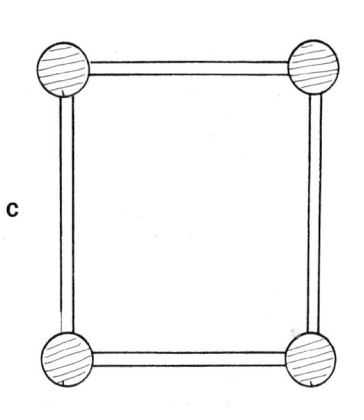

**Abb. 7.19**
Strebenanordnungen für Hocker:
**A** H-Anordnung;
**B** X-Anordnung;
**C** Kastenanordnung

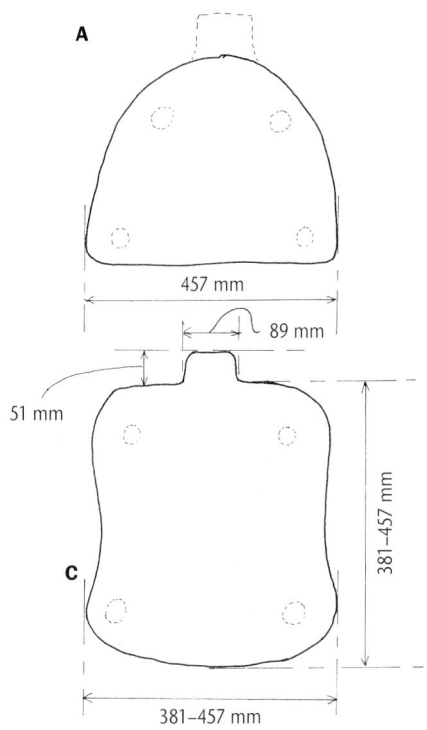

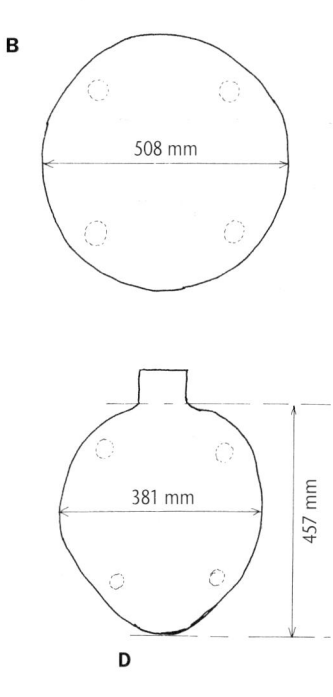

**Abb. 7.20**
Verschiedene Sitzflächenformen:
**A** D-förmige Platte;
**B** runde Platte;
**C** normale Form mit Verlängerung für Rückenlehnenstreben;
**D** oval mit Verlängerung für Rückenlehnenstreben

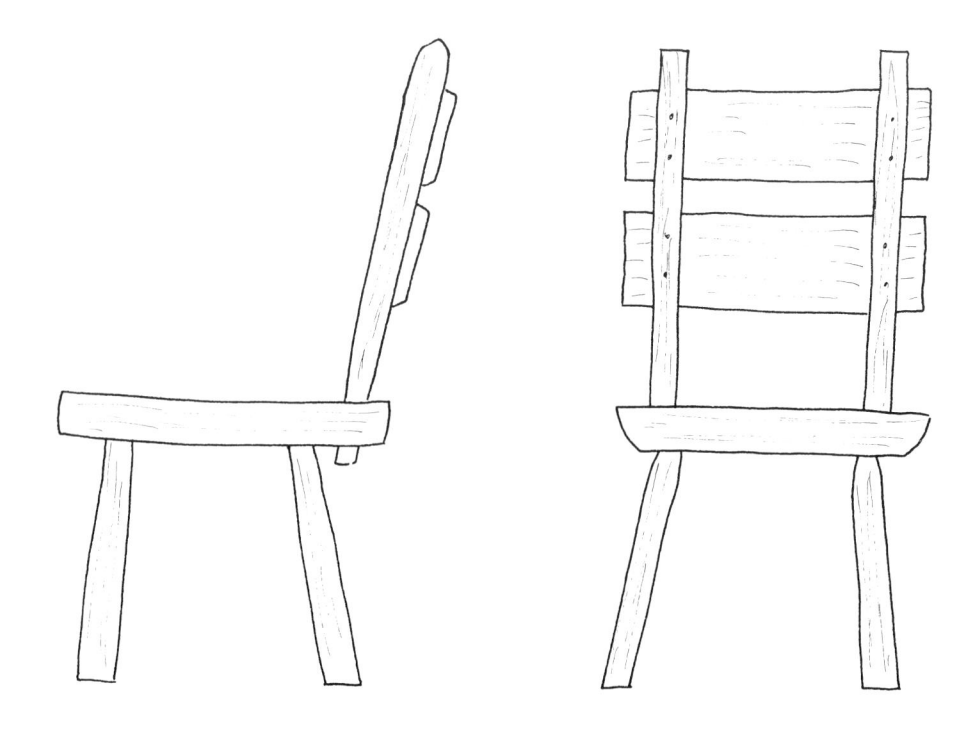

**Abb. 7.21**
Einfache Stuhlkonstruktionen
in Platte-und-Rundholz-Bauweise

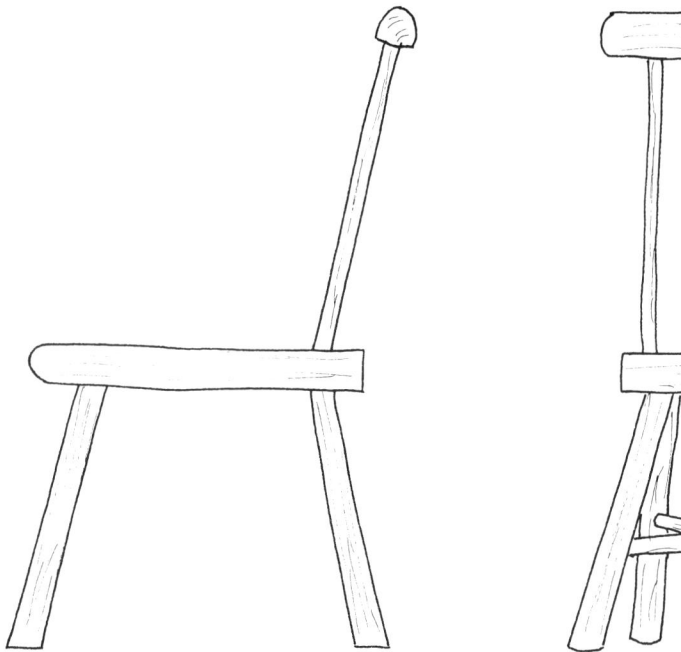

**Kapitel 7** Platte-und-Rundholz-Möbel und Pfosten-und-Strebe-Möbel

**Abb. 7.22**
Frühe Stühle im Windsorstil aus dem
18. Jahrhundert mit D-förmiger Sitzfläche

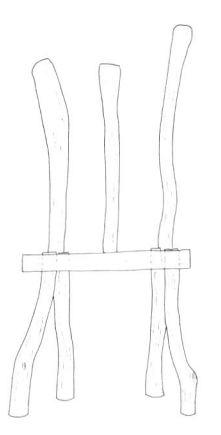

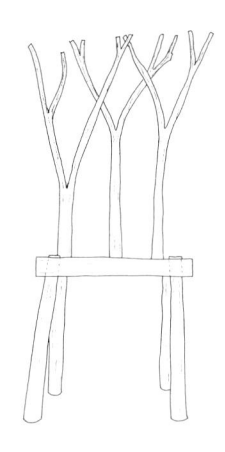

**Abb. 7.23**
Die Verwendung von Ästen als Rückenlehne ergibt einzigartige Stühle

## Stühle nach Windsor-Bauart

Der Ursprung des Namens Windsorstuhl wird immer noch diskutiert. Die wahrscheinlichste Erklärung ist, daß die Mehrheit der Stühle, die in den Chilterns hergestellt wurden, auf den Märkten der Stadt Windsor zum Verkauf gelangten. Der Windsorstuhl ist die höchste Entwicklungsstufe der Platte-und-Rundholzmöbel, die besten Stücke hätten auch Chippendale oder Sheraton zur Ehre gereicht. In den *Abbildungen 7.24* und *7.25* werden die wichtigsten Bauteile eines Windsorstuhles dargestellt. Die Grundkonstruktion besteht aus einer Sitzplatte, in die Beine, Rückenlehne und gegebenenfalls auch Armlehnen eingezapft werden. Die Sitzplatte ist konturiert, bei einem guten Stuhl variiert ihre Stärke von einer Stelle zur anderen beträchtlich. Die Beine werden gedrechselt und leicht nach außen ausgestellt in den Sitz eingepaßt. Sie werden durch Querleisten (Sprossen) stabilisiert. Die Rückenlehnen können sehr unterschiedlich gestaltet sein. Meist werden sie in einem stumpfen Winkel in den Sitz eingezapft, um eine bequemere Sitzposition zu ermöglichen. Oft wird der Stuhl auch mit Armlehnen versehen, die mit der Rückenlehne verbunden sind und von einer oder mehreren in den Sitz eingezapften Stützen getragen werden. Ein charakteristisches Merkmal vieler Windsorstühle ist das Mittelbrett der Rückenlehne. Dieses dünne, flache Brett, das häufig das mittlere Element der Rückenlehne bildet, ist meist zu einem komplizierten Umriß gesägt, dessen erkennbare Form ihm auch den Namen verleiht (Vase, Rad oder ähnliches). Durch die Kombination dieser Merkmale stehen dem Kunden eine Vielzahl unterschiedlicher Entwürfe zur Verfügung. Um diese Vielfalt etwas übersichtlicher zu machen, werden für jeden Teil des Stuhles verschiedene Gestaltungsmöglichkeiten beschrieben.

**Sitzfläche:** Obwohl die meisten Sitzflächen die uns wohlbekannte mehrfach gerundete Form haben, können sie auch vollkommen kreisrund sein, einen Halbkreis bilden oder mit einem gestutzten Hinterstück versehen sein, um weitere Stützen für die Rückenlehne aufzunehmen. Fast ausnahmslos wird die Oberfläche der Sitzplatte im rückwärtigen Teil leicht ausgehöhlt, um den „Sitz" zu formen *(Abb. 7.26)*, während am vorderen Teil in der Mitte eine Erhöhung stehen gelassen wird, der sogenannte „Sattel".

**Rückenlehnen** *(Abb. 7.27)*: Die früheste Form der Rückenlehne war die sogenannte Kammlehne, bei der mehrere senkrechte Rundhölzer oben durch eine Quersprosse verbunden wurden, die in England als Kamm (Comb oder Crest) bezeichnet wurde. Die Rundhölzer – es können zwischen vier und acht Stück sein – werden sowohl in die Quersprosse als auch in die Sitzplatte eingezapft. Bei manchen Entwürfen werden einige der mittleren Rundhölzer durch ein flaches Brett ersetzt. Falls die Rundhölzer unten an der Sitzplatte dicht beieinander stehen und nach außen weisen, um die obere Quersprosse zu erreichen, wird die Lehne als Fächerlehne bezeichnet. Oft wird eine solche Lehne durch zwei Streben abgestützt, die auf einem gestutzten Hinterstück ruhen. Bei manchen Kammlehnen werden die beiden äußeren Rundhölzer durch flache Bretter ersetzt, die in England als Bandbretter bezeichnet werden (ribbon splats). Wenn alle Rundhölzer durch Bretter ersetzt werden, entsteht eine Brettlehne. Brettlehnen sind meist etwas gewölbt und nicht vollkommen gerade. Eine Weiterentwicklung dieses Stils ist die Volutenlehne, bei der eine breite obere Quersprosse in zwei gebogene Seitenteile eingezapft wird.

Die Kammlehne wurde als häufigste Lehnenform durch die Bogenlehne abgelöst. Bei dieser Lehnen-

**Kapitel 7** Platte-und-Rundholz-Möbel und Pfosten-und-Strebe-Möbel

Rückenlehnenbogen

Stäbe

Sitzmulde

hoher Punkt der Sitzfläche

Rückenlehnenbogen wird in den Sitz eingezapft

Beine werden in den Sitz eingezapft

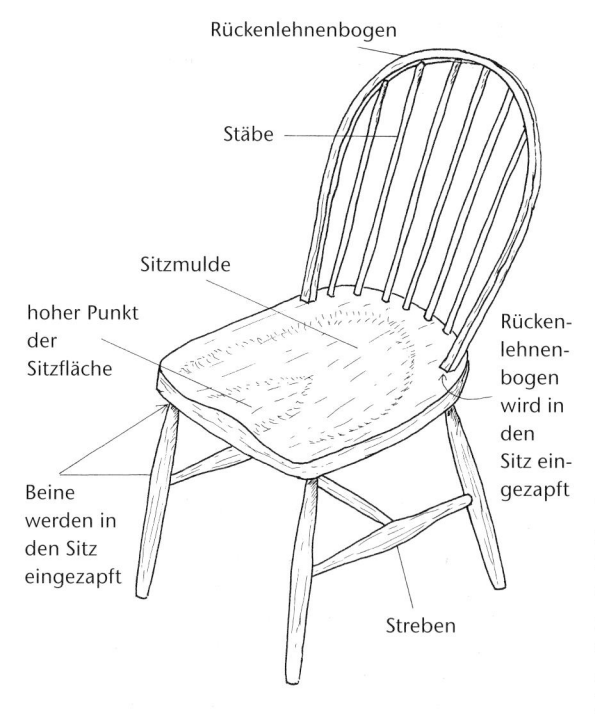

Streben

**Abb. 7.24**
Grundkonstruktion eines Windsorstuhles

art werden die Rundhölzer in ein bogenförmiges Randstück eingezapft, das sich von einer Seite der Sitzplatte zu anderen wölbt (Abb. 7.28). Wie bei der Kammlehne werden auch hier manchmal einige der mittleren Rundhölzer durch ein Brett ersetzt. So ist auch die wohl populärste Stuhlform aller Zeiten entstanden, die ein Mittelbrett mit Radmotiv aufweist. Manche Lehnen werden auch mit drei Brettern hergestellt und kommen vollkommen ohne Rundhölzer aus.

Es gibt auch einige seltenere Gestaltungsmöglichkeiten. Aus den Vereinigten Staaten stammen die leierförmige Rückenlehne und die ungewöhnliche Ballonlehne. Viele Entwürfe sind regionalen Ursprungs, eine der bekanntesten Formen stammt aus Mendelsham in Suffolk, sie besteht aus Rundhölzern, Brettern und Kugeln (Abb. 7.29).

**Quersprossen** (Abb. 7.30): In diese oberen Verbindungsstücke werden bei Kammlehnen die Rundhölzer eingezapft. Eine Auswahl wird hier abgebildet. Die Quersprossen mit einer konturierten Unterkante sind eher selten, und jene mit einer starken Krümmung werden als „Schalsprossen" bezeichnet.

**Lehnenbretter** (Abb. 7.31) und ihre Einarbeitung in die Rückenlehne sind bereits beschrieben worden.

Viele der Entwürfe werden nach dem Motiv benannt, mit dem das Mittelbrett versehen ist. In England sind zum Beispiel „Rad", „Vase", „Prince of Wales", „gotisch" und „Herz" als Bezeichnung gebräuchlich. Natürlich gibt es noch sehr viele andere, die von einzelnen Handwerkern stammen – das Thema könnte Gegenstand eines eigenen Buches sein!

**Beine** (Abb. 7.32): Bei den gedrechselten Beinen eines Stuhles erhält der Handwerker wiederum Gelegenheit, seiner Individualität freien Lauf zu lassen. Die Form der Beine kann variieren, von einem einfachen Rundstab bis hin zu komplizierten gedrechselten Verzierungen, wir zeigen in den Abbildungen eine Reihe von Möglichkeiten. Der aus den Chilterns stammende einfache Entwurf mit drei Rundstäben (Abb. 7.32) ist vermutlich das am häufigsten hergestellte Stuhlbein. Obwohl meist nur die vorderen Beine mit Schmuckelementen versehen werden, können auch die Hinterbeine mit einfachem Dekor versehen werden.

**Streben** (Abb. 7.33): Es gibt verschiedene Möglichkeiten, die Streben zu gestalten, die zwischen den Stuhlbeinen eingefügt werden, um ihnen größere Stabilität zu verleihen. Die erste Möglichkeit ähnelt dem Rahmen aus Streben, der schon für Pfosten-und-Strebe-Stühle beschrieben worden ist. Die einfachste und häufigste Möglichkeit ist ein „H" aus Streben, die in der Mitte verdickt sind, um stärkeres Material zur Verfügung zu haben, in das eingezapft werden kann. Die Vorderbeine werden oft auch durch eine gebogene Strebe verbunden, die im Englischen als Kuhhorn-Strebe bezeichnet wird. Bei besseren Stühlen werden die Streben oft auf die gleiche Weise mit gedrechselten Ornamenten versehen wie die Beine (Abb. 7.34).

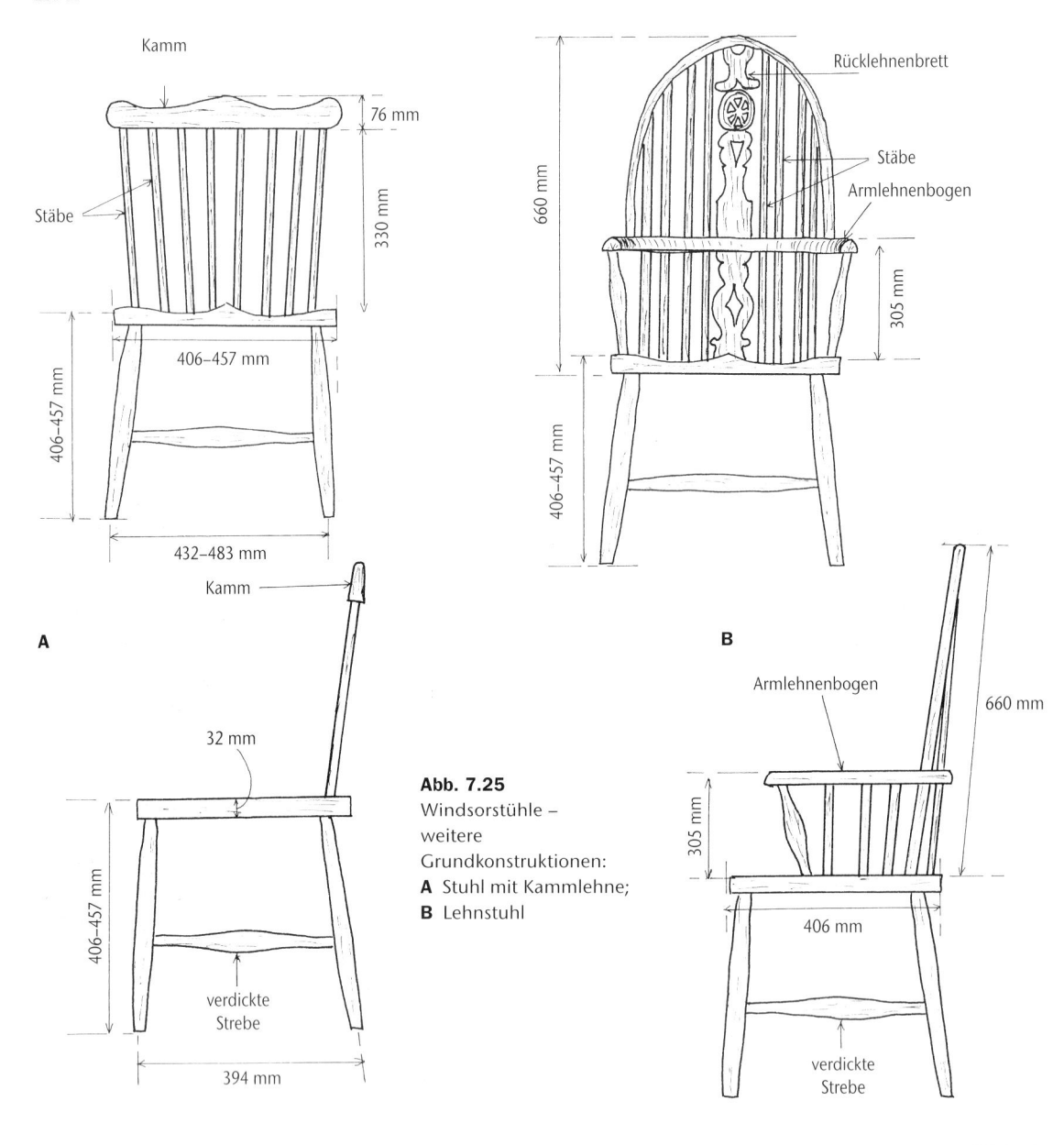

Platte-und-Rundholz-Möbel und Pfosten-und-Strebe-Möbel **Kapitel 7**

**A**

Kamm
Stäbe
76 mm
330 mm
406–457 mm
406–457 mm
432–483 mm

Kamm
32 mm
406–457 mm
394 mm
verdickte Strebe

**Abb. 7.25**
Windsorstühle – weitere Grundkonstruktionen:
**A** Stuhl mit Kammlehne;
**B** Lehnstuhl

**B**

Rücklehnenbrett
Stäbe
Armlehnenbogen
660 mm
305 mm
406–457 mm

Armlehnenbogen
660 mm
305 mm
406 mm
verdickte Strebe

## Hinweise

- Eine tiefer ausgearbeitete Sitzmulde macht den Stuhl bequemer.
- Ulme ist wegen seiner geringen Neigung zum Spalten am besten für die Herstellung der Sitzplatte geeignet.
- Durch das Hinzufügen von Kufen läßt sich ein Schaukelstuhl herstellen. In diesem Fall müssen allerdings die Beine verkürzt werden.
- Bewahren Sie die Muster für gedrechselte Beine oder verzierte Lehnenbretter auf, damit Sie sie später wieder verwenden können.
- Bei guten Stühlen sind alle Kanten, einschließlich der Lehnenbretter, leicht angefast.

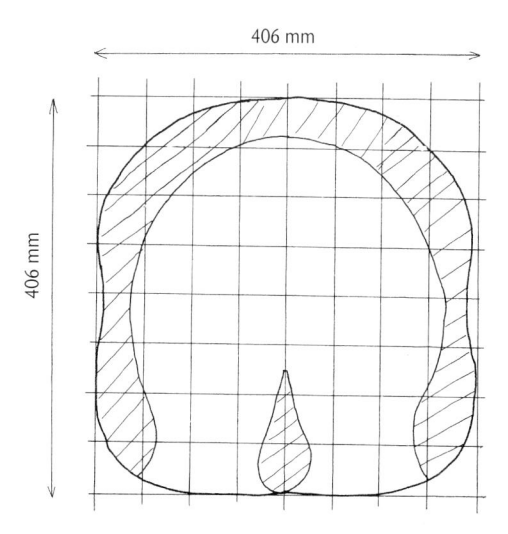

**Kapitel 7** Platte-und-Rundholz-Möbel und Pfosten-und-Strebe-Möbel 173

**Abb. 7.26**
Die Sitzfläche:
abgebildet ist die gebräuchlichste
Formgebung – die schraffierten Gebiete
werden höher gelassen, um die Sitzmulde
zu erzeugen

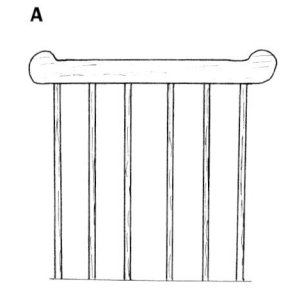

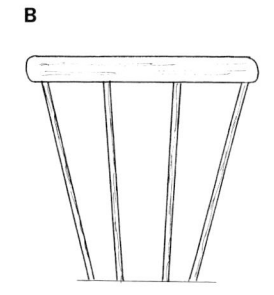

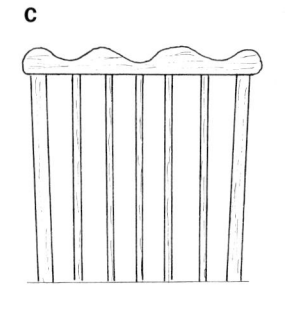

**Abb. 7.27**
Verschiedene Kammrückenlehnen:
**A** einfache Form mit Stäben
und Ohren am Kamm;
**A** Fächerform;
**C** Bandförmiger Kamm und Stäbe;
**D** Brettlehne;
**E** Rücklehnenbrett mit Stäben;
**F** Volutenlehne

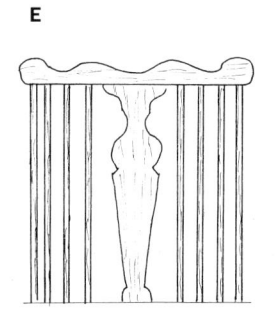

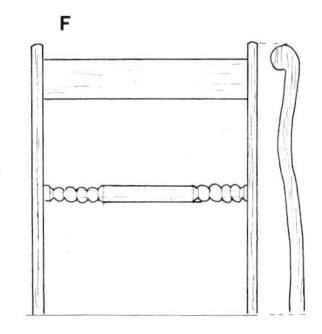

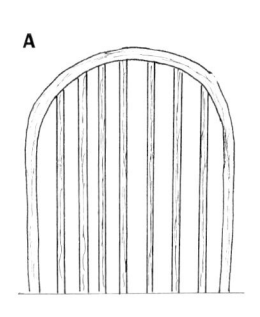

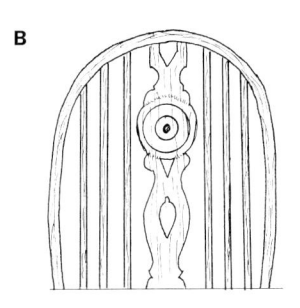

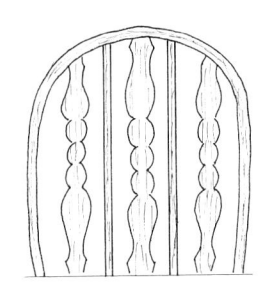

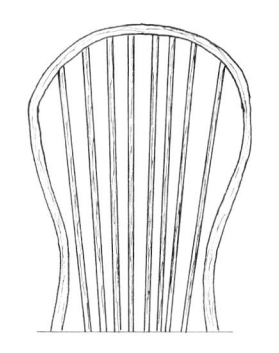

**Abb. 7.28**
Verschiedene Bogenrückenlehnen:
**A** Stäbe;
**B** Rückenbrett und Stäbe;
**C** Bretter und Stäbe;
**D** überkreuzende Stäbe;
**E** Leierform;
**F** Ballonform

**Abb. 7.29**
Rückenlehne eines Mendlesham-Stuhles mit Querhölzern, Rücklehnenbrett, Stäben und Kugeln

**Kapitel 7**  Platte-und-Rundholz-Möbel und Pfosten-und-Strebe-Möbel

**Abb. 7.30**
Verschiedene Kammbretter für Rückenlehnen; Formen, die stark gekrümmt sind, wie **D**, werden im Englischen „Schal-Bretter" genannt

**Abb. 7.31**
Verschiedene Rücklehnenbretter:
**A** Urne;
**B** Säule;
**C** Herz;
**D** Scheibe;
**E** Rad;
**F** Vase;
**G** Prince of Wales;
**H** gotisch

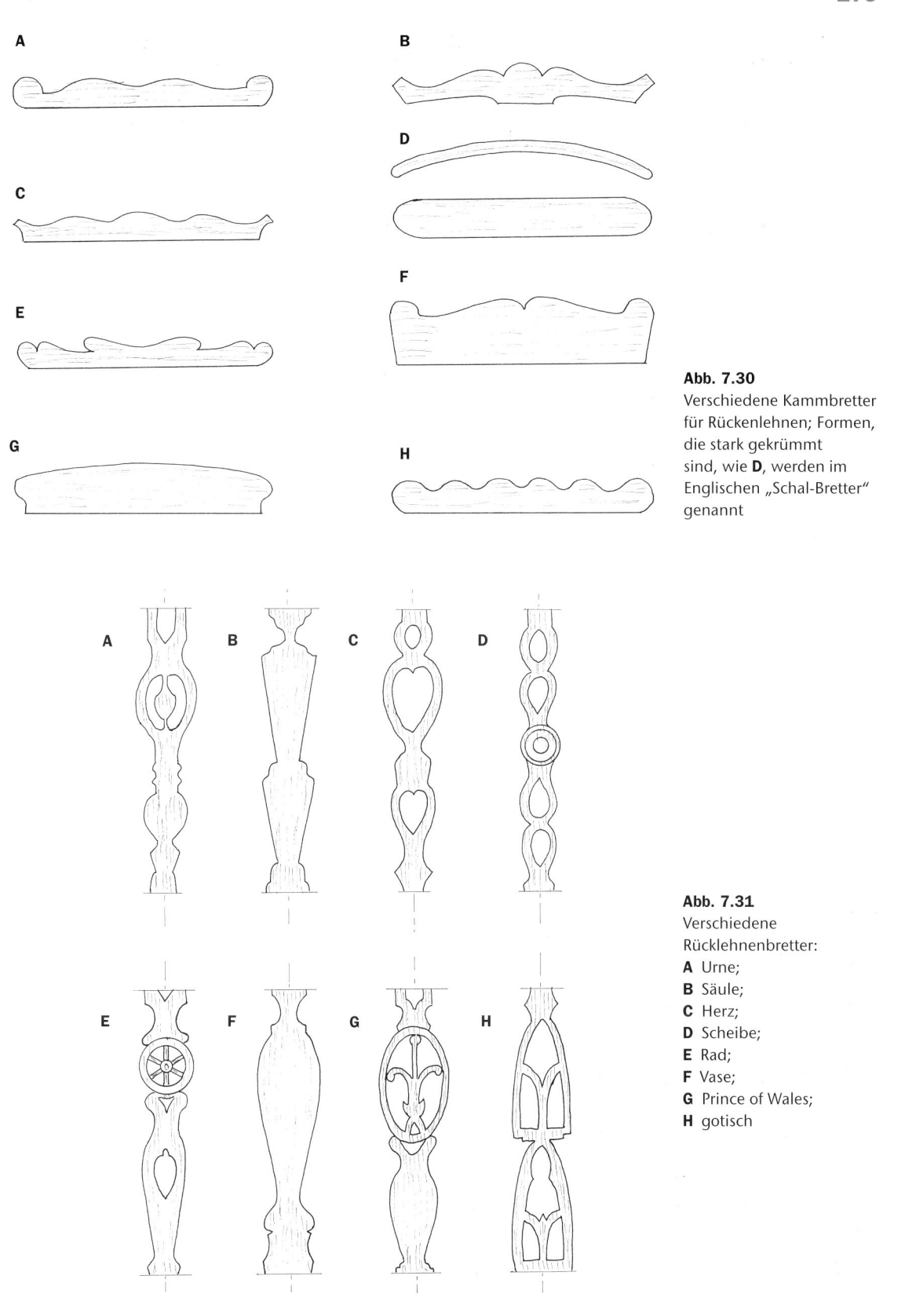

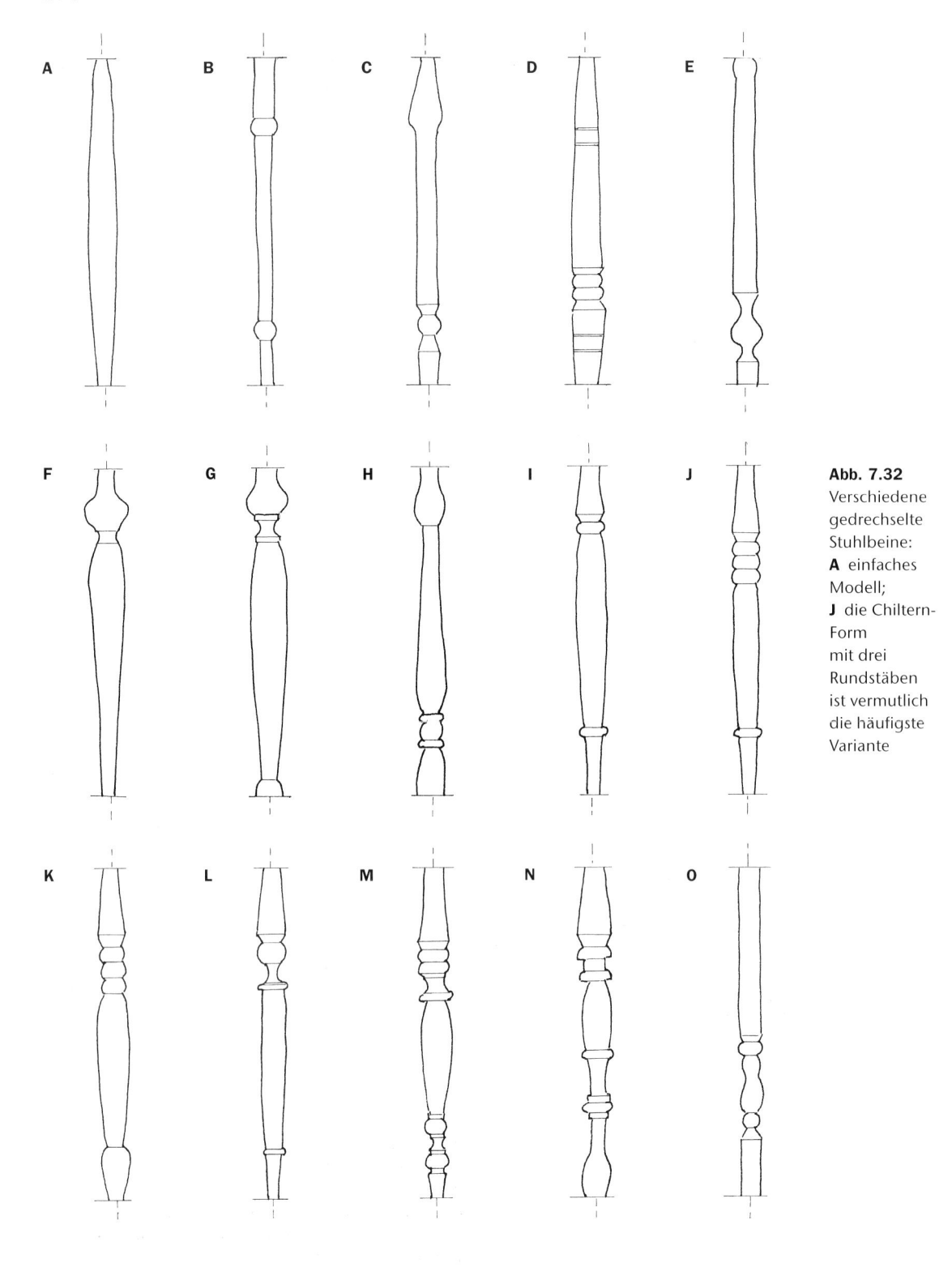

**Abb. 7.32**
Verschiedene gedrechselte Stuhlbeine:
**A** einfaches Modell;
**J** die Chiltern-Form mit drei Rundstäben ist vermutlich die häufigste Variante

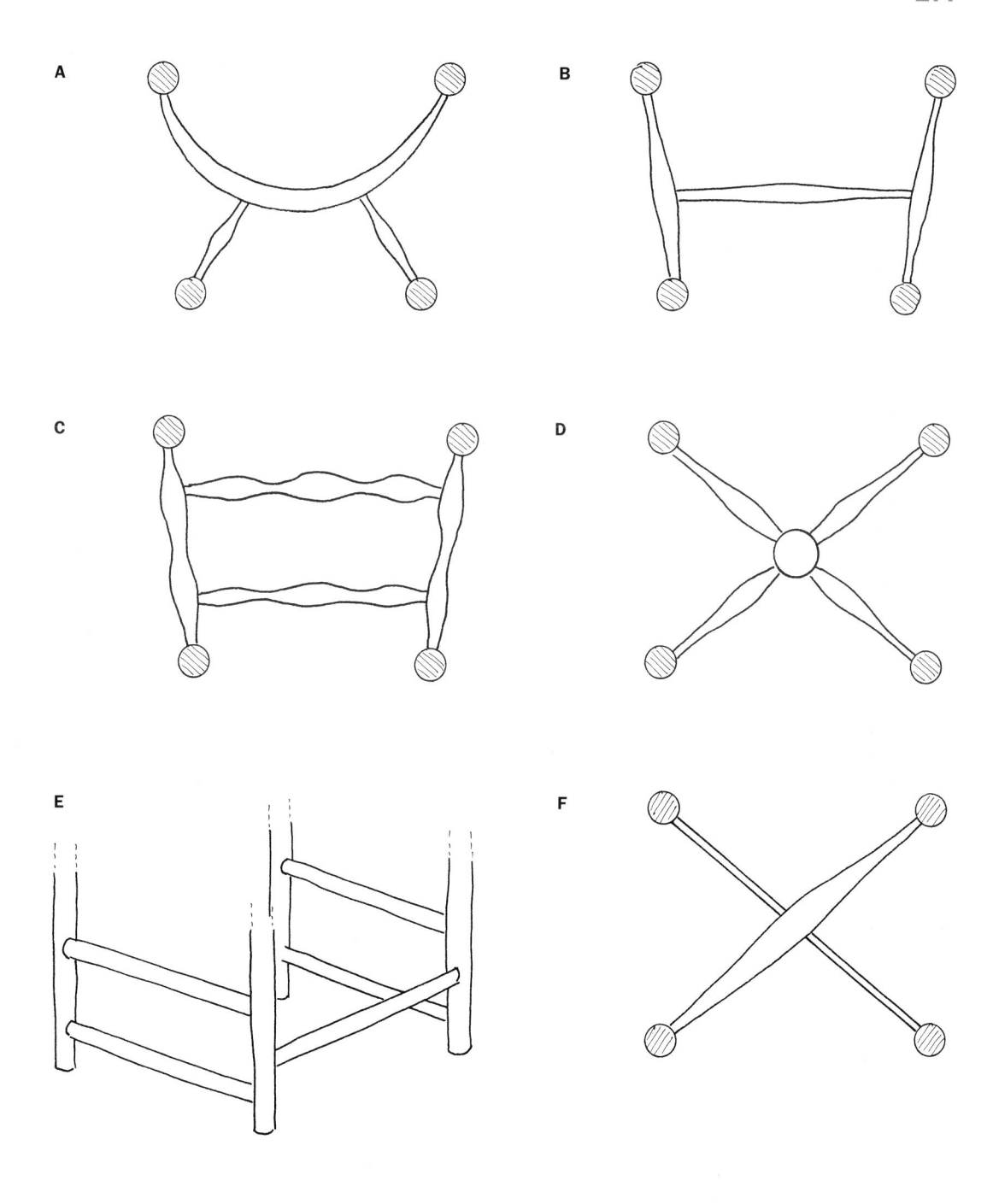

**Kapitel 7** Platte-und-Rundholz-Möbel und Pfosten-und-Strebe-Möbel

**Abb. 7.33**
Strebenanordnungen:
**A** „Kuhhorn"-Streben;
**B** H-Anordnung mit verdickten Streben;
**C** Doppel-H-Anordnung mit mehrfach verdickten Streben;
**D** X-Anordnung mit Kugel;
**E** Kasten-Anordnung;
**F** X-Anordnung mit einer verdickten Strebe

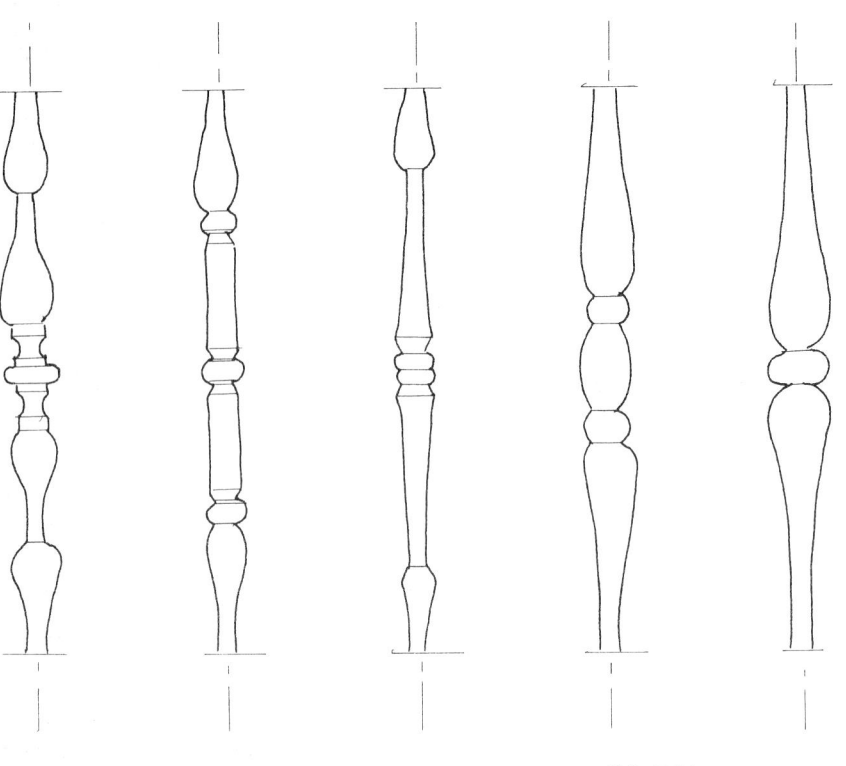

**Abb. 7.34**
Verschiedene Strebenformen. Die aufwendig gedrechselten Exemplare werden meist nur an der Vorderseite des Stuhls verwendet

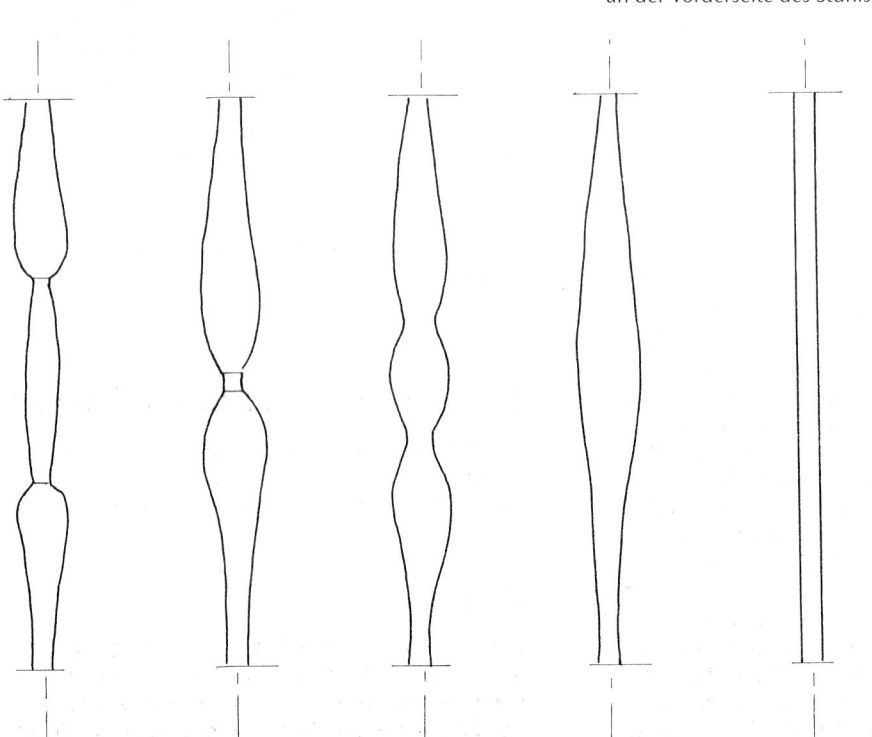

# Körbe

8

## Einleitung

Im Laufe der Jahrhunderte haben sich Hunderte von verschiedenen Korbtypen entwickelt. Sie lassen die Vielfalt der Aufgaben erkennen, für die ein Korb verwendet werden kann, sie machen aber auch die Verbindung von geringem Gewicht, hoher Belastbarkeit und Funktionalität deutlich, durch die sich Körbe allgemein auszeichnen. Wie viele andere Grünholzerzeugnisse auch, zeigen sie einen stark landschaftlich geprägten Charakter, der oft von den örtlich erhältlichen Rohstoffen bestimmt wurde.

Die folgende Beschreibung beschäftigt sich nicht mit Weidenkörben. Das Flechten von Weidenkörben ist ein Handwerk eigenen Rechts, und die von ihm entwickelten Muster würden eine eigene Veröffentlichung rechtfertigen. Statt dessen beschäftigt sich dieses Kapitel mit Körben, die als Grünholzerzeugnisse bezeichnet werden können, da sie aus Rund- oder Spalthölzern hergestellt werden, die aus dem Niederwald stammen. Manche dieser Körbe – der Spankorb etwa – sind wohlbekannt, aber andere, die in manchen Gegenden Frankreichs hergestellt werden, mögen dem einen oder anderen Handwerker noch neu sein.

Körbe werden sowohl im Haus als auch am Arbeitsplatz verwendet. Fast jede Aufgabe, die das Tragen einer kleinen Materialmenge von einer Einzelperson erfordert, kann durch den Einsatz eines Korbes gelöst werden. Vor der Mechanisierung der Landwirtschaft wurde Saatgut beim Säen in Körben getragen. Rindvieh und Pferde wurden aus stabilen runden Körben gefüttert, und am Ende des Jahres waren Körbe unabdingbar, um Obst und Gemüse zu ernten. Das alte Maß „Scheffel" geht im Englischen auf den Korb zurück, dort benötigte man zum Abmessen von Schüttgütern ein „bushel basket". Körbe wurden aber auch verwendet, um Kohlen zu schleppen, Fisch zu transportieren und Muscheln zu sammeln. Ein einzigartiger Behälter war der Töpferpackkorb. Diese bemerkenswerten Körbe konnten bis zu einer Tonne Keramik aufnehmen und als Transportbehälter in alle Ecken der Welt sicher aufbewahren. Zwar sind viele dieser Verwendungszwecke inzwischen verschwunden, aber die Rolle des Korbes im Garten und in der Obstkultur bietet immer noch einer Vielzahl von Korbflechtern ein Auskommen.

Es gibt keine Belegstücke, die sich aus der Frühzeit der Korbflechterei erhalten haben. Die verwendeten Muster werden weitgehend auf grünes Rundholz zurückgegriffen haben (wir wissen, daß in der Steinzeit geflochtene Hürden hergestellt wurden). Nachdem die Technik entwickelt worden war, Holz in einzelne, biegsame Spanstreifen zu zerteilen (eine Fertigkeit, die vermutlich noch vor dem Aufkommen stählerner Werkzeuge wie dem Spaltmesser entstanden war), konnten geflochtene Körbe wie der Spankorb hergestellt werden. Diese Fertigkeiten sind vermutlich zeitgleich in verschiedenen Teilen Europas und Nordamerikas entstanden.

Die meisten der hier beschriebenen Körbe weisen einen kräftigen Rahmen auf, an dem dünnere Teile festgenagelt oder -geflochten werden. Der Rahmen legt die Form des Korbes fest. Heutzutage wird die Form durch Dämpfen der einzelnen Teile erzielt, die dann gebogen und in der entsprechenden Form getrocknet werden. Nachdem das Handwerk diese Entwicklungsstufe erreicht hatte, verlagerte sich die Herstellung vieler Körbe von der Arbeit einzelner Arbeiter, die draußen im Wald arbeiteten, hin zu Werkstätten, in denen viele verschiedene Muster und Zulagen vorgehalten werden konnten. Diese Entwicklung hat bis heute angehalten, viele dieser Körbe werden nicht nur immer noch in kleinen ländlichen Werkstätten hergestellt, sondern zum Teil sogar in denselben Dörfern, in denen sie schon seit Jahrhunderten hergestellt wurden.

## Feste Körbe aus Spanstreifen

Diese Körbe werden alle aus dünnen Spanstreifen hergestellt, die in Form gebogen und an einem vorgefertigten Rahmen festgenagelt werden können.

## Rispen

Diese Korbart wird in England als „trug" bezeichnet. Es ist nicht sicher, wann die ersten Exemplare hergestellt wurden, aber es gibt schriftliche Zeugnisse aus dem 16. Jahrhundert, in denen das Wort „trug" benutzt wird. Im 18. Jahrhundert begann ein gewisser Thomas Smith in dem kleinen Dorf Hurstmonceaux in der Grafschaft Sussex Spankörbe herzustellen. Im 19. Jahrhundert hatte sich aus dem Handwerksbetrieb eine florierende Firma entwickelt, die einen Katalog ihrer Produkte veröffentliche, in dem man 14 verschieden Korbvarianten fand, die in 28 verschiedenen Größen angeboten wurden. Bis zum heutigen Tag werden in Hurstmonceaux Spankörbe hergestellt.

Die Form der Rispe *(Abb. 8.1)* kann von quadratisch bis länglich rechteckig variieren, sie wird durch einen Rahmen aus Spaltholz festgelegt, der aus einem oder zwei Teilen bestehen kann *(Abb. 8.2)*. An dem Rahmen werden ein Anzahl dünner Spanstreifen festgenagelt. Diese Spanstreifen werden auf eine geringe Stärke gehobelt oder geschabt, so daß sie gebogen, wenn auch nicht geflochten werden können. Je nach Größe des Korbes werden sieben oder neun Spanstreifen verwendet *(Abb. 8.3)*. Sie werden in einem eleganten Bogen am Rahmen festgenagelt, so daß sie sich wie die Planken eines Bootes überlappen. Daher rührt vermutlich auch der englische Name „trug", der in skandinavischen Sprachen ein flaches Boot bezeichnete. Manchmal werden an den beiden Enden Verstärkungsplatten verwendet *(Abb. 8.4)*. Zusätzlich werden Holzgurte angebracht *(Abb. 8.5)*, bei Gartenkörben zwei Stück, bei größeren Körben für den Stall jedoch fünf. Die meisten Gartenkörbe haben einen umlaufenden Tragegriff, der aus einem Stück besteht und an jedem Span des Korbes festgenagelt wird. Größere Körbe, wie sie etwa im Stall verwendet werden, haben an den Schmalseiten Griffe, die aus dem Rahmen gebildet werden *(Abb. 8.6)*. Gartenkörbe werden meist auch mit zwei Füßen versehen, die verhindern, daß die dünnen Spanstreifen des Korbes mit dem nassen Boden in Berührung kommen, und dadurch die Lebensdauer des Korbes erhöhen *(Abb. 8.7)*. Obwohl sich die meisten For-

**Tabelle 8.1**  Details verschiedener Rispen

| Art | Größe | Breite | Zahl der Spanstreifen | Merkmale |
|---|---|---|---|---|
| Einfache oder Gartenrispe | 241–711 mm | 127–381 mm | 7 | 2 Verstärkungen, Füße nach Bedarf, Henkel aus Rund- oder Spaltholz |
| Schmuckkorb – rechteckig | 203–254 mm | 203–254 mm | 7 | weißes Holz, keine Verstärkungen, Füße, Henkel |
| Strickkorb | 381–432 mm | 152 mm | 7 | weißes Holz, 2 Griffe, Füße |
| Futterkorb für Pferde | 457–610 mm |  | 9 | rund, kein Henkel 3 Verstärkungsplatten |
| „Scheffel"-Korb | 457–610 mm | 356–381 mm | 9 | 2 Griffe, 5 Verstärkungsplatten, keine Füße |
| Kohlenkorb | 445–584 mm | 241–305 mm | 9 | Henkel und Griff, Füße, Korb an einem Ende schmal zulaufend |
| Schmuckkörbchen | 178 mm | 102 mm | 5 | weißes Holz, Henkel, Füße |

**Kapitel 8** Körbe

men des Spankorbes durch die Verwendungszwecke im Garten oder in der Landwirtschaft erklären lassen, gibt es doch auch einige Sonderformen *(Abb. 8.8)*. Dazu gehören etwa Kohlenkörbe oder auch kleinere „weiße" (vollkommen entrindete) Körbe, in denen Stricksachen oder Schmucksachen aufbewahrt werden. Am ungewöhnlichsten ist vermutlich die Korbform, die in der Grafschaft Sussex zum Sammeln von Blumen und Obst verwendet wird: Durch den Boden des Korbes ist ein Spazierstock geführt, so daß der Besitzer ernten kann, ohne sich bücken zu müssen *(Abb. 8.9)*. In der *Tabelle 8.1* sind die Details für einige dieser Körbe angegeben.

Die Herstellung von Spankörben ist immer noch ein häufig ausgeübtes Handwerk, und moderne Grünholzarbeiter entwickeln neue Formen, die zu vielfältigeren Wahlmöglichkeiten für den Kunden führen werden. Die *Abbildung 8.10* zeigt ein Beispiel von Chris Thompson.

## Hinweise

> Verwenden Sie Weide für die Spanstreifen und Hasel oder Kastanie für die Tragegriffe und Gurte.

> Formen Sie die Spanstreifen so, daß sie den zur Verfügung stehenden Raum ausfüllen.

> Verbinden Sie Tragegriff und Rand des Korbes mit überlappenden Verbindungen *(Abb. 8.13)*.

> Dämpfen Sie den Rahmen und die Griffe, so daß sie in die erwünschte Form gebogen werden können, ohne zu splittern oder reißen.

> Verwenden Sie Kupfernägel oder verzinkte Stahlnägel, die nicht rosten. Sie sollten lang genug sein, um sich auf der Rückseite umbiegen zu lassen.

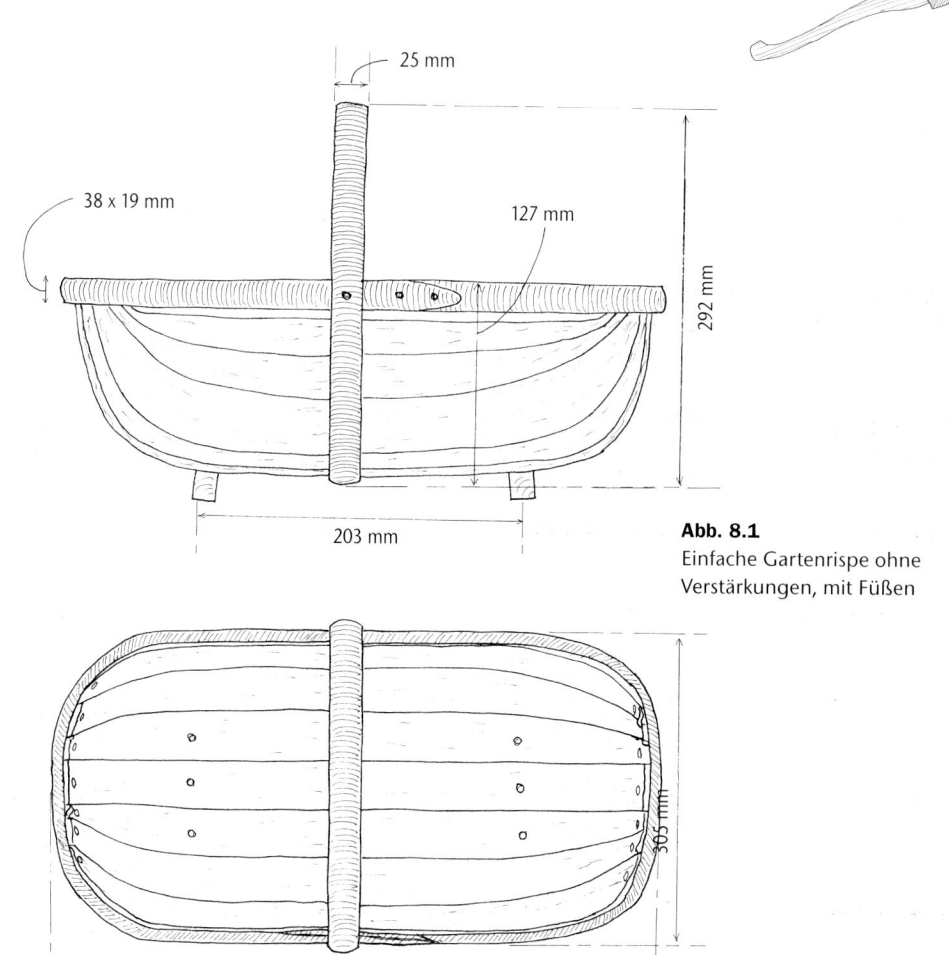

**Abb. 8.1**
Einfache Gartenrispe ohne Verstärkungen, mit Füßen

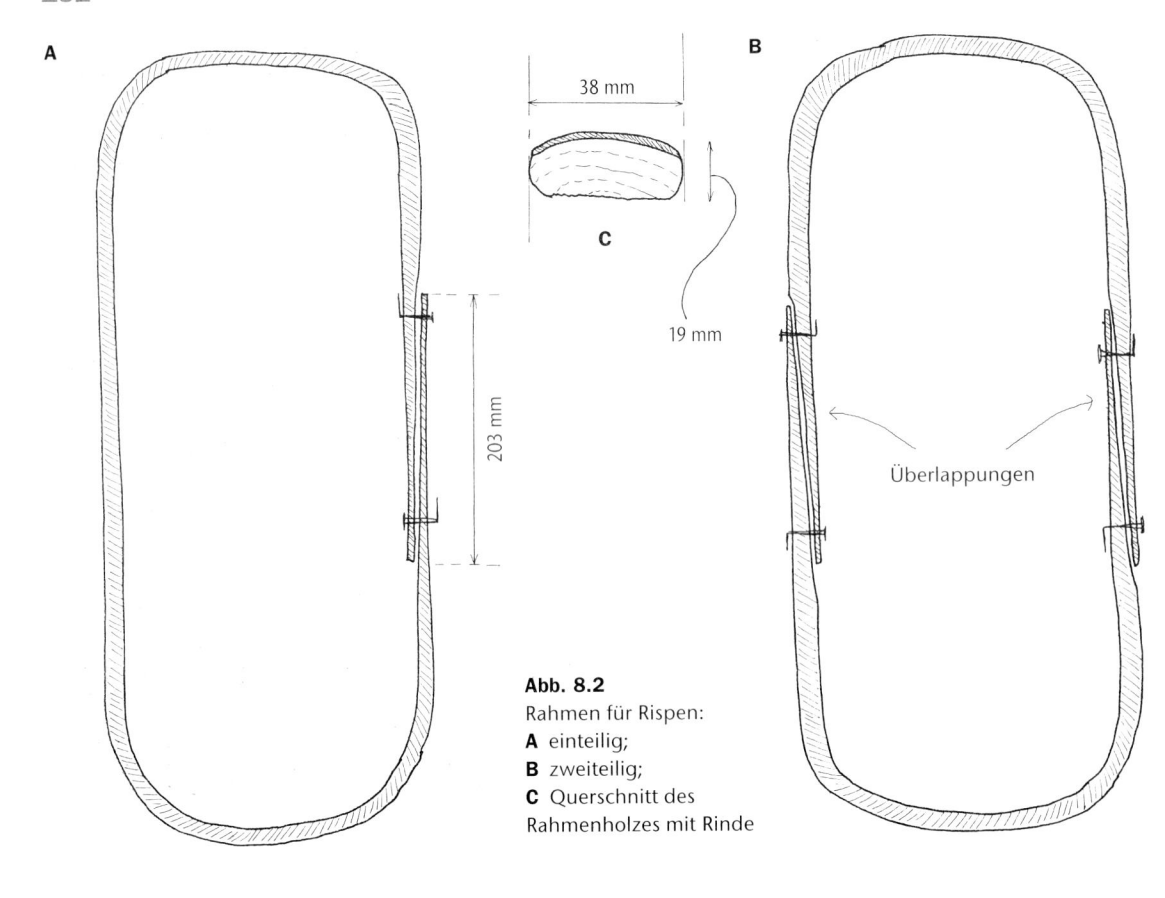

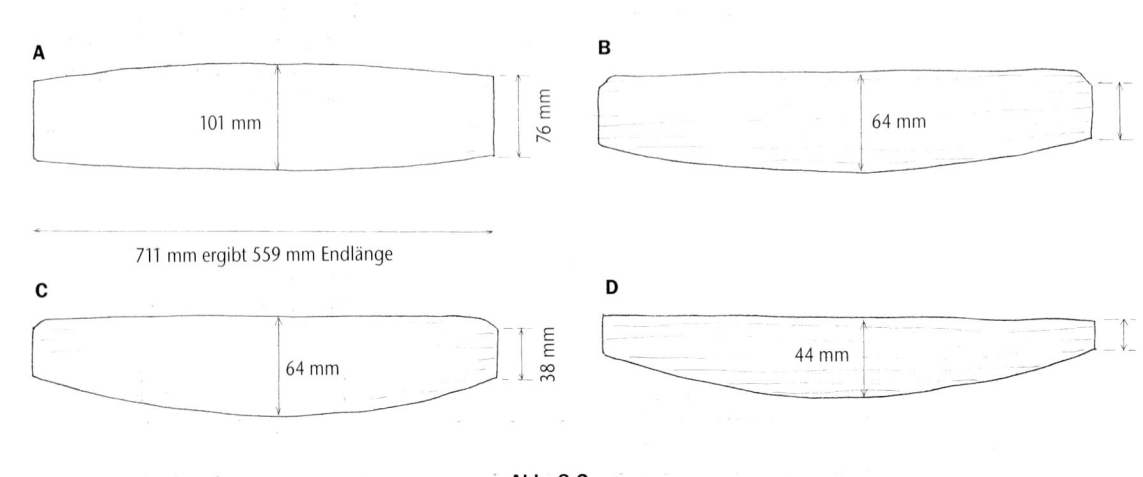

**Abb. 8.2**
Rahmen für Rispen:
**A** einteilig;
**B** zweiteilig;
**C** Querschnitt des Rahmenholzes mit Rinde

38 mm
19 mm
203 mm
Überlappungen

**Abb. 8.3**
Form der Spanstreifen:
Für eine Rispe benötigt man:
**A** einen Mittelspan;
**B** und **C** zwei oder vier Seitenstreifen;
**D** zwei Randstreifen

A: 101 mm; 76 mm; 711 mm ergibt 559 mm Endlänge
B: 64 mm
C: 64 mm; 38 mm
D: 44 mm

**Kapitel 8**  Körbe

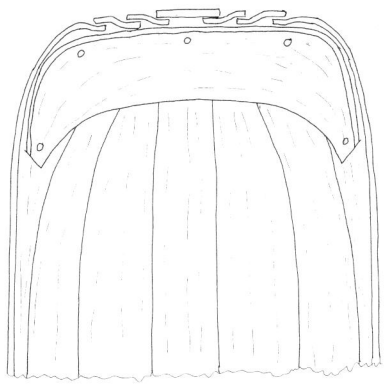

**Abb. 8.5**
Gurte:
**A** zwei Gurte an einer Gartenrispe;
**B** fünf Gurte an einer größeren Rispe („Scheffel")

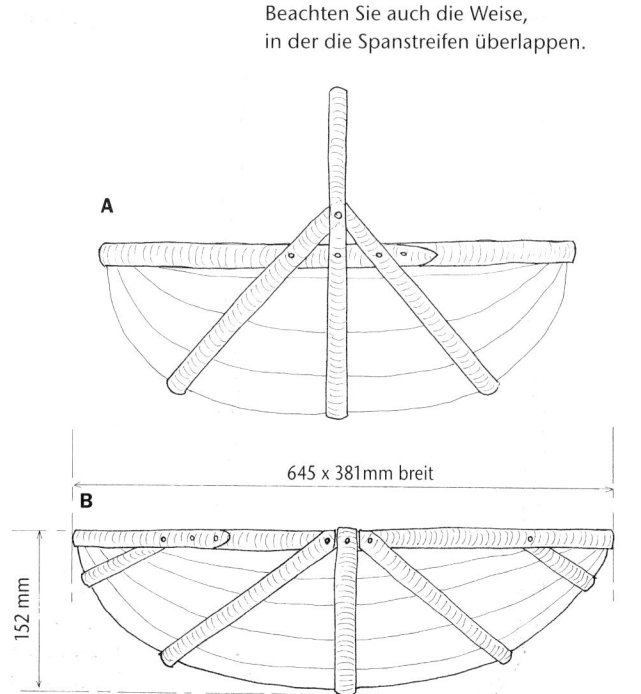

**Abb. 8.4**
Gegebenenfalls kann die Rispe an den Schmalseiten verstärkt werden. Beachten Sie auch die Weise, in der die Spanstreifen überlappen.

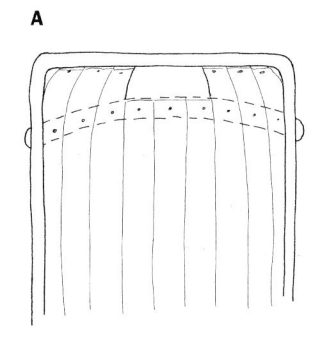

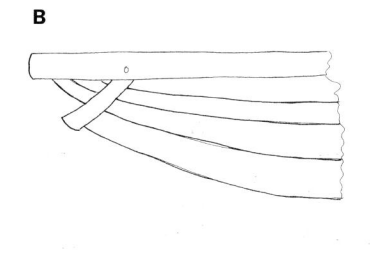

645 x 381mm breit
152 mm

**Abb. 8.6**
Rahmengriff an einer Rispe:
**A** Spanstreifen werden ausgesägt und ihre Enden am Gurt festgenagelt;
**B** Seitenansicht

**Abb. 8.7**
Typische Form eines Rispenfußes

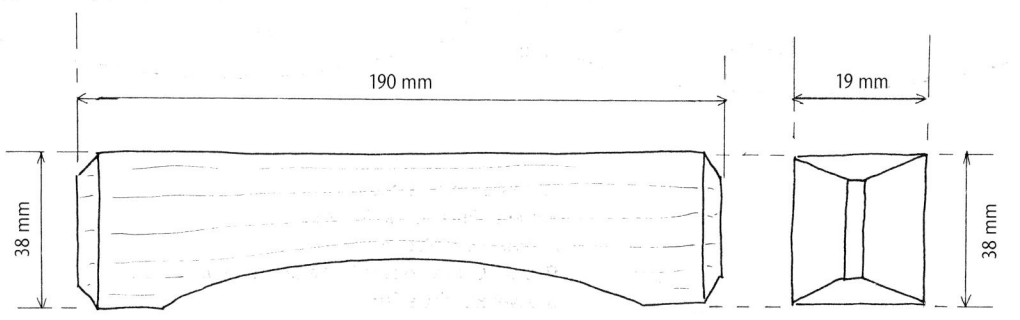

190 mm    19 mm
38 mm    38 mm

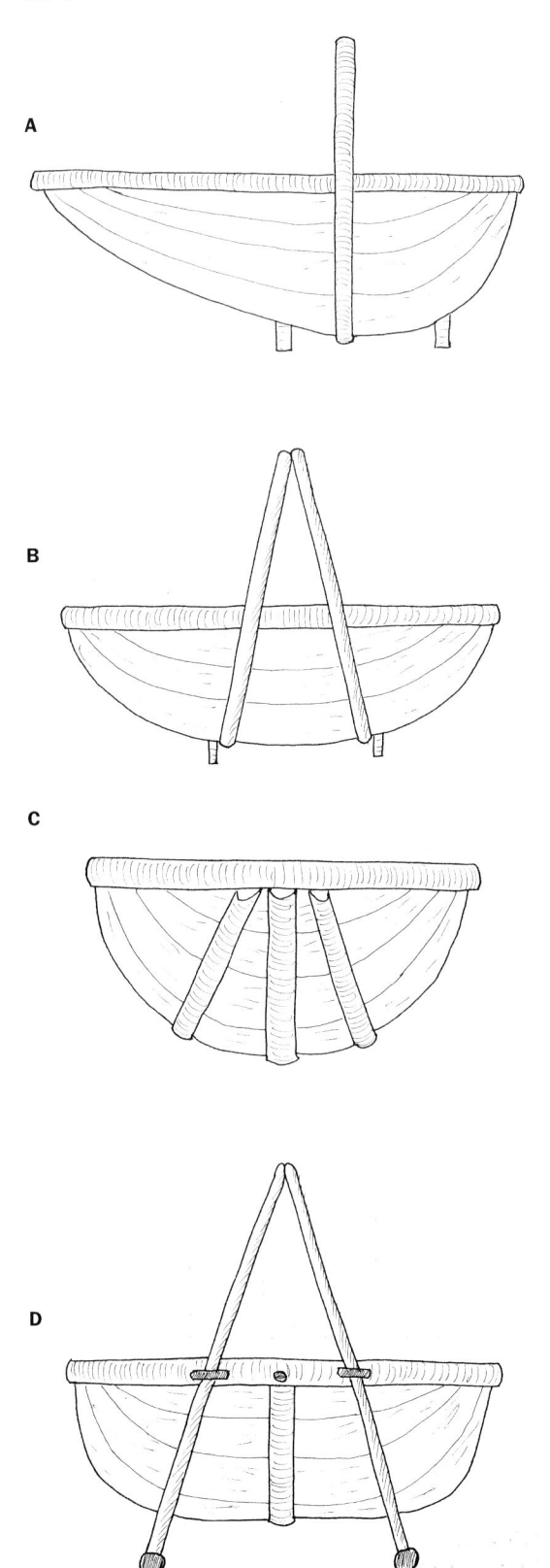

**Abb. 8.8**
Verschiedene Rispen:
**A** Kohlenkorb;
**B** Strickkorb;
**C** Futterkorb;
**D** Handarbeitskorb

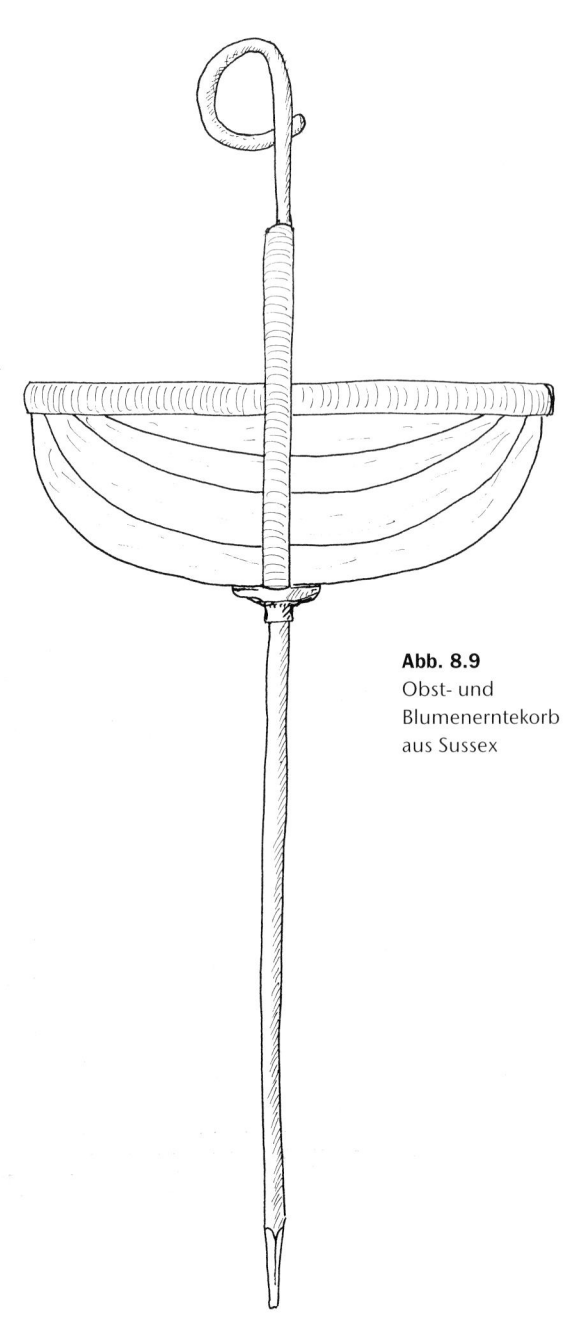

**Abb. 8.9**
Obst- und Blumenerntekorb aus Sussex

**Kapitel 8** Körbe

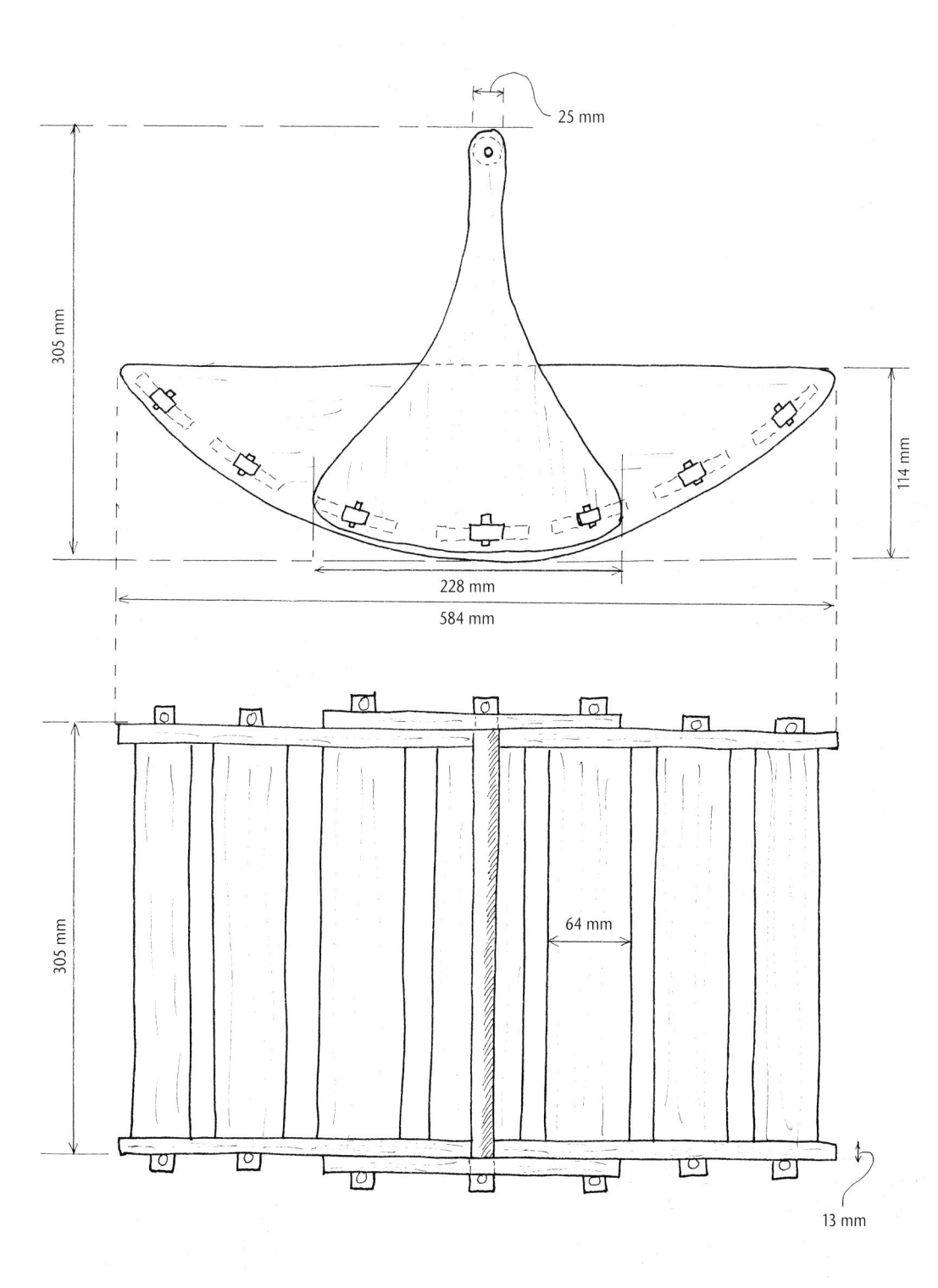

**Abb. 8.10**
Moderne Rispe

## Der Devon-Splint-Korb

Diese Körbe sind ein besonders robuster Typus, der auf den Märkten der Grafschaft Devon viel verwendet wird. „Splint"-Körbe bestehen aus durchgehenden Seiten und Boden und werden mit einem Tragehenkel aus Rundholz versehen *(Abb. 8.11)*. Die Spanbrettchen, aus denen die Seitenwände bestehen, heißen im Englischen „splint", daher haben die Körbe auch ihren Namen. Die Brettchen sind dünne Spanstreifen aus geradfaserigem Holz, die etwas an Schindeln erinnern. Sie werden in verschiedenen Breiten zugerichtet, je nach ihrer Position am Korb, weisen aber immer parallel Kanten auf, so daß sie zwar alle an der Unterseite des Korbes aufeinandertreffen, aber oben Lücken zwischen ihnen entstehen *(Abb. 8.12)*. Die Spanstreifen werden in regelmäßigen Abständen angebracht, bei einem großen Korb verwendet man 22 Stück, bei einem kleineren 18 Stück. Sie werden jeweils am Boden und am oberen Rahmen festgenagelt, die zusammen Form und Größe des fertigen Korbes bestimmen. Die Seitenwände werden durch einen zweiten Rahmen verstärkt, der etwa auf halber Höhe der Spanbrettchen um den Korb herumgelegt wird *(Abb. 8.13)*.

## Hinweise

➢ Verwenden Sie geradfaseriges, astfreies Holz, um gleichmäßige und gerade Spanstreifen zu erhalten.

➢ Bohren Sie an den Enden der Spanstreifen Löcher für die Nägel vor, um das Ausreißen zu verhindern.

➢ Der Boden und die Seiten können aus Esche, Eiche oder Kastanie hergestellt werden, Rahmen und Henkel am besten aus nicht entrindetem Hasel.

➢ Die Rahmen und Henkel werden am besten gedämpft und dann in Form gebogen.

**Abb. 8.11**
Devon-Splint-Korb

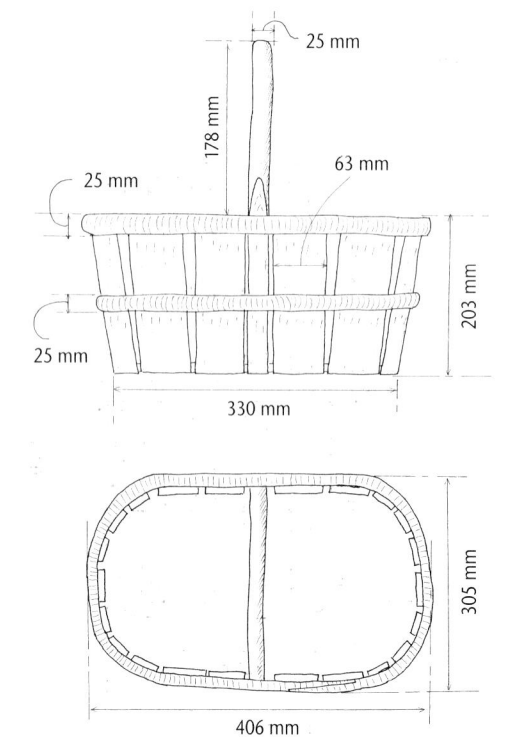

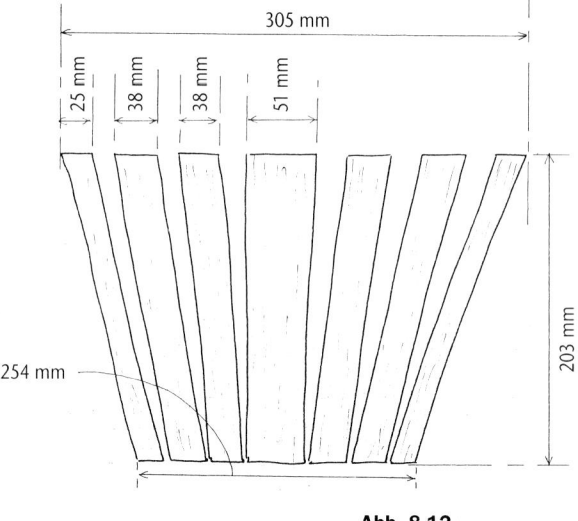

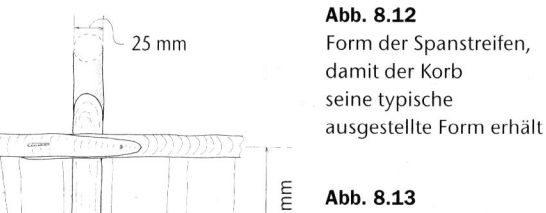

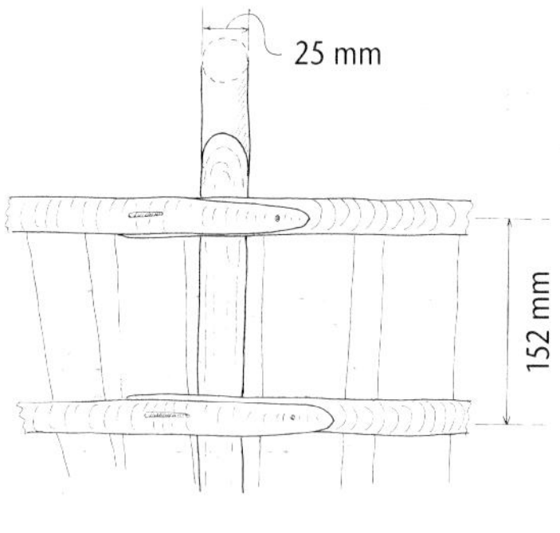

**Abb. 8.12**
Form der Spanstreifen, damit der Korb seine typische ausgestellte Form erhält

**Abb. 8.13**
Form des Henkels, Rahmens und Verstärkungsringes bei einem Splint-Korb

**Kapitel 8** Körbe

# Der Haute-Vienne-Korb (Frankreich)

Dieser leichte und stabile Korb wird in seiner Heimat bei der Obst- und Gemüseernte und beim Pilzsammeln verwendet *(Abb. 8.14)*. Er besteht aus kräftigen Eschenspalthölzern *(Abb. 8.15)*, die gedämpft und in die gewünschte Form gebogen werden. Die Form und die Größe des Korbes werden durch die vier waagerechten Reifen bestimmt, die ihn umgürten. Sie werden so geschnitten, daß sich an ihren Enden eine lange Überlappung ergibt, die genagelt werden kann, um einen geschlossenen Reifen zu ergeben. Diese Reifen werden durch den Henkel, der um den ganzen Korb herumgeführt wird, an Ort und Stelle gehalten. Die Längsteile bilden sowohl den Boden als auch die Schmalseiten des Korbes. Alle Teile werden miteinander vernagelt und ergeben so ein leichtes, aber starres Gebilde.

## Hinweise

- Esche eignet sich am besten für diese Körbe, da man aus ihr am ehesten gleichmäßige, gerade Stücke spalten kann, die sich gut dämpfen und in Form biegen lassen.

- Schützen Sie den Korb vor Borkenkäferbefall, indem Sie ihn entrinden.

- Entfernen Sie alle kleinen Spanstreifen vom Holz, um den Korb glatt und im Gebrauch ungefährlich zu machen.

- Verwenden Sie verzinkte Stahlnägel oder Nägel aus Kupfer.

- Benutzen Sie eine Vorrichtung, um die gedämpften Holzteile in der erwünschten Form zu halten, bis sie getrocknet sind.

**Abb. 8.14**
Der Haute-Vienne-Korb

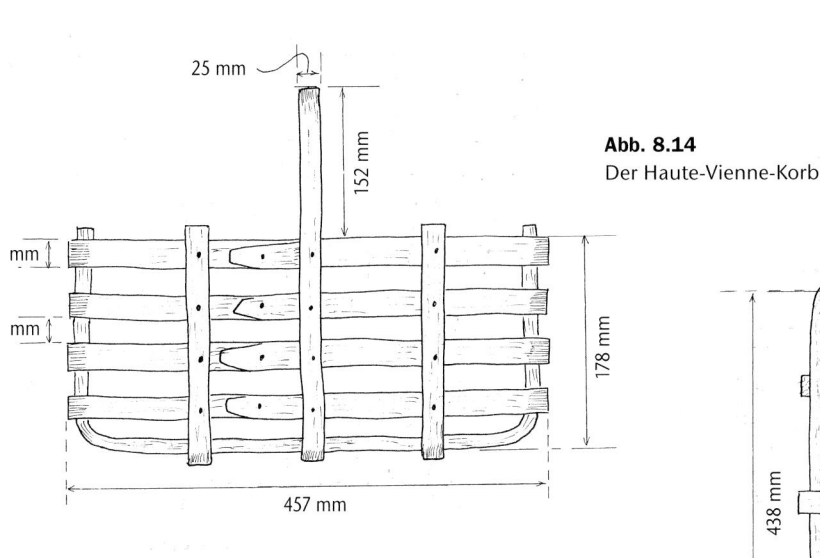

**Abb. 8.15**
Herstellung des Eschen-Spaltholzes für den Haute-Vienne-Korb

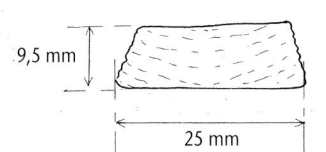

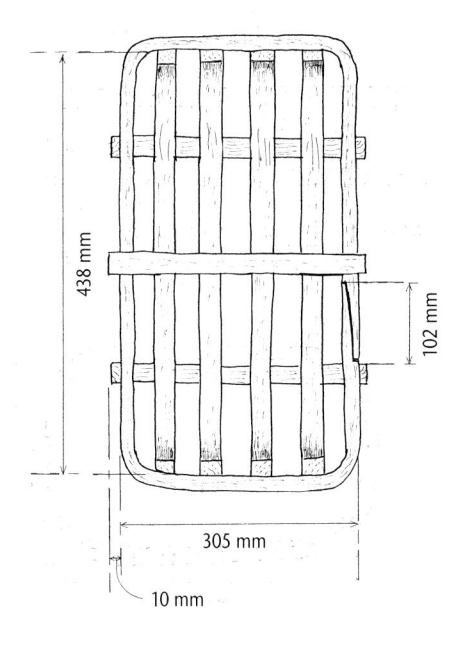

# Geflochtene Holzkörbe

Diese Körbe werden aus Spanstreifen oder dünnen Brettchen hergestellt, die dünn und biegsam genug sind, um sie flechten zu können. Sie benötigen einen Rahmen, der dem fertigen Korb die Form gibt und ihm Stabilität verleiht.

## Spankörbe

Diese bemerkenswerten Körbe wurden seit Jahrhunderten in allen Teilen Europas hergestellt und für viele verschiedene Zwecke verwendet, wo es auf ihre einfache und stabile Konstruktion ankam. In England gibt es Zeugnisse, die bis in das 15. Jahrhundert zurückreichen (Barratt) und von „spelks" (Spankörben) aus der Grafschaft Cumbria berichten. In dieser Gegend wächst die Eiche in Niederwaldbeständen in der erforderlichen Qualität und in ausreichenden Mengen. Auch heute werden diese Körbe dort noch hergestellt, wenn auch in geringerer Anzahl als einst. Ähnliche Körbe werden sowohl in Frankreich als auch in den Appalachen in den Vereinigten Staaten hergestellt. In den Bergen der Appalachen wächst mit der amerikanischen Weißeiche ein ideales Rohmaterial.

Die Grundkonstruktion eines geflochtenen Spankorbes *(Abb. 8.16)* besteht aus einem ovalen Rand, an dem die einzelnen Staken befestigt werden, indem sie geflochten, gebunden oder durch Schlitze im Rahmen gesteckt werden *(Abb. 8.17)*. Die Staken bilden die „Kette" des Flechtwerks und werden zuerst angebracht. Sie überspannen die Breite des Ovals. Danach werden die im Englischen als „taws" bezeichneten Ruten (bei Geweben der „Schuß") eingearbeitet, um den fertigen Körper des Korbes zu bilden. An beiden Enden des Korbes werden Lücken im Flechtwerk gelassen, damit der Rand als Griff dienen kann *(Abb. 8.18)*. Geflochtene Spankörbe werden aus feuchtem, biegsamem Holz hergestellt. Wenn das Holz trocknet, zieht sich das Flechtwerk zusammen, wird härter und nimmt seine endgültige Form an, um so einen zähen, nahezu unverwüstlichen Korb zu ergeben.

Bestimmte Formen des geflochtenen Spankorbes wurden traditionell für bestimmte Zwecke verwendet und trugen eigene Namen. So waren die Körbe aus dem englischen Ort Furness angeblich dichter geflochten als jene aus Wyre oder dem Norden der Grafschaft Devon. Man sagte ihnen sogar nach, daß sie dicht genug wären, auch pulverförmige Materialien zu halten. „Seitenkörbe" wurden auf der Hüfte getragen und besaßen auf der dem Körper gegenüberliegenden Seite einen runden Stab, der als Griff diente *(Abb. 8.18)*. „Saatkörbe" hatten eine nierenförmige Einbuchtung für die Hüfte und waren mit Gurten ausgerüstet, die über die Schulter des Sämanns getragen wurden *(Abb. 8.19)*. Miesmuschelkörbe aus Morecambe Bay waren rund, ziemlich tief und mit einem gebogenen Henkelgriff ausgestattet *(Abb. 8.20)*. Korbschippen, mit denen man Kohle oder ähnliches Material schaufeln konnte, sind an einem Ende flach und haben am entgegengesetzten Ende einen Griff *(Abb. 8.21)*. Kartoffelkörbe wurden aus wesentlich schmaleren Spanstreifen hergestellt, die aus Hasel-, Eschen- oder Weidenholz sein konnten, ähnelten aber sonst den normalen geflochtenen Spankörben. Bei den „Wisket"-Körben aus Wales laufen die Staken aus Hasel oder Eiche in Längsrichtung des Korbes. Die Ruten sind aus Weide. „Wiskets" haben an den Längsseiten Griffe *(Abb. 8.22)*.

### Hinweise

> Verbinden Sie die Enden des Randes großzügig überlappend. Die Verbindung kann genagelt, gebunden oder mit Haken versehen werden *(Abb. 8.23)*.

> Das Holz sollte vor der Verarbeitung getrocknet werden – so schrumpft es weniger im fertigen Erzeugnis.

> Das Holz, aus dem die Spanstreifen hergestellt werden, muß vor dem Spalten gekocht werden, und die Spanstreifen dürfen während der Flechtarbeit nicht trocken werden, sonst können sie brechen.

> Die Flechtarbeit läßt sich dicht gestalten, wenn man verschieden breite Spanstreifen verwendet.

> Der Rand des Korbes wird normalerweise aus Hasel, Esche oder Birke hergestellt. Die zähesten Spanstreifen stammen von Eschen und Eichen. Das Holz muß allerdings geradfaserig, astfrei und etwa dreißig Jahre alt sein.

> Die Spanstreifen, mit denen geflochten wird, sollten keine kleineren Späne aufweisen, an denen man sich verletzen kann.

**Kapitel 8** Körbe

**Tabelle 8.2** Details verschiedener Körbe aus Spaltholz

| Art | Größe | Sonstiges |
|---|---|---|
| Einfache Rispe | Länge 406–1016 mm<br>Breite 508 mm<br>Tiefe 203 mm | Regelmäßige ovale Form, nach Bedarf Rahmengriffe an den Schmalseiten, die Staken laufen in Querrichtung |
| Seitenrispe | Länge 609 mm,<br>Breite 457 mm<br>Tiefe 127 mm | Abgeflacht ovale Form mit einem Stabgriff an einer Seite |
| Saatkorb | Länge 559 mm<br>Breite 356 mm<br>Tiefe 127 mm | Nierenförmig mit einem Rahmengriff an einer Seite |
| Sämannskorb | Länge 609 mm<br>Breite 457 mm<br>Tiefe 127 mm | Abgeflacht ovale Form mit Schulterriemen aus Leder und einem gedrechselten Griff an einer Seite. Wird in Südengland aus Esche und Weide hergestellt |
| Miesmuschelkorb | Durchmesser 914 mm<br>Tiefe 152 mm | Tiefer, runder Korb mit Henkel in der Mitte |
| Kartoffelkorb | Länge 609 mm<br>Breite 406 mm<br>Tiefe 127 mm | Länglicher Korb mit gerundeten Ecken, Rahmengriffe an beiden Schmalseiten, die Staken laufen in Querrichtung, kann aus Esche oder Weide hergestellt werden |
| „Wisket" | Länge 660 mm<br>Breite 432 mm<br>Tiefe 127 mm | Die Staken laufen in Längsrichtung, Rahmengriffe an beiden Schmalseiten; kann aus Esche oder Weide hergestellt werden |

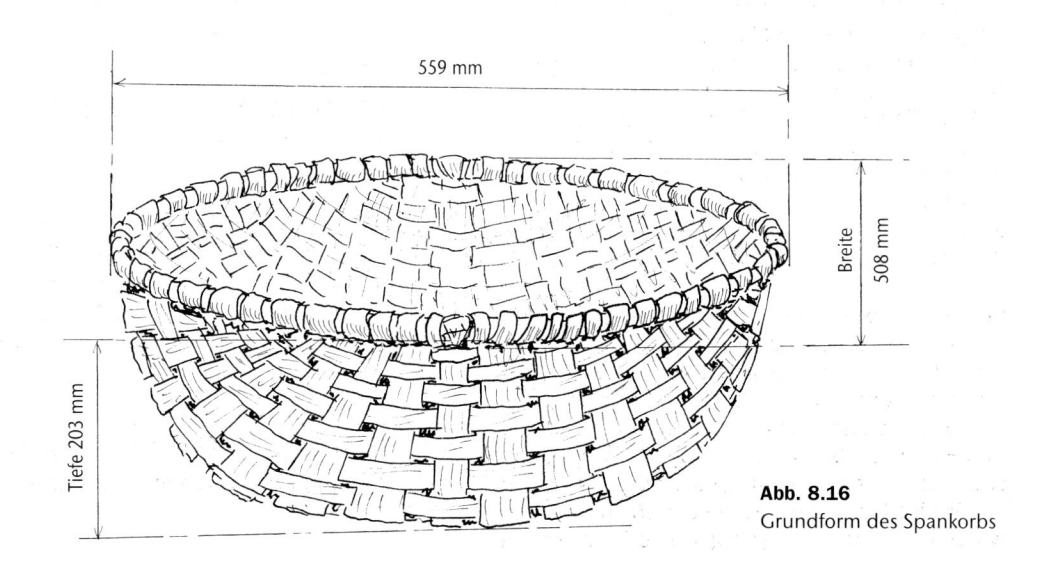

**Abb. 8.16**
Grundform des Spankorbs

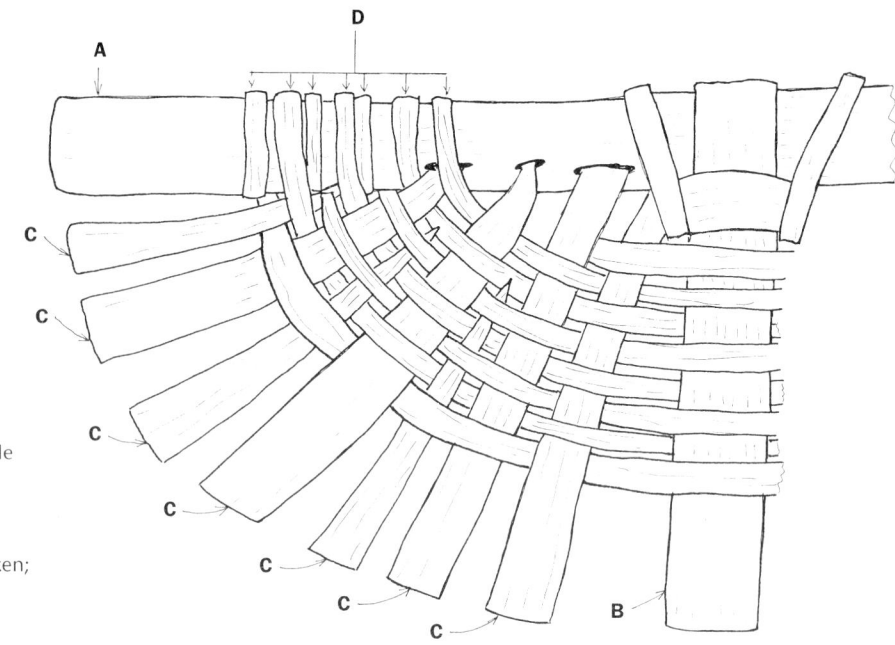

**Abb. 8.17**
Details der Bestandteile
eines Spankorbes
und der Flechtarbeit:
**A** Rahmen;
**B** überlappender Staken;
**C** Staken;
**D** Ruten

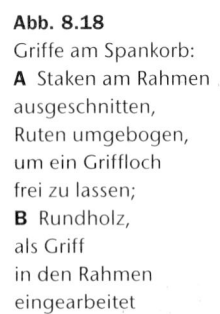

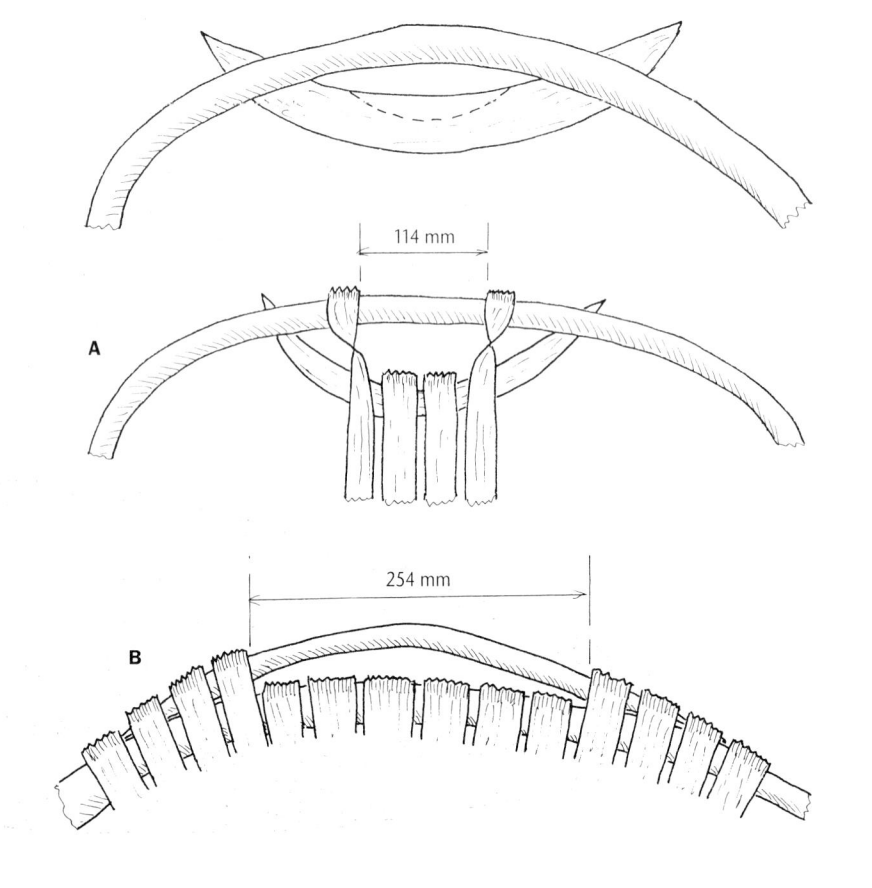

**Abb. 8.18**
Griffe am Spankorb:
**A** Staken am Rahmen
ausgeschnitten,
Ruten umgebogen,
um ein Griffloch
frei zu lassen;
**B** Rundholz,
als Griff
in den Rahmen
eingearbeitet

**Kapitel 8**  Körbe

**Abb. 8.19**
Saatkörbe:
**A** nierenförmiger Saatkorb mit offenem Griffloch;
**B** „Sämanns"-Korb mit Holzgriff und Schultergurt

A

B

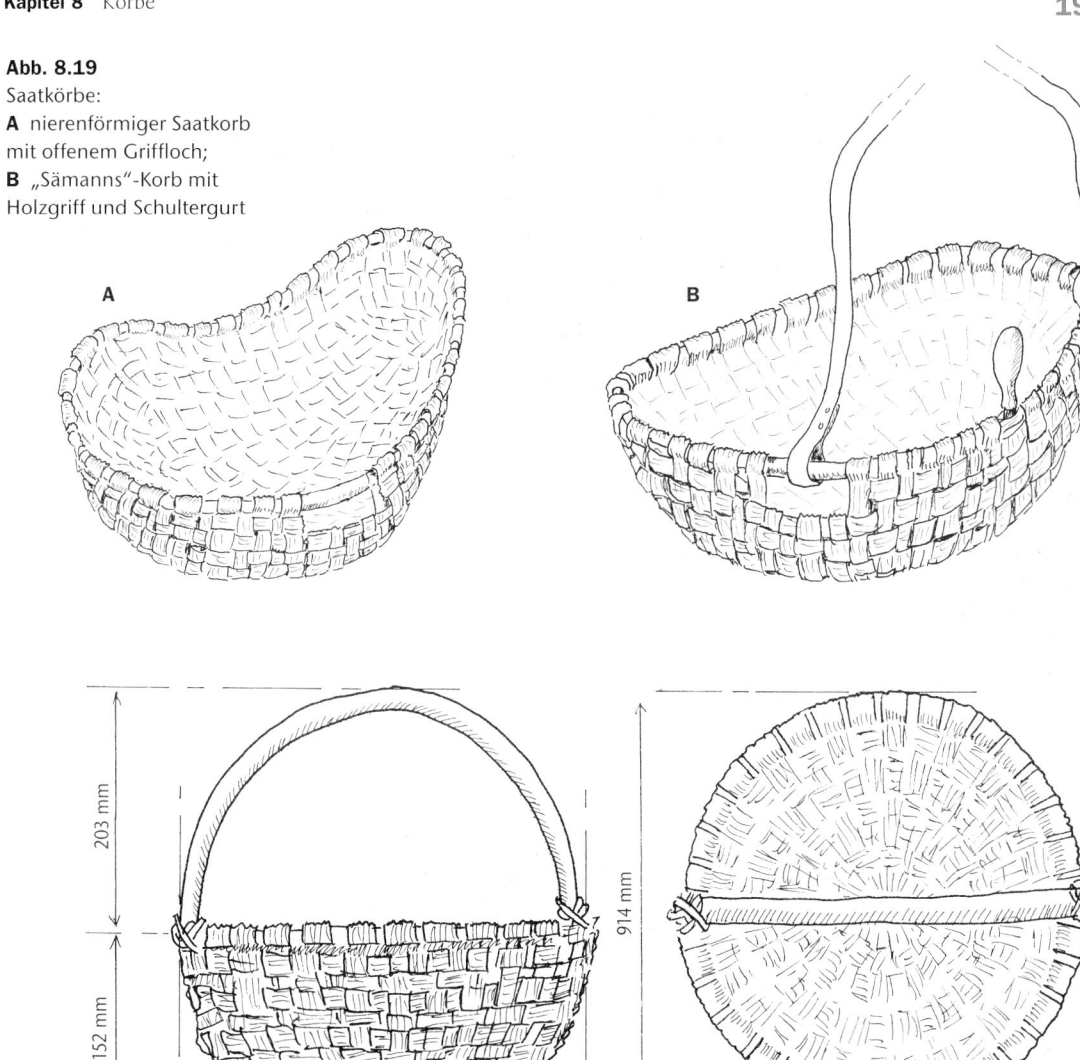

**Abb. 8.20**
„Morecambe Bay"-Korb für Muscheln

**Abb. 8.21**
Korbschippe für Kohlen, Erde und ähnliches

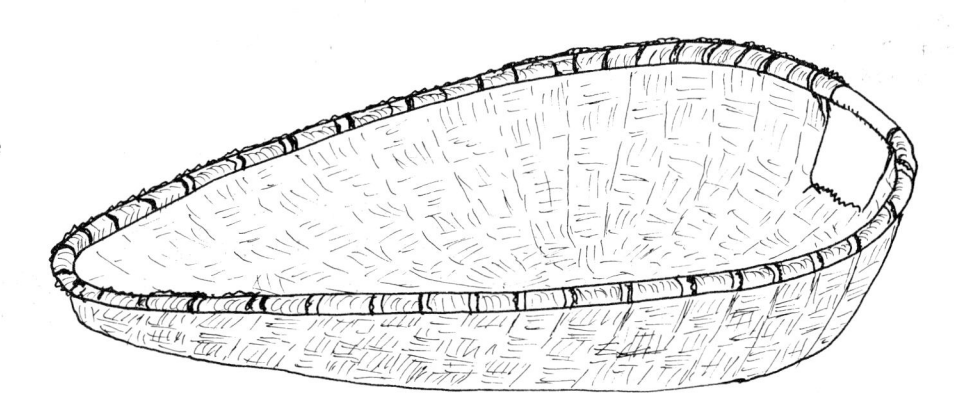

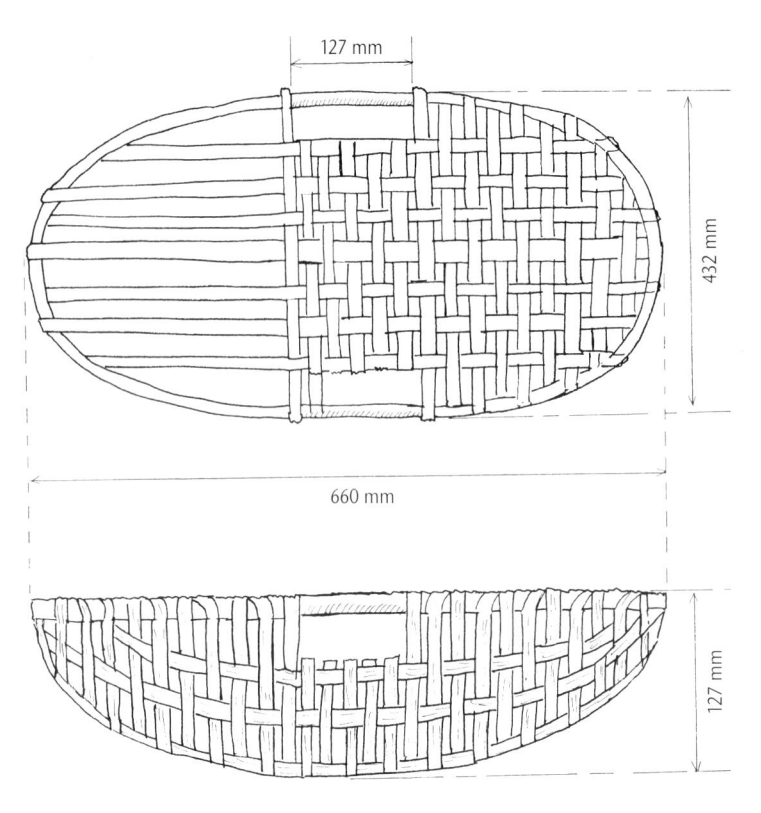

**Abb. 8.22**
Ein „Wisket" aus Wales.
Beachten Sie, daß das Geflecht dichter ist als hier abgebildet.

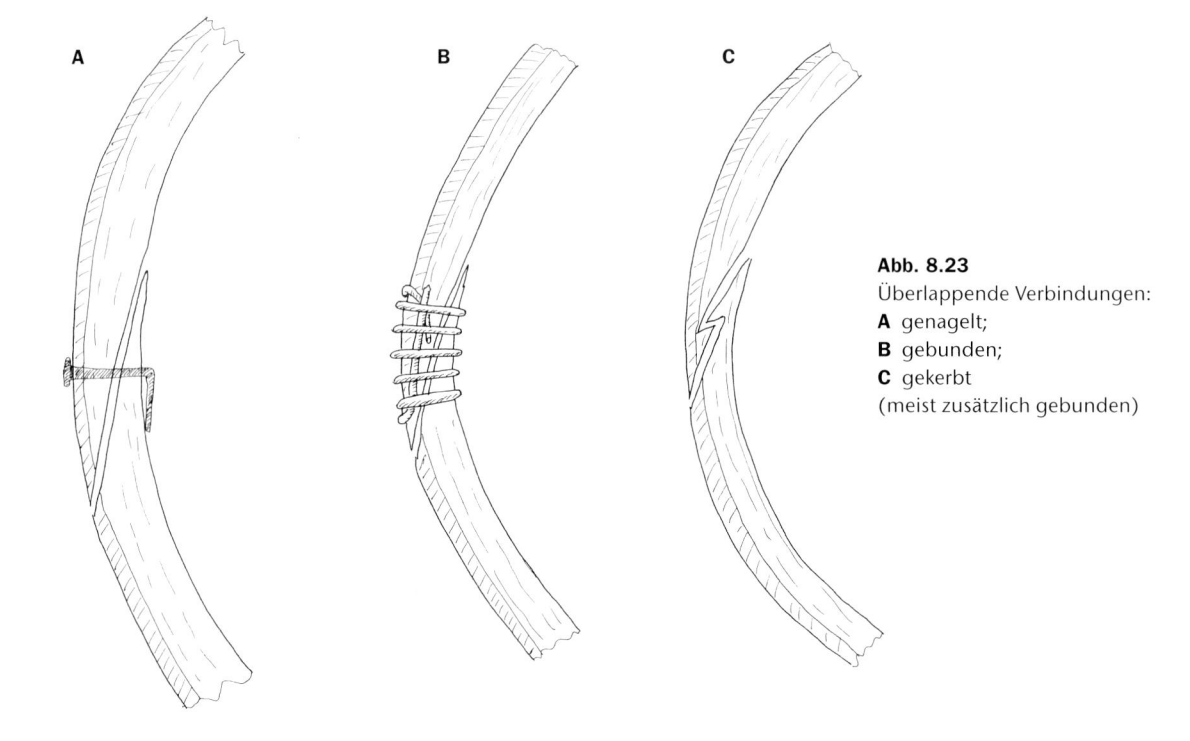

**Abb. 8.23**
Überlappende Verbindungen:
**A** genagelt;
**B** gebunden;
**C** gekerbt
(meist zusätzlich gebunden)

# Melonenkorb
**(Vereinigte Staaten von Amerika/Frankreich)**

Sowohl in den Vereinigten Staaten als auch in Frankreich gibt es eine lang zurückreichende Tradition der Herstellung von Körben aus gespaltenem Eichenholz. Die hier beschriebenen Körbe stellen Grundmuster dar, deren Prinzipien ohne weiteres auf andere Typen übertragen werden können.

Der Melonenkorb weist einen runden Rahmen und einen rechtwinklig daran befestigten Henkel auf und gleicht insofern dem einfachen Spankorb *(Abb. 8.24)*. Der Landeskorb wird ähnlich hergestellt, allerdings sind seine Teile breiter und an den Enden angeschrägt *(Abb. 8.25)*. Der Korb ist deshalb deutlich robuster. Die überlappende Verbindung des oberen Rahmens kann gebunden oder mit Haken verbunden sein oder beides *(Abb. 8.23)*. Henkel und Rahmen werden mit Ruten aus entrindeter Eiche oder Esche verbunden. Durch diese Bindung werden „Rippen" gesteckt, durch die dann flache Spalthölzer geflochten werden können, um den Körper des Korbes herzustellen. *Abbildung 8.26* zeigt, wie die Spalthölzer verbunden werden.

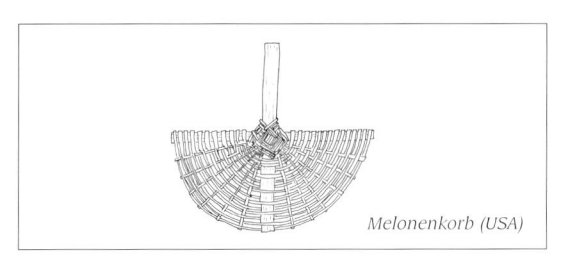

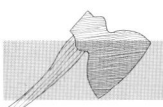

*Melonenkorb (USA)*

## Hinweise

➤ Eiche ist das beste Holz für diese Körbe, aber Esche läßt sich auch verwenden.

➤ Verwenden Sie geradfaseriges, astfreies Holz.

➤ Verwenden Sie genug „Rippen", um ein dichtes Flechtwerk zu erzielen.

➤ Verwenden Sie getrocknetes Holz mit einer gewissen Restfeuchte – es läßt sich leichter flechten und schrumpft beim Trocknen nicht zu sehr.

# Der Ardèche-Korb
**(Frankreich)**

Diese schönen rechteckigen Körbe *(Abb. 8.27)* werden aus dünnen, breiten Eschen- oder Weidenspanstreifen hergestellt. Sie werden so geflochten, daß der fertige Korb rechteckig ist, mit mehr oder weniger rechtwinkligen Kanten am Boden und den Schmalseiten. Der obere Rahmen besteht aus nicht entrindetem Haselspaltholz, an ihm werden die Spanstreifen mit dünnen Streifen Ulmenbast befestigt, der durch Löcher in den Enden der Spanstreifen geführt und gebunden wird *(Abb. 8.28)*. Der Henkel besteht aus Haselspaltholz, das genauso behandelt wird wie bei einem normalen Spankorb.

## Hinweise

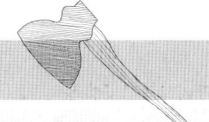

➤ Das Material und seine Zurichtung gleicht dem eines Spankorbes.

➤ Der Ulmenbast für die Schnürung kann trocken gelagert werden, bis er benötigt wird. Dann wird er gewässert, um ihn geschmeidig zu machen.

➤ Die Löcher für die Schnürung an den Enden der Spanstreifen müssen sorgfältig gearbeitet werden, damit die Spanstreifen nicht einreißen.

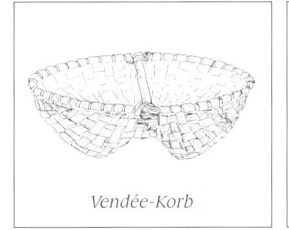

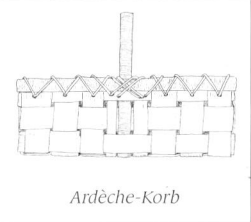

*Vendée-Korb*  *Ardèche-Korb*

# Der Vendée-Korb
**(Frankreich)**

Dieser ovale französische Korb ähnelt den englischen Spankörben, ist aber in der Mitte durch einen Haselstab, der als Henkel dient, in zwei Hälften geteilt *(Abb. 8.29)*. Die Details gleichen den beschriebenen Spankörben.

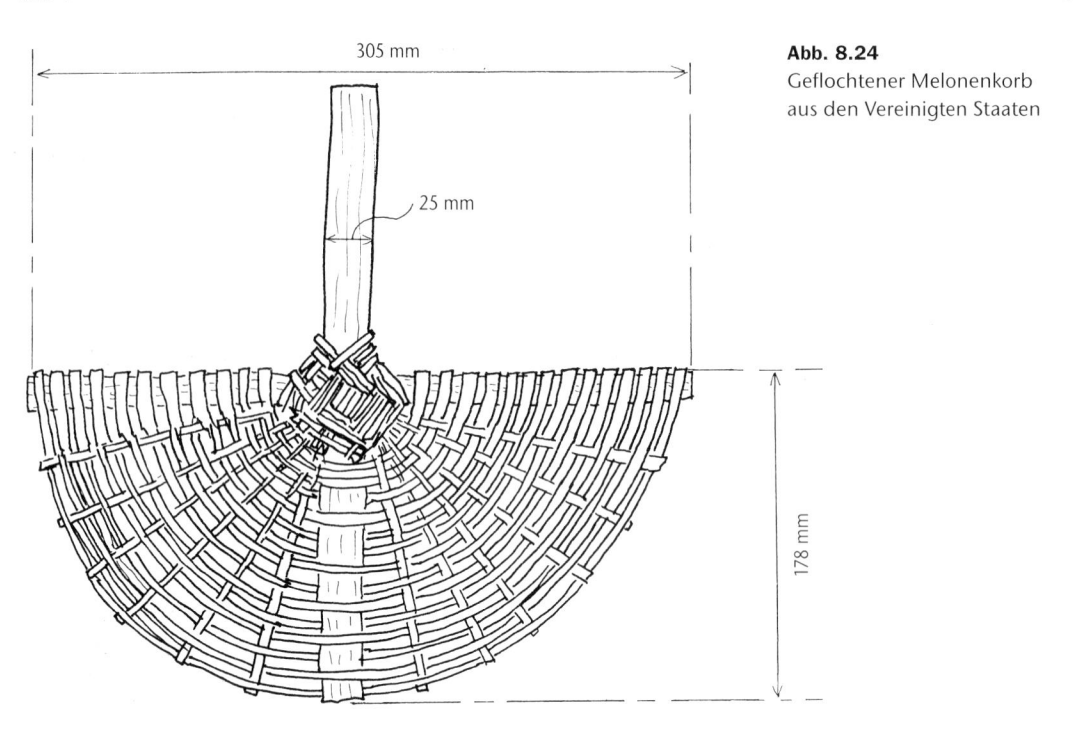

**Abb. 8.24**
Geflochtener Melonenkorb aus den Vereinigten Staaten

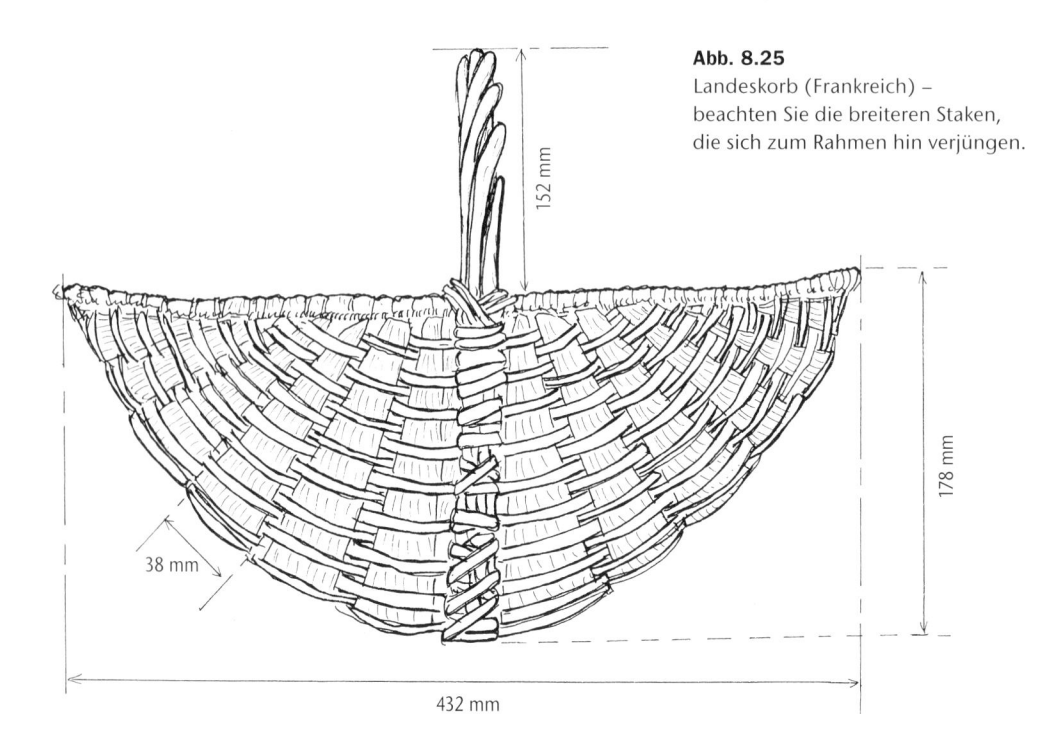

**Abb. 8.25**
Landeskorb (Frankreich) – beachten Sie die breiteren Staken, die sich zum Rahmen hin verjüngen.

**Kapitel 8** Körbe

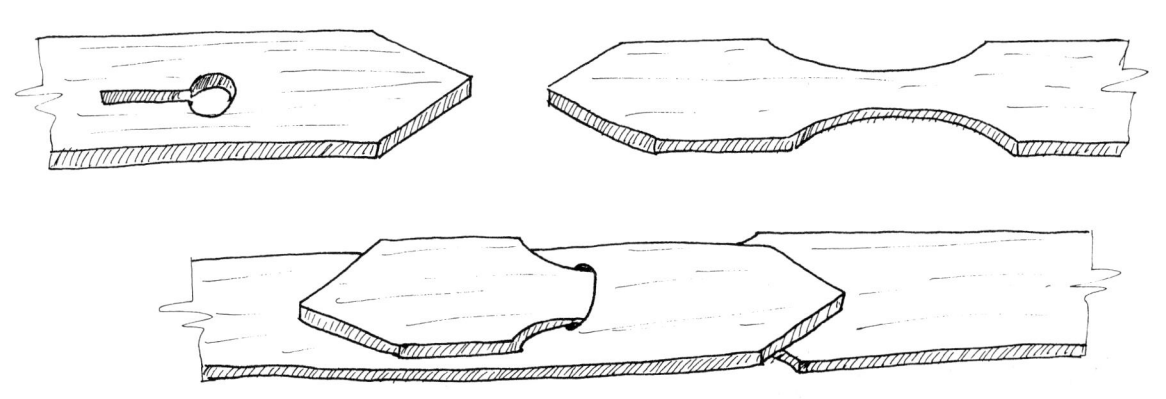

**Abb. 8. 26**
Verbindungsmethoden für Spanstreifen

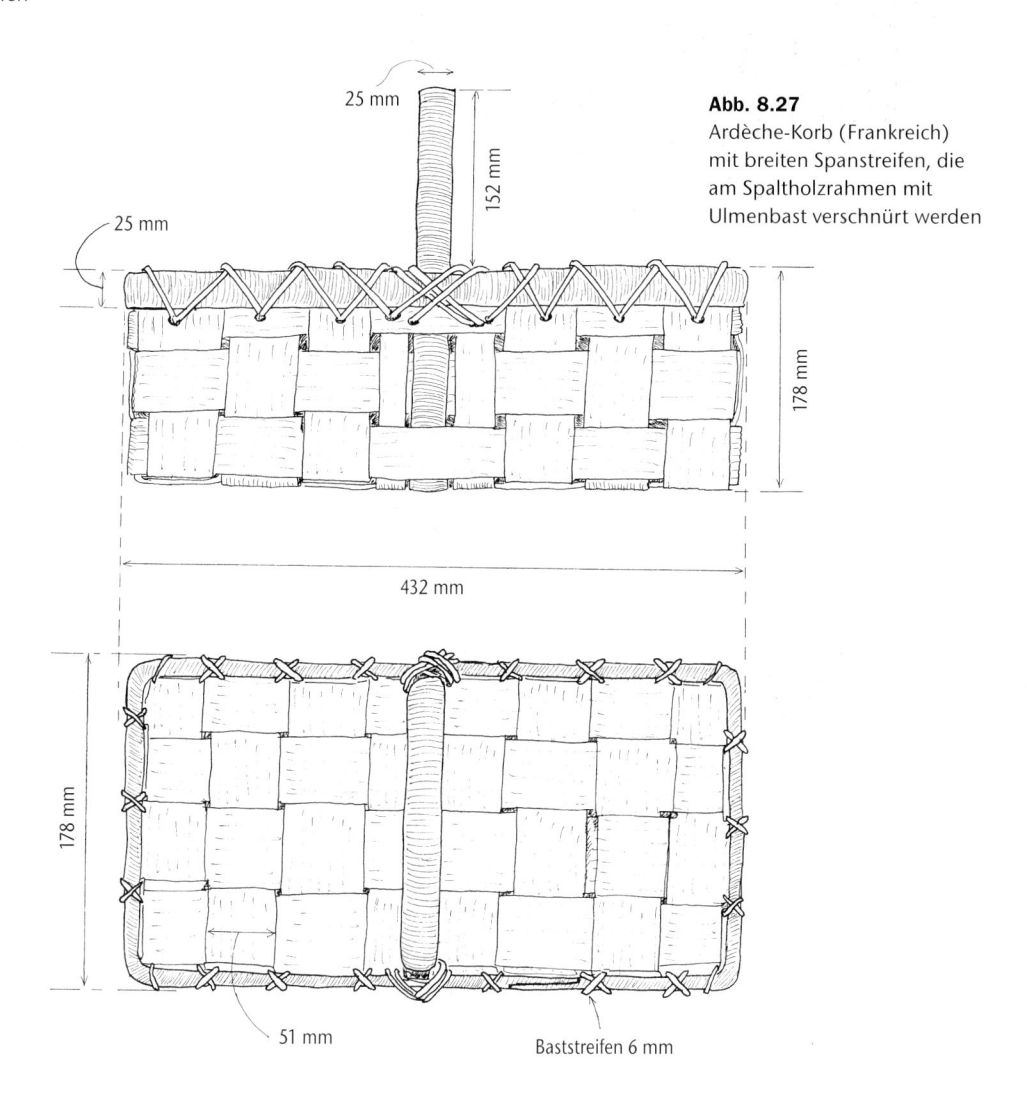

**Abb. 8.27**
Ardèche-Korb (Frankreich) mit breiten Spanstreifen, die am Spaltholzrahmen mit Ulmenbast verschnürt werden

25 mm

152 mm

25 mm

178 mm

432 mm

178 mm

51 mm

Baststreifen 6 mm

**A** Baststreifen
Rahmen
Spanstreifen

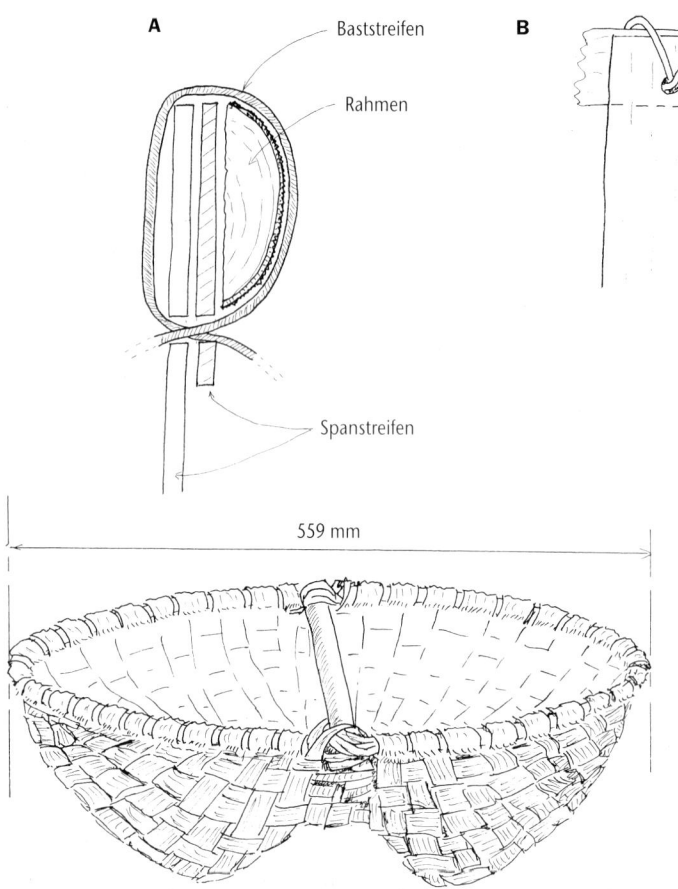

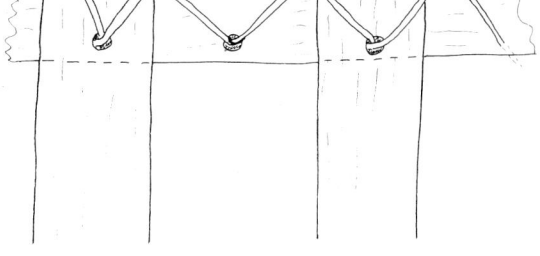

559 mm

**Abb. 8.28**
Flechtwerkdetail des Ardèche-Korbes:
**A** Verschnürung der Spanstreifen mit dem Rahmen;
**B** Die Spanstreifen werden mit zwei Baststreifen am Rahmen befestigt.

**Abb. 8.29**
Vendée-Korb (Frankreich)

## Körbe aus Rundholz

Diese Körbe werden hauptsächlich aus Rundhölzern oder aus halbierten Rundhölzern hergestellt und nicht aus Spaltholz oder Spanholz.

## Packkörbe

Heutzutage werden in England keine Packkörbe mehr hergestellt, sie sind von Pappkartons abgelöst worden. Einst wurden sie (mit reichlich Stroh ausgepolstert) verwendet, um Porzellan von den Töpfereien abzutransportieren. Ältere Packkörbe hatten einen stabilen oberen Rahmen und ein gerundetes Unterteil *(Abb. 8.30)*. Modernere Versionen bestehen aus einer Kombination von Spaltholz und Rundhölzern *(Abb. 8.31)*. Die Rundhölzer bilden dabei die Stand- und Seitenflächen des Korbes und werden durch Löcher in den Spaltholzteilen geführt. Haselruten lassen sich zu Bündeln drehen, die dann auch geknotet werden können.

### Hinweise

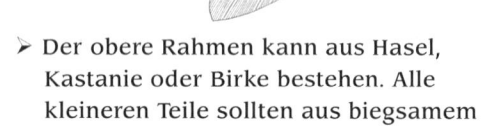

➤ Der obere Rahmen kann aus Hasel, Kastanie oder Birke bestehen. Alle kleineren Teile sollten aus biegsamem Haselholz bestehen.

➤ Entrinden Sie den oberen Rahmen – unter der Rinde können sich Holzschädlinge (Borkenkäfer) verbergen.

➤ Erhitzen Sie die Haselruten, damit sie sich biegen lassen, ohne zu brechen.

➤ Verkeilen Sie die Ruten in den Zapfenlöchern, um feste Verbindungen zu erhalten *(Abb. 8.32)*.

**Kapitel 8** Körbe

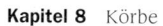

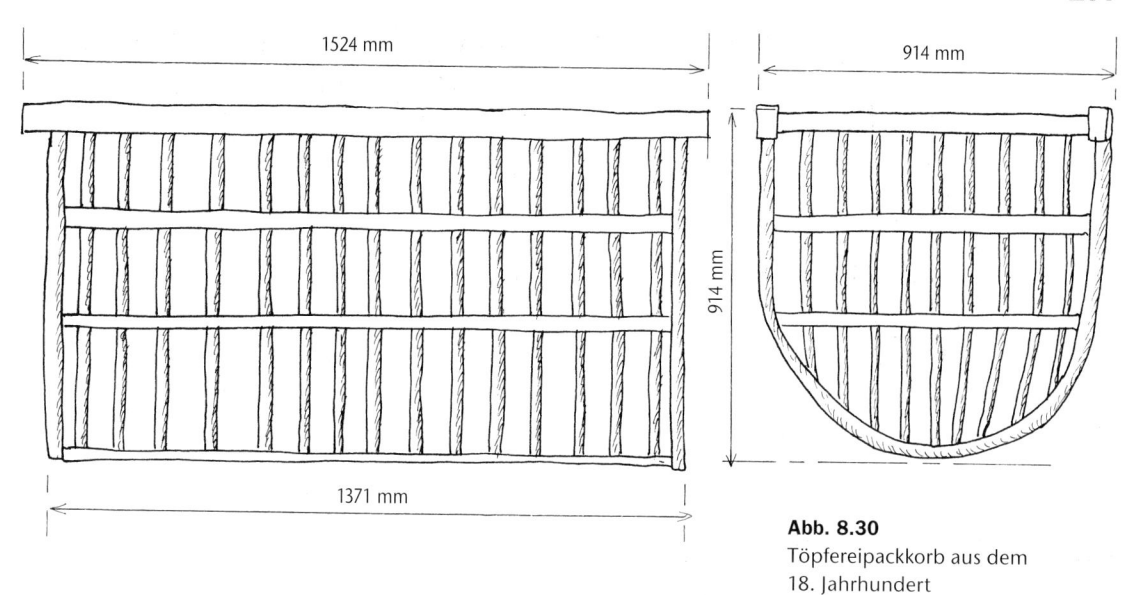

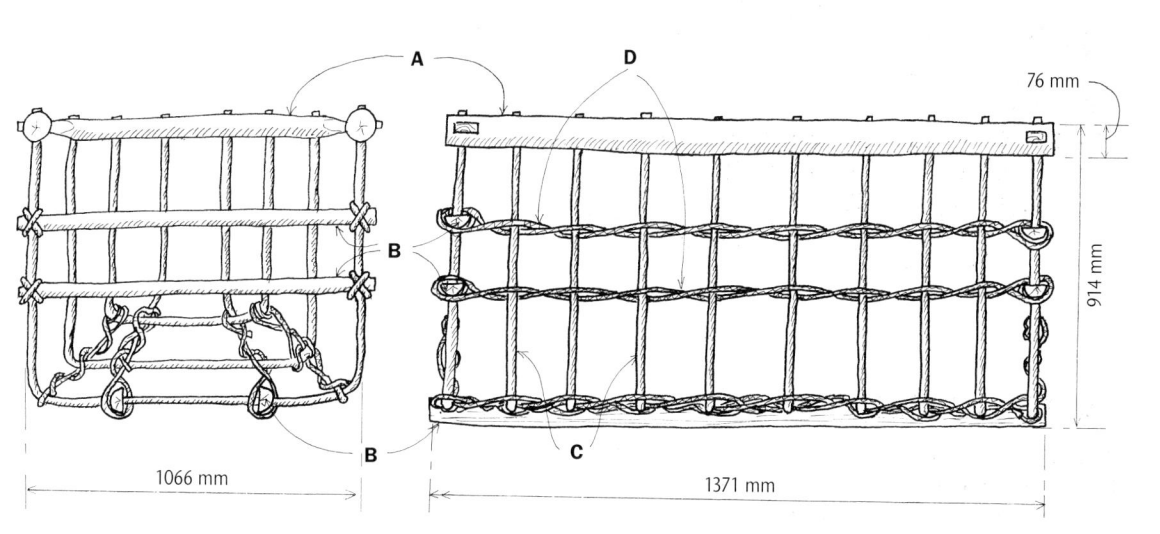

**Abb. 8.30**
Töpfereipackkorb aus dem
18. Jahrhundert

**Abb. 8.31**
Moderner Töpfereipackkorb:
**A** Obere Rundhölzer;
**B** End- und Kielruten aus Spaltholz;
**C** seitliche Rundhölzer;
**D** biegsame Ruten, die geflochten und verknotet werden können

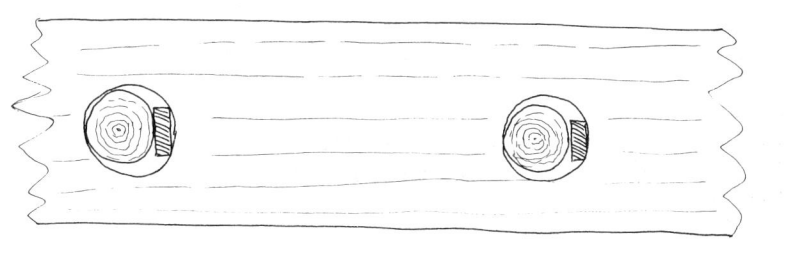

**Abb. 8.32**
Verkeilen der Rundhölzer
im oberen Rahmen

## Der Deux-Sèvres-Korb
### (Frankreich)

Dieser französische Korb ähnelt in seiner Form den nicht geflochtenen Spankörben, verwendet allerdings als Material halbierte Rundhölzer (die manchmal an den Enden abgeplattet sind) anstelle von Spanstreifen *(Abb. 8.33)*. Durch die deshalb entstehenden Lücken im Flechtwerk kann Erde und anderer Unrat hindurchfallen, weshalb sich der Korb besonders zum Ernten von Gemüse eignet, seiner traditionellen Verwendung.

Der Korb besteht aus einem abgerundeten rechteckigen Rahmen, an dem im rechten Winkel ein Tragehenkel befestigt wird. An jedem Ende wird am Rahmen ein verstärkender Gurt befestigt, der die langen Rundhölzer stützt, die von einem Ende des Korbes zum anderen geführt werden. Der Korb wird nicht mit Füßen versehen.

## Hinweise

- Dämpfen Sie die Ruten für den Rahmen und den Henkel, und biegen Sie sie dann in Form.

- Verwenden Sie Kupfernägel oder verzinkte Stahlnägel, die nicht rosten. Sie sollten lang genug sein, um sich auf der Rückseite umbiegen zu lassen.

- Bohren Sie die Ruten an den Enden vor, wo sie genagelt werden sollen, damit sie nicht gespalten werden.

- Der Henkel kann aus Rund- oder Spaltholz bestehen, in beiden Fällen muß er nicht entrindet werden.

- Das beste Holz für diese Körbe ist Hasel.

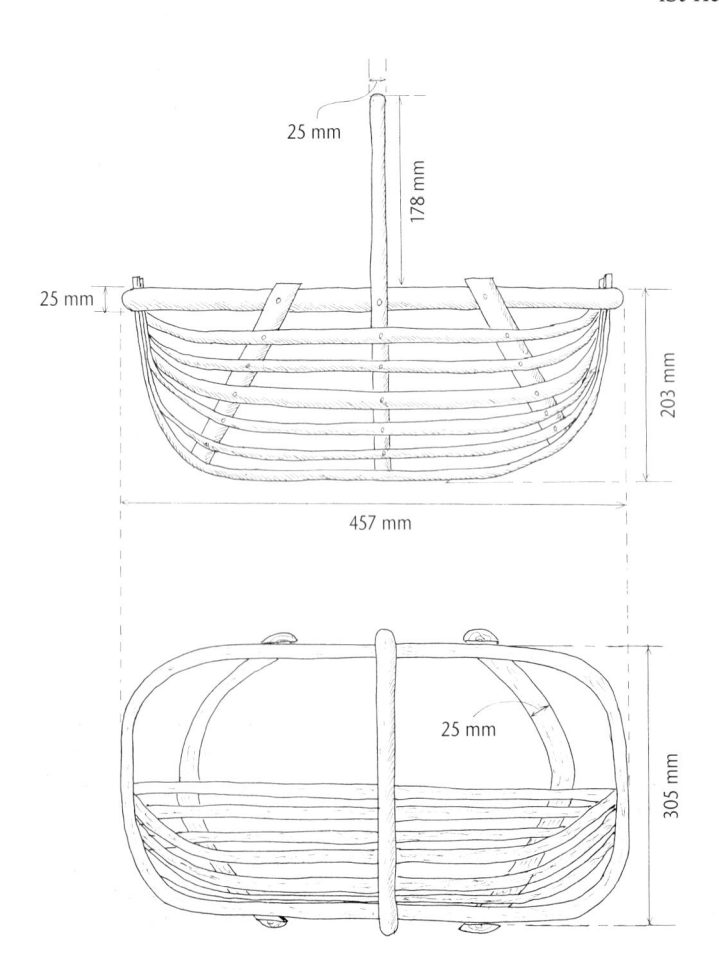

**Abb. 8.33**
Der Deux-Sèvres-Korb (Frankreich) aus Haselholz

| 1. | 2. | 3. |
|---|---|---|
| **Spiele und Spielzeug** | **An der frischen Luft** | **Einzelstücke** |

# 9

## Einleitung

Dieses Kapitel bietet eine Ansammlung verschiedener Gegenstände, die nichts miteinander zu tun haben, außer daß sie nützlich und schön sind und auf eine lange Geschichte zurückblicken können.

Spiele und Spielzeug aus Holz erinnern an eine Zeit vor dem Aufkommen des Fernsehens, der Kunststoffe und des Computers. In diesen Zeiten waren die Spiele oft sehr einfach und beruhten auf körperlicher Geschicklichkeit. Spiele wie das Kegeln zum Beispiel waren vor allem Gesellschaftsspiele, die oft in der Dorfkneipe stattfanden, zu deren großen Attraktionen eine Kegelbahn zählte. Bei vielen dieser Spiele wissen wir nicht genau, wann sie entstanden sind. Aber wir wissen zum Beispiel, daß schon die Römer eine Reihe ähnlicher Spiele kannten, die mit Figuren aus Holz gespielt wurden. Viele dieser Spiele könnten als Beweis dafür dienen, daß das Einfache oft auch das Beste ist – sie bereiten auch heute noch viele Stunden lang Vergnügen. Wir geben hier Muster für einige der einfachsten Spiele und Spielzeuge wieder. Sie sind alle preiswert und leicht zu ersetzen, so wie sie das schon immer waren – eine wichtige Eigenschaft bei dem rauhen Leben, das sie führen.

Gegenstände für das Leben in der Natur sind allgemein bekannt und immer noch sehr gefragt. So werden zum Beispiel immer noch Zeltheringe aus Holz hergestellt, vor allem, weil sie so gut funktionieren. Auch Spazierstöcke sind immer noch beliebt, als Stütze nützlich, und als Verteidigungswaffe, seitdem sie Mode wurden. Wir werden nie wissen, wer den ersten Stiefelknecht hergestellt hat und so Millionen von Händen vor dem Schmutzigwerden gerettet hat. Dank gebührt ihm für dieses einfache und doch (falls die Abmessungen richtig sind) so effektive Hilfsmittel auf jeden Fall. Wäscheklammern aus Holz sind auch schon fast ein Ding der Vergangenheit, was wiederum auch mit dem Aufkommen von Kunststoff- und Drahtersatzprodukten zu tun hat. Manch ein reisender Hausierer ist so um ein Produkt ärmer geworden. Als Zeugnis für die Nachwelt ist hier die klassische englische Wäscheklammer mit ihrem Blechband wiedergegeben. Futterraufen aus Holz für Schafe sind etwas seltener. Hier sind zwei Beispiele aus Südengland gegeben, die sowohl robust als auch effektiv sind.

Das Kapitel endet mit einigen Gegenständen, sie kaum in eine der anderen Kategorien passen würden, die ich aber dennoch aufnehmen wollte, da sie sehr gut zeigen, wie groß die Bandbreite an schönen und nützlichen Produkten ist, die sich aus Grünholz herstellen lassen. So bringen Trockengrasvasen zum Beispiel die Schönheit einer Holzmaserung zu bester Geltung, wenn sie entsprechend gedrechselt werden und als Aufbewahrung für getrocknete Blüten oder Gräser dienen. Pilze aus Holz, ob groß oder klein, zeigen wie sehr auch einfache Gegenstände die Phantasie der Menschen gefangennehmen können – es ist schwer, genug von ihnen herzustellen, um die Nachfrage zu decken. Nußknacker aus Eschenholz zeigen, daß eine gelungene Gestaltung zu einem Werkzeug führt, das ästhetisch ansprechend ist und seine Aufgabe gut erfüllt. Schließlich zeigt auch die hölzerne Waage, die an Bord der „Mary Rose" gefunden wurde, besser als alle Beschreibungen das könnten, daß Eleganz und Gebrauchstüchtigkeit eine gelungene Verbindung in einem Alltagsgegenstand eingehen können.

## 1. Spiele und Spielzeug

Sie finden hier die Beschreibungen von fünf zeitlosen Spielsachen aus Holz, grundlegende Entwürfe, die sich auf fast allen Kontinenten finden. Aber darüber hinaus gibt es wohl genügend andere, um ein ganzes Buch mit Beschreibungen zu füllen.

**Pfeifen:** Pfeifen sind ein großes Vergnügen für jung und alt. Man kann sie aus kleinen, nicht entrindeten Stöckchen herstellen oder aus kleinen Spalthölzern drechseln *(Abb. 9.1)*. Die gedrechselte Variante erlaubt einem mehr Freiheiten bei der Gestaltung. In den Korpus wird ein Loch gebohrt, das ungefähr zwei Drittel der Länge erreicht. Man kann auch die gesamte Länge durchbohren, in diesem Fall muß allerdings das Ende mit einem Pflock verschlossen werden *(Abb. 9.2)*. Manche Pfeifen haben an einem Ende auch eine Querbohrung, durch die ein Band geführt werden kann, an dem die Pfeife getragen wird *(Abb. 9.1)*. Nahe beim Mundstück wird ein V-förmiger Einschnitt angebracht, und zwischen diesem Einschnitt und dem Mundstück wird die Bohrung teilweise durch ein eingesetztes Holzstück (der Block oder Kern) verschlossen, so daß die Luft beim Hineinblasen beschleunigt wird, um das Pfeifgeräusch zu erzeugen. Die Vorläufer dieser Kinderpfeifen waren die Lockpfeifen, die Vogelstimmen nachahmten. Durch Veränderung der Korpusgröße läßt sich auch die Tonhöhe der Pfeife verändern.

**Kinderrassel:** Die Rassel ist das klassische Probestück für angehende Drechsler an der Wippdrehbank. Ihnen wird immer versichert, es sei leichter zu drechseln als es aussieht. Die Rassel besteht aus zwei bis vier losen, aber gefangenen Ringen, die auf einem Schaft sitzen, der an einem Ende einen Griff aufweist (Abb. 9.3) und am anderen Ende einen Knauf, um die Ringe am Abgleiten zu hindern. Der Entwurf ist einfach, effektiv und sicher.

**Rassel/Vogelschreck:** Diese älteste Form der Rassel wird in den Vereinigten Staaten auch als „Krähenverhungerer" bezeichnet. Sie besteht aus zwei Brettern, die lose an einem dritten, mit einem Griff versehenen, festgebunden werden. Modernere Versionen haben ein dünnes Rohrblatt, das beim Drehen des Körpers gegen hölzerne Zähne schlägt und das typische Geräusch erzeugt *(Abb. 9.5)*. In meiner Jugend waren sie zwingender Bestandteil der Ausrüstung eines Fußballfans. Das Sternrad, das die Holzzähne trägt, wird am Griff befestigt, und das Rohrblatt wird sicher an dem Ende des Körpers gehalten, der den Zähnen gegenüberliegt. Das freistehende Ende des Rohrblattes überragt die Zähne geringfügig und erzeugt ein lautes, klickendes Geräusch, wenn es von einem Zahn zum nächsten springt *(Abb. 9.5)*. Es gibt auch Modelle mit zwei Sternrädern und zwei Rohrblättern *(Abb. 9.6)*.

**Kreisel:** Zu Lebzeiten unserer Urgroßeltern waren Kreisel ein häufiger Anblick auf den Straßen der Städte. Ein guter Kreisel hat einen großen Durchmesser, einen flachen Winkel zwischen Spitze und Körper *(Abb. 9.7)* und – bei Verwendung im Freien – eine Spitze aus Metall, damit der harte Boden sie nicht vorzeitig abstumpfen läßt *(Abb. 9.8)*. Die Form sollte die Masse des Kreisels so verteilen, daß der gyroskopische Effekt verstärkt wird und der Kreisel sich so nicht nur länger dreht, sondern auch länger aufrecht bleibt. Die Größe kann stark variieren, von sehr kleinen Kreiseln, die auf dem Tisch benutzt werden können, bis hin zu den großen Modellen für draußen. Die traditionellen Kreisel wurden mit einer Peitsche angetrieben, mit der sich sehr hohe Rotationsgeschwindigkeiten erreichen lassen. Der Kreisel muß in diesem Fall einen „Hals" aufweisen, an dem die Schnur angreifen kann *(Abb. 9.8 und 9.9)*. Brummkreisel haben Löcher im Korpus, die bei der Drehung das namengebende Geräusch erzeugen *(Abb. 9.9)*.

**Das Bilboquet- oder Kelch-und-Ball-Spiel.** Das Bilboquet ist ein klassisches Spielzeug, bei dem ein Ball mit einer Schnur an einem Holzkelch befestigt wird, der unten einen verlängerten Griff hat und in seiner Form an einen Golf-Tee erinnert *(Abb. 9.10)*. Ziel des Spieles ist es, den Ball in die Luft zu schleudern und mit dem Kelch aufzufangen. Eine Nut im Griff unterhalb des Kelches nimmt die Schnur auf. Das abgebildete Modell hat eine flache Standfläche, so daß das Spielzeug bei Nichtgebrauch aufrecht hingestellt werden kann. Es gibt unterschiedliche Varianten dieses Spielzeugs, unter anderem eine mit einer flachen Platte, in der sieben Vertiefungen angebracht sind, die jeweils eine unterschiedliche Punktzahl erbringen; oder eine, bei der Ball und Kelch durch einen Kegel und eine Kappe ersetzt sind *(Abb. 9.11)*.

**Spaten:** Das klassische Strandmodell, das wir wohl alle schon gesehen oder gar selbst benutzt haben *(Abb. 9.12)*. Die frühsten Modelle waren vollkommen gerade, waren also zwischen Blatt und Stiel nicht abgewinkelt.

## Hinweise

> Das beste Holz für einen Kreisel ist hart und schwer – Ulme, Buche und Buchsbaum eignen sich besonders. Bilboquet-Spiele lassen sich gut aus Esche herstellen.

> Die anderen Spielzeuge können aus fast jeder Holzart hergestellt werden.

> Die Innenbohrung einer Pfeife sollte möglichst glatt sein – getrocknetes Holz ist am besten.

> Das Holz für diese Gegenstände sollte mindestens sechs Monate gelagert werden, es schrumpft dann weniger und ergibt sauberere Schnitte.

> Der Block oder Kern einer Pfeife muß gut abgelagert sein, damit er nicht schrumpft und herausfällt.

**Kapitel 9**  1. Spiele und Spielzeug – 2. An der frischen Luft – 3. Einzelstücke    **201**

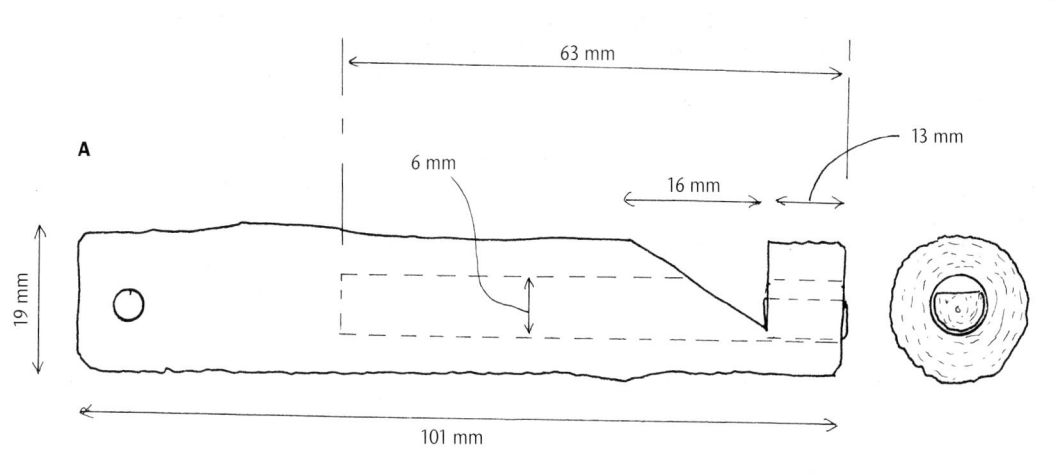

**Abb. 9.1**
Holzpfeifen:
**A** aus einem nicht entrindeten Zweig, Schnurloch am Ende;
**B** eine gedrechselte Pfeife

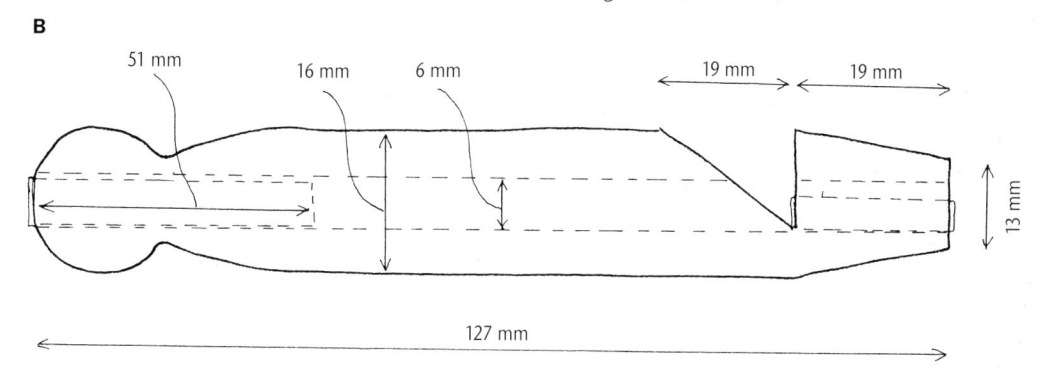

**Abb. 9.2**
Pfeifendetails: Block (oder Kern) und Pflock

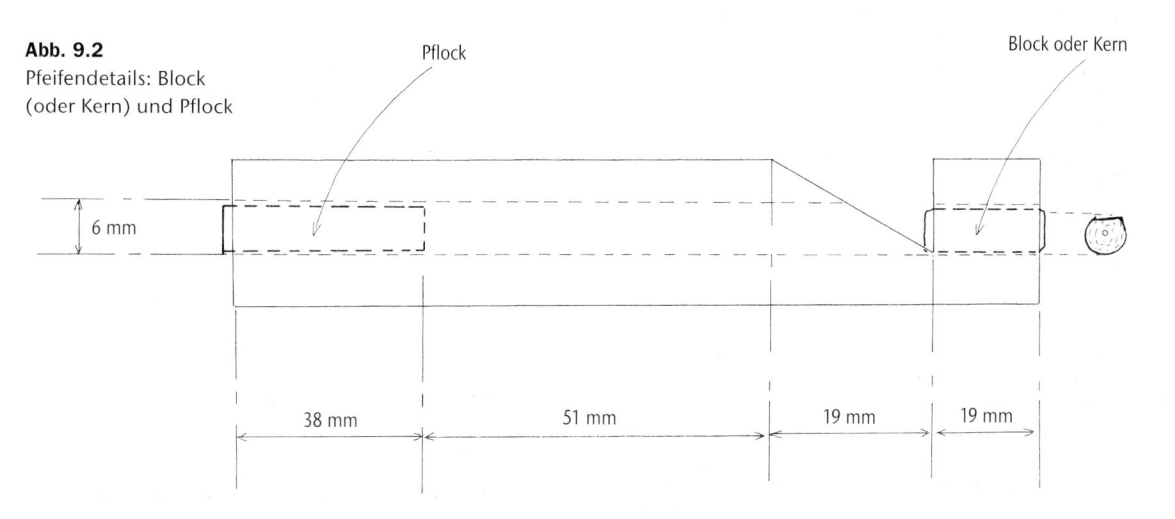

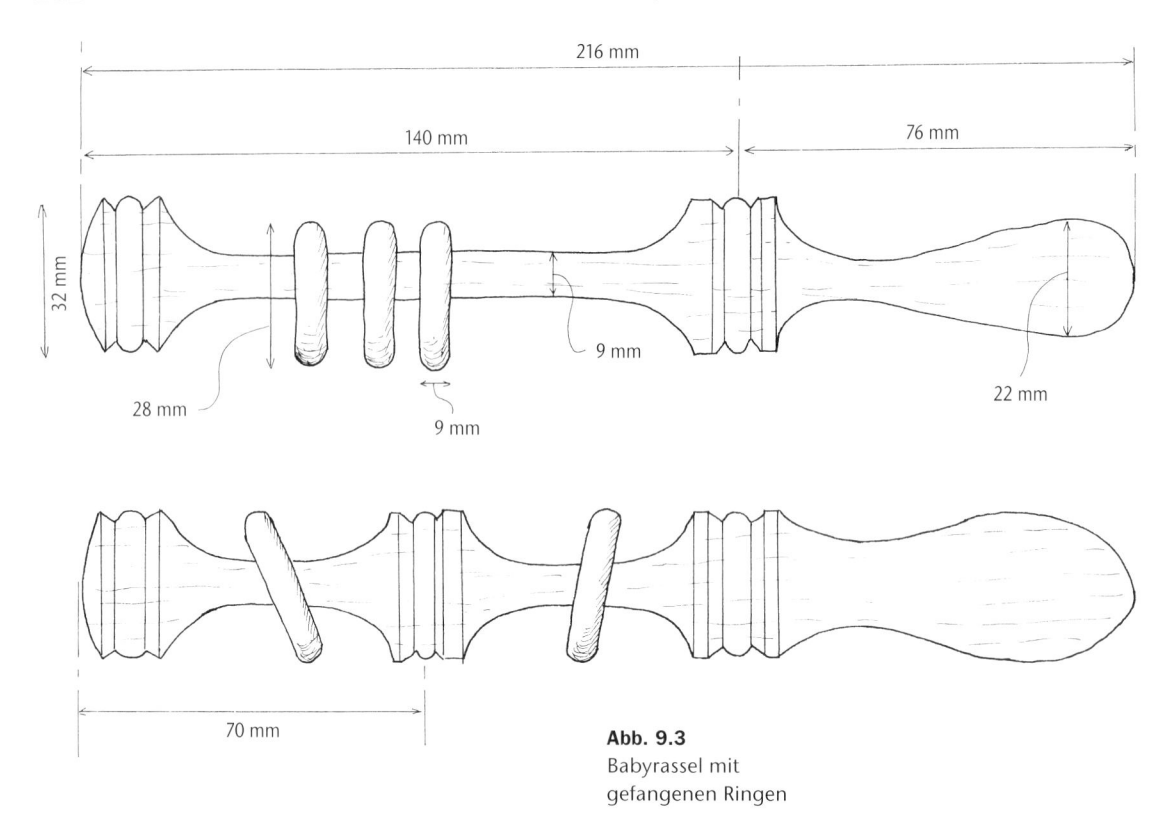

I. Spiele und Spielzeug – 2. An der frischen Luft – 3. Einzelstücke **Kapitel 9**

**Abb. 9.3**
Babyrassel mit gefangenen Ringen

**Abb. 9.4**
Einfache Vogelrassel

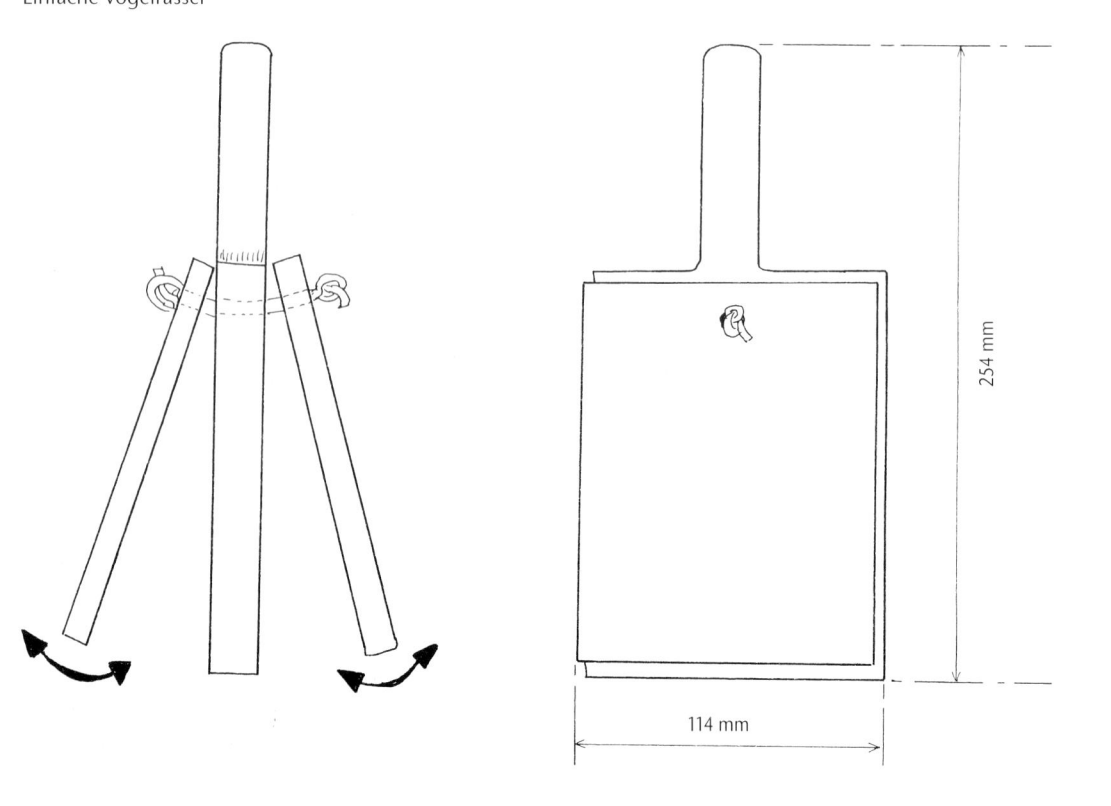

**Kapitel 9**   1. Spiele und Spielzeug – 2. An der frischen Luft – 3. Einzelstücke

**Abb. 9.5**
Modernere (Vogel-)Rassel

**Abb. 9.6**
Doppelte Rassel

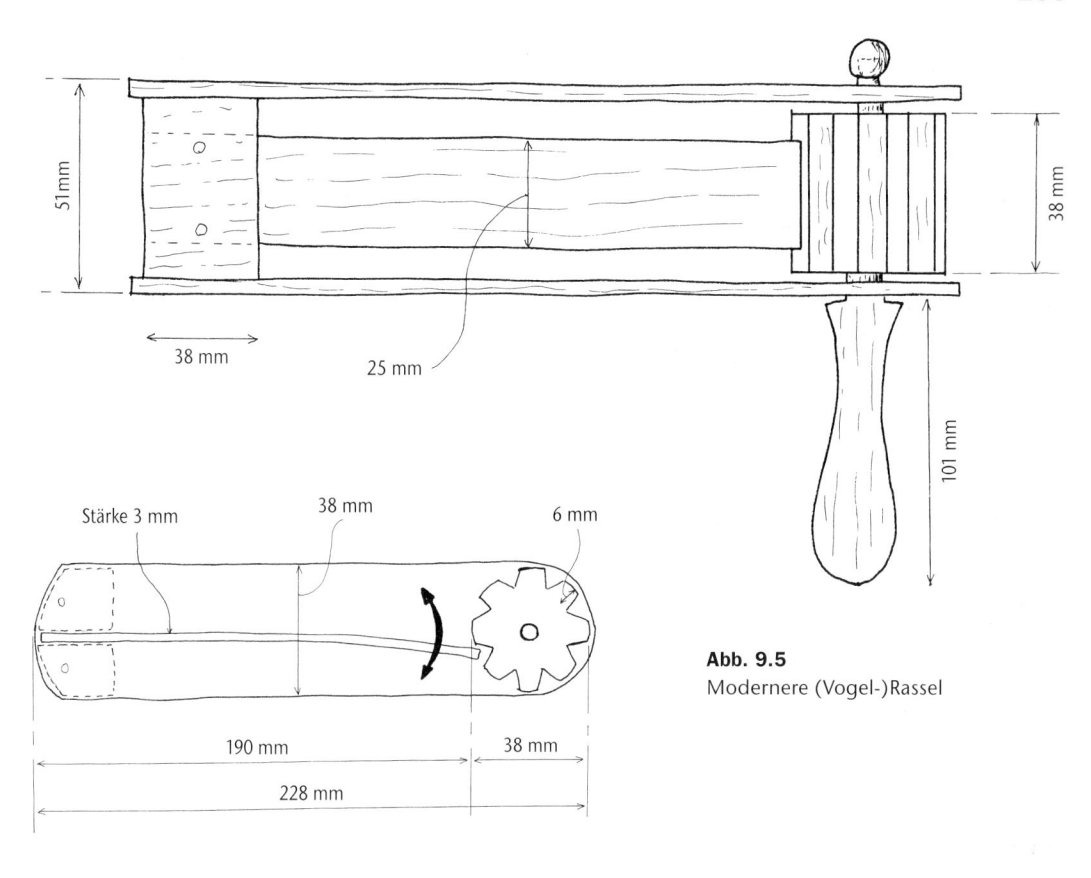

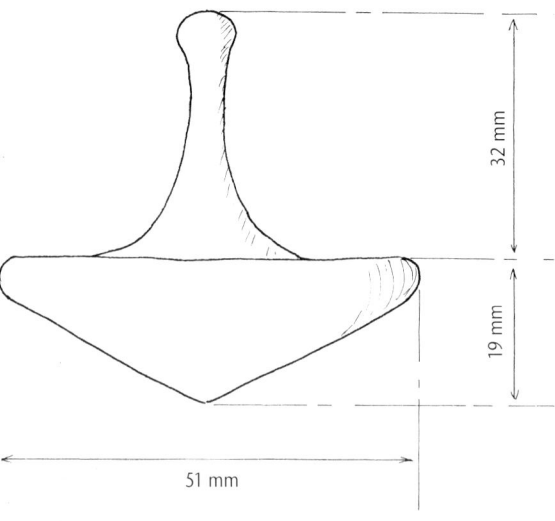

I. Spiele und Spielzeug – 2. An der frischen Luft – 3. Einzelstücke **Kapitel 9**

**Abb. 9.7**
Kleiner Kreisel für den Tisch

**Abb. 9.8**
Kreisel für draußen mit Metallspitze und Rinne für die Verwendung einer Peitsche

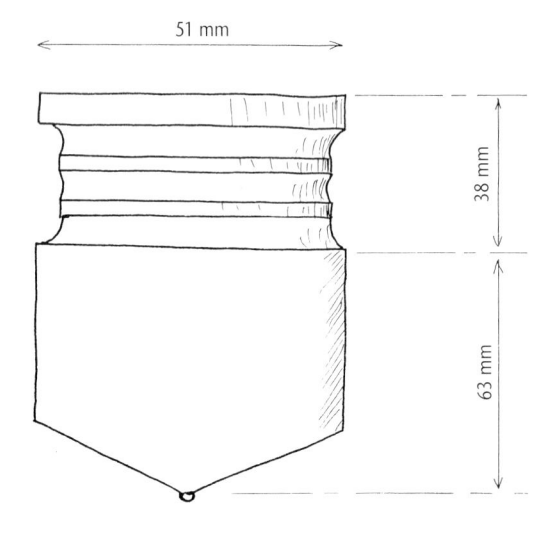

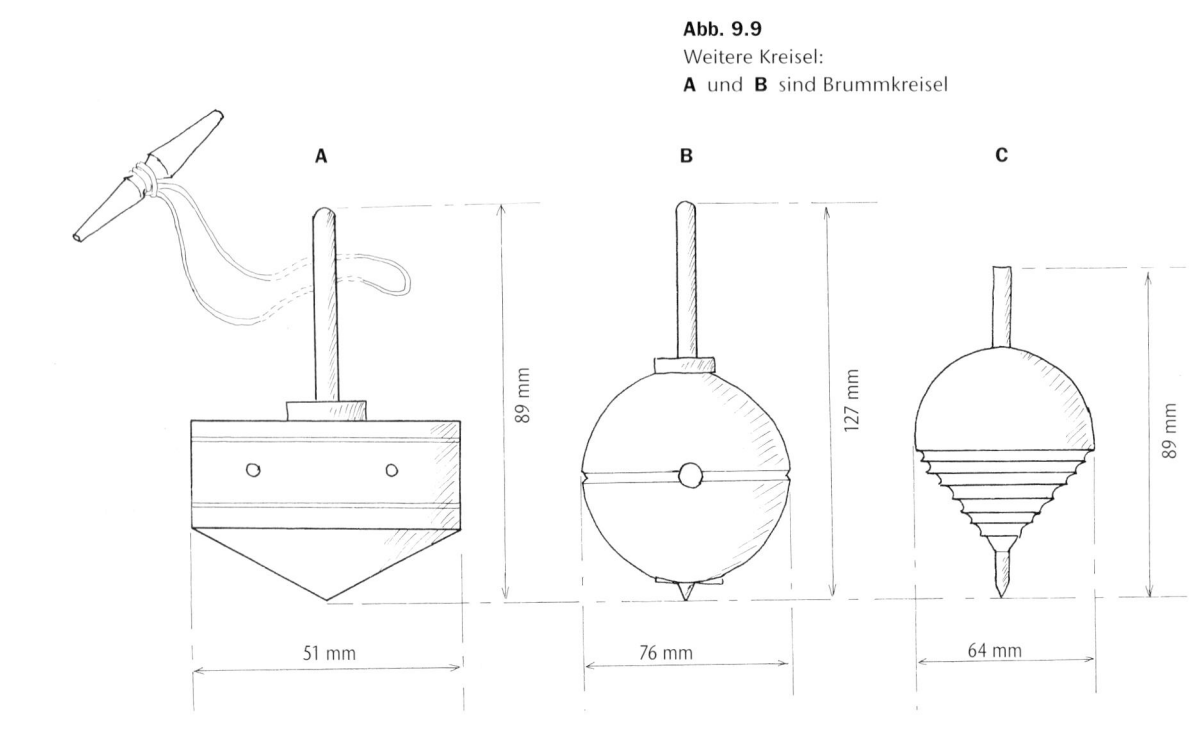

**Abb. 9.9**
Weitere Kreisel:
**A** und **B** sind Brummkreisel

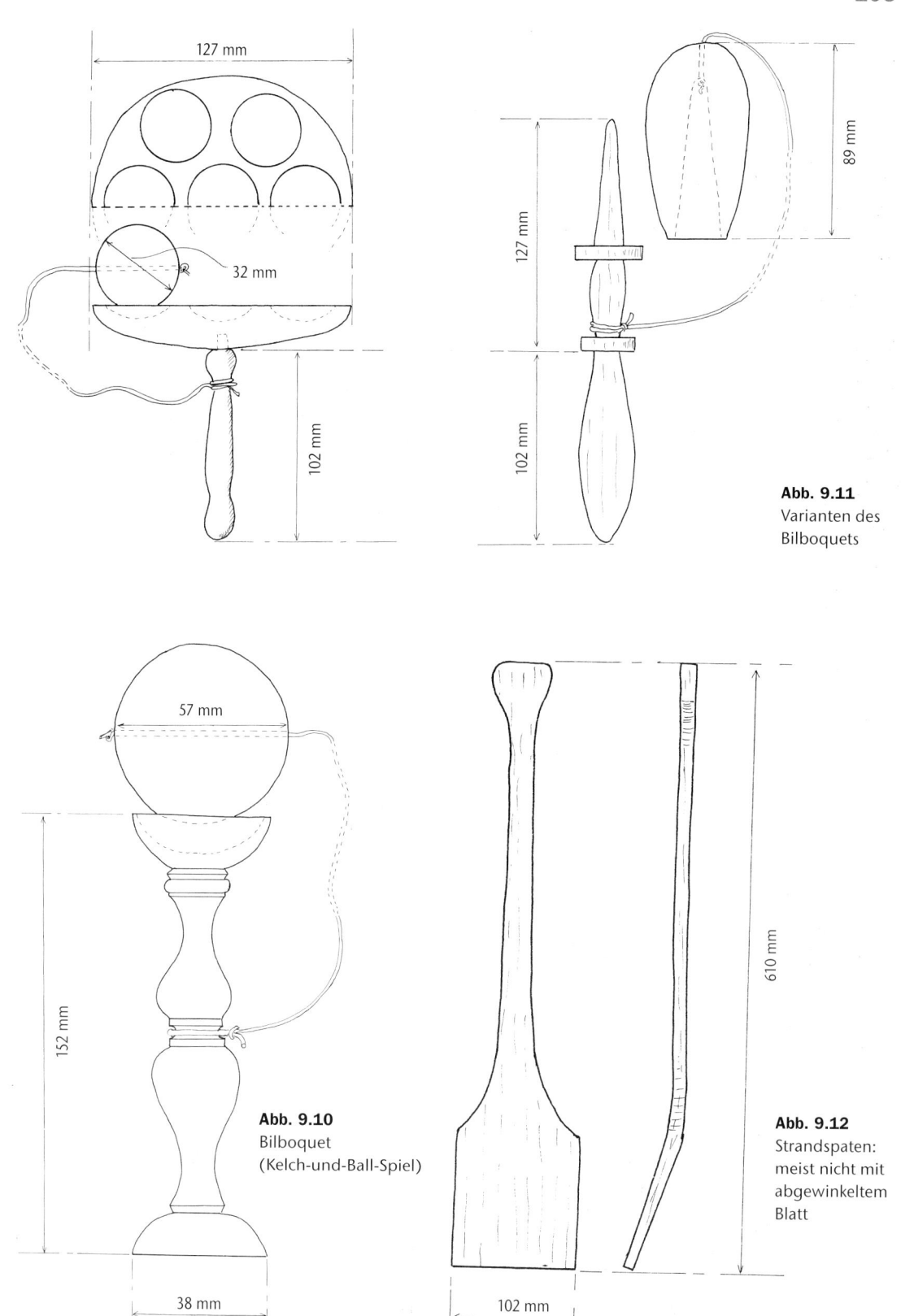

**Kapitel 9**   1. Spiele und Spielzeug – 2. An der frischen Luft – 3. Einzelstücke

**Abb. 9.11**
Varianten des Bilboquets

**Abb. 9.10**
Bilboquet
(Kelch-und-Ball-Spiel)

**Abb. 9.12**
Strandspaten: meist nicht mit abgewinkeltem Blatt

# Spiele

In diesem Abschnitt zeigen wir einige grundlegende Spiele, die mit Gegenständen gespielt werden.

**Kegel:** Es gibt wohl nur wenige Europäer, die dieses Spiel mit den neun Kegeln oder das entsprechende amerikanische Gegenstück Bowling, mit seinen zehn Kegeln, noch nie gespielt haben. Das traditionelle Kegelspiel wurde auf einer hölzernen Kegelbahn gespielt, die von einer niedrigen Mauer eingefaßt war. Das sorgte auf der einen Seite für eine gewisse Sicherheit, auf der anderen aber auch für nicht unerheblichen Lärm. Sowohl die Kegel als auch die Kugel *(Abb. 9.13)* wurden aus schwerem Holz hergestellt, das nicht so leicht splittert. Die Formgebung der Kegel erstreckt sich von überaus einfachen Exemplaren bis hin zu flaschenförmigen mit gedrechselten Schmuckringen, bei denen die Standfläche so weit verkleinert ist, daß der Kegel einigermaßen leicht zum Fallen zu bringen ist. Größe und Gewicht sind von persönlichen Vorlieben abhängig. Anstelle der Kugel wurde oft auch ein Puck verwendet, der in England als „Käse" (cheese) bezeichnet wurde *(Abb. 9.14)*.

**Schlagstockspiel:** Ich vermute, daß das Schlagstockspiel das älteste Spiel mit einem Holzschläger ist, da es einfacher ist, sich einen Stock zum Spielen zu besorgen als einen Ball – vor allem vor dem Aufkommen der Wippdrehbank. Beim Schlagstockspiel wird ein geschnitzter oder gedrechselter runder Schläger verwendet, der an einen Baseballschläger erinnert, allerdings kürzer ist. Der zweite Spielgegenstand ist der Schlagstock: kurz und zu beiden Enden hin verjüngt *(Abb. 9.14)*. Man legt den Schlagstock auf eine harte Unterlage und schlägt mit dem Schläger auf ein Ende. Dadurch wird der Schlagstock nach oben geschnellt, und im Herunterfallen schlägt man ihn wieder – möglichst fest, damit er möglichst weit fliegt. Der weiteste Schlag gewinnt! Die Gestaltung des Schlagstocks und des Schlägers sind einfach, gelegentlich wird der Schläger mit gedrechselten Zierringen versehen.

**„Ball und Falle":** Das englische „trap ball" ist eine weiterentwickelte Form des Schlagstockspiels, bei dem ein Ball verwendet wird, der auf ein Ende einer Wippe in einer Holzform gelegt wird. Beim Spielen wird das andere Ende der Wippe mit dem Schläger geschlagen, um den Ball in die Luft schnellen zu lassen. Im Herabfallen versucht man dann, den Ball mit dem flachen, paddelähnlichen Schläger möglichst weit zu schlagen *(Abb. 9.16)*.

**Ball und Schläger:** Mehr als einen Ball und einen Schläger benötigt man nicht zum Schlagballspiel.

Der Ball kann in jeder Größe gedrechselt werden, meist wird allerdings einer in der ungefähren Größe eines Tennisballes verwendet. Das Griffende des Schlägers hat meist einen Ring oder Knauf, der oft so geformt ist, daß er als Halt für die Umwicklung dient, mit welcher der Griff versehen wird, um ihn sicher fassen zu können.

**Cricket:** Das englische Nationalspiel soll hier nicht fehlen! Das Schlagmal wird „wicket" genannt, es besteht aus drei senkrechten Rundstäben („stumps"), die am unteren Ende angespitzt sind, um sie (bis zu einer festgelegten Tiefe) in den Boden schlagen zu können *(Abb. 9.18)*. In entsprechende Vertiefungen auf diesen „stumps" werden zwei „bails" gelegt, kurze, waagerechte Querhölzer. Der Teil des „bails", der nicht auf den „stumps" ruht, ist meist mit gedrechselten Ringen versehen. Außer einem modernen „bail" zeigen wir auch einige Gestaltungsmöglichkeiten aus dem viktorianischen Zeitalter.

**Kelch-und-Ball-Spiel** für zwei Personen Bei diesem Spiel ist der Ball nicht mit einer Schnur gebunden, sondern frei. Jeder der beiden Spieler hat einen gedrechselten, länglichen Kelch mit Griff *(Abb. 9.20)*, mit dem der hin- und hergeworfene Ball gefangen werden muß.

**Wurfringspiel:** Das als „quoits" bezeichnete Wurfringspiel war einst ein beliebtes Familienvergnügen, bei dem man versuchte, Holzringe über einen Zielstock zu werfen, der in einiger Entfernung auf dem Boden stand.. Entstanden ist das Spiel wohl aus dem Werfen von Hufeisen auf einen Metallstock.

## Hinweise

> Esche und Hickory sind die besten Holzarten für Sportgegenstände, da sie plötzlich auftretende Kräfte gut absorbieren.

> Kegel und Kegelkugeln werden am besten aus dichten, nicht splitternden Holzarten hergestellt – Buche, Buchsbaum und Ulme sind eine gute Wahl.

> Das Holz sollte vor der Verwendung wenigstens teilgetrocknet werden, damit es nicht so leicht splittert.

> Wenn das fertige Produkt getrocknet ist, kann es mit einem Polyurethanlack lackiert werden.

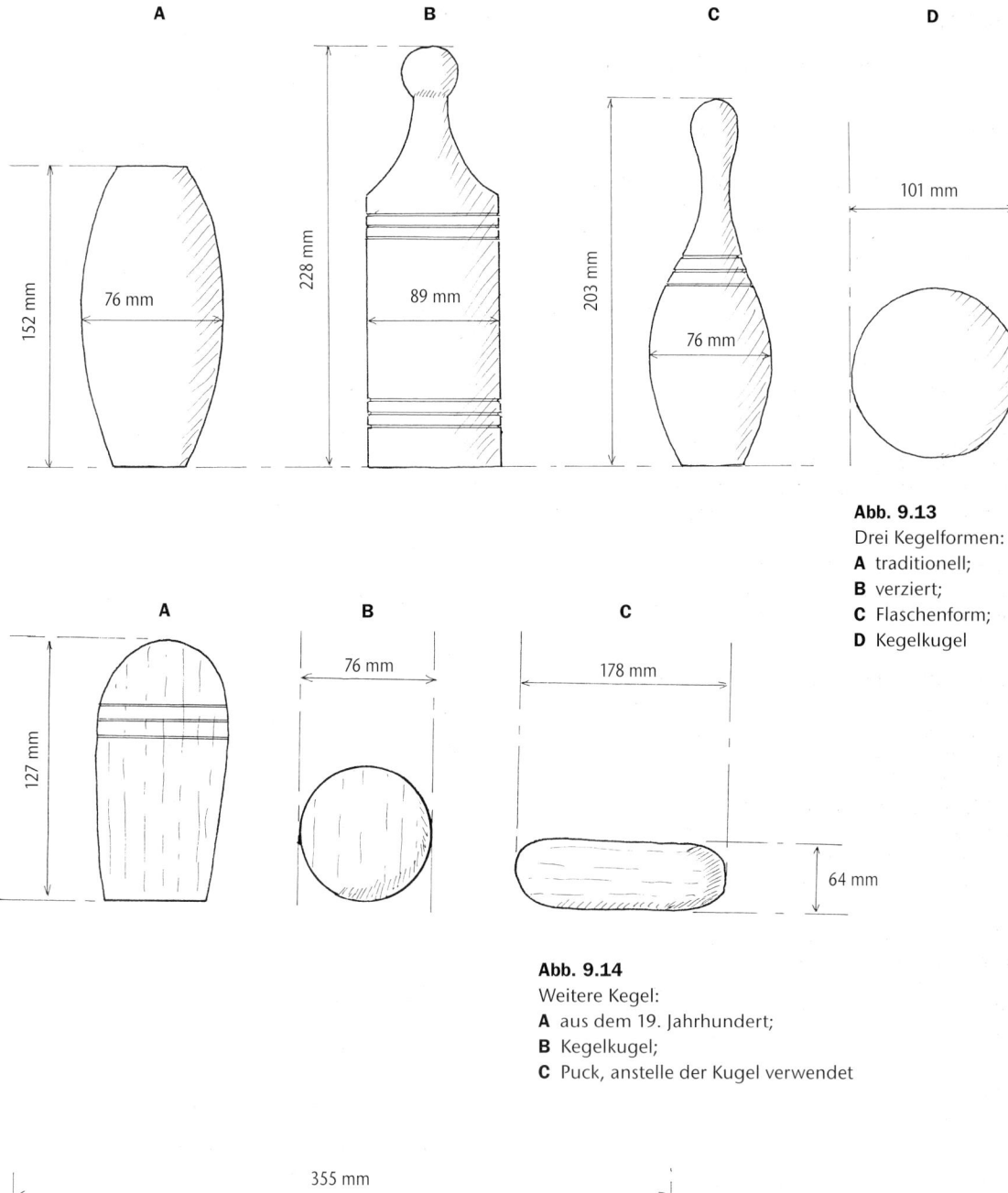

**Kapitel 9** I. Spiele und Spielzeug – 2. An der frischen Luft – 3. Einzelstücke

**Abb. 9.13**
Drei Kegelformen:
**A** traditionell;
**B** verziert;
**C** Flaschenform;
**D** Kegelkugel

**Abb. 9.14**
Weitere Kegel:
**A** aus dem 19. Jahrhundert;
**B** Kegelkugel;
**C** Puck, anstelle der Kugel verwendet

**Abb. 9.15**
Schlagstockspiel

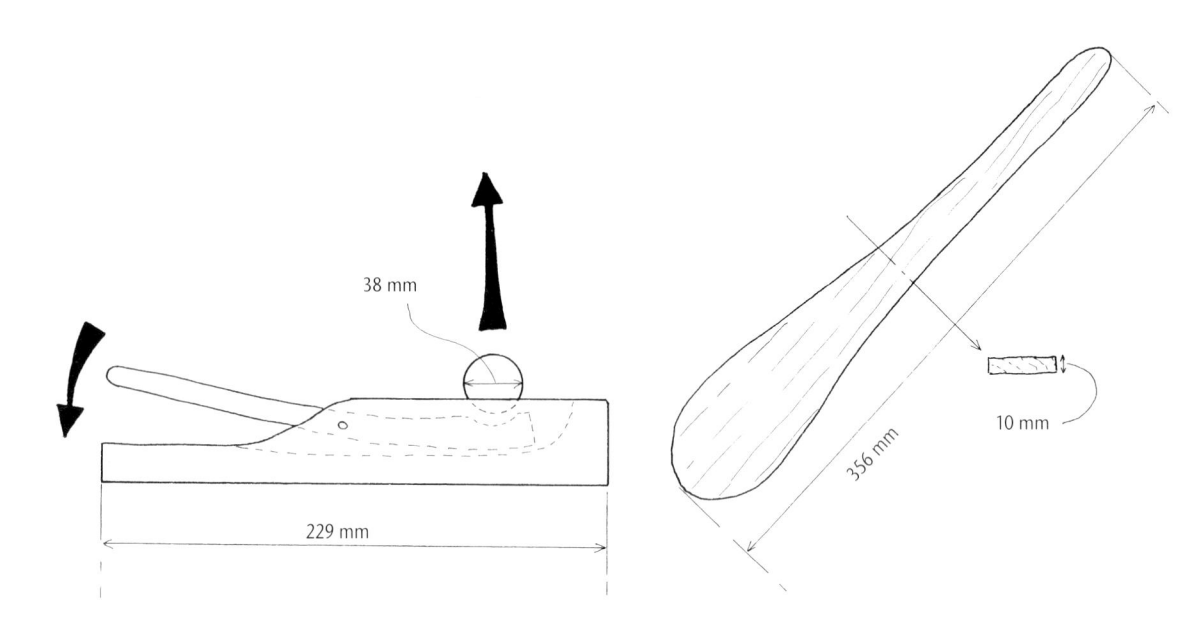

**Abb. 9.16**
„Ball und Falle":
die Falle schleudert den Ball in die Luft,
wo er mit dem flachen Schläger
getroffen werden muß.

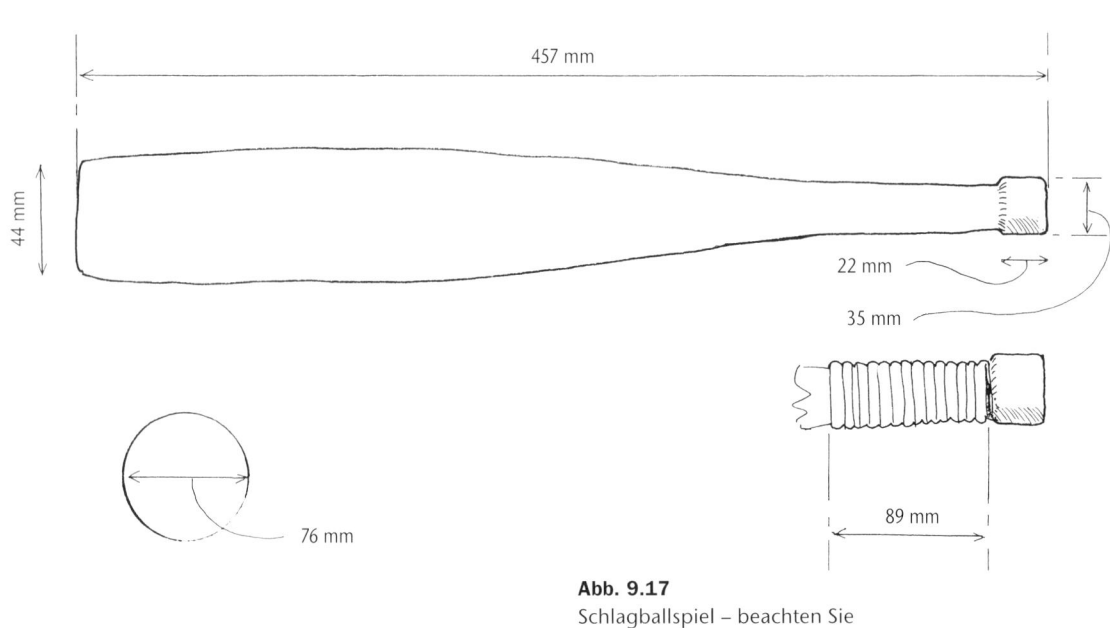

**Abb. 9.17**
Schlagballspiel – beachten Sie
die Umwicklung des Griffes,
die für besseren Halt sorgt.

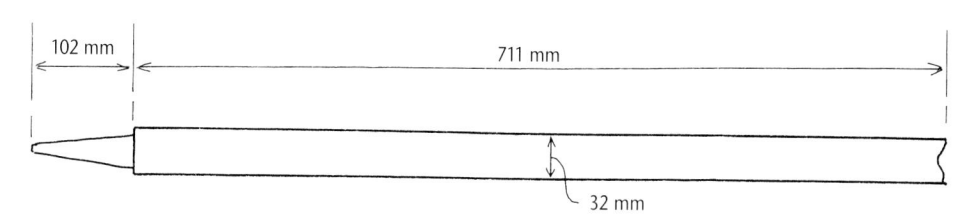

**Kapitel 9** 1. Spiele und Spielzeug – 2. An der frischen Luft – 3. Einzelstücke

**Abb. 9.18**
„Stump" für das Cricketspiel

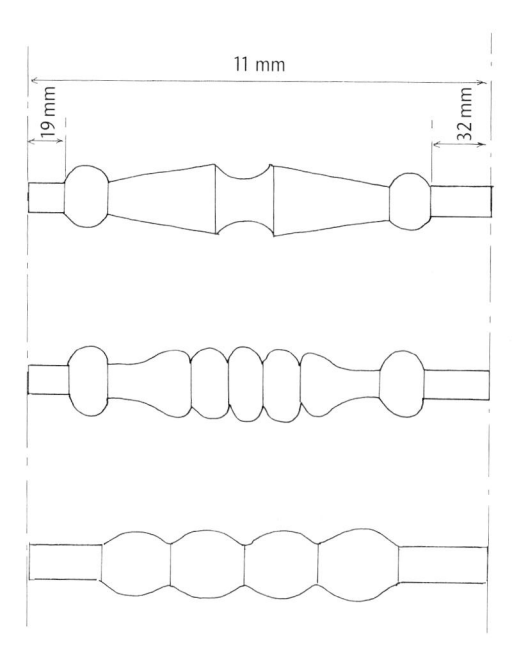

**Abb. 9.19**
„Bails" für das Cricketspiel:
**A** und **B** viktorianische Formen;
**C** modernere Form

**Abb. 9.20**
Bilboquet für zwei Spieler

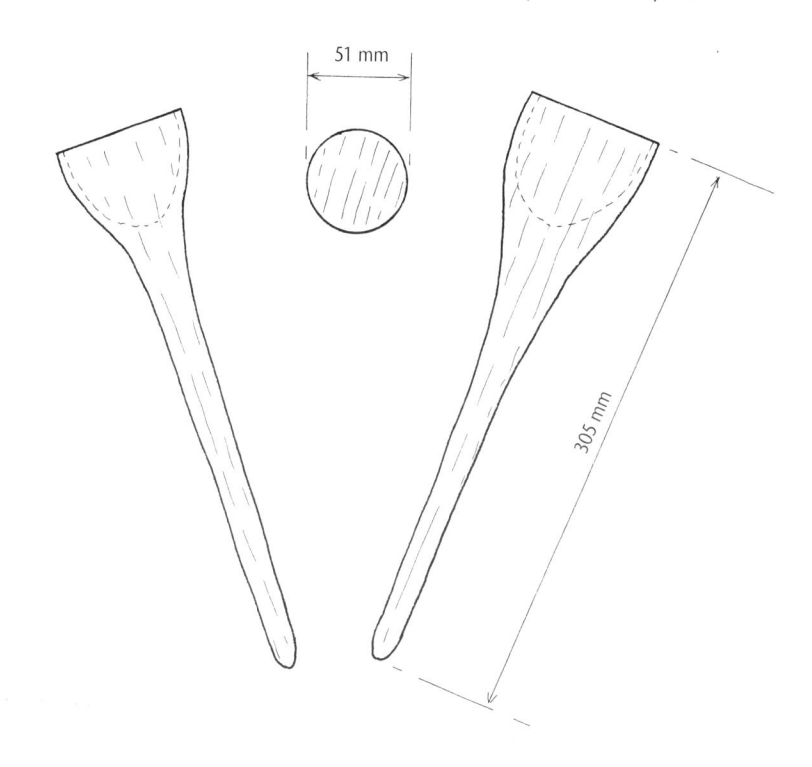

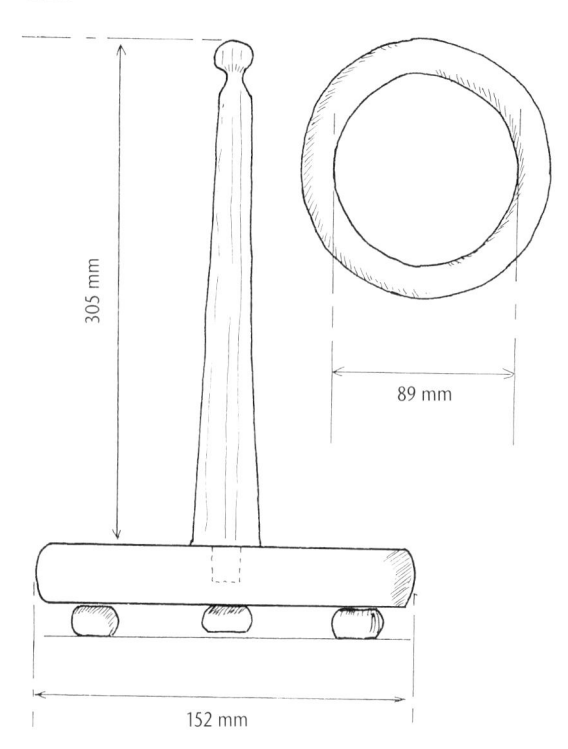

**Abb. 9.21**
Wurfringspiel:
draußen wird oft mit
einem in den Boden
gesteckten Pflock gespielt.

## 2. An der frischen Luft

Der einzige Bezug, den diese Gegenstände zueinander haben, ist die Tatsache, daß sie draußen, an der frischen Luft verwendet werden.

**Zeltheringe:** Man bekommt ein Gefühl dafür, wie häufig diese Holzgegenstände einst waren, wenn man hört, daß während des Zweiten Weltkrieges schätzungsweise fünfzig Millionen Stück verbraucht wurden. Obwohl Zeltheringe in allen Teilen Großbritanniens hergestellt werden, so ist doch der Chiltern-Wald eine der Hauptquellen – die Buche, die dort so gut wächst, liefert ein vorzügliches Holz für Heringe. Es gibt heute immer noch eine stetige Nachfrage von Hobbyzeltern und den Benutzern von Zeltpavillons. Und das mit gutem Grund – Zeltheringe aus gespaltenem Holz haften wegen der rauhen Oberfläche und der subtilen Formgebung besser im Boden als ihre Gegenstücke aus Kunststoff oder Metall. Zeltheringe gibt es in vielen verschiedenen Größen (vgl. Tabelle 9.1), aber die Form bleibt immer die gleiche (Abb. 9.22). Sie werden aus Holzstücken hergestellt, die aus Rundhölzern mit einem Mindestdurchmesser von 152 mm gespalten werden (Abb. 9.23). Die wichtigsten Punkte bei der Gestaltung sind: eine kleine, rechteckige Spitze, die sich nicht beim Einschlagen verdreht; angefaste Kanten an der Einkerbung, damit die Zeltleine nicht angescheuert wird; angefaste Kanten am Kopf, damit dieser beim Einschlagen nicht splittert.

**Wäscheklammern:** Es gibt verschiedene traditionelle Entwürfe für Wäscheklammern aus Grünholz. Unser erstes Beispiel ist aus einem Stück Holz gedrechselt und hat eine gesägte und geglättete Öffnung (Abb. 9.24). Am Kopfende ist ein Knauf, und die Spitzen des Mauls sind abgerundet, damit sie nicht an der Kleidung hängenbleiben. Das zweite Stück besteht aus zwei Holzteilen, die von einem Blechstreifen zusammengehalten werden (Abb. 9.25). Die beiden Hälften werden so bearbeitet, daß sie ein offenes Maul mit glatten Backen ergeben. Der Blechstreifen wird nahe am Kopf angebracht und an einer der beiden Hälften festgeheftet. Früher wurden solche Wäscheklammern von Hausierern an der Haustür verkauft, die ihre Waren auch selbst hergestellt hatten, aber heute sind sie weitgehend durch Kunststoff und Drahtprodukte ersetzt worden. Schließlich gibt es auch noch ein schwereres, gedrechseltes Modell, das für Decken verwendet wurde (Abb. 9.26).

**Futterraufen für Schafe:** Diese Raufen sind einfache Käfige, in die Heu oder anderes Futter für die Schafe gelegt werden kann. Sie sind so konstruiert, daß die Tiere nur ihren Kopf in die Raufe hineinstecken und nicht mit den Hufen auf dem Futter herumtrampeln und es so verderben können. Es gibt zwei Hauptvarianten. Die erste besteht aus Spaltholz: Ein langer, schmaler Käfig, dessen Reifen in einen schweren Rahmen eingezapft sind, der auf dem Boden liegt. Bei diesem Modell ist die Zahl der Tiere größer, die gleichzeitig fressen können (Abb. 9.27). Die zweite Form ist ein runder Käfig, der aus Haselruten gefloch-

**Tabelle 9.1** Abmessungen von Zeltheringen (siehe auch Abb. 9.22)

| Länge (A) | Breite (B) | Kopf (C) | Spitze (D) | Kopfende (E) | Stärke (F) |
|---|---|---|---|---|---|
| 457 mm | 44 mm | 114 mm | 6 mm | 32 mm | 22 mm |
| 305 mm | 41 mm | 89 mm | 6 mm | 25 mm | 19 mm |
| 228 mm | 38 mm | 63 mm | 6 mm | 25 mm | 16 mm |
| 152 mm | 35 mm | 44 mm | 4 mm | 22 mm | 16 mm |

ten wird. Die senkrechten Ruten können in den Boden gesteckt werden. Zur Herstellung dieser Raufe benötigt man eine Form, mit der die senkrechten Ruten gehalten werden, während man den Käfig flechtet *(Abb. 9.28)*. Beide Modelle sind außerordentlich robust und halten im Freien durchaus fünf oder sechs Jahre.

**Spatenreiniger:** Jeder, der in schwerem Boden graben muß, wird dieses einfache Werkzeug begrüßen *(Abb. 9.29)*. Es besteht aus einem Hartholzkeil mit einem einfachen Griff, man benutzt es, um Lehm zu entfernen, der am Blatt eines Spatens oder ähnlichen Werkzeugs haftet. Es wurde von den Schienenarbeitern des 19. Jahrhunderts entwickelt, die das englische Eisenbahnnetz bauten. Sie behaupteten, es sei in der Lage, ihnen „einen zweiten Mann zu ersetzen".

**Stiefelknecht:** Nach dem Umgraben werden Sie dann auch einen Knecht brauchen, der Ihnen die schmutzigen Stiefel auszieht. Ein Stiefelknecht besteht aus einem flachen Brett, das an einem Ende etwas erhöht ist und dort eine U-förmige Aussparung aufweist, in die der Hacken eines Stiefels eingeklemmt werden kann *(Abb. 9.30)*. Der andere Fuß wird währenddessen auf den Stiefelknecht gestellt, um ihn ruhig zu halten. Es gibt einige Formvarianten bei dem Teil, das den Stiefelknecht im erwünschten Winkel schräg stellt. Alle Kanten werden angefast, um Splitter zu vermeiden. Der einzige deutlich andere Entwurf, den ich je zu sehen bekam, stammt aus der Grafschaft Derbyshire: Bei ihm weist der Stiefelknecht statt der U-förmigen Aussparung ein Loch auf, das den Stiefel aufnimmt *(Abb. 9.31)*. Dadurch wird der Stiefel daran gehindert, nach dem Ausziehen umzufallen. Stiefelknechte wurden manchmal in der Mitte mit einem Scharnier versehen, damit man sie nach Gebrauch zusammengeklappt wegräumen konnte.

**Spazierstöcke:** Oft entwickelt der Besitzer eines Spazierstocks ein sehr persönliches Verhältnis zu diesem unschätzbaren Begleiter bei der Arbeit und beim Spiel. Die verschiedenen Teile haben feststehende Bezeichnungen *(Abb. 9.32)*. Es gibt drei Hauptarten von Spazierstöcken, von denen allerdings jede über eine Vielzahl dekorativer Varianten verfügt, die hier nicht behandelt werden.

**Einteilige Stöcke** gibt es vom einfachen, glatten Eschen- oder Haselstock über solche mit naturgewachsenen Knäufen bis hin zu verschiedenen gekrümmten Griffen – zum Wandern, zum Schafhüten, zum Ernten von Nüssen…

**Daumenstöcke** können eine natürlich gewachsene Gabel besitzen, eine geschnitzte Gabel oder eine Gabel aus einem Stück Geweih *(Abb. 9.34)*.

**Zweiteilige Stöcke** bestehen aus einem guten geraden Schuß (oder einem gedrechselten Schuß aus Geißblattholz), an dem ein entsprechend geformter Griff aus Holz oder Bein angebracht ist. In *Abbildung 9.32* sieht man verschiedene Methoden, den Griff am Schuß zu befestigen.

Bei allen Stöcken variiert die Länge des Schusses mit der Verwendung und den persönlichen Vorlieben des Besitzers, meist liegt sie aber zwischen Hüft- und Schulterhöhe.

**Fischtöter:** Eine kleine, schwere Keule, die von Anglern verwendet wird, um die gefangenen Fische mit einem schnellen Schlag zu töten. Oft wird der Kopf mit einem inneren Bleigewicht beschwert und die Bohrung mit einem Pfropfen verschlossen *(Abb. 9.36)*.

## Hinweise

- Stellen Sie Zeltheringe aus frisch geschlagenem Holz her. Vermeiden Sie astreiches Holz.

- Die besten Holzarten für Heringe sind Buche, Esche und Kastanie.

- Stellen Sie Wäscheklammern nicht aus Eiche oder Kastanienholz her – es hinterläßt Flecken auf der Wäsche.

- Entfernen Sie alle Splitter von Futterraufen, damit sich die Tiere nicht daran verletzen.

- Die besten Spazierstöcke werden aus Hasel, Esche, Schlehdorn und Kastanie hergestellt. Vor dem endgültigen Verputzen sollten sie sechs Monate getrocknet werden.

- Erhitzen oder dämpfen Sie die Rundhölzer für Spazierstöcke vor dem Biegen oder Begradigen. Das frische Material sollte zum Trocknen immer gebündelt werden, damit es sich nicht verbiegt.

- Spazierstöcke werden am besten mit einem Polyurethanlack endbehandelt.

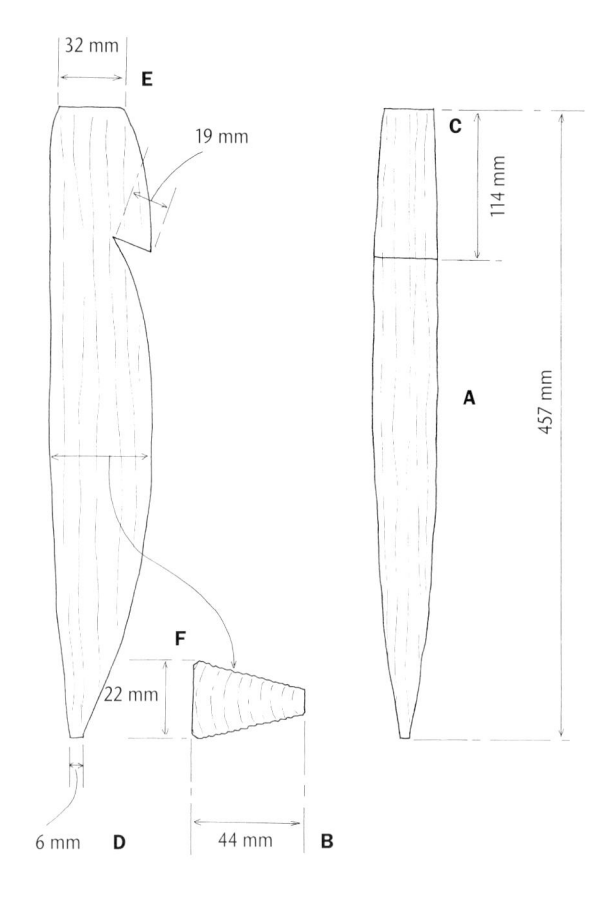

**Abb. 9.22**
Zeltheringe aus Spaltholz

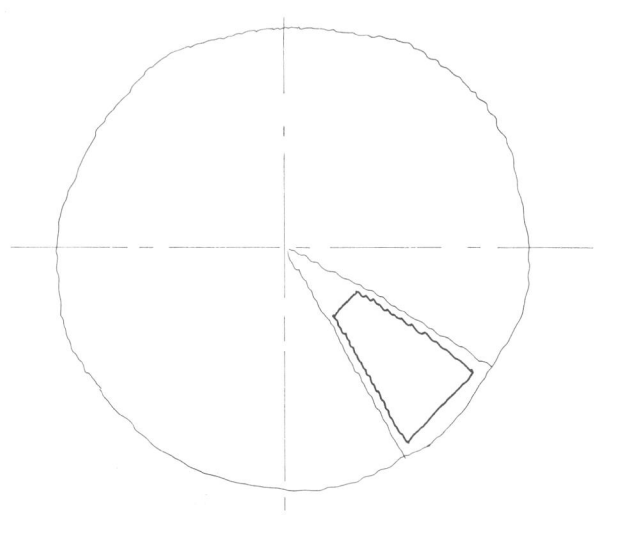

**Abb. 9.23**
Herstellung eines Rohlings aus Rundholz

**Kapitel 9** 1. Spiele und Spielzeug – 2. An der frischen Luft – 3. Einzelstücke

**Abb. 9.24**
Gedrechselte und eingesägte Wäscheklammer

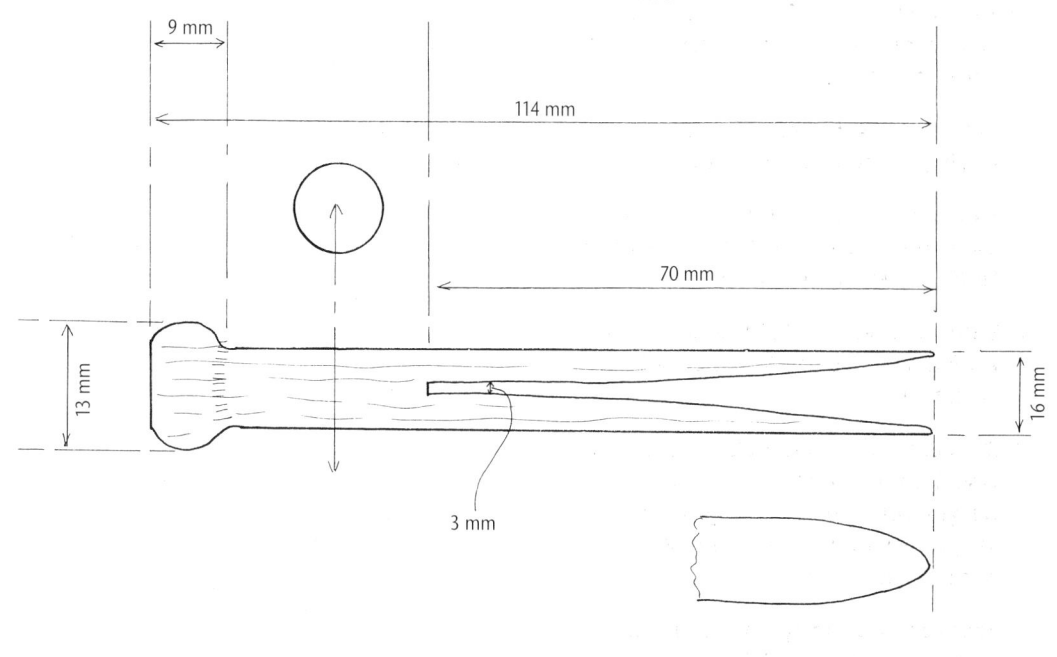

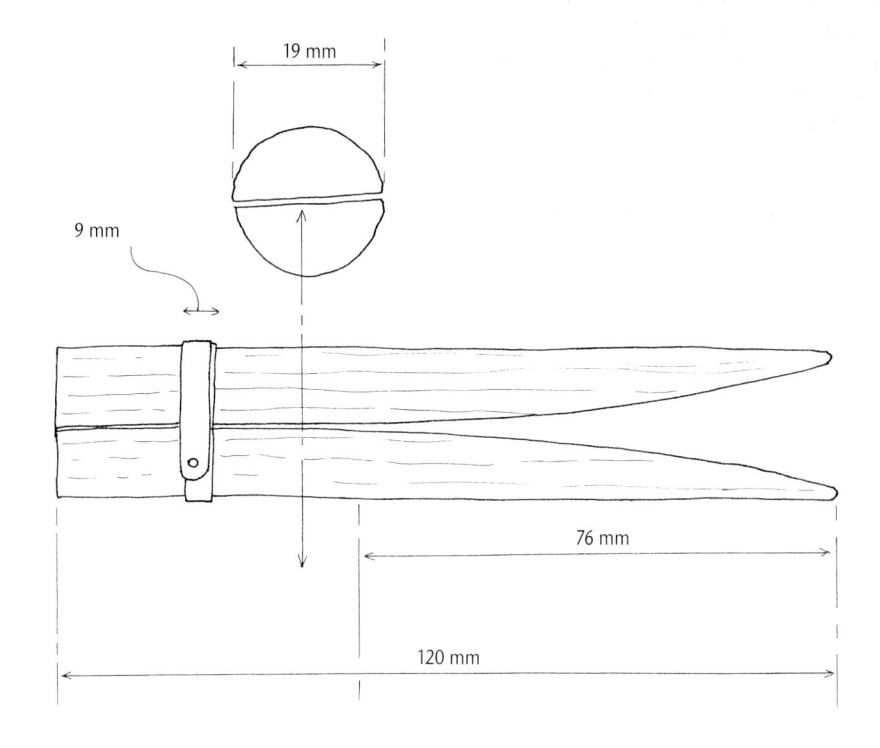

9 mm
114 mm
70 mm
13 mm
16 mm
3 mm

**Abb. 9.25**
Zweiteilige Wäscheklammer mit Blechstreifen

19 mm
9 mm
76 mm
120 mm

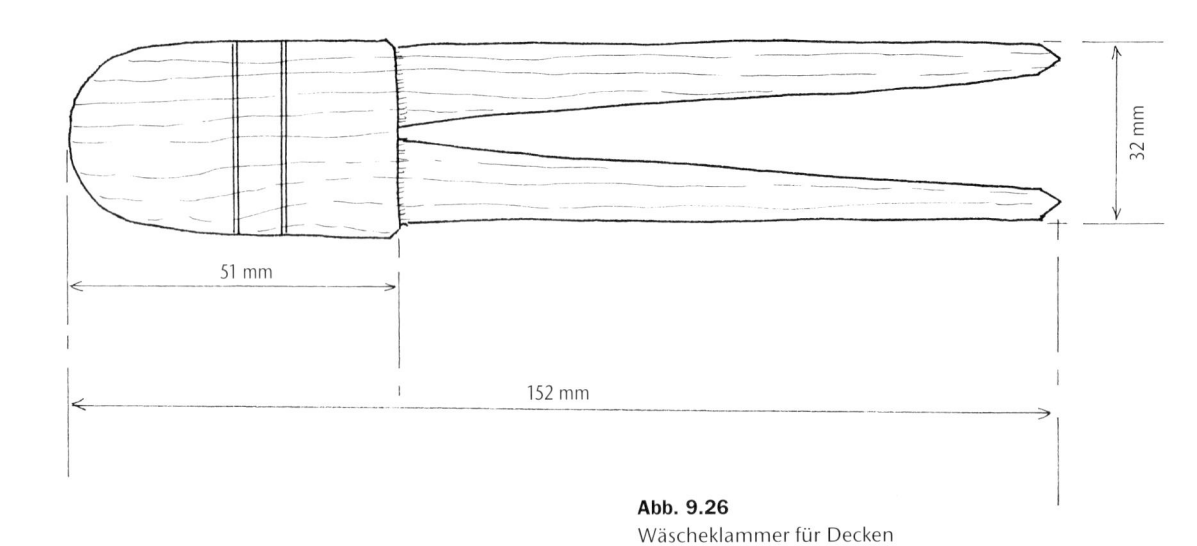

**214** I. Spiele und Spielzeug – 2. An der frischen Luft – 3. Einzelstücke  **Kapitel 9**

**Abb. 9.26**
Wäscheklammer für Decken

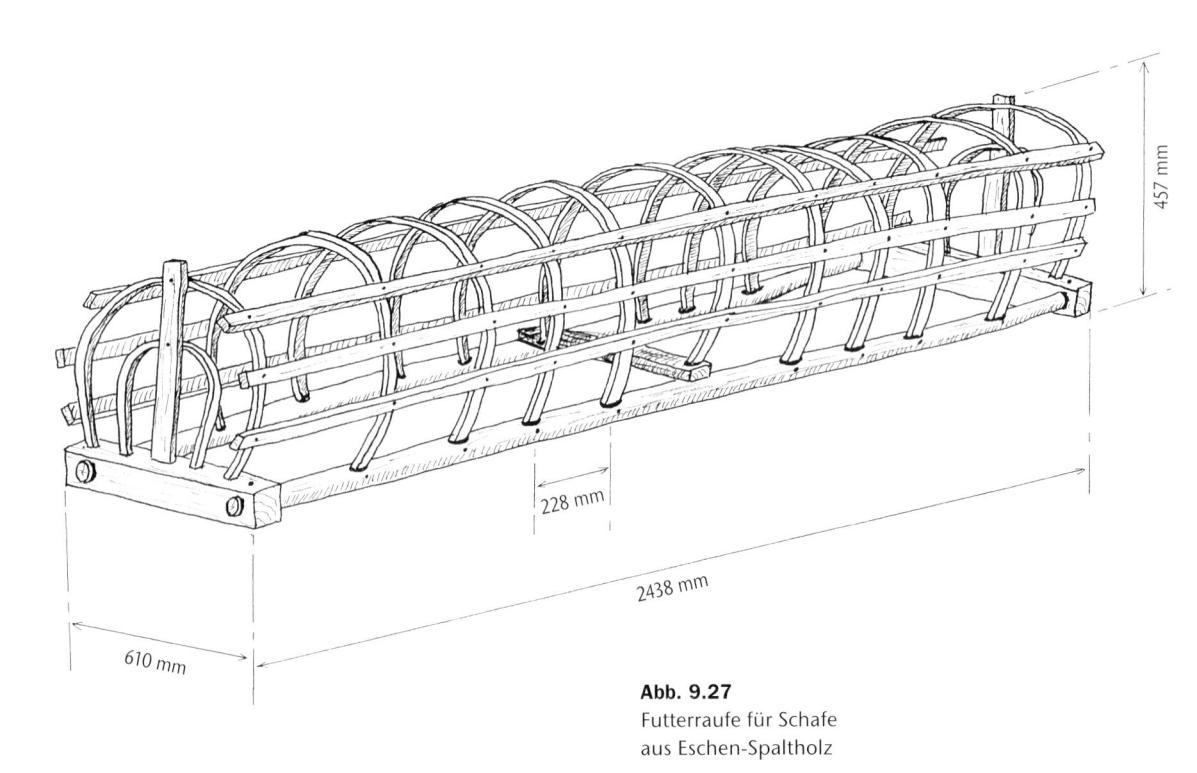

**Abb. 9.27**
Futterraufe für Schafe
aus Eschen-Spaltholz

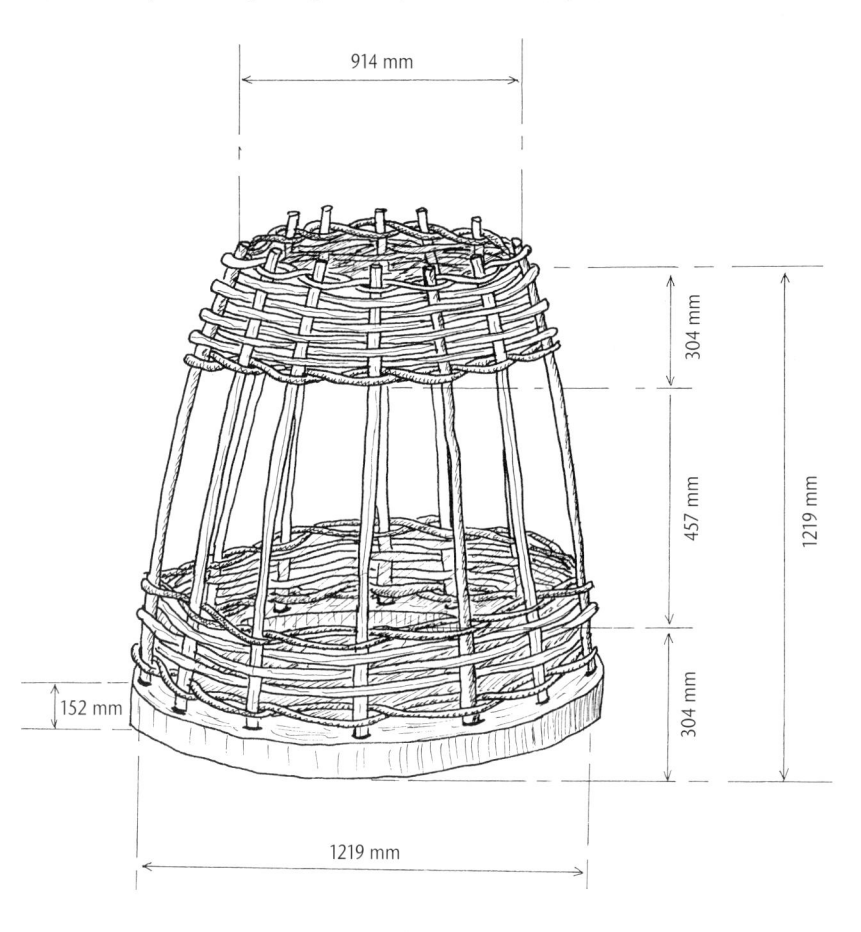

**Kapitel 9** 1. Spiele und Spielzeug – 2. An der frischen Luft – 3. Einzelstücke

**Abb. 9.28**
Futterraufe für Schafe aus Weidengeflecht (man sieht unten noch die Form, in der geflochten wird.)

**Abb. 9.29**
Spatenreiniger

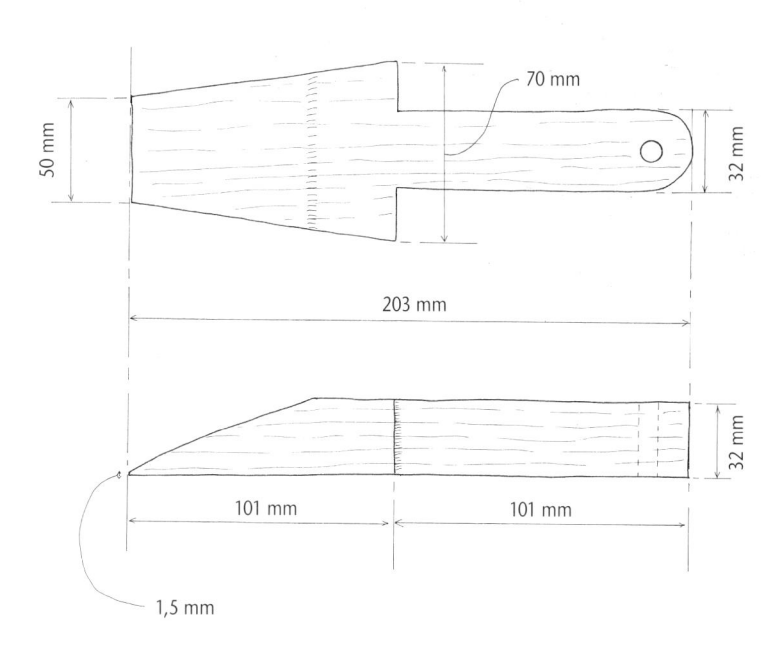

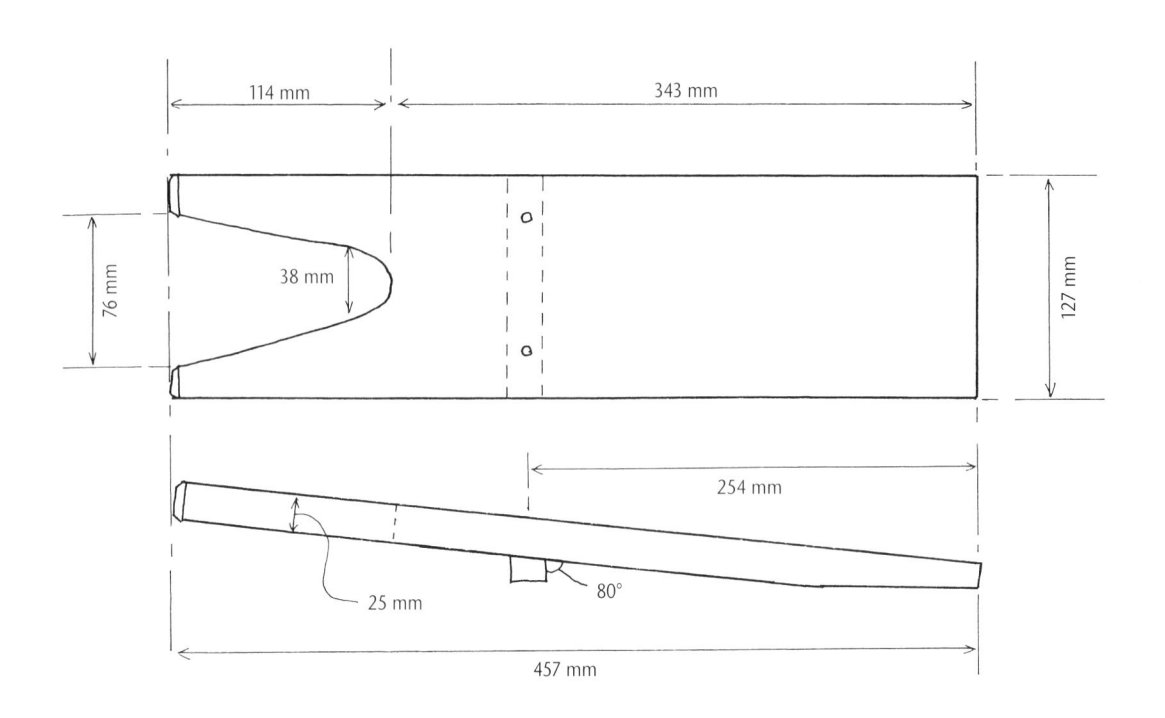

**Abb. 9.30**
Stiefelknecht

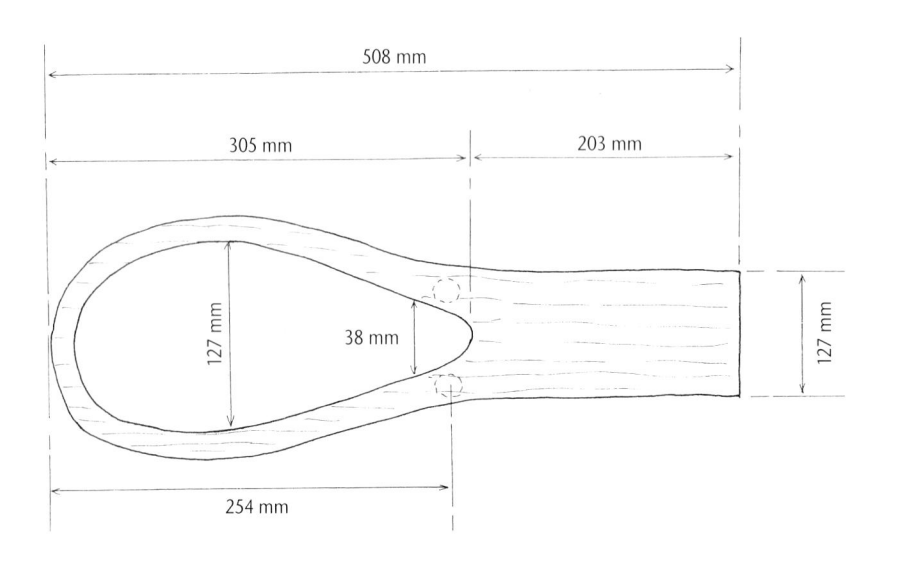

**Abb. 9.31**
Ein Stiefelknecht aus der
Grafschaft Derbyshire

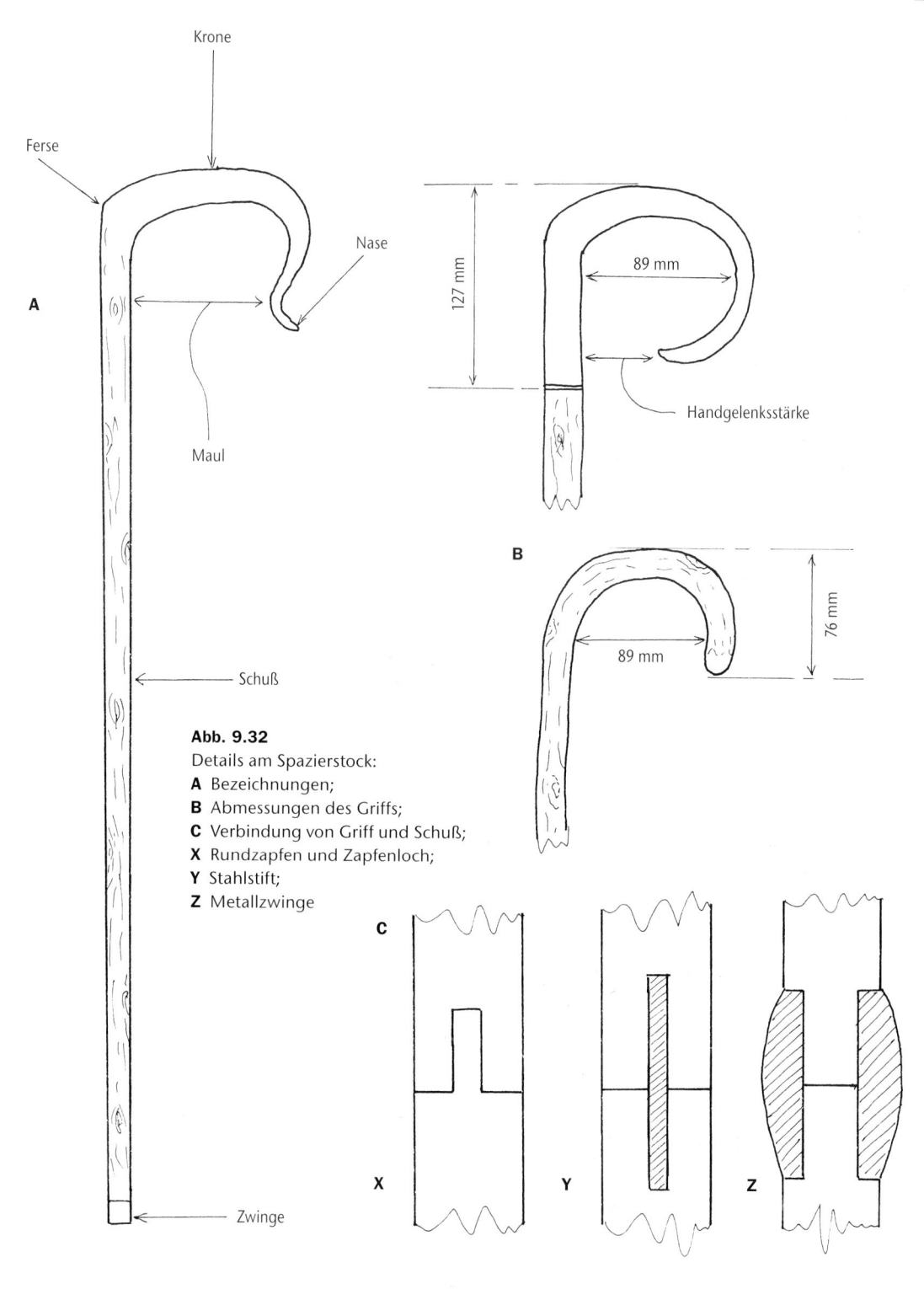

**Kapitel 9**  1. Spiele und Spielzeug – 2. An der frischen Luft – 3. Einzelstücke

**Abb. 9.32**
Details am Spazierstock:
**A** Bezeichnungen;
**B** Abmessungen des Griffs;
**C** Verbindung von Griff und Schuß;
**X** Rundzapfen und Zapfenloch;
**Y** Stahlstift;
**Z** Metallzwinge

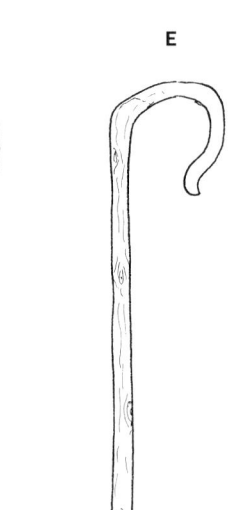

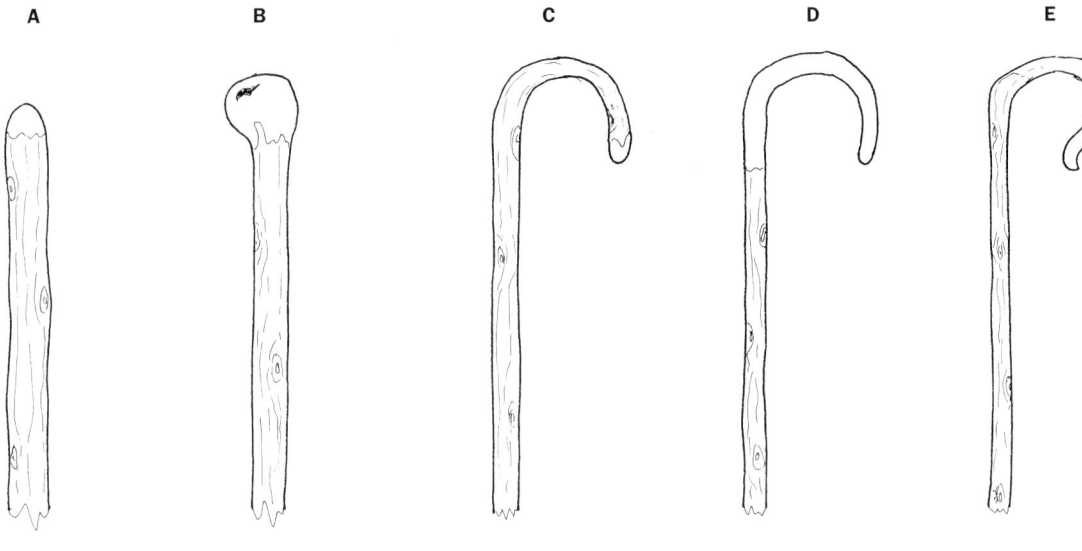

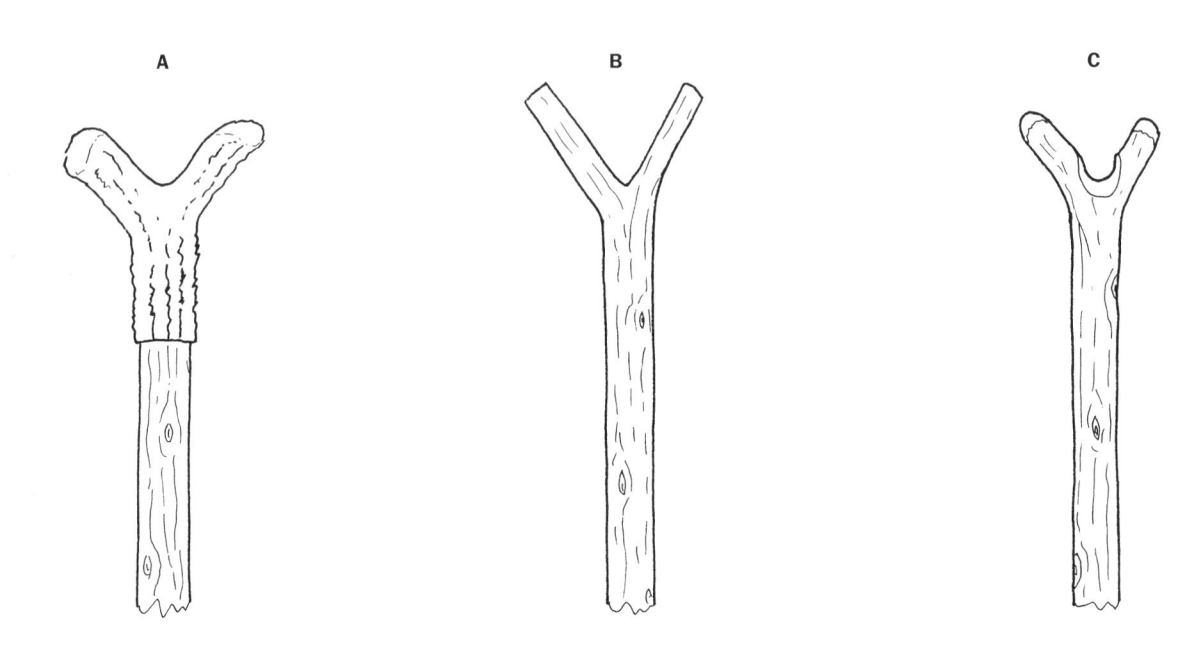

**Abb. 9.33**
Verschiedene einteilige Spazierstöcke:
- **A** gerader Eschenstock;
- **B** Knotenstock;
- **C** einfacher Spazierstock mit gebogenem Griff;
- **D** Spazierstock aus Suffolk mit entrindetem Griff;
- **E** Hirtenstab

**Abb. 9.34**
Daumenstöcke:
- **A** Geweihgabel an geradem Schuß;
- **B** Astgabel;
- **C** verbesserte Form mit ausgearbeiteter Gabel

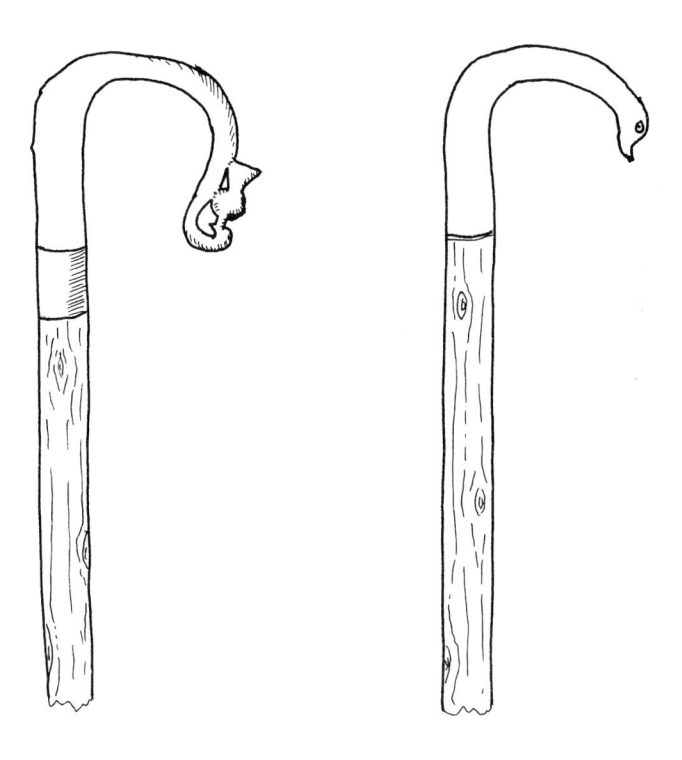

**Kapitel 9** 1. Spiele und Spielzeug – 2. An der frischen Luft – 3. Einzelstücke

**Abb. 9.35**
Zweiteilige Spazierstöcke mit geschnitzten Griffen

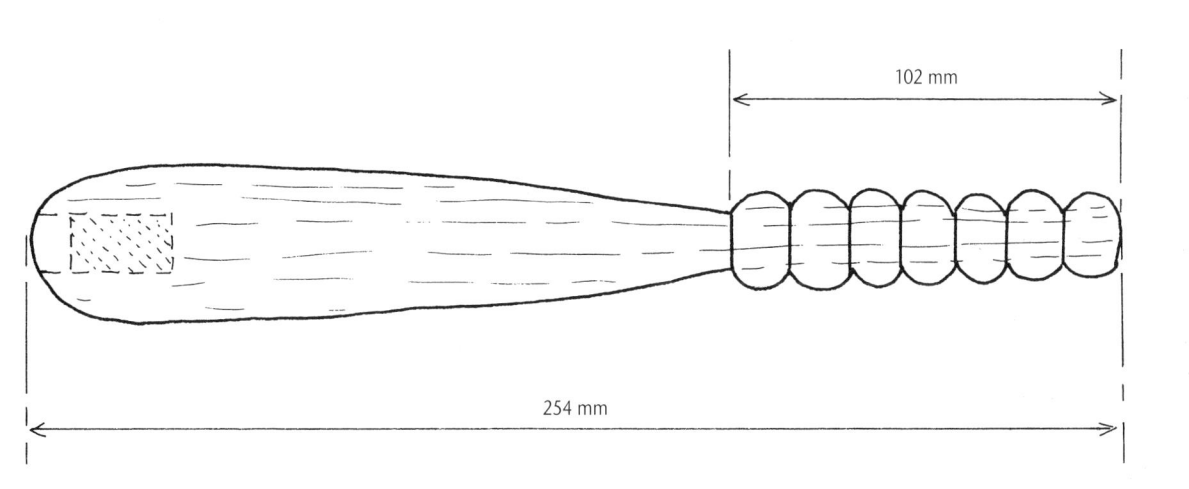

**Abb. 9.36**
Fischtöter – beachten Sie die Aushöhlung am Ende, in der ein Bleigewicht untergebracht werden kann.

## 3. Einige Einzelstücke

Ich möchte dieses Vorlagenbuch mit einigen Stücken beschließen, die in kein anderes Kapitel passen, aber trotz der gerafften Darstellung die Vielfältigkeit und das Vergnügen bei der Arbeit mit Grünholz recht gut einfangen.

**Trockengrasvasen:** Diese Drechselarbeiten sind wie Vasen geformt, haben aber eine tiefe, enge, von oben hinabreichende Öffnung *(Abb. 9.37)*. Sie werden benutzt, um getrocknete Grasstengel aufzustellen, die eine schöne Ergänzung zur Farbe und Struktur des verwendeten Holzes bilden.

**Holzbildhauerei:** Die meisten Leser werden die kleinen Pilze aus gedrechseltem Holz kennen.. Sie werden oft aus Rundhölzern hergestellt, wobei die Rinde teilweise stehen gelassen wird, um den dekorativen Effekt zu verstärken *(Abb. 9.18)*. Vor allem Kinder lieben die größeren Pilze, die als Schmuck oder Sitzgelegenheit im Garten aufgestellt werden – es ist schwierig, die Nachfrage zu befriedigen *(Abb. 9.39)*! Grobe Bildhauerarbeiten oder Schnitzwerke können in vielfachen Formen auftreten, aber die ansprechendste Form ist wohl immer die menschliche Form. Unsere Beispiele entstammen den alten Kulturen der Osterinsel und Afrikas *(Abb. 9.40)*. Man kann sie mit kleinen Abmessungen herstellen, so daß sie im Bücherregal Platz finden, oder so groß, daß sie auf dem Boden aufgestellt werden können.

**Nußknacker:** Nüsse kann man auf drei verschiedene Arten öffnen – mit dem Hammer draufschlagen, Hebelkraft anwenden oder Schraubendruck. Die meisten Nußknacker arbeiten mit Hebelkraft. In *Abbildung 9.41* zeigen wir ein elegantes und funktionales Modell, dem man häufig begegnet. Die Hebelarme sind eingekerbt, damit der Nußkern nicht zerdrückt wird, wenn der Knacker vollständig geschlossen wird. In *Abbildung 9.42* sind eine Reihe älterer Gestaltungsmöglichkeiten wiedergegeben, und *Abbildung 9.43* zeigt Nußknacker, die auf dem Schraubenprinzip beruhen. Bei diesen raffinierten Modellen wird die Nuß in eine Höhlung gelegt und die Schraube so lange gedreht, bis die Schale zerbricht. Für Walnüsse muß die Höhlung entsprechend größer sein. Eine deutlich bessere Methode als die Verwendung eines Hammers!

**Waagen:** *Abbildung 9.44* zeigt Waagen aus Holz. Die Handwaage aus dem 16. Jahrhundert stammt aus dem Schiff „Mary Rose", es ist eine einfache Balkenwaage, die zwei flache Schalen trägt. Der Balken wird in einem umgedrehten U-förmigen Ständer gelagert. Die gebräuchlichere Form der Balkenwaage wird auf einem Tisch aufgestellt, dafür ist der U-förmige Ständer mit der Öffnung nach oben ausgerichtet. Die Funktionsweise beider Waagen ist dennoch die gleiche. Beide Stücke sind als Beispiele für die Eleganz und Funktionalität der Grünholzarbeiten kaum zu übertreffen.

**Serviettenringe:** Servietten aus Stoff sind heute selten geworden. Serviettenringe sind selten breiter als 50 mm. Die können außen mit Rundstäben verziert werden *(Abb. 9.45)*.

**Stopfeier:** Heute werden Socken und Handschuhe nur noch selten gestopft – meist wirft man sie fort, wenn sie beschädigt sind. Falls man es allerdings vorzieht, sie zu reparieren, dann benutzt man dazu in Deutschland ein Stopfei, in England einen Stopfpilz. *Abbildung 9.46* zeigt sowohl Stopfpilze für Socken und Handschuhe als auch ein Stopfei für Socken.

## Hinweise

➢ Rundholzrohlinge für Drechselarbeiten sollten gut abgelagert sein, um Radialrisse zu vermeiden. Die zweitbeste Methode ist es, das Stück nach dem Drechseln sehr langsam und vorsichtig trocknen zu lassen.

➢ Waagen und gedrechselte Pilze gelingen am besten in feinmaserigem Holz wie Buche.

➢ Pilze, die drinnen aufgestellt werden sollen, können lackiert oder poliert werden.

➢ Nußknacker sollten gelegentlich eingeölt werden, damit sie nicht spröde werden.

➢ Bei Schnitzarbeiten kann man das Reißen des Holzes beim Trocknen teilweise dadurch vermeiden, daß man Spaltholzrohlinge verwendet und nicht Rundhölzer. Andererseits verleihen die Trockenrisse dem Stück unter Umständen auch einen zusätzlichen Reiz.

➢ Lagern Sie den Balken einer Waage mit einem Metallstift im Ständer – dadurch wird die Reibung vermindert und die Empfindlichkeit des Instruments erhöht.

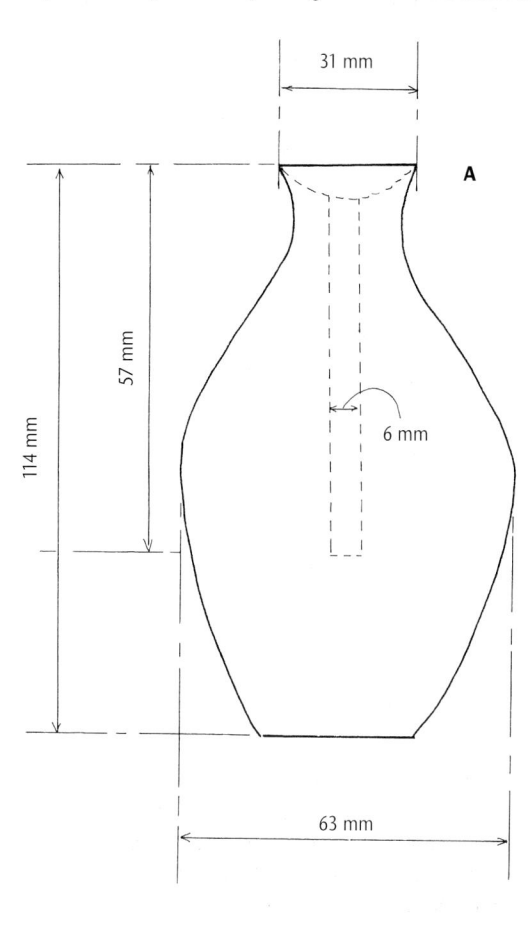

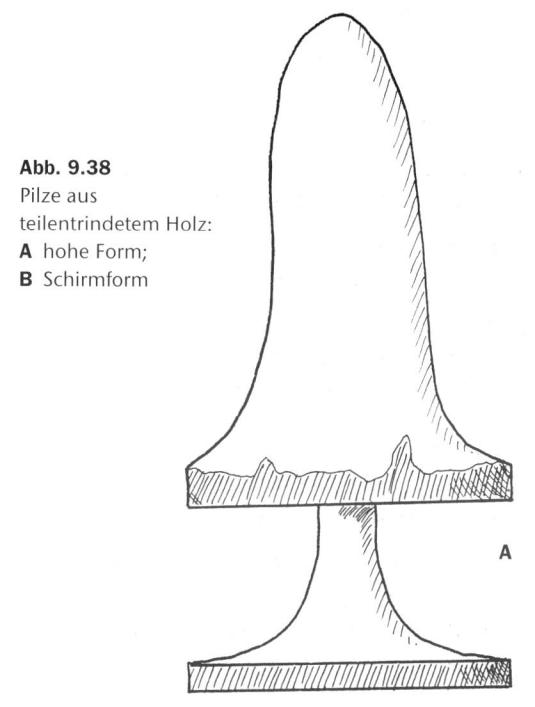

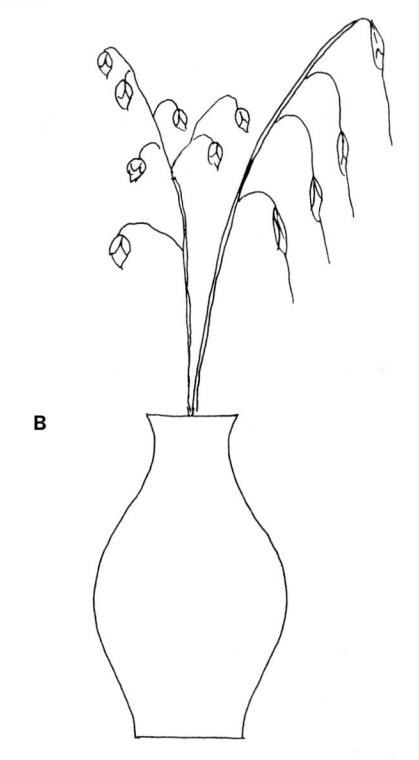

**Kapitel 9** 1. Spiele und Spielzeug – 2. An der frischen Luft – 3. Einzelstücke

**Abb. 9.37**
Trockengrasvasen:
**A** einfache Form;
**B** mit Gras – beachten Sie, daß die enge Bohrung das Gras aufrecht stehen läßt und natürlich nicht zur Aufnahme von Wasser dient.

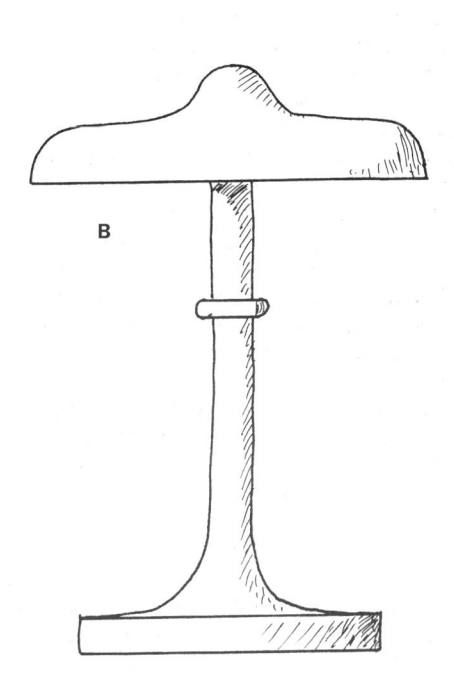

**Abb. 9.38**
Pilze aus teilentrindetem Holz:
**A** hohe Form;
**B** Schirmform

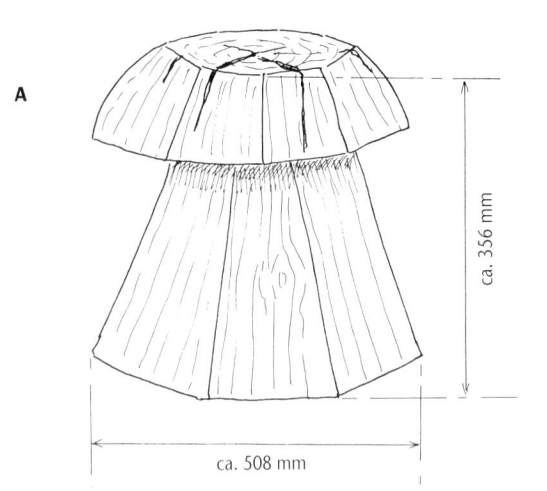

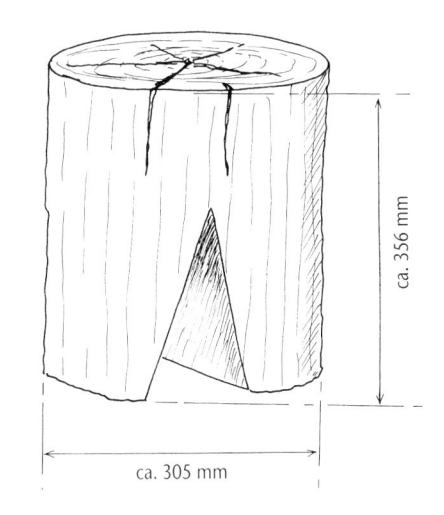

222　　　　　　　　　　　1. Spiele und Spielzeug – 2. An der frischen Luft – 3. Einzelstücke　**Kapitel 9**

**Abb. 9.39**
Gartenschmuck:
**A** Pilz;
**B** Hocker.
Diese großen Werkstücke werden mit der Kettensäge hergestellt.

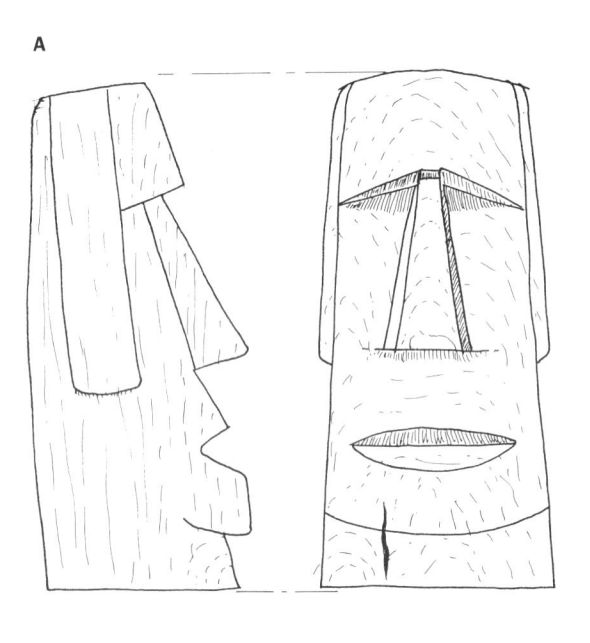

**Abb. 9.40**
Skulpturen aus Grünholz:
**A** Kopie eines Kopfes von der Osterinsel aus Spaltholz;
**B** in einen großen Stammabschnitt geschnitztes Gesicht – daher die Trocknungsrisse – als Außen- oder Innenschmuck

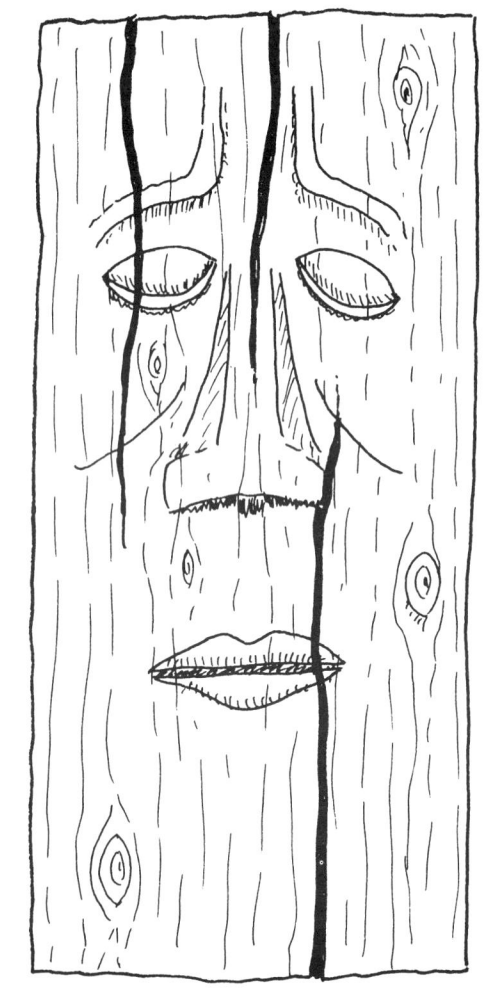

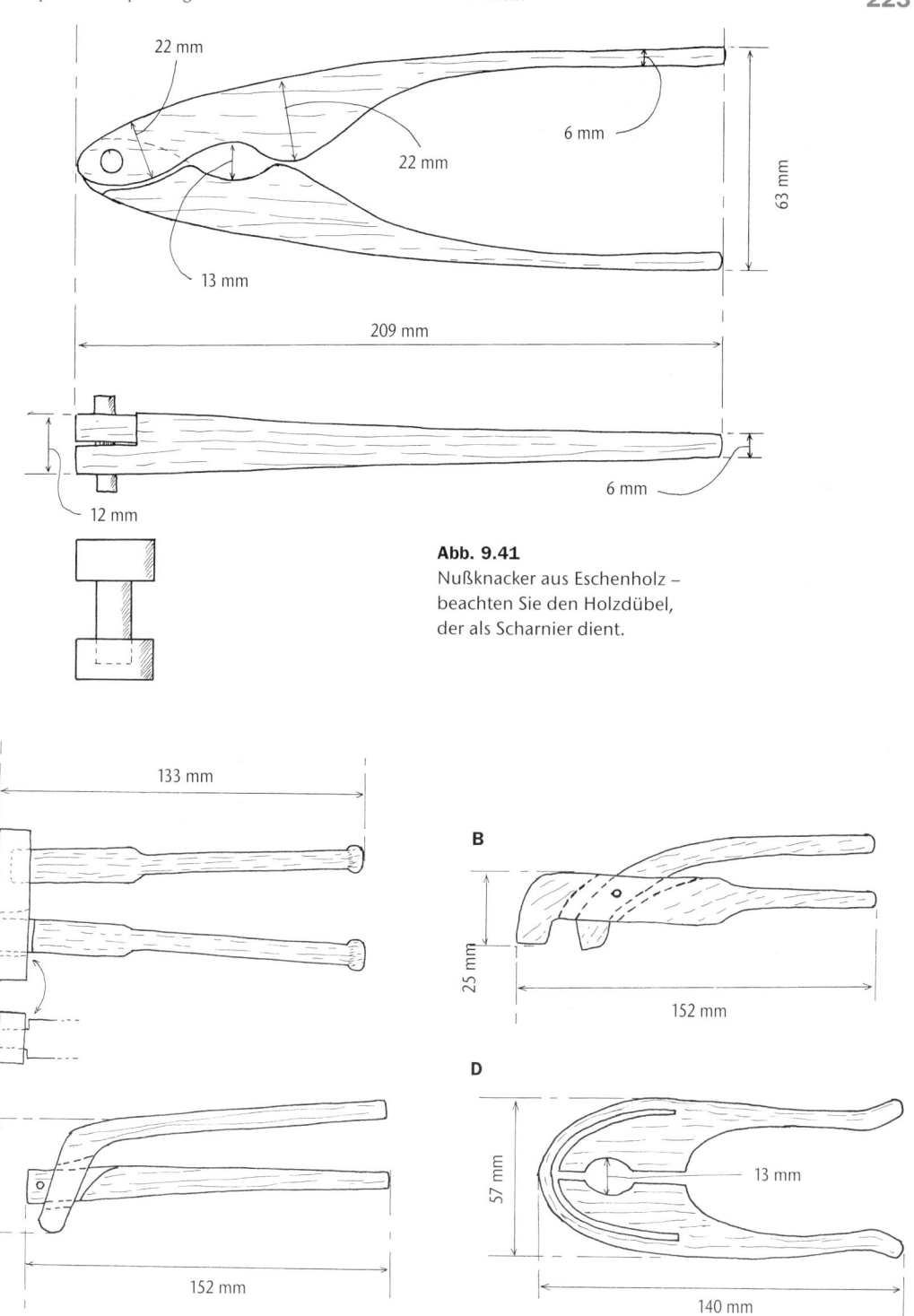

**Kapitel 9**  1. Spiele und Spielzeug – 2. An der frischen Luft – 3. Einzelstücke    **223**

**Abb. 9.41**
Nußknacker aus Eschenholz –
beachten Sie den Holzdübel,
der als Scharnier dient.

**Abb. 9.42**
Verschiedene Nußknacker:
**D** wird aus einem Holzstück hergestellt,
das gedämpft und am Scharnier
gebogen wird.

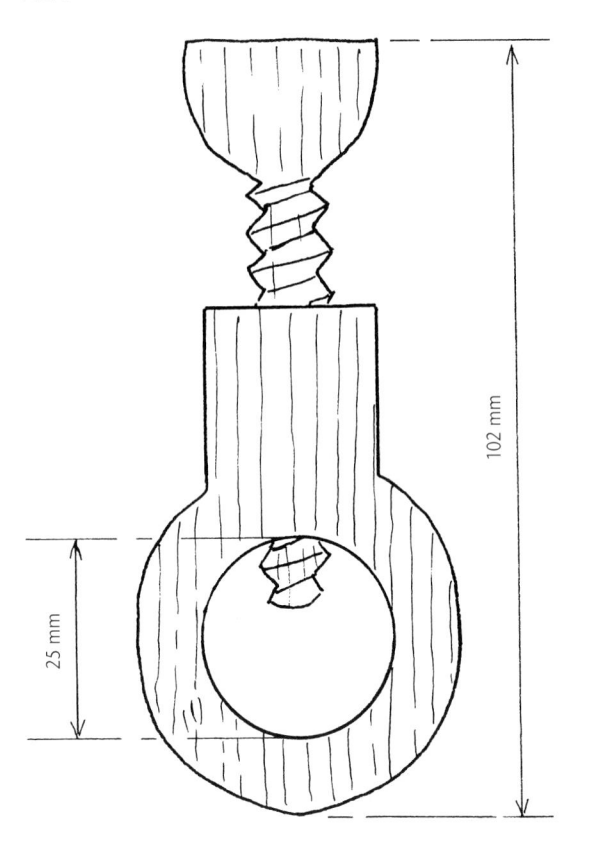

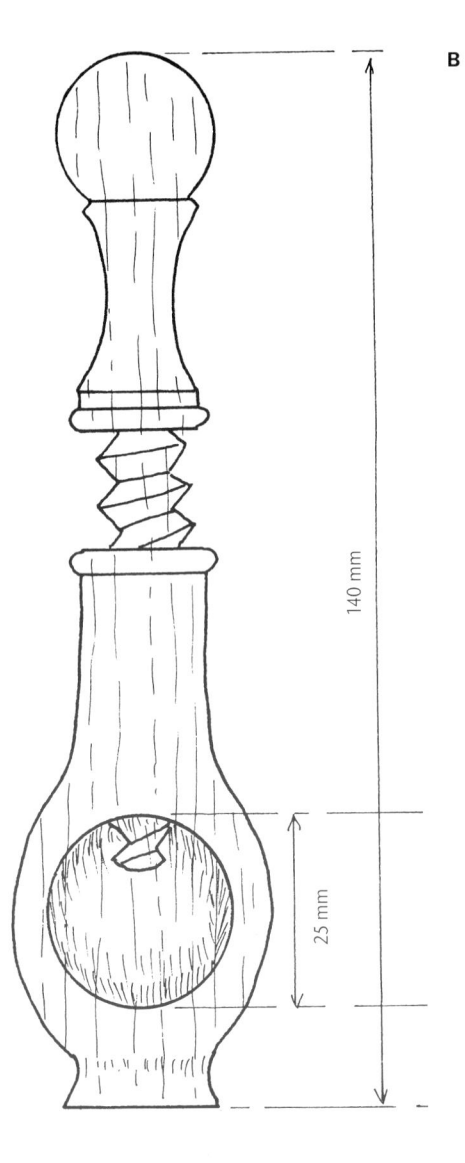

**Abb. 9.43**
Nußknacker mit Schraube:
**A** Taschenmodell;
**B** Tischmodell

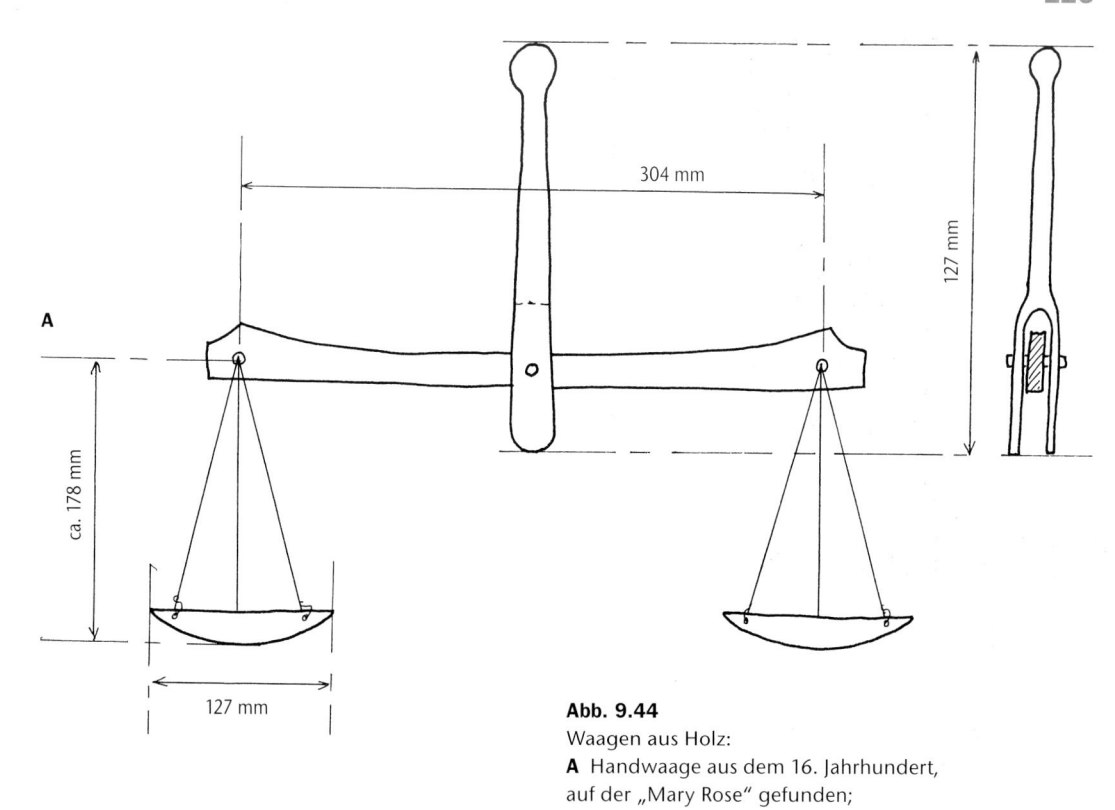

**Kapitel 9**  1. Spiele und Spielzeug – 2. An der frischen Luft – 3. Einzelstücke

**Abb. 9.44**
Waagen aus Holz:
**A** Handwaage aus dem 16. Jahrhundert, auf der „Mary Rose" gefunden;
**B** Tischwaage

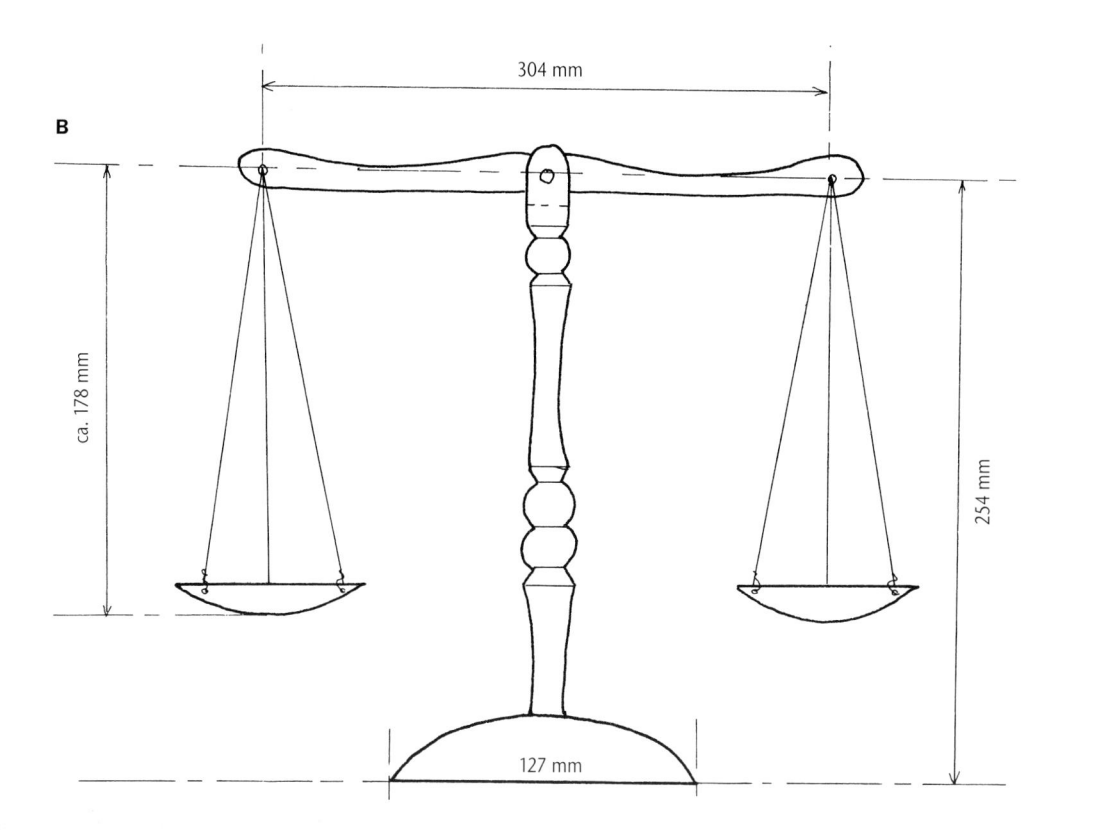

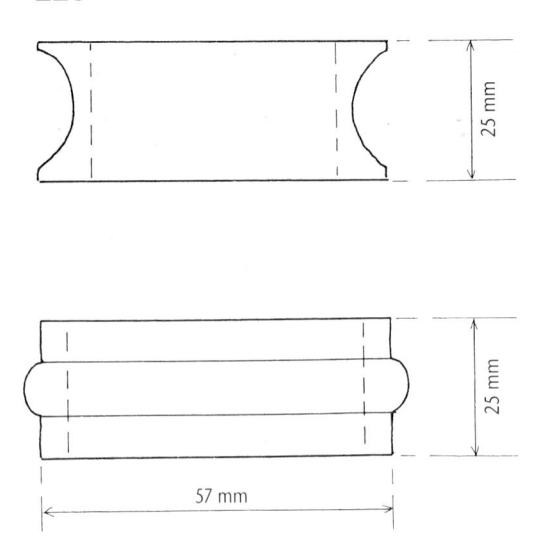

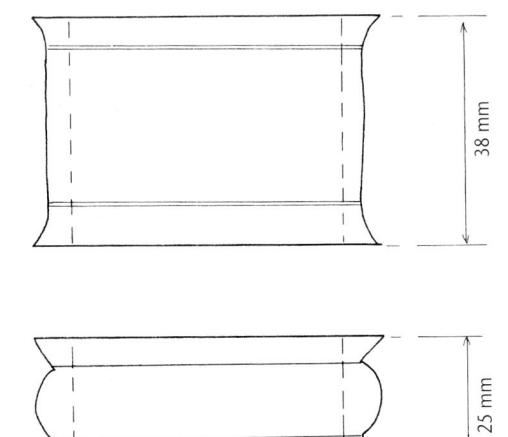

1. Spiele und Spielzeug – 2. An der frischen Luft – 3. Einzelstücke  **Kapitel 9**

**Abb. 9.47**
Serviettenringe

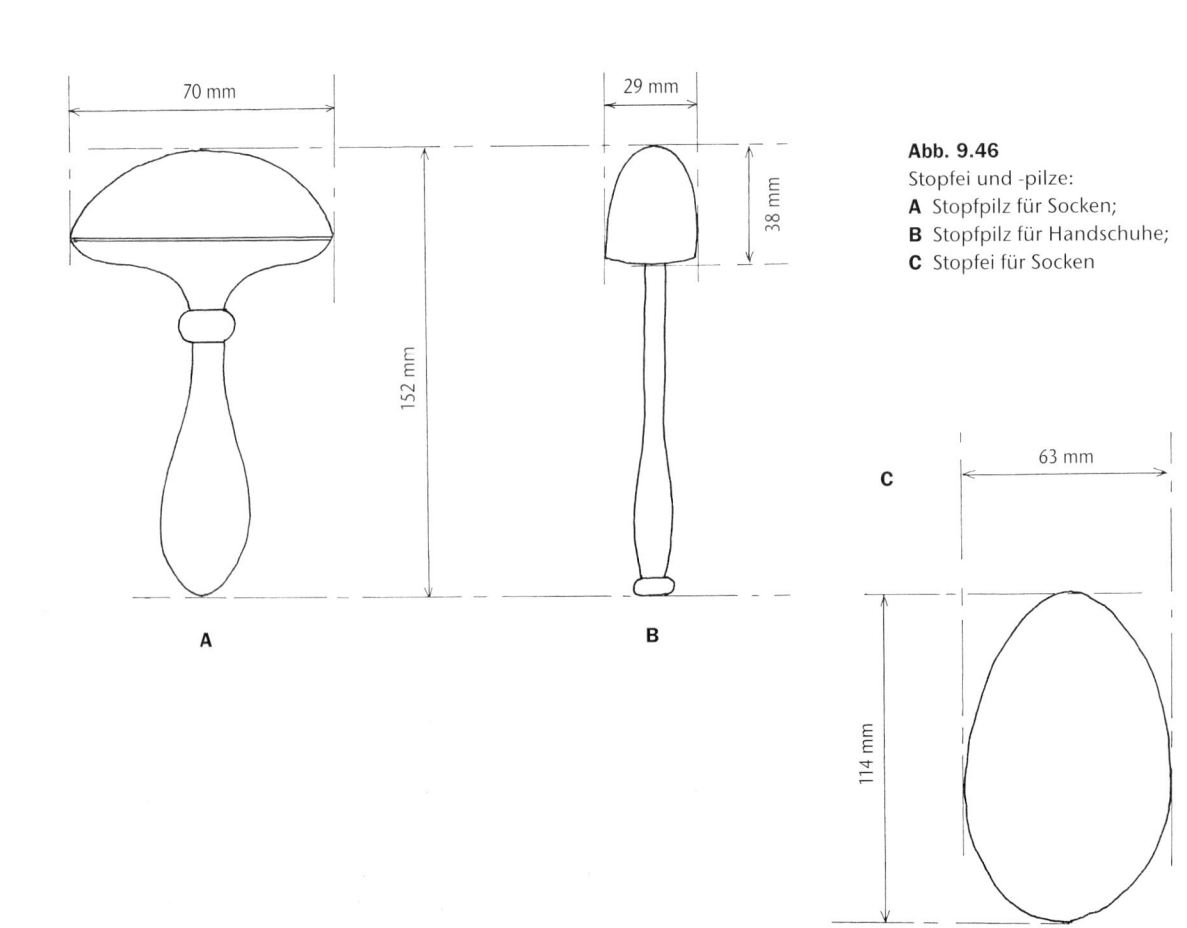

**Abb. 9.46**
Stopfei und -pilze:
**A** Stopfpilz für Socken;
**B** Stopfpilz für Handschuhe;
**C** Stopfei für Socken

# Anhang:
# Schnittpläne – Literaturhinweise – Index

In diesem Anhang sind einige Arbeitszeichnungen und Materiallisten als Beispiele wiedergegeben, die als Muster für eigene Unterlagen dienen können. Solche Zeichnungen sind ein erster Schritt von der Ideenskizze zum fertigen Werkstück. Sie sollten sie unbedingt vor dem Beginn der Arbeit anfertigen. Anhand dieser Unterlagen läßt sich feststellen, was man an Rohmaterial benötigt und ob besondere Werkzeuge oder Vorrichtungen notwendig sind.

Zu den aufwendigeren Vorhaben, die man als Grünholzarbeiter angehen kann, gehören Möbelstücke, deshalb habe ich zwei Beispiele aus dieser Gruppe gewählt, um zu zeigen, was man an Unterlagen braucht. Das erste Beispiel ist eine Gartenbank, das zweite ein Stuhl in Platte-und-Rundholz-Bauweise. In beiden Fällen bestehen die Arbeitsunterlagen aus zwei Teilen:

1. Eine Arbeitszeichnung, die mindestens zwei unterschiedliche Ansichten des Stücks zeigt, in denen zu erkennen ist, wo jedes Einzelteil hingehört, und wie seine Abmessungen sein sollen. Zusätzlich können auch wichtige Details gezeigt werden.

2. Eine tabellarische Schnittliste, die alle nötigen Einzelteile aufführt, ihre Anzahl und Größe und gegebenenfalls zusätzlich Kommentare.

**Tabelle 1 – Anhang**   Schnittliste für zweisitzige Gartenbank aus Rundholz

| Teil | Anzahl | Größe | Anmerkungen |
|---|---|---|---|
| Vorderbeine | 2 | 584 x 76 mm Ø | Rundhölzer 76 mm |
| Hinterbeine | 2 | 838 x 76 mm Ø | Rundhölzer 76 mm, möglichst mit natürlicher Krümmung |
| Hintere Querstücke | 2 | 1219 x 51 mm Ø | Enden anfasen, um in 32-mm-Zapfenloch zu passen |
| Stäbe für Rückenlehne | 6 | 254 x 38 mm Ø | Enden anfasen, um in 25-mm-Zapfenloch zu passen |
| Sitzflächenträger | 2 | 533 x 38 mm | geviertelte Rundhölzer (102 mm) |
| Sitzflächenbretter | 6 | 4 Bretter mit 1219 x 89 x 25 mm | Spaltholz aus großen Rundhölzern, die als Bohlen zugerichtet werden |
| Armlehnen | 2 | 559 x 38 mm | halbierte Rundhölzer, 76 mm |
| Streben für Rückenlehne | 2 | nach Bedarf | halbierte Rundhölzer, Größe und Form nach Bedarf |
| Seitenstreben | 4 | nach Bedarf | halbierte Rundhölzer, Größe und Form nach Bedarf |
| Vorderes Querstück | 1 | 1219 x 51 mm | Enden anfasen, um in 32-mm-Zapfenloch zu passen |

## Abb. A 1
Detaillierte Arbeitszeichnung für die
Gartenbank aus Rundholz,
mit Detailzeichnung der Verbindung
zwischen Sitzflächenbrettern und -trägern

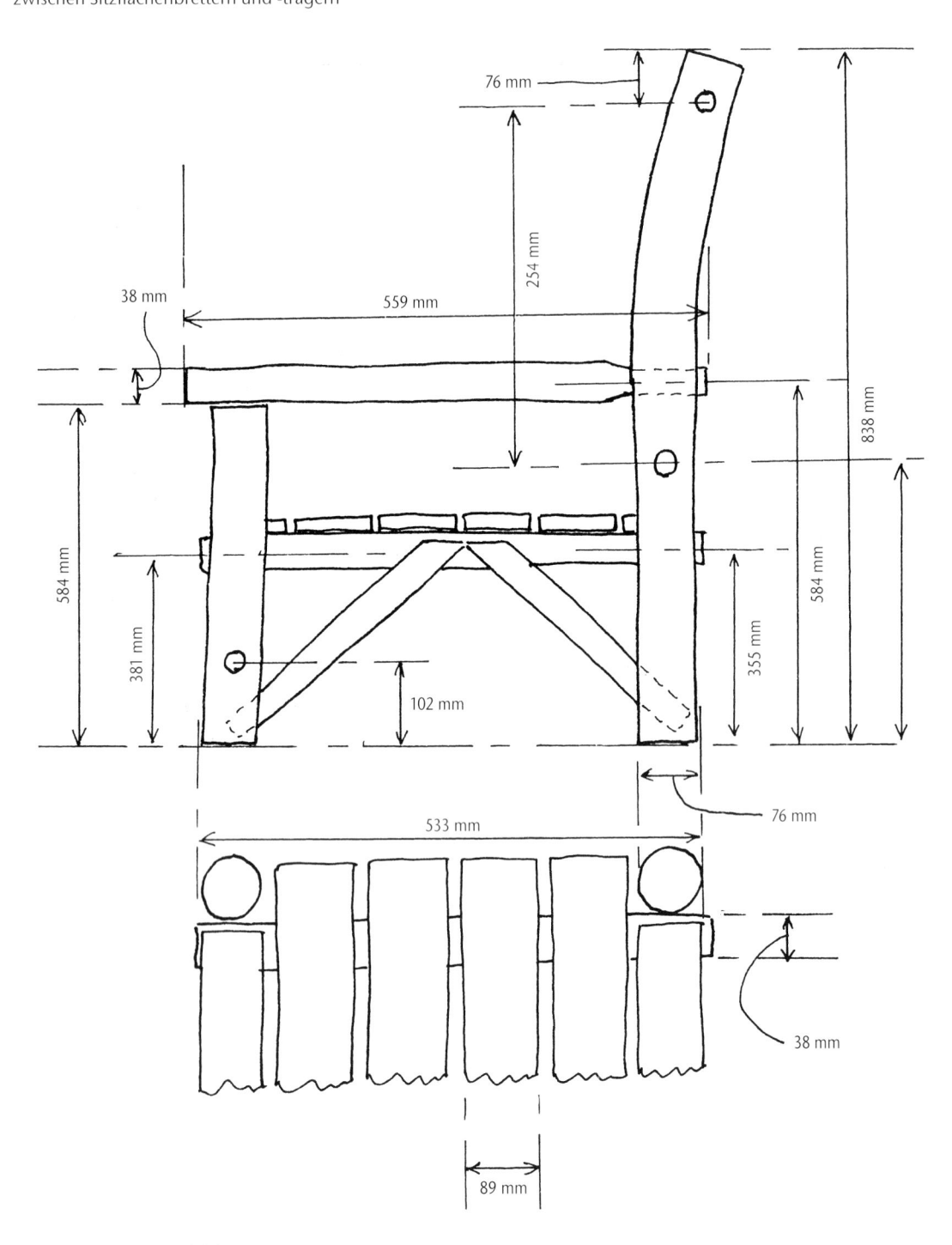

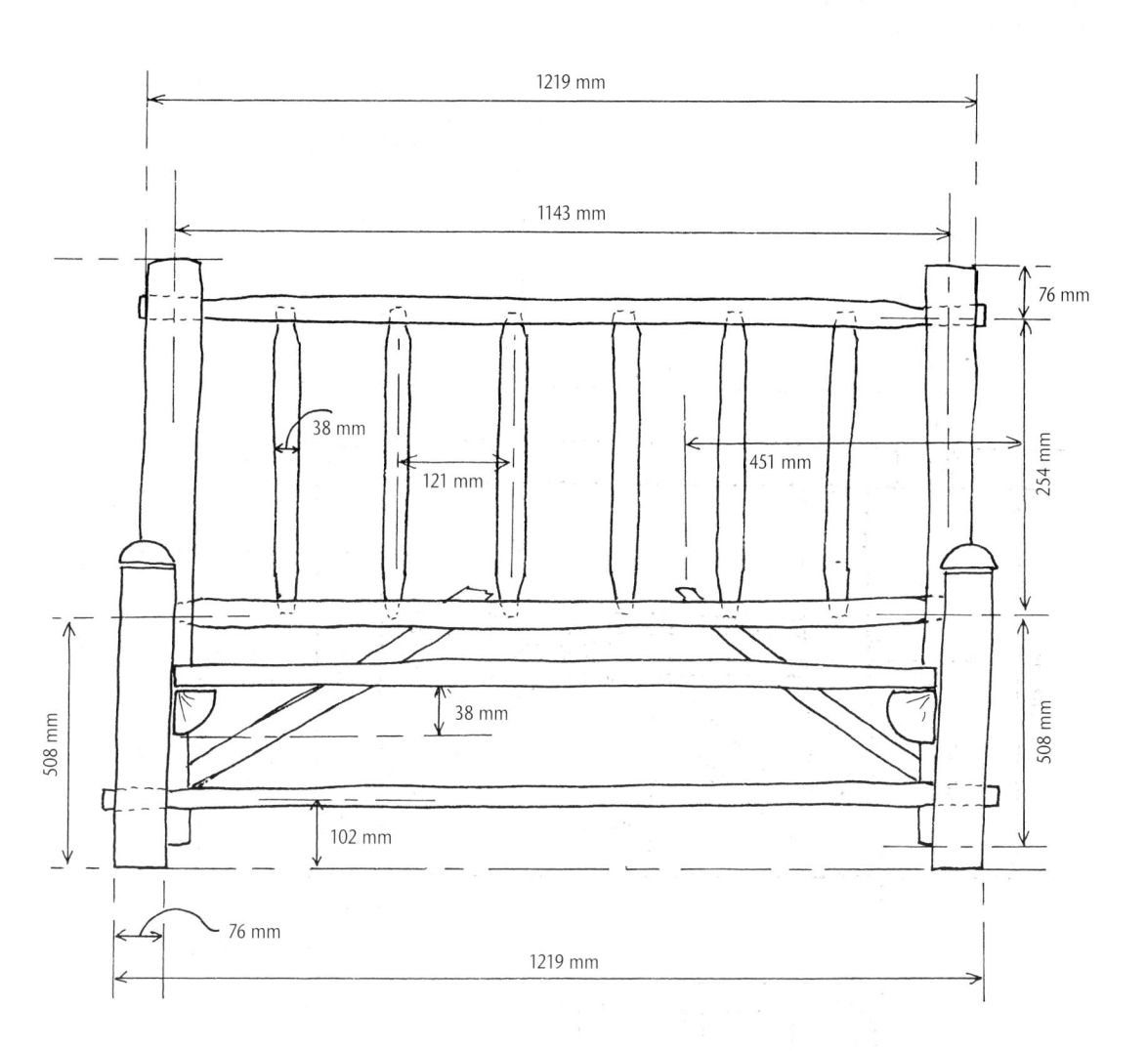

Anhang  Schnittpläne

229

Schnittpläne **Anhang**

**Abb. A 2**
Details der Gartenbank:
**A** Form der Rückenlehnenstäbe;
**B** ungefähre Form der Endstreben,
damit sie in Beine und Sitzflächenträger passen;
**C** Versetzte Zapfenlöcher für die hinteren
Querstücke – falls keine Hinterbeine mit
natürlicher Krümmung verwendet werden können

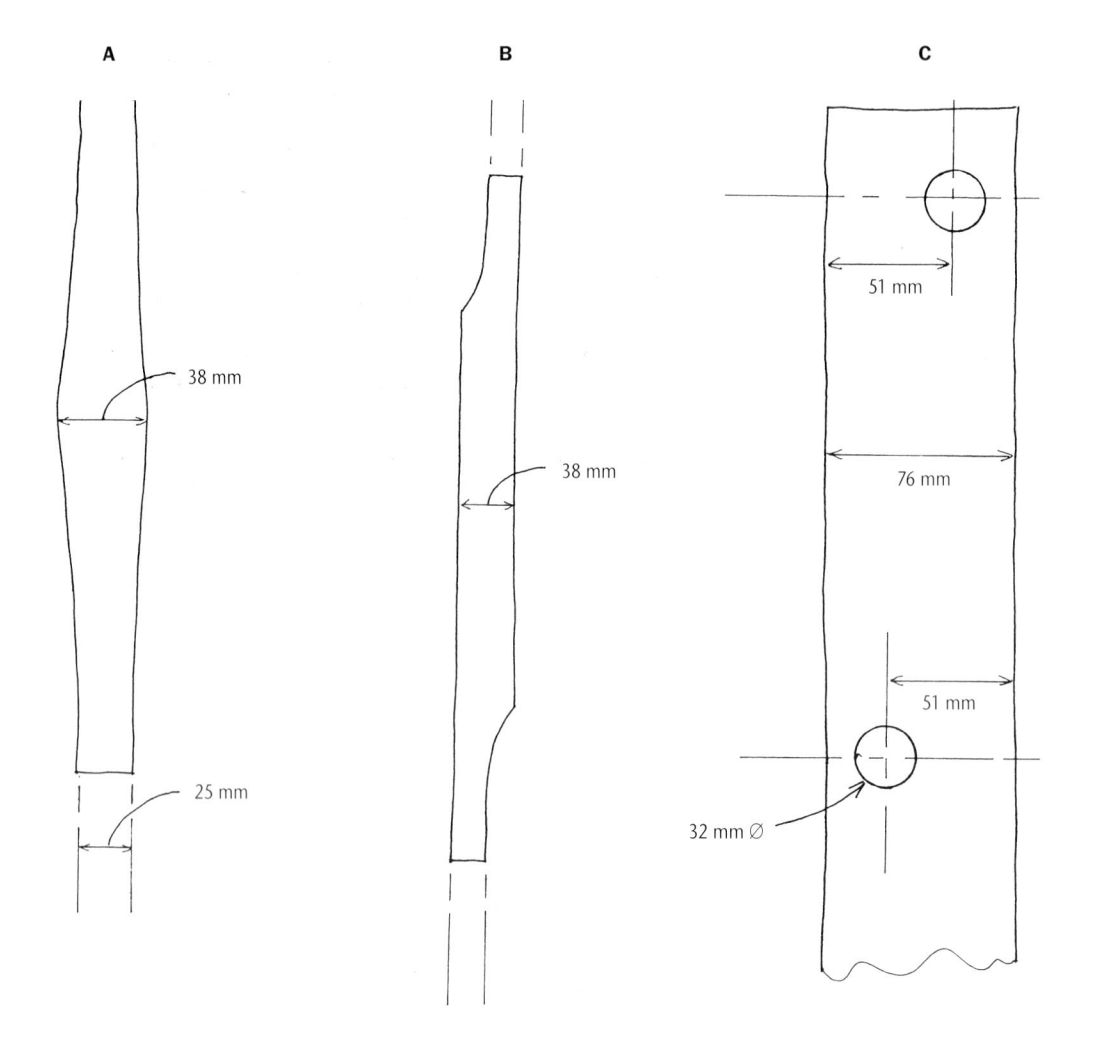

**A**

38 mm

25 mm

**B**

38 mm

**C**

51 mm

76 mm

51 mm

32 mm ⌀

**Tabelle 2 – Anhang**  Schnittliste für Stuhl in Platte-und-Rundholzbauweise

| Teil | Anzahl | Größe | Anmerkungen |
|---|---|---|---|
| Sitzfläche | 1 | 343 x 349 mm | Kontur in der Zeichnung beachten |
| Mittlere Rückenlehnenstäbe | 2 | 327 x 16 mm | Enden anfasen, damit sie in 11-mm-Zapfenlöcher passen |
| Äußere Rückenlehnenstäbe | 2 | 324 x 16 mm | Enden anfasen, damit sie in 11-mm-Zapfenlöcher passen |
| Gedrechselte Rückenlehnenstäbe | 2 | 324 x 38 mm | Sitzflächenende und Kammende anfasen, damit sie in 25-mm bzw. 16-mm-Zapfenlöcher passen |
| Kamm | 1 | 413 x 89 x 19 mm | vgl. Zeichnung für die Formgebung |
| Vorderbeine | 2 | 441 x 38 mm | Enden anfasen, damit sie in 25-mm-Zapfenlöcher passen |
| Hinterbeine | 2 | 432 x 38 mm | Enden anfasen, damit sie in 25-mm-Zapfenlöcher passen |
| Seitenstreben | 2 | 314 x 29 mm | in der Mitte verdickt; Enden anfasen, damit sie in 16mm-Zapfenlöcher passen |
| Mittelstrebe | 1 | 295 x 25 mm | in der Mitte verdickt; Enden anfasen, damit sie in 16mm-Zapfenlöcher passen |

*Stuhl in Platte-und-Rundholz-Bauweise*

**Abb. A 3**
Detaillierte Arbeitszeichnung
des Stuhls in
Platte-und-Rundholz-Bauweise

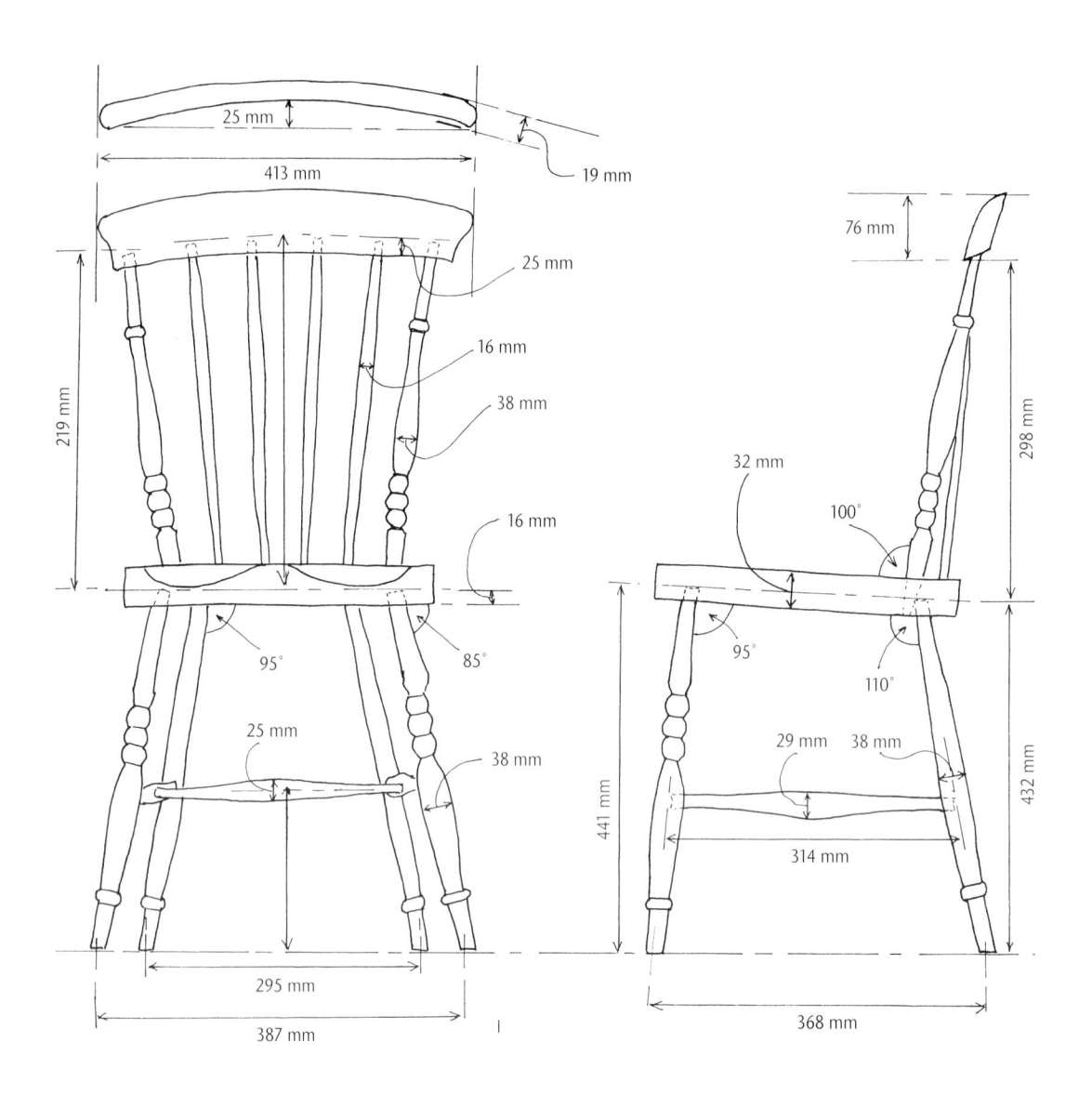

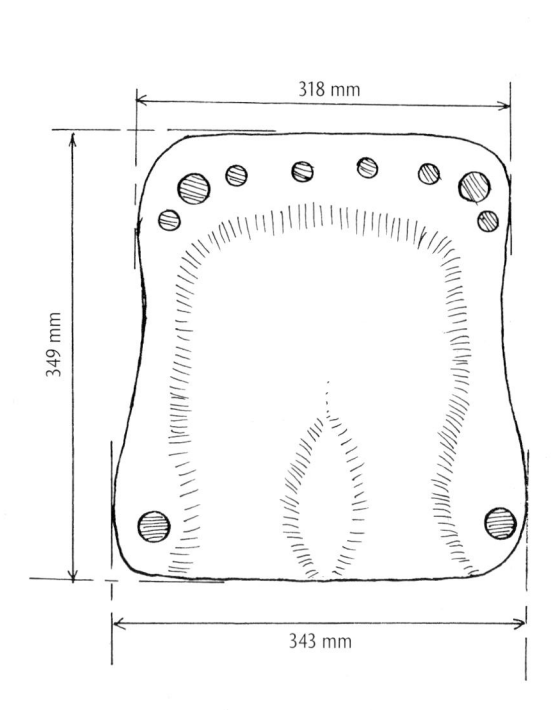

**Anhang** Schnittpläne

318 mm
349 mm
343 mm

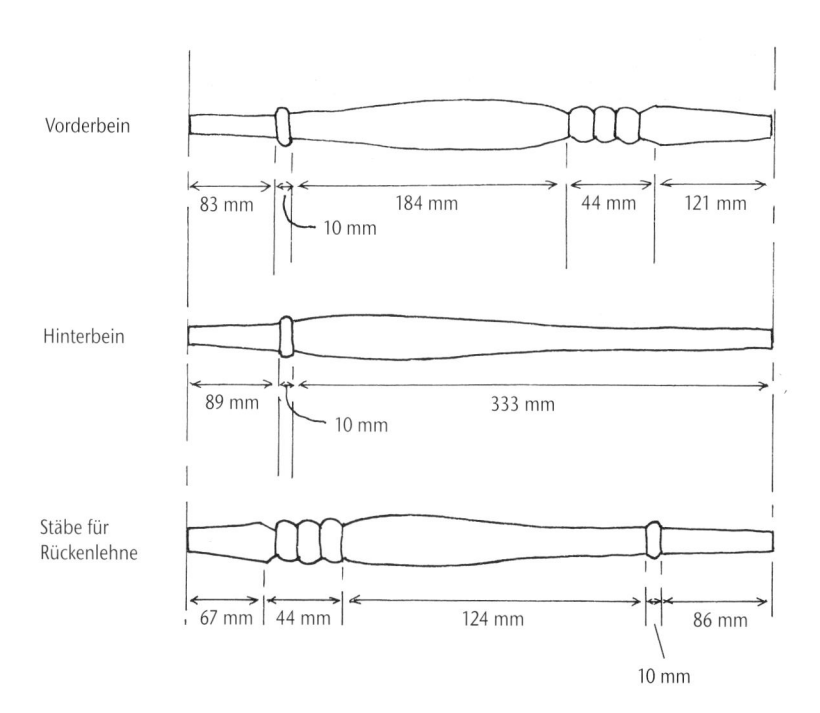

Vorderbein
83 mm | 10 mm | 184 mm | 44 mm | 121 mm

Hinterbein
89 mm | 10 mm | 333 mm

Stäbe für Rückenlehne
67 mm | 44 mm | 124 mm | 10 mm | 86 mm

**Abb. A 4**
Detailzeichnung des Stuhls:
**A** Sitzfläche auf einem Raster von 25 mm gezeichnet, um die Position der Zapfenlöcher zu zeigen und die Winkel der Beine zu bestimmen (nach Abbott).
Die Schraffierung (Seite 233) zeigt, wie die Kontur der Sitzfläche durch Entfernen des Holzes erreicht wird.
Beachten Sie, daß die Zapfenlöcher für die Beine und die mittleren Stäbe „blind", d. h. nicht durchgehend sind.
**B** Freiraum Rücklehne

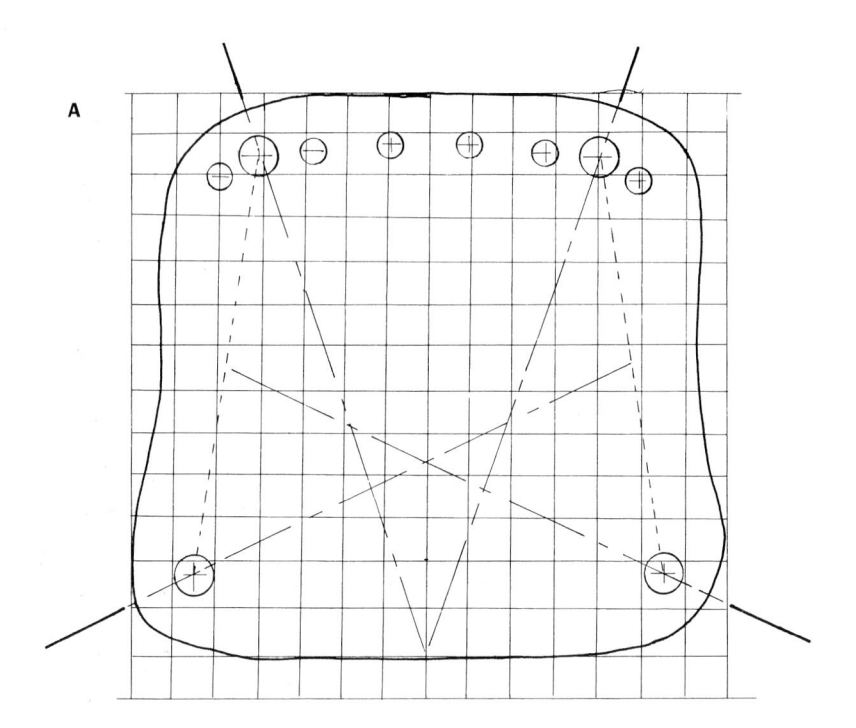

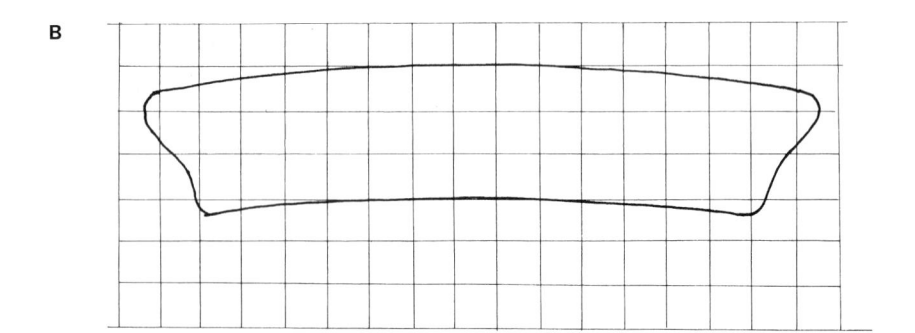

**Abb. A 5**
Übliche Winkel bei einem Stuhl in Windsor-Bauweise

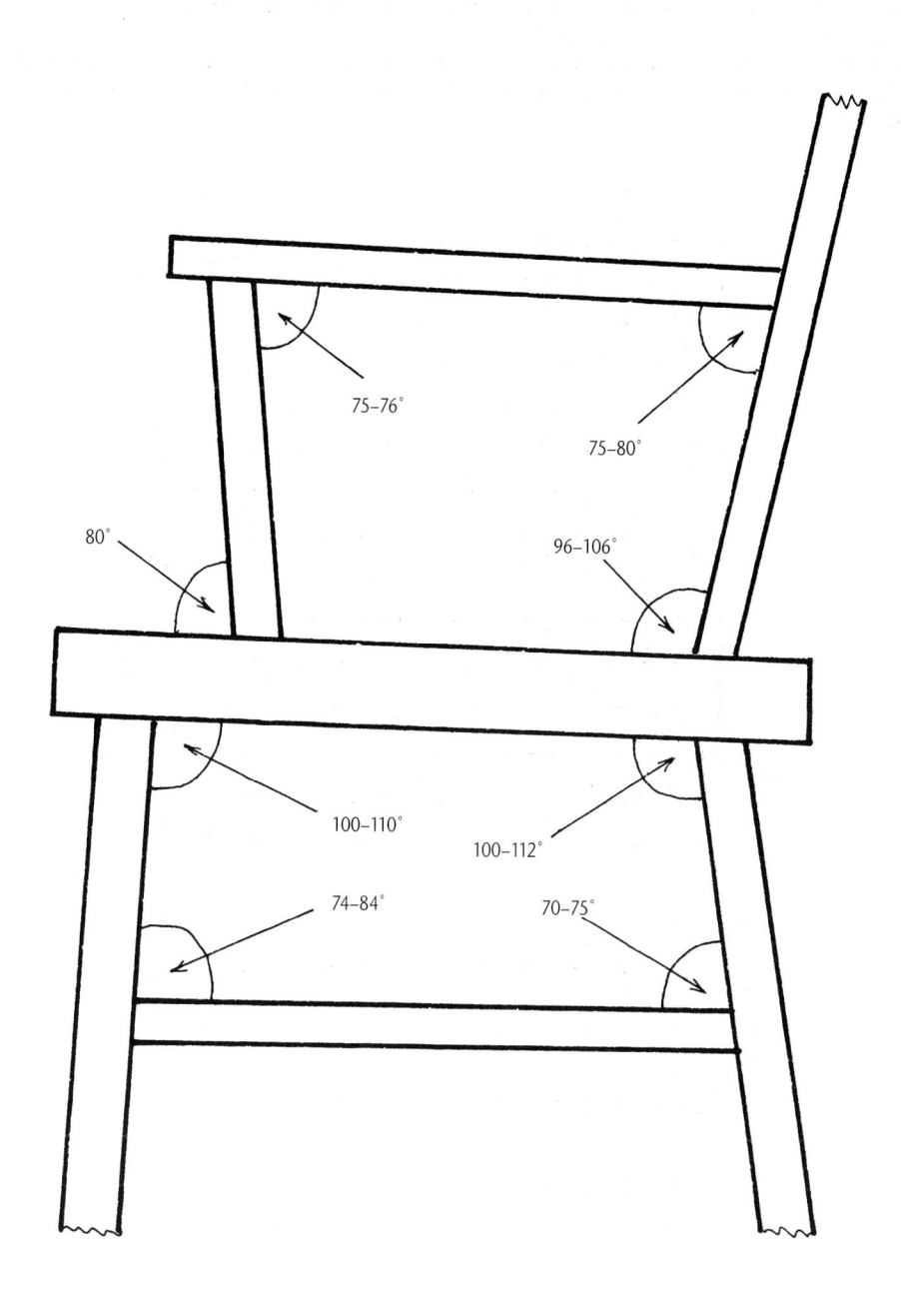

75–76°
75–80°
80°
96–106°
100–110°
100–112°
74–84°
70–75°

# Literatur

Kein Holzhandwerker lebt in einem luftleeren Raum. Wir werden alle mehr oder weniger von dem beeinflußt, was wir um uns herum sehen, und was uns andere Menschen in ihren Ratschlägen übermitteln. In diesem Anhang habe ich die Bücher aufgeführt, die die größte Wirkung auf meine eigene Arbeit gehabt haben, außerdem auch solche, die allgemein von Holzhandwerkern als besonders herausragend bezeichnet werden. Manche Werke sind aufgenommen worden, weil sie eine Vielzahl von Gestaltungsmöglichkeiten zeigen, andere geben gute Ratschläge in bezug auf die Arbeitsmethoden. Kenntnisse über Arbeitsmethoden versetzen den Handwerker in die Lage, eigene und neue Werke zu erschaffen.

Abbott, M.: *Grünholz. Die Kunst mit frischem Holz zu arbeiten.* Th. Schäfer 2000 (britische Originalausgabe *Green Woodworking* 1989)

Alexander, J. D. Jr.; *Make a Chair from a Tree. An Introduction to Working Green Wood.* Astragal Press 1994

Barratt, M.: *Oak Swill Basket Making in the Lake District.* Selbstverlag 1983

Crispin, T.: *English Windsor Chairs.* Allan Sutton 1992

Edlin, H. L.: *Woodland Crafts in Britain.* Batsford 1949

Geraint Jenkins, J.: *Traditional Country Craftsmen.* Routledge and Keegan Paul 1978

Hart, E.: *Walking Sticks.* Crowood 1986

Hasluck, P. N.: *The Handyman's Book.* Cassell 1903

Langsner, D.: *Country Woodcraft.* Rodale Press 1978

Langsner, D.: *Das große Buch vom Stuhlbau. Ein Kompendium zum Holzhandwerk.* Th. Schäfer 2005 (amerikanische Originalausgabe *The Chairmaker's Workshop* 1997)

Levi, J.: *Treen for the Table.* Antique Collectors Club 1998

Mack, D.: *The Rustic Furniture Companion.* Lark Books 1996

O'Donnell, M.: *Grünholz drechseln.* Th. Schäfer 2002 (britische Originalausgabe *Turning Green Wood* 2000)

Pinto, E. H.: *Treen and Other Wooden Bygones.* G. Bell and Sons 1969

Rogers, E.: *Making Traditional English Wooden Eating Spoons.* Woodland Craft Supplies 1997

Salaman, R. A.: *Dictionary of Woodworking Tools 1700–1970.* Unwin Hyman 1989

Sparks, I.: *The English Country Chair.* Spur Books 1973

Tabor, R.: *Traditional Woodland Crafts.* Batsford 1994

Tabor, R.: *The Encyclopedia of Green Woodworking.* Eco-logic Books 2000

Warnes, J.: *Living Willow Sculpture.* Search Press 2001

Wood, R.: *A History of the Wooden Plate.* Robin Wood 2002

Wood, R.: *A Short History of Drinking Bowls and Mazers.* Robin Wood 2002

# Stichwortverzeichnis

**A**bseiher 86, 87, 88
Abtropflöffel 76, 81
Apfelentkerner 86, 92
Arbeitszeichnung 227, 228, 232
Ardeche-Korb 193, 195, 196
Armlehne 142, 143, 147, 154, 164, 170
Axt 112, 120, 121
Axtstiel 18, 112, 121, 124, 125

**B**abyrassel 202
Bank 18, 66, 131, 135, 138, 142, 147
Bast 135, 154
Becher 103, 105
Beet-Einfassungen 71, 72
Beschlagbeil 9, 16, 17, 124, 125, 164
Bilboquet 200, 205, 209
Bilderrahmen 135, 140
Binsen 154, 164
Bogenlehne 170
Bogenrückenlehne 174
Bohnenstange 61
Breithacke 124
Brettlehne 170, 173
Brieföffner 107, 110
Brummkreisel 200, 204

**C**addy 76, 82
Cricketspiel 206, 209

**D**acheindeckung 56
Dachlatte 57
Daube 103, 105, 106, 107
Daumenstock 211, 218
Dechsel 121, 124
Dessertlöffel 83
Deux-Sèvres-Korb 198
Devon-Splint-Korb 186
Drechselbank 8, 18, 26, 30, 97, 123
Drechselbänke 96
Dreiecksstuhl 139
Durchschlag 86

**E**ierbecher 96, 97, 99, 102
Erbsenstange 61, 62

Eßlöffel 79, 83

**F**ächerlehne 170
Feldtor 52, 53
Feldtore 52
Feuchtigkeitsresistenz des Holzes 36
Fischtöter 211, 219
Flechtwerk 30, 46, 47, 48, 49, 59, 63, 66, 71, 72, 73, 140, 142, 154, 188, 193, 198
Flechtwerkpaneel 49, 60
Flechtzaun 46, 47
Futterkorb 184
Futterraufe 199, 210, 212, 214, 215

**G**abel 93, 119
Gartenbank 149, 150, 151, 152, 227, 228, 230
Gartenbesen 115
Gartenkorb 180
Gartenlaube 66
Gartenmöbel 142, 164, 165
Gartenrispe 181, 183
Gartentor 54
Gartenzaun 36, 37, 42, 50
Gefache 56, 59, 63
Geflecht 59, 71, 192
Gemüsestampfer 86, 90
Geschirr 96

**H**acke 8, 211
Hammer 117
Handarbeitskorb 184
Handschaufel 130
Hängekorb 68
Harke 8
Harkenstiele 9, 12
Haushaltsgeräte 107
Haute-Vienne-Korb 187
Hecke 36, 56, 131, 135
Heuforke 119, 120
Heurechen 112, 113, 119
Hippe 46, 120, 121, 122
Hirtenstab 218
Hocker 135, 136, 153, 157, 162, 164, 165, 166, 167, 222
Holzgabel 86

Holzhammer 117, 118
Holzpfeife 201
Holzpokal 103
Holzrechen 112
Holzschaufel 128, 130
Holzschutzmittel 63, 66, 68, 71, 150
Holzspaten 128
Holzverbindungen 50, 66, 131, 132, 154
Holzzinken 112
Honigheber 76, 85
Humpen 103, 106
Hürde 2, 8, 9, 30, 33, 36, 42, 43, 45, 46, 47, 142, 179
Hürdenmacher 2, 8, 17, 30, 46
Hürdenpfosten 31
Hürdenzaun 36

**K**ammbrett 175
Kammlehne 170, 171, 172
Kammrückenlehne 173
Kartoffelkorb 188
Kegelkugel 206, 207
Kegelspiel 199, 200, 206, 207
Kelch 106
Kelch-und-Ball-Spiel 200, 205, 206
Kelle 128
Kerzenhalter 75, 107, 109
Kerzenständer 109
Kinderrassel 200
Kletterspalier 63
Klüpfel 117, 118, 121
Knieklemme 18, 23
Knotenstock 218
Kochlöffel 76
Kohlenkorb 184
Komposthaufen 71
Kompostierer 71, 73
Korb 179, 180, 181, 186, 187, 188, 193, 196, 198
Korbflechterei 179
Kreisel 200, 204
Kreuzaxt 9, 15, 16, 164
Krug 75
Küchengeräte 86, 87
Küchenlöffel 80

Küchenrollenhalter 87, 96
Kugel 177, 206, 207

**L**andes-Korb 193, 194
Lattenzaun 37, 38, 40, 41, 55
Laube 66, 67
Lebensmittelschüssel 97
Lehnbank 142, 149
Lehne 66, 135, 137, 142, 162, 164, 170
Lehnenbrett 171, 172
Lehnstuhl 142
Lehre 30, 31, 32, 33
Leinwand 135, 138, 154
Leinwandsitzfläche 137
Leitersprosse 9, 13
Liegestuhl 146
Löffel 2, 21, 30, 75, 76, 77, 79, 80, 82, 84, 85, 86, 97

"**M**ary Rose" (Schiff) 75, 79, 107, 109, 199, 220, 225
Maßstock 30, 31
Materialliste 227
Mazer 104
Melkschemel 164, 166
Melonen-Korb 193, 194
Miesmuschelkorb 188
Mistgabel 119
Möbel 2, 9, 131, 132, 134, 135, 141, 142, 144, 145, 146, 149, 153, 159, 160, 164, 165
Mörser 86, 94

**N**iederwald 2, 36, 56, 131, 135, 179
Nußknacker 86, 199, 220, 223, 224

**P**ackkorb 196
Pergola 66
Pfeife 75, 199, 200, 201
Pflanzegefäß 69
Pflanzgefäß 68
Pflanzholz 128, 129
Pfosten-und-Strebe-Bauweise 153, 154, 156, 157, 164, 165
Pilz 199, 220, 221, 222
Platte-und-Rundholz-Bauweise 154, 164, 165, 166, 170, 227, 231, 232
Platten 9, 96, 97, 100
Porter 107, 108
Probierlöffel 76, 80

Probiermesser für Käse 86
Puck 206, 207

**Q**uaiches 103, 105
quoits 206

**R**ankgitter 63, 65
Rassel 200, 203
Raufe 210
Rechen 8, 112
Reetdach 56
Regal 135, 140
Reisekerzenhalter 107, 110
Reisigbesen 9, 115, 116
Reißer 8, 11
Reitstock 26
Rispe 179, 180, 182, 183, 184, 185
Rückenlehne 135, 137, 138, 139, 142, 143, 145, 148, 149, 151, 152, 154, 161, 162, 164, 165, 170, 171, 174, 175
Rückenlehnenbrett 35, 173, 174, 175
Rückenlehnenstäbe 230
Rundholzmöbel 134, 135, 137, 140, 141, 149
Rundholzsessel 143
Rundholzstuhl 139
Rundholztisch 141
Rundstababdreher 9, 13

**S**aatkorb 188, 191
Salatschüssel 96, 102
Salzfäßchen 97
Schablone 30, 35
Schafhürde 36, 46
Schale 96, 97, 103, 220
Schälgestell 8, 18, 19
Schaufel 86, 121, 128
Schaufelstiel 126
Schaukelstuhl 154, 159, 160, 172
Schaumlöffel 86, 88
Schindel 8, 10, 56, 58, 59, 186
Schlagballspiel 206, 208
Schlagstockspiel 206, 207
Schneespaten 128, 129
Schneidbrett 96
Schnittliste 227
Schöpfer 103, 107
Schöpfkelle 103, 107, 128
Schöpflöffel 79
Schüssel 75, 96, 97, 103
Schutzzaun 71
Schweifhobel 121, 154

Seegras 154, 164
Seitenkorb 188
Sense 9
Sensenstiel 121, 127
Serviettenring 220, 226
Sessel 135, 137, 142, 148, 149, 154, 162
Shaker 153, 159, 160, 161
Sitzfläche 135, 138, 139, 140, 142, 143, 145, 148, 149, 151, 154, 163, 164, 165, 169, 170, 173, 234
Sitzmöbel 164
Skulptur 141, 222
Spalier 56, 63, 64, 66
Spalter 8, 9, 18
Spaltgestell 18, 24, 25
Spaltmesser 8, 9, 10, 118, 179
Spankorb 179, 180, 181, 188, 189, 190, 193, 198
Spannungshalter 18, 19
Spanstreifen 59, 63, 179, 180, 181, 182, 183, 186, 187, 188, 193, 195, 196, 198
Sparrenspalter 18, 25
Spatel 76, 86
Spaten 128, 200
Spatenreiniger 211
Spazierstock 181, 199, 211, 212, 217, 218, 219
Spiele 199, 200, 206
Spielzeug 199, 200
Spindelhalter 18, 24
Spindellehne 163
Spindelstock 26
Sprossenlehne 162
Staken 188, 190, 194
Staketentor 54
Stange 61, 62, 135
Stechbeitel 121, 123, 125
Stechbeitelgriff 121
Stecheisen 120
Stecken 36, 56, 59, 61, 62, 63, 71
Stehlampe 135, 140
Stiefelknecht 199, 211, 216
Stielhobel 8, 9, 12, 13
Stopfei 220, 226
Stopfpilz 220, 226
Strandspaten 205
Strickkorb 184
Strohdach 57
Stuhl 134, 135, 137, 141, 142, 153, 154, 155, 156, 160, 161, 162, 164, 165, 169, 170, 171, 172, 178, 227, 232, 234, 235

Stuhlbein 30, 35, 161, 171, 176
Stuhlgestell 134
Stuhllehne 30, 134, 135
Stuhlmacher 17, 26, 125, 153
Stuhlmacherei 153
Stülpschalung 56, 57, 58
Suppenlöffel 76, 83

**T**eelöffel 83
Teigrolle 86, 90
Teller 96, 97, 109
Tisch 135, 142, 146
Toastzange 86, 91
Töpfereipackkorb 179, 197
Topfkeil 86, 94
Topfkratzer 86, 87
Tor 42, 46, 50, 51, 53, 54, 63
Torbogen 63, 64, 66
Torhürde 42, 44, 45
Tortenheber 86, 93
Tragegriff 107, 111, 181
Tranchierbrett 96, 98
Trinkgefäß 96, 103
Trinkschale 103, 104, 105
Trockengrasvase 199, 220, 221
Türstopper 107, 108

**U**lmenbast 163, 193, 195

**V**endée-Korb 193, 196
Verbindungen (Holz-) 9, 26, 30,
    50, 51, 125, 131, 132, 134, 135,
    150, 154, 181, 192, 196
Verbindungsstellen 132
Verkorker 86, 95
Vogelhäuschen 68, 69, 70
Vogelrassel 202
Volutenlehne 170, 173
Vorlage 30
Vorrichtungen 8, 18, 227
Vorschlaghammer 118, 121, 124

**W**aage 75, 199, 220, 225
Wäscheklammer 199, 210, 212,
    213, 214
Wäscheleine 61, 62
Weidenkorb 179
Weidenspanstreifen 193
Weidezaun 36
Wender 86
Werkzeug 8, 9, 13, 26, 86, 112,
    120, 121, 164, 179, 199, 211,
    227
Werkzeugauflage 26, 27, 28

Werkzeuge 112, 117, 120, 121
Werkzeuggriff 120, 121
Windsor-Stuhl 164, 165, 170, 171,
    172
Windsorhocker 166
Wippdrehbank 8, 10, 26, 27, 32,
    103, 153, 200, 206
Wisket 192
Wurfringspiel 206, 210

**Z**apfenloch 9, 18, 30, 36, 37, 39,
    50, 51, 53, 60, 61, 131, 132, 135,
    154, 164, 165, 196, 217, 227,
    230, 231, 234
Zapfenverbindung 132, 133
Zaun 36, 38, 39, 41, 46, 55
Zeichnung (Arbeits-) 227
Zelthering 117, 199, 210, 211, 212
Zeltheringe 210, 212
Ziehbank 8, 18, 20, 21
Ziehklinge 14
Ziehmesser 9, 14, 15, 107, 121,
    122, 154, 164
Zinken 86, 112, 113, 119
Zitronenpresse 86, 89

Mike Abbot
## Grünholz
**Die Kunst mit frischem Holz zu arbeiten**

Eine uralte Technik, neu entdeckt! Dieses Vorlagen- und Anleitungsbuch lehrt die Kunst, frisches Holz in wundervolle Möbelstücke oder nützliche Gerätschaften zu verwandeln. Mit „grünem", das heißt frisch gefälltem, „nassem" Holz zu arbeiten ist gesund, sehr kreativ, nicht teuer und einfach zu erlernen. Mit Hilfe der traditionellen Techniken und einigen wenigen Werkzeugen gelingen viele Dinge, vom schlichten Küchenlöffel bis hin zum eleganten Stuhl.

*208 Seiten, 20 x 28 cm, 397 Abbildungen, fadengeheftete Broschur*

**ISBN 3-87870-706-1 · Bestell-Nr. 9215**

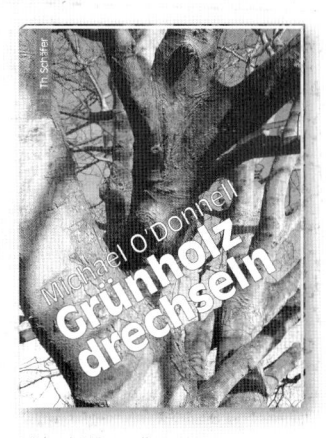

Michael O'Donnell
## Grünholz drechseln
**Anleitungen und Beispiele**

Grünes, das heißt frisch gefälltes Holz zum Drechseln zu verwenden, ist mittlerweile bei uns außerordentlich beliebt geworden. Dieses didaktisch hervorragend aufbereitete Buch des schottischen Meisterdrechslers Michael O'Donnell beleuchtet die natürlichen und technischen Aspekte der hohen Kunst des Grünholzdrechselns, anschließend gibt es Anleitungen zu sechs atemberaubenden Gefäßen mit hauchdünnen, lichtdurchlässigen Wandungen.

*144 Seiten, 21 x 27,5 cm, 324 überwiegend farbige Abbildungen, fadengeheftete Broschur*

**ISBN 3-88746-452-4 · Bestell-Nr. 9111**

Drew Langsner
## Das große Buch vom Stuhlbau
**Ein Kompendium zum Holzhandwerk**

Ein umfassendes Kompendium zu allen Fragen des Stuhlbaus. Der in der amerikanischen Holz-Szene sehr bekannte Drew Langsner teilt in diesem Buch einen in Jahrzehnten entstandenen Schatz von Erfahrungen mit. Kongenial übersetzt von dem Werkzeug- und Stuhlbau-Fachmann Dr. Günther Heine. Mit mehr als 500 Fotos und Rißzeichnungen bietet das Werk neben vielen grundlegenden Aspekten des Holzhandwerks Anleitungen für elf historische Stühle. Vom Rohholz zum fertigen Klassiker der Möbelbaukunst – hier ist alles detailliert und praxisgerecht dargestellt.

*320 Seiten, 21 x 28 cm, 420 Abbildungen, 16 Farbtafeln, gebunden*

**ISBN 3-87870-575-1 · Bestell-Nr. 9126**

Jögge Sundqvist
## Schnitzen mit Jögge Sundqvist
**Schwedische Tradition neu erlebt**

Jögge Sundqvist zeigt in diesem Buch einen spezifisch schwedischen Schnitzstil und führt in die schwedische Tradition des „slöjd" ein, eine im Grunde ökologische Tradition, die Selbstversorgung und Selbsterfahrung miteinander verbindet. Mit farbenfrohen(!) Objekten verbindet Sundqvist diese Tradition mit der modernen Welt. Begeistert und begeisternd vermittelt der Autor seine Freude am kreativen Prozess und am Umgang mit dem Material Holz. Ein Handwerksbuch, in dem das Herz nicht nur in der Titelabbildung steckt!

*88 Seiten, 19 x 26 cm, durchgehend illustriert, zahlreiche Farbfotos, gebunden*

**ISBN 3-87870-588-3 · Bestell-Nr. 9132**

Chris Lubkemann
## Kleine Schnitzereien
**Grünholz schnitzen – unterwegs und überall**

Entspannen wie in alten Zeiten. Ob Sie am Lagerfeuer oder auf der Veranda sitzen, das Buch *Kleine Schnitzereien* wird Sie zum Abschalten anregen, wenn Sie mit weiter nichts als einem Taschenmesser, einem Zweig und einigen Minuten Zeit nützliche und drollige Objekte kreieren. Ob Sie als Einsteiger die Grundform des Holzschnitzens kennenlernen oder nur auf ruhige Art und Weise etwas freie Zeit verbringen möchten: Das Buch *Kleine Schnitzereien* läßt Ihnen sämtliche Anleitungen und Anregungen zuteil werden, die nötig sind, um ein perfekter und entspannter Holzschnitzer zu werden.

*104 Seiten, 15,5 x 23 cm, 365 farbige Abbildungen, diverse Zeichnungen, fadengeheftete Broschur*

**ISBN 3-87870-597-2 · Bestell-Nr. 9134**

Tove Yde
## Grünholz schnitzen
**Ein kinderleichter Grundkurs**

Ab 10 Jahren aufwärts einfache und rustikale Gebrauchsgegenstände selbst gemacht, vom Löffel über Wäscheklammern bis hin zu Spielzeugen! Das Schnitzen, so wie es dieses wundervoll aufgemachte Anleitungsbuch zeigt, ist ein Hobby, das im wahrsten Sinne des Wortes „kinderleicht" auszuüben ist. Etwas Phantasie und ein Schnitzmesser reichen aus; das Rohmaterial findet man vor der Tür, in Gärten, Hecken, Parks und Wäldern.

*72 Seiten, 24 x 22 cm, über 130 farbige Abbildungen im Text, gebunden*

**ISBN 3-87870-677-4 · Bestell-Nr. 9218**

---

**Verlag Th. Schäfer**
im Vincentz Network
Postfach 6247
30062 Hannover

Tel. +49 511 9910-012
Fax +49 511 9910-013
th.schaefer@vincentz.de
www.th-schaefer.de

**Weitere Titel finden Sie in unserem kostenlosen Gesamtverzeichnis (bitte anfordern) und im Internet**